Italien der Frauen

Aus dem Italienischen von
Anita Kusmanoff
Barbara Melita
Monika Savier
Andrea Simon
Monika Groh

1. Auflage 1988
© Verlag Frauenoffensive, 1988
(Kellerstr. 39, 8000 München 80)

ISBN 3-88104-173-7

Satz: Tina Schreck, München
Druck: Clausen und Bosse, Leck
Umschlaggestaltung: Elisabeth Petersen, Netterndorf
Umschlagfoto: Pia Ranzato, Florenz
(Sonnenaufgang über den Hügeln der Toskana)

Monika Savier und Rosanna Fiocchetto (Hg.)

ITALIEN
DER FRAUEN

REISE & KULTUR

Frauenoffensive

Inhaltsverzeichnis

Mittelitalien

Sardinien

3
SUCHEN UND FINDEN

Vorwort

„Italien der Frauen": Erzählungen und Berichte italienischer Frauen aus dem ganzen Land, geschrieben und gewidmet den Frauen im deutschsprachigen Raum – und das mit Begeisterung. Das anfängliche, bescheidene Staunen der Frauen über das Interesse aus dem Ausland an ihrem Alltag, an ihrer Geschichte und Landschaft, an ihrer Frauenbewegung und Frauenkultur verwandelte sich schnell in konkretes Mitmachen. Hier gab es ein Stück „herstory" zu schreiben – wenn auch vorerst im Ausland veröffentlicht. Die immer nur verbalisierte Alltags- und Projekterfahrung konnte nun zum erstenmal in einem so umfassenden Lesebuch aufgeschrieben werden. Und es ging nicht um Selbstdarstellung auf einer Kleinstadttagung, sondern darum, Denkansätze, Initiativen und Ergebnisse von Frauenpolitik in den Zusammenhang von „Italienerin-Sein" zu stellen, von „außen" bewertet zu werden. Das kulturelle Erbe, Siege und Niederlagen in der Geschichte mußten reflektiert und politische Handlungsspielräume dargestellt und erneut hinterfragt werden.

Es entstand ein sehr persönliches und regional differenziertes Bild dieses Landes. Die Balance des Buches wurde nicht durch das „Nord-Süd-Gefälle" gestört, sondern gerade erst hergestellt. Kreative Erfolgsorientiertheit und Leicht-Sinn im Norden Italiens gehen langsam über in die melancholische Schwere und emotionale Wärme des Südens. Hier Lust auf Zukunft, dort Stolz auf Traditionen, die einander ergänzen – alles Frauen, die ihr Leben mit erhobenem Haupte tragen.

Das Buch zeichnet kleine, aber feine Ausschnitte aus der historischen und gegenwärtigen Lebenswelt der Frauen – ohne Anspruch auf Vollständigkeit, sowohl im Hinblick auf Initiativen und Ideenvielfalt als auch die vollständige geografische Erfassung dieses Landes.

Im ersten Teil des Buches geht es um eine inhaltliche Einführung in die Lage der italienischen Frauen. Es treten auf: Große Schriftstellerinnen, Mädchen, Theoretikerinnen der neuen Frauenbewegung, Analytikerinnen weiblicher „Phänomene" und gesellschaftlicher Strukturen.

Der zweite Teil ist ein Reiseführer, der Landschaften, Menschen und Kultur verständlich und sinnlich erfahrbar machen soll, der berät und sensibilisiert. Roter Faden ist dabei immer die Situation der Frau: als Opfer oder Heldin, als Hausfrau oder Vagabundin, als Dichterin oder Bäuerin (oder beides) ... Artikel einzelner Projekte sind immer subjektive Darstellungen, von den Projekten selbst verfaßt, und sollten die Leserinnen des Buches durchaus motivieren, ihnen einen Besuch abzustatten.

Der dritte Teil ist eine Adressensammlung von Frauenzentren, -gruppen, -projekten, -kneipen, -campingplätzen, -buchläden etc. – diesmal mit Anspruch auf Vollständigkeit und Aktualität (Februar 1988). Dies wird natürlich – dank der Dynamik und der Aktivitäten der Italienerinnen – nicht mehr lange hundertprozentig stimmen. Über die Zusendung neuer Informationen und Kritik von reisenden Frauen zur eventuellen Aktualisierung dieses Buches sind wir daher sehr dankbar.

Für Interessierte haben wir am Ende des dritten Teils eine Literaturliste über die in Italien erschienenen Bücher zu den wichtigsten Frauenthemen zusammengestellt.

Wir hoffen, mit diesem Lesebuch den Kampfeswillen und (Über-)Lebensmut der Frauen in Italien und ihren konstruktiven Anteil am sozialen und produktiven Leben in den Städten und auf dem Lande zu vermitteln und darüber hinaus den Ideen und der Kreativität der aktuellen Frauenbewegung zu Öffentlichkeit und Verbreitung auf internationaler Ebene zu verhelfen.

Wir danken den Autorinnen und Fotografinnen, dem Verlag „Frauenoffensive" und all den Frauen, die sich in Wort und Bild haben darstellen lassen und uns die politische Präsentation der „Frauen Italiens" anvertraut haben.

Rom, im Februar 1988   Rosanna Fiocchetto
                                                                          Monika Savier

14

1
POLITIK UND ALLTAG

Monika Savier

SENSIBILISIERUNGSHILFEN IN EINEM FREMDEN LAND

Italien, seine Geschichte, Kultur und Politik haben für viele Menschen eine große Anziehungskraft. Das gilt besonders für die Zweifler/innen an der Leistungsgesellschaft, Unternehmerkultur und Wertephilosophie des Nordens. Romantizismus, Leidenschaften, Liebe inmitten schöner Landschaften lösen bei einer Fahrt nach Italien Werte wie Funktionalität, Sauberkeit und Ordnung ab. Nicht nur der Sonne wegen läßt uns Italien nicht kalt. Stilvielfalt, Widersprüche – Unmögliches wird möglich, und Selbstverständliches gerät in die Krise – das sind Alltagserlebnisse, je südlicher wir fahren und je weiter wir uns von unserem durch Erfahrungswerte abgesteckten Lebensbereich absetzen.

Es sind die Gegensätze zum traditionellen Deutschtum, die viele nach Italien ziehen. Sich auf dieses Land einzulassen – sei es auch nur für eine Urlaubswoche –, bedeutet Abgrenzung vom Land der Berufstugenden mit der abgekoppelten Freizeit, dem Spezialistentum, Perfektionszwang und der Technokratie. Italien bietet dagegen Improvisation, die zwangsweise große individuelle Kreativität oder auch – in seinem unglücklichen Gegensatz – individuelle Dummheit zutage fördert. Dazu kommt, daß niemand an eine Besserung der Zukunft glaubt. Die Regierung ist eine Realsatire auf politische Dauerkrisen, ebenso staatliche Dienstleistungsbereiche, die Machtstrukturen des Landes durch eingefahrene Vetternwirtschaft, Korruption oder Manipulation; dabei spielt selten eine Rolle, ob es sich um „christliche", „sozialistische" oder „kommunistische" Verwaltungen handelt. Es werden Bündnisse in jede Richtung geschlossen und bei Bedarf ebenso schnell wieder aufgelöst. Die italienische Bevölkerung nimmt ihre Dinge also selbst in die Hand. Die Kunst, sich zu arrangieren, Beziehungen im Machtgestrüpp der Dorf- oder Stadtstrukturen zu schaffen, Freundschaften zu schließen, etwas für Freunde zu tun und auch etwas von Freunden zu empfangen, das sind die Regeln für die Gestaltung des Alltags. Kein Wunder, daß die Männer sich viel in der Bar aufhalten, denn Freundschaften müssen gepflegt werden, und es bedarf des täglichen Daseins, um nicht die Kontrolle zu verlieren. In seiner konstruktiven Variante ist all dies auch ausgeprägtes Sozialverhalten, Kommunikationsfreudigkeit, Gastfreundschaft, Erhaltung nachbarschaftlicher Kontakte und verhindert die Ausgrenzung Andersdenkender und Andershandelnder. Hierin liegt auch der Grund für den Verzicht auf Perfektion; denn um Perfektion zu erreichen, bedarf es der Vermeidung des „Störenden", des „Unordentlichen" – das Ende der Kreativität. Italiener/innen sind (Lebens-)Künstler/innen – sie müssen es auch sein. Mit Situationskomik, Improvisationsgeist und enorm viel Gemütsruhe werden

Krisen und Probleme aller Art durchstanden, ja oftmals sogar genossen. Nicht selten wird damit kokettiert, um das nationale Selbstverständnis von Zähigkeit und Überlebensstärke in der Krise zu bekräftigen. Gerade Deutsche bekommen hier schnell ihre eigene Krise, denn an den reibungslosen Ablauf der Apparate, anwesende Beamte zu den ausgeschriebenen Öffnungszeiten in den Institutionen und Mülleimer an jeder Straßenecke gewöhnt, verlieren sie im Italien der Improvisation schnell mal die Nerven zwischen der einen oder anderen hilflosen Problemlösungstaktik. Denn hier gilt: Wenn Ordnung das halbe Leben ist, dann ist Chaos wohl das ganze. Und hinter jeder weggeworfenen Mülltüte in der Landschaft steckt die freie Handlung eines freien Bürgers. Doch nicht nur Plastik überall in der Landschaft, auch das Jagen ist im Italien der Männer Zeichen für Freiheit und Abenteuer, dekadente Symbolik eines an Lächerlichkeit grenzenden Patriarchats, in dem, um überhaupt ballern zu können, auf kleinste Singvögel, aus „Lust am Schießen" auch auf Hunde und Katzen gezielt wird. Die Freiheit des Jägers, in einer Zeit, in der die Vögel bereits durch Pestizide und Biozide vergiftet tot vom Himmel fallen, wurde auch von der Kommunistischen Partei bei der letzten Volksabstimmung nicht angegriffen, denn die Italiener verstehen sich nun mal im Herzen als Jäger. Dafür wollen sie aber keine Kernenergie. Während sie hier den äußerst gefährlichen Aspekt für Menschen und Natur sehen und ihnen der (angebliche) wirtschaftliche Aufschwung relativ egal ist, den die Kernenergie verspricht, reagieren die Deutschen nach dem umgekehrten Prinzip. In ergebener Vaterlandstreue werden von einem großen Teil der Bevölkerung die Gefahren für Menschen und Natur ignoriert, damit „Deutschland wieder wer ist" – dafür sind aber viele im Tierschutzverein. In Italien dagegen gilt: Geld hin, Geld her, die menschliche Dimension muß erhalten bleiben und damit auch die Individualität.

Sie lieben ihr Dorf oder ihre Stadt, die regionale Küche, ihren Dialekt und können, was ihre Herkunft betrifft, durchaus patriotisch werden. Dabei sind sie Fremden gegenüber – fast immer – freundlich und großzügig. Klammern wir einmal die Römer aus, sind sie auch noch allesamt sehr bescheiden. Intoleranz ist selten. Alle dürfen mitmachen. Das zeigt sich auch an Italiens progressiver Gesetzgebung und Handhabung gegenüber psychisch Kranken (offene Psychiatrie), gegenüber Drogenabhängigen (Methadontherapie) und gegenüber geistig und körperlich Behinderten (vollständige Integration ins Regelschulsystem). Selbst Kriminalität ist relativ und unterliegt nicht nur dem Klassengesetz, so wie in der Bundesrepublik, wo in bestimmten Kreisen Bestechung, Erpressung, Steuerhinterziehung und Schmiergeldaffären zum Stil politischer Aufsteiger gehören, dies gibt's hier genauso, doch auch dem Volke seien seine Überlebensstrategien gegönnt. „Mildernde Umstände" gelten zum Beispiel für Napoli: Trotz hoher Arbeitslosigkeit, Camorra, Wohnraumnot und Hunger sind die Napolitaner sehr stolz auf ihre Stadt und die Italiener stolz auf Napoli, denn es stellt den kreativen Einfallsreichtum bei der Arbeits- oder sagen wir Geldbeschaffung unter Beweis. Die Geschicklichkeit der Taschendiebe und -diebinnen in Bussen, Zügen und auf der Straße, die abertausend Kinderjobs im Dienstleistungsbereich und die Ausgekochtheit der Taxifahrer (sicherlich mit die teuersten der Welt) sind sprichwörtlich und vom moralischen Standpunkt unantastbar. Kaum ein Fernsehprogramm ohne den Auftritt eines cleveren Napolitaners, ohne napolitanischen Dialekt, ohne die vollbusige napolitanische Mama, die selbst in größter Armut ihre sechs Kinder wie eine Löwin durchfüttert und verteidigt – all das, um die verzweifelten Überlebenstechniken der Menschen dort zu legalisieren. In Ermangelung anderer eingreifender staatlicher Strukturveränderungen gibt es den Napolibonus als Trost für Kreativität im Elend.

Als mir dort erwartungsgemäß das Auto gestohlen wurde und ich mich auf dem Polizeirevier nicht mit einem Zettel für die Versicherung zufriedengab (ich hatte Anhaltspunkte, daß das Auto von der Polizei selbst nachts weggeschleppt worden war), saß ich mit einem Kriminalbeamten im Taxi, um es an gewissen Stellen zu suchen (es gab keinen einzigen funktionierenden Dienstwagen, der uns zur Verfügung stand). Wir fuhren im Stop-and-go-Tempo die Via Roma hinunter. Vor uns knatterte eine Ape (motorisiertes dreirädriges Auto mit kleiner Ladefläche), die mit Weinflaschen beladen war. Da kletterten zwei Kinder von etwa acht Jahren auf die Ladefläche und reichten, vom Fahrer unbemerkt, weiteren Kindern, die neben dem Auto herliefen und eine Kette bis zum Bürgersteig bildeten, die Flaschen runter. Der Kriminalbeamte neben mir schlug sich auf die Schenkel vor Freude. Er erklärte mir den Vorgang und erläuterte auch die Hintergründe, die die Kinder bewogen haben mochten, so zu handeln. Es war, als ob er mir die Motive für den Bau einer berühmten Kirche, an der wir gerade vorbeifuhren, erklärte. Er hatte sich eine menschliche Dimension in seinem Arbeitsbereich erhalten. Hier ging es nicht um Ordnungswut und Fahnderehrgeiz, sondern darum, daß Regeln und Gesetze flexibler gehandhabt werden können. Sie werden den Umständen angepaßt. Eine bankrotte Stadt, fehlende Arbeitsbereitschaft vieler Männer und das traditionelle Frauenschicksal – arbeitslos, aber zuständig für die Versorgung der Familie – charakterisieren den alltäglichen Streß der Menschen in der Vier-Millionen-Stadt, und sie ist eine Stadt wie viele in Italien, nur berühmter. Viele Kinder sind in die Beschaffungskriminalität eingeschaltet. Mehr im Norden Italiens zeigen sich dagegen die Formen traditioneller Männerkriminalität: Da geht es nicht mehr ums Portemonnaie, sondern um den BMW.

Es gibt eine Justiz mit recht scharfen Gesetzen und drei verschiedenen

21

Polizeieinheiten (Carabinieri, Polizia, Guardia Finanza), die alle die Einhaltung dieser Gesetze überwachen sollen. Mehr noch als die Anzahl der Gesetze gibt es Wege und Techniken, diese zu umgehen. Es gibt keinen nationalen Gehorsam, auch wenn dahinter das Problem der Nichtregierbarkeit lauert, der Maßlosigkeit und Gewalt, die immer von dem ausgeht, der sich durch Faustrecht oder andere Techniken Achtung verschaffen kann. Das ist der Boden, auf dem mafiabegünstigende Strukturen gedeihen – potentiell in jedem Menschen hier. Es ist ein Denkprinzip und entsteht in einem sozialen Milieu, das sich selbst helfen muß, dem aber die Möglichkeiten zur Autarkie genommen wurden. Probleme werden hier zwischen Verursachern und Betroffenen geregelt, andere Möglichkeiten gibt es nicht.

Der Staat ist, auch wenn es um finanzielle Unterstützung geht, nicht vorhanden. Es gibt weder Arbeitslosenhilfe für Arbeitslose noch ABM-Programme oder Vergleichbares, Arbeitslosengeld wird nur in wenigen Fällen für kurze Zeit gezahlt und Sozialhilfe – gäbe es so etwas, dann wäre Napoli natürlich vollzählig auf dem Sozialamt versammelt – schon aus Prinzip nicht. Während in der Bundesrepublik Arbeit für viele identitätsstiftend ist und selbst bei geringer Bezahlung oftmals der Sozialhilfe vorgezogen wird, äußert sich das Verhältnis der Italiener bereits in der Sprache: Statt „ich bin Maurer" heißt es dort „ich mache den Maurer".

Um ein vergleichendes Bild über die kulturellen Unterschiede zwischen der Bundesrepublik und Italien zu zeichnen, fällt mir das Märchen vom Hasen und dem Igel ein. Es dürfte klar sein, wer den Clan der Igel repräsentiert, und wie immer haben die Deutschen trotz des Fleißes den Ärger.

Ein Stück weit spiegelt sich dieser Konflikt auch im eigenen Lande wider, in dem Verhältnis zwischen industriell erschlossenem, vom allgemeinen Wohlstand erfaßten Norden und dem ausgepowerten und von Hitze und zerrütteter Agrarstruktur belasteten Süden. Aber das ist eine unendliche Geschichte ... Wichtig wäre noch, das Stadt-Land-Gefälle zu erwähnen, denn hier ist auch die veränderte Frauenrolle am übermächtigsten. Während Frauen auf dem Lande die wichtige Funktion der Familienmutter oder Großmutter innehaben und damit auch ein gewichtiges Wort in alltäglichen Entscheidungen, sind sie in der Stadt, wenn sie nicht gerade selbständig leben und berufstätig sind, vielfach als unglückliche, unbedeutende Haushälterinnen in überfüllten Kleinstwohnungen im Neubau anzutreffen, mit all den Phänomenen, mit denen Frauen in dieser Situation zu tun haben. Die improvisierte Ordnung, besonders der Großstädte Italiens, favorisiert ganz klar den kräftigen, jungen, dynamischen, unmoralischen Mann. Es ist kein Ort für Menschen, die höflich und bescheiden an einem Schalter das Ende der Schlange suchen, für Frauen mit Einkaufstüten, für Alte, die schlecht weglaufen können, oder Touristen mit viel Gepäck ohne Geld fürs Taxi. Wer das Land betritt,

muß wachsam sein, in jeder Hinsicht, und dabei gleichzeitig lernen, Unvorhergesehenes zu genießen. (Auch ein Zugstreik – immerhin Ausdruck von Basisdemokratie – hat seine schönen Seiten; ausprobieren.) Es gibt keine Regeln, die greifen, keine Rezepte, sie sind eher für die phantastische italienische Küche geeignet, nicht aber für die Strukturierung menschlichen Verhaltens. Italien ist das Land der Grenzüberschreitungen im Alltag, das Land, in dem nicht nur die Liebe, sondern auch die Konflikte mit Leidenschaft gelebt werden. Es hat viele weibliche Aspekte im tagtäglichen Leben, die es genüßlich zur Schau stellt und die in diesem Land zum Glück noch nicht wegrationalisiert wurden.

Rosanna Fiocchetto

Die Geschichte der italienischen Frauenbewegung

Im Vergleich zu anderen Ländern wie Frankreich und England ließen sich die Anfänge der Frauenbewegung in Italien mit deutlicher Verspätung an. Die Entfaltung einer Frauenorganisation wurde durch das „Risorgimento" (Einigungsbewegung Italiens, 1815-1871) und die nationale Einigung zunächst gebremst und später stark beeinflußt. Die Auseinandersetzung der Frauen für die Behauptung einer eigenen Identität und der Bewußtseinsprozeß für frauenspezifische Rechte, Bedürfnisse und Ziele wurden erstickt und der patriarchalen Zielsetzung untergeordnet. Diese bestand darin, dem in mehrere Königreiche zerstückelten Italien eine neue Struktur zu geben und allen Bürgern eine gemeinsame kulturelle und politische Identität zuzuweisen. Angesichts einer solchen Situation führten nur wenige Frauenpersönlichkeiten wie Cristina di Belgiojoso oder Anna Maria Mozzoni einen schwierigen, isolierten und nur von einer kleinen Minderheit getragenen Kampf.

Anlaß für die Entstehung der ersten Organisationsformen war nicht der Kampf um das Frauenwahlrecht wie in den angelsächsischen Ländern, sondern das Arbeitsleben betreffende Forderungen. Es entstanden die sogenannten „Leghe" (Frauenvereinigungen). 1889 organisierten sich die Textilarbeiterinnen in der „Società delle Sorelle del Lavoro" (Vereinigung der Schwestern der Arbeit), um für Arbeitszeitverkürzung und Sicherung des Lohnniveaus zu kämpfen. Auf Initiative von drei Sozialistinnen wurde 1890/91 in Mailand der erste Frauenausschuß ins Leben gerufen. In der Landwirtschaft führten die bereits seit 1883 organisierten Reispflückerinnen der Emilia und des italienischen Nordens eine ganze Reihe oft erschütternder Kämpfe, die sie bei Auseinandersetzungen mit der Polizei nicht selten mit dem Leben bezahlen mußten.

Der Aufruf von Anna Kulischoff anläßlich der Wahlen 1897 stellte die Quintessenz dieser Kämpfe dar. Wenn sie ein grauenerregendes Bild der Frauensituation gab, so sprach sie im Namen von 1,5 Millionen ausgebeuteter und unterdrückter Frauen. Mit diesem berühmten Aufruf gelang es Anna Kulischoff, daß die Sozialistische Partei die „rechtliche und politische Gleichberechtigung von Mann und Frau" in ihr politisches Programm aufnahm. In der Frauenbewegung zeichneten sich zwei bis heute noch spürbare Tendenzen ab, die jeweils von den unterschiedlichen Positionen der Kulischoff und der Mozzoni repräsentiert wurden. Für die Kulischoff bestand die wesentliche Frage in einer durch Erwerbstätigkeit und Wahlrecht zu erreichenden *Frauenemanzipation*.

Die Mozzoni hingegen sah in der *Befreiung der Frau* das große gesellschaftliche Ideal aller Frauen, das sie zum gemeinsamen Handeln und

24

Kämpfen nicht nur gegen die klassenbedingte Ausbeutung zu mobilisieren vermochte, sondern ebenso gegen die Unterdrückung durch den Mann. Es entstanden die ersten klassenübergreifenden Frauenverbände: 1897 der Nationale Frauenverband in Rom, 1899 die Nationale Frauenvereinigung in Mailand, 1903 der Nationalrat der italienischen Frauen. Der letztgenannte Verband trat dem Internationalen Frauenrat bei, der länderübergreifend wirkte. Die Haltung der italienischen Frauen auf dem internationalen Frauenkongreß in Amsterdam war jedoch eher vorsichtig. Eine ähnlich vorsichtige Haltung zeigten die Frauen auch in der mühseligen Diskussion über das Frauenwahlrecht in Italien, die die sogenannte „familieninterne Polemik" zwischen Anna Kulischoff und ihrem sozialistischen Lebensgefährten, dem sozialistischen Führer Filippo Turati, entfacht hatte. So war auch der erste italienische Frauenkongreß 1908 von gemäßigten Positionen geprägt und endete mit einer Spaltung. 1909 schlossen sich die verschiedenen Frauenverbände zu einem „Pro-Wahlrecht-Bündnis" zusammen und richteten ein „Protest-Manifest" an das Parlament, um das Frauenwahlrecht durchzusetzen. Diese Auseinandersetzung wurde dann am 1. Mai 1910 wieder aufgenommen und dauerte die ganze Vor- und Nachkriegszeit (1915-18) an. Von einem Sieg der Frauenbewegung konnte jedoch nicht die Rede sein. Hinter dieser Schwäche der Frauenbewegung verbarg sich die klassenbedingte und vom Faschismus forcierte Spaltung zwischen bürgerlichen und proletarischen Frauen. Später wurden die Frauenverbände entweder aufgelöst oder „faschisiert".

Für die klassenbedingte Spaltung der Frauen war ebenso die Strategie der Arbeiterbewegung verantwortlich: So sollte gemäß den Richtlinien der III. Internationale die „Frauenfrage" nur als integrierter Bestandteil des Klassenkampfes begriffen werden.

Dem Faschismus (1922-43) gelang nicht nur die Zerschlagung der unabhängigen Frauenorganisationen, sondern darüber hinaus auch die Kontrolle jedes einzelnen Lebensbereiches der Frauen durch eigene faschistische Organisationen (Jugendverband, Frauenbund, Bäuerinnenverband etc.). Der Faschismus war sehr bestrebt, einen möglichst breiten Konsens der Frauen auf sozialem Gebiet zu erhalten. Dabei wies er ihnen die Funktion als Fürsorgerinnen und Pflegerinnen zu, und damit sie diese erfüllten, stellte er ihnen effiziente Dienstleistungen zur Verfügung. Die demagogischen Tricks, derer sich das faschistische Regime bediente, sowie die erniedrigende, bevölkerungspolitisch eingesetzte Propaganda verhinderten die Bildung eines gesellschaftlichen und politischen Bewußtseins. Trotz Isolation, Ausbeutung, minderwertiger und schwerer Arbeiten, Unterdrückung durch den Mann und Reduzierung auf die biologische Fortpflanzungsfunktion hatte die Frau „Handlangerin des Regimes" zu sein. Dieses Vorhaben scheiterte jedoch: Der Konsens der Frauen zusammen mit dem der Männer begann brüchig zu werden. Zunächst infolge der durch die Wirtschaftskrise 1929 auferlegten und zu leistenden Opfer und später durch die Tragödie des Krieges. Die Frauen beteiligten sich massenhaft an den Streiks von 1943; ihre Teilnahme an der „Resistenza" (Widerstandsbewegung) gegen den Nazifaschismus war Ausdruck eines starken Befreiungswillens, der in den zwanzig Jahren faschistischer Unterdrückung herangereift war. Im Oktober 1943 wurde in Mailand ein Einheitsfrauenbund gegründet: die sogenannten „Gruppi di difesa della donna" (Gruppen für die Verteidigung der Frau). Diese wurden von Frauen ins Leben gerufen, die den Parteien angehörten und sich dem „Komitee für die Nationale Befreiung" (CLNAI) angeschlossen hatten. Sie leisteten Öffentlichkeitsarbeit, soziale Betreuung, fungierten als Verbindungsglieder in der Widerstandsbewegung, planten Sabotageaktionen und führten einen militanten Kampf, um in den Fabriken, in den Städten und auf dem Lande die „Resistenza" gegen den Nazifaschismus zu organisieren. Ihr politisches Programm beinhaltete die Forderung nach gleicher Arbeit für gleichen Lohn, größeren Schutz für arbeitende Mütter und für die Jugend und schließlich die Forderung nach dem Frauenwahlrecht. Diese „Gruppi" zählten mehr als 70.000 Mitglieder. Es kam außerdem noch zur Bildung zahlreicher Frauenausschüsse innerhalb der Parteien und Widerstandsorganisationen. Ende 1943 erschien das Presseorgan der „Gruppi di difesa della donna": die Zeitschrift „Noi Donne", die 1936 in Frankreich von italienischen Emigrantinnen gegründet worden war. Die Zeitschrift erschien zunächst als Untergrundausgabe in Mailand, Turin, Florenz, Genua und Reggio Emilia. Ende 1944 erschien die legale Ausgabe als das offizielle Presseorgan der „UDI" (Unione Donne Italiane – Italienischer Frauenbund), die am 15. September 1944 auf Initiative einer Gruppe sozialistischer und kommunistischer Frauen mit katholischer Unterstützung gegründet wurde.

Zur Gründung der UDI trug die Tatsache bei, daß die Arbeiterbewegung infolge des massiven Eintritts von Frauen in die linken Parteien ihre frühere „sozialistisch-patriarchal-positivistisch" orientierte Betrachtungsweise änderte. Der kommunistische Führer Palmiro Togliatti hatte diese relativ autonome Organisationsstruktur der Frauen unterstützt, um seine These zu bekräftigen, daß das Frauenproblem eng verbunden sei mit dem Verhältnis zwischen Demokratie und Sozialismus; es sei weder das Problem einer einzigen Klasse noch einer einzigen Partei; die Frauenemanzipation stärke demnach die Demokratie, die zur Massendemokratie würde. Tatsächlich verzichtete die kommunistische Linke in einem Klima des Wiederaufbaus auf Hegemonieansprüche und bejahte die Teilnahme aller gesellschaftlich relevanten Kräfte an der Lösung der schwierigen wirtschaftlichen Probleme. Diese strategische Entscheidung bestimmte im

folgenden das Verhältnis der KPI zur Frauenbewegung. Die durch die UDI mit Hilfe des „Pro-Wahlrecht-Komitees" geführte Kampagne bewirkte im Januar 1945 die Verabschiedung einer gesetzlichen Verordnung, die das Wahlrecht auf Frauen ausdehnte. Es folgten Aktionen gegen die hohen Lebenshaltungskosten und eine Kampagne für die Schaffung einer „Arbeitsfront für Frauen". Nach der Konstituierung der verfassunggebenden Versammlung, in der einundzwanzig gewählte Frauen vertreten waren, starteten die Frauen als weitere Etappen ihres Kampfes die folgenden Aktionen: die Kampagne gegen den Marshall-Plan und für den Frieden, deren Schlußkundgebung in Rom an die 50.000 Frauen zählte, sowie die Kampagne für die Unterstützung der linken Kandidatinnen für die Wahl am 18. April 1948, an der die Frauen zum erstenmal als Wählerinnen und Kandidatinnen beteiligt waren. Eine solche eindeutige Parteinahme für die Linke mußte zum Bruch mit den katholischen Frauen führen, die daraufhin eine eigene Organisation gründeten. Die UDI-Frauen unterbrachen bis Mitte der fünfziger Jahre den Dialog mit den katholischen Frauen.

Die von der UDI entwickelte „Linie" gerät ab 1959 in eine Krise, als die Frauen sich zunehmend von der Politik abwenden als Folge eines rapiden Rückgangs der Frauenbeschäftigung. Der wiederauflebende Kapitalismus erweist sich in der Tat als frauenfeindlich. Die Frauen werden wieder ins Private zurückgedrängt. Die Aktivitäten und die programmatische Diskussion innerhalb der UDI lassen nach und verlagern sich vornehmlich auf die Durchsetzung der Verfassung und der Gleichberechtigung zwischen Mann und Frau in rechtlichem, wirtschaftlichem und gewerkschaftlichem Sinn. Um das Jahr 1963 beschränkt die UDI ihre Zielsetzung auf Themen mit defensivem und reformerischem Charakter: Mutterschaft als gesellschaftlicher Wert, die Frage der Hausfrauen, ihrer Altersversorgung und die Aktionen um mehr Dienstleistungen.

Ende der sechziger Jahre werden die Frauen zunehmend von dem weitverbreiteten Bedürfnis nach einer neuen Lebensqualität erfaßt. Darin werden sie von den Theorien des „neuen Feminismus" und der politischen Sprengkraft der 68er Studentenbewegung bestärkt. Durch den neuen Feminismus wird ihnen eine frauenspezifische Unterdrückung und Ausbeutung bewußt, erzeugt durch die sexuelle Diskriminierung und die Machtstrukturen der Männer. Die Frauen gehen dazu über, die Anlehnung der Gleichberechtigungsdiskussion an das „historische" patriarchale Unterdrückungsmodell abzulehnen, die einer Identifikation mit den eigenen Unterdrückern gleichkäme. Abgelehnt wird ein Emanzipationsmodell, das darauf abzielt, die Frauen in die patriarchale Gesellschaftsstruktur einzubinden. Und jetzt heißt es für die Frauen – für sie allein –, den Kampf gegen die patriarchale Gesellschaft, die sie ausbeutet und unterdrückt, aufzunehmen und sich dabei mit den Frauen und nicht mit den Männern zu identifizieren. Die von den Linken gepredigte Neutralität zwischen den Geschlechtern erweist sich als trügerisch und hinderlich für den revolutionären Befreiungsprozeß der Frauen.

Die Frauen der Gruppe DEMAU (Demistifikazione Autoritarismo – Entmystifizierung der Macht) und anderer Mailänder Gruppen sind die ersten, die Analysen dieser Art machen. 1969 beginnen auch die Jüngsten der Frauenbewegung, innerhalb der Studentenbewegung Frauenkollektive zu bilden. Im gleichen Jahr entsteht die mit der Radikalen Partei verbündete Bewegung für die Befreiung der Frau (MLD) und 1970 die Gruppe „Rivolta femminile", die sich landesweit über feministische Kollektive artikuliert. Noch im gleichen Jahr entsteht die FILF (Italienische Front zur Befreiung der Frau). 1971 gründen sich die feministischen Gruppen von Trento und die Gruppe „Cerchio Spezzato" (Der zerbrochene Kreis) aus der Studentenbewegung. Es entstehen etliche andere Gruppen: „Anabasi" in Mailand, „Le Nemesiache" in Neapel, die Frauenkollektive in Turin, Padua, Calgiari, Gela, die Römische Feministische Bewegung und das „Centro della Maddalena" in Rom.

Stadt- und Stadtteilkollektive gibt es nun zu Hunderten. Und dort werden – ausgehend von der Praxis der Selbsterfahrung – verschiedene politische Vorgehensweisen erprobt. 1972 werden die ersten Aktionen für die Durchsetzung des legalen Schwangerschaftsabbruchs gestartet und die ersten Selbsthilfegruppen gegründet. An diese Aktivitäten schließt sich dann die Kampagne für das Scheidungsreferendum von 1974 an. Es finden drei zentrale Frauenkongresse statt: 1974 und 1975 in Pinarella di Cervia und 1976 in Paestum. 1975 wird der Mailänder Frauenbuchladen gegründet. Andere Städte folgen diesem Beispiel: Rom, Bologna, Turin und Cagliari. Zur gleichen Zeit beginnen die Frauen, ihre Präsenz in den Gewerkschaften zu koordinieren und den Bildungsurlaub „150 ore" in Anspruch zu nehmen. Weil der Senat die Verabschiedung des Gesetzes über den Schwangerschaftsabbruch boykottiert, findet am 6. Dezember 1975 eine gewaltige Kundgebung in Rom statt. Unterdessen wächst das Bedürfnis, die vielen Aktivitäten zu koordinieren, und zwar über die Frauenmedien (Zeitschriften: „Se ben che siamo donne", „Effe", „Mezzo Cielo", „Sottosopra", „Differenze", „Quotidiano Donna") und über die Frauenzentren, die in vielen Städten entstehen. Ab 1976 finden die Forderungen der Frauenbewegung ihren ersten konkreten Niederschlag auf gesetzlicher Ebene: Es wird ein Gesetz verabschiedet, wonach in ganz Italien sogenannte „consultori" (Beratungs- und Informationsstellen für Sexualität, Empfängnisverhütung, Ehe- und Familienfragen) einzurichten sind. Auch die Bildung von „consulte femminili" (Frauenbeiräte) in den Stadtverwaltungen wird durchgesetzt. Dieser Erfolg ist allerdings auch auf den Einzug linker Stadtverwaltungen in vielen italienischen Städten zurückzuführen. In diesen Jahren beginnen sich die Frauenkollektive zu spalten.

Es bilden sich Gruppen mit vorwiegend gesellschafts- und kulturspezifischen Interessen (Gesetze, Gesundheit, Kunst, Presse etc.). 1978 wird der § 194 zur Regelung des Schwangerschaftsabbruchs verabschiedet. Die Auseinandersetzung über die positiven Aspekte dieses Gesetzes führt jedoch zur Spaltung der Bewegung. Jetzt beginnen die Frauen zu überlegen, daß sie den Feminismus als Kampf der Geschlechter überwinden und durch eine autonome Programmatik neu definieren müssen. Die „bleiernen Jahre" in Italien und die Entführung des christdemokratischen Politikers Aldo Moro führen schließlich dazu, daß öffentliche Aktionen auf der „Piazza" immer unmöglicher werden. Auch die Verabschiedung des durch Volksbegehren eingebrachten Gesetzentwurfs gegen sexuelle Gewalt scheitert. Die italienische Frauenbewegung erfährt in dieser Zeit zweierlei Ausprägungen: zum einen den Übergang von Frauenbewegung zum „femminismo diffuso" (Dezentralisierung der Frauenbewegung) und zum anderen die immer offenkundiger werdende Präsenz lesbischer Frauen. Die Gruppe „Vivere Lesbica" und das CLI (Koordinierungskomitee der italienischen Lesben) organisieren zusammen mit anderen Lesbengruppen aus Florenz, Mailand, Bologna und Catania die ersten zentralen Lesbenkongresse: 1981 in Turin und Rom, 1983 in Bologna, 1985 in Rom und 1987 in Florenz.

In den siebziger Jahren erweist sich die Frauenbewegung in ihrer Struktur vor allem als zerrissen und schwer durchschaubar („segmentata" e „sommersa"). Offenkundig wird sie eigentlich nur auf der „Piazza" bei öffentlichen Aktionen. Ihre erklärte Zielsetzung ist die gesellschaftliche Mobilmachung. In den achtziger Jahren hingegen entwickelt die Bewegung eine andere Identität: Sie stützt sich nicht mehr einzig und allein auf den Antagonismus Mann-Frau, sondern ebenso auf den Anspruch der Frauen, ein „kollektives Subjekt" in der Gesellschaft zu sein. Dabei werden ein autonomes Frauenkonzept, autonome Frauenstudien in Kultur und Politik und eigene unabhängige Einrichtungen angestrebt. Frauengruppen gehen dazu über, Kooperativen, Agenturen, Unternehmen, Studien- und Dokumentationszentren zu gründen und theoretische Zeitschriften herauszugeben. Innerhalb und außerhalb der Universitäten entwickeln sich die italienischen „women's studies" (Frauenstudien). Auch in den politischen Institutionen findet das autonome Frauenkonzept seinen Niederschlag in der Ausarbeitung frauenspezifischer Eingriffsstrategien (parlamentarischer Ausschuß für Chancengleichheit). Soll der autonome Feminismus auch in gesellschaftlicher Hinsicht wirken, so müssen die Frauen „starke" Beziehungen untereinander schaffen. Damit dies geschieht, haben die Mailänder Feministinnen 1983 die Theorie des „affidamento" (das mit [An-]Vertrauen oder Garantie übersetzt werden könnte) entwickelt und anderen Frauengruppen zugänglich gemacht. Darunter wird das Aufwerten des eigenen geschlechtlichen Andersseins verstanden, indem Frauen einer anderen Frau in ihrer gesellschaftlichen Funktion „Achtung zollen" und sie als Vor- und Leitbild anerkennen. Diese Konzeption beruht auf einer positiven Interpretation der Mutter-Tochter-Beziehung und ihrer „symbolischen Übertragung" auf die gesellschaftlichen Beziehungen der Frauen untereinander. Die Verbreitung der Theorie des „affidamento", die vor allem von den linken Frauen in den politischen Institutionen rezipiert wurde, hat die kommunistischen Frauen veranlaßt, diese in ihre „Frauen-Charta" aufzunehmen. Auch der von Frauen geführte Wahlkampf für die letzten Parlamentswahlen 1987 war von dieser Strategie geprägt und brachte eine Erhöhung der Parlamentssitze für Frauen von sieben auf zehn Prozent.

Frauen: Zahlen, Daten, Fakten

Auch in Italien machen die Frauen mehr als die Hälfte der Bevölkerung aus: nämlich 28.713.000. Dies entspricht 51,3 % der Gesamtbevölkerung. Von den 3.800.000 Verwitweten sind 3.171.000 (83,4 %) Frauen. Die Zahl der ledigen Frauen beträgt 11.223.000 (39,1 %), die der verheirateten Frauen 14.012.000 (48,8 %). Von ihren Ehemännern getrennt leben 215.000 (0,7 %) und geschieden sind 91.000 (0,3 %) Frauen. Von den 2.657.000 „Singles" in Italien sind 1.852.000 (69,7 %) Frauen. Die Zahl der Ehen ist innerhalb von zehn Jahren um 28,1 % zurückgegangen. Die Zahl der alleinerziehenden Elternteile beträgt insgesamt 1.256.000, davon sind 1.069.000 Frauen. Hier leben außerdem 53.000 ledige Mütter mit ihren Kindern, dagegen gibt es keinen einzigen ledigen Vater in der gleichen Situation. 40,7 % der Frauen sind finanziell unabhängig, auch wenn ihr Durchschnittseinkommen deutlich niedriger liegt als das der Männer. Es gibt zur Zeit in Italien 8.124.000 berufstätige Frauen. Dies entspricht 33,9 % der gesamten weiblichen Bevölkerung über vierzehn Jahre und 32,4 % aller Beschäftigten. Der Anteil der arbeitslosen Frauen beträgt hingegen 58,1 %. Davon sind 9.683.000 Hausfrauen. Im öffentlichen Dienst arbeiten 4.235.000 Frauen (62,6 %), in der Industrie 1.662.000 (24,6 %), in der Landwirtschaft 869.000 (12,8 %). 13,7 % sind Unternehmerinnen und freiberuflich Tätige. 23,8 % der Frauen haben keinen Schulabschluß, bei den Männern ist der Anteil 18,4 %. 2,1 % der Frauen haben einen Universitätsabschluß, bei den Männern liegt der Anteil bei 3,6 %. 88,1 % der Grundschullehrer sind Frauen. Bei den Universitätsprofessoren liegt der Anteil der Frauen bei 34,9 %.

Die folgenden Zahlen sollen verdeutlichen, wie hoch der Anteil der Frauen – im Vergleich zu dem der Männer – in den anderen Berufen ist: Praktische Ärztinnen 7,3 %, Chirurginnen 15,8 %, Zahnärztinnen 8,7 %, Apothekerinnen 41 %, Krankenschwestern 67,1 %, Richterinnen und Juristinnen 2,9 %, Rechts- und Staatsanwältinnen 3,4 %, Notarinnen 8,4 %, Unternehmerinnen 8,4 %, Angestellte 41,2 %, Geschäftsfrauen 38,9 %, Verkäuferinnen 31,6 %. Der Anteil der Arbeiterinnen beträgt 23,1 %. In Italien werden jährlich 231.401 legale Schwangerschaftsabbrüche vorgenommen, davon entfallen 73,4 % auf verheiratete Frauen. Nur 9,1 % der Frauen treibt aktiv Sport. Die Selbstmordrate der Frauen: 891, die der Männer dagegen: 2.090. Von den Selbstmörderinnen sind 475 Hausfrauen. Der Anteil der Selbstmordversuche liegt bei den Frauen jedoch bei 55,5 %. Die Frauen sind in den Gefängnissen mit einem Anteil von 7,7 % vertreten. Die Zahl der in einem Jahr angezeigten Fälle sexueller Gewalt beträgt 3.277, davon entfallen 302 auf vierzehnjährige Mädchen, 137 auf Entführungen, und 2.133 erfolgen zwecks Anstiftung zur Prostitution.

Mit der Erhebung dieser Daten wurde das ISTAT (Zentrales Institut für Statistik) 1984 von der „Nationalen Kommission für die Verwirklichung der Gleichberechtigung zwischen Mann und Frau" beauftragt.

Dacia Maraini

MEDITATE, STREGHE, MEDITATE ...

(Meditiert, Hexen, meditiert ...)

Zurück zu schauen, sich Fragen über die Vergangenheit zu stellen, scheint eine Sache für Dummköpfe zu sein, da wir dermaßen von einer technologischen Euphorie gepackt sind, die uns in eine Atmosphäre von erbittertem Fetischismus der Gegenwart hüllt. Die Zukunft steht vor uns: brisant und unaussprechlich im Glitzern der Bilder, immer prickelnder und unpersönlicher. Die Vergangenheit hat etwas Beschämendes. Vergessen wir sie lieber, geben wir ihr einen anderen Namen. Man muß den Hals verrenken, um zurückzuschauen, und es mit einem Gefühl der Niedergeschlagenheit und der allgemeinen Gleichgültigkeit aufnehmen. Die Vergangenheit ist vor allem langweilig und nichtssagend.

Es scheint, als seien die Frauen am meisten darauf erpicht, sich von jeder jüngsten Erinnerung zu befreien, um sich – bereiter und kühner denn je – einer Zukunft der tausend Möglichkeiten und der tausend Verführungen entgegenzuwerfen. Und doch ist die jüngste Vergangenheit der Frauen voller Entdeckungen und Errungenschaften, über die nachzudenken wäre. Eine Vergangenheit, die das Dasein des weiblichen Geschlechts erschüttert hat, in der sich mehr Dinge in zwanzig Jahren verändert haben als in einem ganzen Jahrhundert. Vor dem Feminismus war Freiheit eine geschlechtsneutrale Definition, in der Frauen nicht vorkamen. 1917 haben sich die Frauen im Namen der Gerechtigkeit und der Gleichheit ins Gefängnis werfen, foltern und erschießen lassen. Im letzten Krieg haben sich die Frauen im Namen der Freiheit und der Demokratie verhaften und umbringen lassen. Olympe de Gouges war Ende des 18. Jahrhunderts die erste, die von Rechten der Frauen getrennt von denen der Männer sprach und sie nicht einer allgemeinen Menschlichkeit einverleibte, einer scheinbaren Einheit und Gleichheit. Doch zwischen ihr und uns liegen das 19. Jahrhundert und ein guter Teil des 20. Jahrhunderts, in denen die Crème der Wissenschaftler und der Politiker alles versucht hat, jede Theorie der Geschlechtsunterschiede auszulöschen – trotz Frauen wie Zetkin, Kulischoff und Mozzoni.

1964 beginnen gleichzeitig in China und in den Vereinigten Staaten die Studentenunruhen, die sich dann einige Jahre darauf auch bei uns ausbreiten, gegen jedes autoritäre, hierarchische System, gegen jede Vorherr-

33

schaft und aufoktroyierte Wissenschaft. Und mit ihnen entsteht eine neue Art, Politik zu machen, und dem Klassenwiderspruch wird der der Rasse und des Geschlechts hinzugefügt.

Ökonomisch gesehen war die Frau im ganzen 19. Jahrhundert und einem Teil des 20. Jahrhunderts eine Hybride ohne eigenen Status, Anhängsel eines Ehemanns, eines Vaters, einer Familie, deren Besitz sie aufgrund eines Naturgesetzes zu sein schien. Ihre Versklavung war politisch unsichtbar. Die Kulturrevolution mit ihrer Sprengung der Rollen ermöglicht tatsächlich die Wiedergeburt der Bewertung geschlechtsspezifischer Unterschiede. Ergebnis ist die Verbreitung einer neuen Auffasung von Freiheit, die nicht mehr allgemein und mannbezogen, sondern an die besondere Lage des weiblichen Geschlechts gebunden ist. Dem folgt die Erkenntnis, daß die Orte der Ausbeutung nicht nur die Fabrik, die Werkstatt und das Büro sind, sondern auch das Haus, das Schlafzimmer und die Straße, an der die Prostituierten stehen.

Ich erinnere mich an die ersten euphorischen Versammlungen der Gruppe „Rivolta Femminile", die keinen festen Ort fand und sich mal hier, mal dort traf – eine Gruppe, die jeden Tag größer wurde. Das war Ende '68. Einige Jahre später traf ich mich mit einer Gruppe, die mir ideologisch näherstand, in einem kleinen Raum in der Via Pompeo Magno. Inzwischen führte ich ein Experiment zur Dezentralisierung des Theaters im heruntergekommenen römischen Stadtviertel Centocelle durch, in dem jegliche kulturelle Einrichtung fehlte. Aus einer Garage voller Mäuse ein Theater zu machen, und das in einem feuchten und verarmten Stadtteil, ohne Heizung, ohne Elektrizität, zu lernen, Nägel einzuschlagen, Wände zu streichen, Beleuchtung zu installieren, die Schauspieler/innen anzuleiten und das Bühnenbild aufzubauen, all das war eine aufreibende Arbeit. Und weder ich noch die Schauspieler/innen (acht Frauen und zwei Männer) verdienten eine Lire. Die Geschichten, die wir inszenierten, betrafen die Gefängnisse, Internate und Bordelle, und die Hauptfiguren waren immer Frauen. Daraus wurde die Idee eines Frauentheaters geboren. Und 1973 ging es von neuem los mit Mörtel, Eimern mit Kleister, Farben, dem Bretterannageln und der Jagd auf Kakerlaken – und das zwölf Stunden am Tag. So entstand das Theater „La Maddalena".

Inzwischen erschien die erste Nummer von „Effe", einer nur von Journalistinnen getragenen Zeitschrift. Kurz darauf kam „Donna Woman Femme" heraus mit Studienergebnissen, Reflexionen und Untersuchungen. Der Frauenbuchladen an der Piazza Farnese wurde eröffnet. Die römischen Gruppen besetzten das leerstehende Gebäude der Via del Governo Vecchio, das den „Opere Pie", einer kirchlichen Einrichtung, gehörte. Ich erinnere mich noch an die Abende bei Kerzenlicht um einen improvisierten Tisch aus einem Sperrholzbrett und zwei Böcken, an die glaslosen Fenster, die auf die laute Gasse hinausgingen, an die aneinandergereihten Schlafsäcke auf dem Fußboden, die Bierdosen, den ständigen Lärm von Absätzen auf den breiten Treppen, treppauf, treppab. Aus Mailand kam eine schöne Zeitschrift voll neuer Ideen: „Sottosopra" (Drunter & Drüber). Die Mailänderinnen kamen, um mit ihrer calvinistischen Strenge zu diskutieren, bereit zu jedem Wortgefecht. Aus Venetien kamen die Gruppen „Lohn für Hausarbeit", die sich damals am meisten mit dem Knackpunkt zwischen Prostituierten und Nichtprostituierten auseinandersetzten. Als nächstes kam die Zeitung „Quotidiano Donna". Und die „Frauenuniversität Virginia Woolf", die heute noch ihre Forschungsreise in die Welt der weiblichen Wissenschaft fortsetzt. Ein paar Jahre lang gab es im Fernsehen eine Sendung, die den Frauen gewidmet war und die bei der ersten Gelegenheit wieder abgeschafft wurde, während ein entsprechendes Programm im Rundfunk (jeden Morgen eine Stunde im dritten Programm der staatlichen RAI) bis heute gesendet wird.

Einige Zeitschriften wie „Effe" und „Quotidiano Donna" hatten nur ein kurzes Leben, wurden jedoch sofort durch andere ersetzt – so „Grattacielo", „Orsa Minore", „Memoria", ganz zu schweigen von den Hunderten von Sachbüchern zum Thema Frauen, die von den größten italienischen Verlagen herausgegeben wurden. Hingegen war die Frauenbewegung in dieser Zeit eine Massenbewegung mit Tausenden von Selbsterfahrungsgruppen, die in ganz Italien hervorsprossen, mit Hunderten von öffentlichen Versammlungen an den Universitäten, Schulen und Arbeitsplätzen. Jeder größere Betrieb hatte sozusagen seine eigene Frauengruppe. Und es gab kein Provinzstädtchen, das nicht seinen Treffpunkt gehabt hätte, wo über Sexualität, Gewalt, Mutterschaft, Erotik, Unterbewußtsein, Hexerei, Mythen, Religion, Abtreibung usw. diskutiert wurde.

Aber heute, was ist heute, im Januar 1988 davon geblieben – von all dem, was von den Frauen in der jüngsten Vergangenheit gelebt, entdeckt, geschrieben, verstanden, umgestürzt und aufgebaut wurde? Einige halten die Frauenbewegung für tot. Andere finden sie schlicht überspannt, einfach aus der Mode gekommen. Wer sich aber umsieht, entdeckt, daß es sich weniger um einen Tod handelt, eher um einen Wandel. Die Begeisterung und die Sicherheiten der siebziger Jahre sind passé, und die Frauen gehen nicht mehr auf die Straße, sondern stecken ihre Köpfe in Bücher, Archive, Bibliotheken, Museen. An die Stelle der Aktion ist die Reflexion getreten. Slogans wie „donna è bello" (Frausein ist schön!) wurden ersetzt durch ein umfassenderes Interesse an Forschung und Untersuchung der Realität. Unlängst wurde das neue Frauenzentrum im ehemaligen Kloster „Buon Pastore" eröffnet. Inzwischen wurde dort auch in den oberen Stockwerken Elektrizität verlegt. Die zweiundfünfzig Gruppen, die hier mitmachen, haben angefangen, Stühle, Gasöfen und Arbeitstische herbeizuschaffen. Das Kommen und Gehen der geduldigen Ameisen voller Ideen, Erinnerungen, Gedanken und Projekte hat erneut in der

Kälte eines Gebäudes begonnen, das noch immer ohne Wasser ist, nur über wenig Geld verfügt (dies ist eine Konstante in jedem Frauenprojekt), in dem aber mit Großzügigkeit und Zähigkeit gearbeitet wird. Die Gruppen der Frauenorganisation UDI funktionieren noch in ganz Italien. Das Theater „La Maddalena" ist noch geöffnet, auch wenn seine Aktivitäten aufgrund der immer höheren Kosten der Theateraufführungen und Steuern jetzt vor allem in Seminaren bestehen. Der Frauenbuchladen in Mailand führt seine Aktivität als Archiv fort und bringt weiterhin Vorschläge und neue Ideen. Das Frauenzentrum Mestre/Venedig ist überaus aktiv. Die Zeitschrift „Noi Donne" stellt – populär, wie sie ist, und für alle Strömungen offen – einen Bezugspunkt vor allem für die große weibliche Bevölkerung in der Provinz Italiens dar.

Inzwischen sind andere Zeitschriften erschienen wie „Fluttuaria" in Mailand und „Reti" in Rom sowie „Minerva" und „Aspirina". Andere, kleinere schießen wie Pilze aus dem Boden und sterben auch rasch wieder. Am weitesten von der großen kollektiven Betriebsamkeit entfernt scheinen in diesem Augenblick die ganz jungen Mädchen zu sein. Vielleicht weil sie in den Schulen eine Situation tatsächlicher Gleichberechtigung leben. Doch später, beim Eintritt in die Arbeitswelt und in die Ehe, mit der Geburt ihrer Kinder, treffen auch sie die typischen Probleme des Frauenalltags.

Nun ist es ja nicht leicht, das Anderssein als etwas Positives und Eigenständiges zu leben. Bei jeder x-beliebigen Arbeit wird von den Frauen verlangt, ihre Subjektivität aufzugeben, um sich dem Zeitgeist, der Weltan-

schauung, den Ideologien und selbst der Männersexualität anzupassen. Niemand fragt sich, warum die Vergewaltigungen zunehmen, warum die Prostitution nicht zurückgeht, warum Gewalt in der Ehe an der Tagesordnung ist, obwohl Frauen doch theoretisch das Recht auf Karriere, sexuelle Freiheit, ökonomische und rechtliche Unabhängigkeit erworben haben.

Wenn wir von sexueller Freiheit sprechen, drängt sich die Frage auf, ob es sich nicht vor allem um die große neue Freiheit handelt, sich auszuziehen und sich besser als zuvor zu verkaufen. Wie wir im Fernsehen sehen (und wir wissen, wie sehr die Sendungen durch ihre Verbreitung die Norm herstellen), werden die Frauen immer mehr dazu gedrängt, als Körper zu erscheinen und nicht als denkende Köpfe. In den Filmen zeigen sie sich immer unbekleideter, stummer und zum Masochismus bereiter. Die Gewalt gegen den weiblichen Körper ist, kurz gesagt, alltäglich geworden, zur Schau gestellt, normal. Aus diesen Tagen stammt die Nachricht, daß in den Einrichtungen des öffentlichen italienischen Gesundheitswesens Klitorisbeschneidungen unter Anästhesie an den Töchtern der afrikanischen Einwanderer durchgeführt werden. In China werden weiterhin auf dem Lande die Mädchen kurz nach der Geburt getötet, und in England entledigen sich viele junge eingewanderte Mütter der Föten, wenn sie feststellen, daß sie weiblichen Geschlechts sind. Das Wort „kleines Mädchen" hat eine erotische und sentimentale, immer anzüglichere und nostalgischere Bedeutung bekommen. Man sagt „kleines Mädchen" zu einer Frau, die man liebt, weil man sie zerbrechlich, verfügbar, wehrlos will, um sie zu beschützen, zu besitzen, im Dunkeln zu lassen über die Häßlichkeiten des Lebens, aber auch über eine verantwortungsvolle Reife. Marilyn Monroe war das schönste und verführerischste kleine Mädchen von allen, und deshalb mußte sie sterben, bevor ihr Körper die Zeichen der Reife zeigte. Das „schöne kleine Mädchen" ist die Frau, die der Welt entgegentritt, indem sie ihren Körper vorzeigt und ihn mit einem ergebenen Lächeln schmückt; es bittet um Schutz und um Verzeihung für die kleinen Listigkeiten, die kleinen kindlichen Ränkespiele, derer sie in jedem Fall schuldig ist, und sie schaut mit sanften und verträumten Augen in die Welt. Wenn ihre Stimme erklingt, ist sie immer weich und schmeichelnd, nie unterwürfig, nie selbstsicher, immer bereit, sich in anmutiges, plätscherndes Gelächter zu verlieren. Eine Stimme, die man nicht ganz ernst nimmt und die nur in den absurdesten Situationen gebieterisch überschnappt. Dies ist jedenfalls der weitverbreitetste Traum. Die Frau scheint in der erotischen Phantasie vieler Männer zu regredieren, um zuerst wieder zur Heranwachsenden und dann zum Kind zu werden, auf einer Reise zurück ins Dunkel des Nichts, das vor dem Leben ist. Die erwachsene Frau wird wie Alice dazu eingeladen, jenen Pilz zu essen, der sie kindlich, verführerisch und verloren macht. Wenn sie es nicht tut, riskiert sie, lächerlich gemacht zu werden oder am Ende in jene sexuelle und gefühlsmäßige Einsamkeit zu geraten, die so viele fürchten. Man könnte sagen, daß der Mann immer mehr von einer eher beschützenden als gleichberechtigten Sexualität verlockt wird. Um diese Sehnsucht zu verwirklichen, ist er zu allem bereit. Doch wenn er – jenseits des angebeteten und launenhaften Mädchens – eine erwachsene Frau trifft, scheint er vom Willen gepackt zu werden, sie zu töten, weil er sie beschuldigt, ihn in die verhaßte Wirklichkeit zurückgeholt zu haben. Auch das könnte ein Grund für die Tötung der weiblichen Föten sein – abgesehen von den Gründen wie Hunger, Angst und Tradition. Jede Frau ist gezwungen, sich mit diesem verführerischen kleinen Mädchen auseinanderzusetzen, das sie liebt wie einen verlorenen Teil von sich selbst, aber das sie auch haßt, weil es sie zwingt, sich ständig selbst zu verstümmeln und eine Rolle zu spielen, die sie nicht vollständig ausfüllt; es ist fast, als ob eine schmerzhafte und unfruchtbare Kontinuität verspäteter Mutterschaft zerstört würde.

Ida Magli
DIE WERTE DER WEIBLICHKEIT

Sosehr es auch heute in Italien problematisch und gewagt erscheinen mag, aus der Lage der Frauen und aus den Auswirkungen des Feminismus auf die Gesellschaft Schlüsse zu ziehen, so sind doch die Dinge – strikt historisch-wissenschaftlich betrachtet – eigentlich ziemlich klar und entsprechen fast vollkommen der Logik, die ihren Prämissen innewohnt. Bei der Erörterung historischer Fragestellungen wird in der Regel gerade dieser wesentliche Aspekt vernachlässigt, daß nämlich menschliches Verhalten von der logischen Struktur des Denkens gesteuert wird und ganz bestimmte Voraussetzungen notwendigerweise zu ganz bestimmten Schlußfolgerungen führen. Wenn es um „Geschichte" geht, neigt man im allgemeinen dazu, eine derartige Analyse zu vermeiden und auf die „Freiheit" des Menschen zurückzugreifen. Aber die ethisch-philosophische Kategorie der „Freiheit" rechtfertigt in keinster Weise, daß das Unterscheidungsmerkmal der Gattung Mensch – nämlich sein durch die Denkstruktur gesteuertes Handeln – außer acht gelassen wird. Logisches Denken besitzt eine derartige Kraft, daß, sobald menschliches Verhalten ihm nicht zu entsprechen scheint, wir von „Wahnsinn" reden, um solches zu erklären.

Die *Geschichte* ist im Prinzip wie ein *Labor*, in dem ein Experiment nur dann zuverlässige Ergebnisse zeigt, wenn alle die ihm zugrundegelegten Voraussetzungen einer permanenten Überprüfung unterzogen werden. Deshalb sagte ich zu Beginn, daß die aktuelle Situation der Frau – nachdem die dem Anschein nach „revolutionärste" Phase der Frauenbewegung vorüber ist – sich historisch-wissenschaftlich analysieren läßt; und sie kann sogar zur Überprüfung bestimmter theoretischer Deutungsansätze ihrer Grundlagen herangezogen werden.

Haben die Frauen nun die sogenannte „Gleichberechtigung" erreicht? Hinter dieser Frage, die die gesamte Problematik einzuschließen scheint, verbirgt sich bereits eine Schwierigkeit wissenschaftlicher Art. Die Kultur ist ein allumfassendes Modell, in dem – gerade wegen jener bereits zu Beginn erwähnten logischen Bedingung des Denkens – Inhalte und Werte sich langfristig nicht widersprechen dürfen.

Die „Gleichberechtigung" ist in Wirklichkeit noch nicht erreicht – unabhängig davon, was in der italienischen Verfassung (darin ist die Gleichheit der Geschlechter verankert), in den Gesetzen, im Arbeitsrecht verwirklicht zu sein scheint. Sie hätte im übrigen auch gar nicht erreicht werden können, denn die Bedeutungsinhalte und die Werte der „Weiblichkeit" sind noch immer die alten geblieben.

Ich werde nun versuchen, die Situation kurz zusammenzufassen. Die

„Frau", das „vom Mann und für den Mann" konstruierte Idealbild, wurde ganz konkret für die Sorge um das „leibliche" Wohl, die Physis bestimmt, das heißt um die Aufrechterhaltung der Gemeinschaft, indem sie für die Befriedigung der primären Bedürfnisse zu sorgen hat wie Ernährung, Hygiene, Gesundheit, Lebensorganisation der Kinder, Erwachsenen, Alten und Kranken. Die „Familie" ist der Bereich der primären Existenzsicherung. Deshalb sind Frauen, selbst wenn sie außerhalb der „Häuslichkeit" arbeiten, nach wie vor gezwungen – da sie ja noch fest mit dem herkömmlichen Frauenbild verhaftet sind –, sich konkret um die Existenzsicherung betreffende Bedürfnisse zu kümmern. In Italien ist heute die Mehrheit der Frauen noch immer mit der Bewältigung der Hausarbeit beschäftigt. Deshalb fordern einige politische Gruppen (darunter sogar eine erst vor kurzem entstandene „Frauenpartei") seit ein paar Jahren einen Lohn für Hausfrauen. Eine solche Lösung würde aber der Gesellschaft erlauben, an der ureigensten Rolle der Frau festzuhalten, das heißt an ihrer Funktion, sich um das „leibliche" Wohl zu kümmern, ohne darauf zu achten, was das gesellschaftliche Bewußtsein als Ungerechtigkeit empfindet, nämlich eine Arbeit nicht zu entlohnen. Es ist gar nicht so schwer, hinter der Forderung „Lohn für Hausarbeit" eine Antwort auf den Feminismus zu sehen, eine „logische Folge" der Tatsache, daß der Feminismus das „Idealbild" der Frau sowie ihren daraus resultierenden gesellschaftlichen und kulturellen Status nicht wirklich anzutasten vermochte.

Die Sorge um das „leibliche Wohl", das heißt um all das, was im kulturellen Werden ausschließlich als Mittel für die Verwirklichung der „echten" Ziele des Lebens angesehen wird, ist verwoben mit allumfassenden Wertvorstellungen. Es geht um Werte, die die Gesellschaft aufrechtzuerhalten beabsichtigt, und die die Frauen weder in Frage zu stellen vermögen noch wissen, wie sie dies tun könnten, weil das Frauenbild, das sie im Spiegel der Gesellschaft von sich selbst erfahren, mit diesen Wertvorstellungen ganz eng verknüpft ist. Die Frau ist für den Mann, den einzigen Schöpfer der Geschichte, ein idealisierter Körper. Dabei funktioniert jede Art von Idealisierung so, daß immer ein Übergang vom Symbolischen zum Konkreten möglich ist. Also wird bei der weiblichen Idealisierung die Frau mit dem physischen Leben, dem ein „minderer" Wert beigemessen wird, in Verbindung gebracht. Der Mann hingegen *führt* die Gesellschaft, denn er hat ja die Sorge um die Existenzsicherung an die Frau übertragen und dieser Aufgabe – wie es im übrigen die gesamte europäische (und außereuropäische) Geschichte beweist – einen „minderen" Wert zugewiesen. Schon immer mußten sich „minderwertige" Menschen – Sklaven, Diener, Frauen – um die „Physis" kümmern.

Es ist nicht möglich, mit wenigen Worten allen „logischen" Folgerungen Rechnung zu tragen, die sich aus dieser Art von Einschätzung der lebenswichtigen Bedürfnisse der Existenz und folglich der allgemeinen Bedeutung des Begriffs „Physis" ergeben. Es kann allerdings zusammenfassend gesagt werden, daß dies die Kernfrage überhaupt ist, von der aus die Aufstellung aller anderen Werte ausgeht. Dies erklärt auch das Unvermögen der Gesellschaft (und die Geschichte legt darüber seit Jahrhunderten Zeugnis ab), sich in angemessener Weise dieser Bedürfnisse anzunehmen. Die sich daraus ergebenden Folgen sind nach wie vor in Italien spürbar: die ewige Krisensituation in der Wasserversorgung, der Wohnraumbeschaffung, dem Gesundheitswesen usw.

Die Situation der Frauen in Italien läßt sich also folgendermaßen zusammenfassen: Die Männer haben die „Führung" der Gesellschaft fest im Griff, und sie bestätigen immer wieder die das globale Modell der Gesellschaft tragenden Werte – auch und vor allem dort, wo sie Konzessionen zu machen scheinen. Das Verhältnis Mann-Frau und das Familienleben haben sich trotz der Umwälzungen, denen sie unterworfen waren, nicht ausgewirkt auf das „Idealbild" der Frau, verstanden als das *Körperliche der Gemeinschaft*. Das Gegenteil ist der Fall. Gerade der sexuelle Bereich stellt eine der wirksamsten Möglichkeiten dar, diese Wertvorstellung immer wieder zu bestätigen. In Ermangelung einer eigenen Vorstellung von Identität klammern sich die Frauen immer wieder an das „herkömmliche" Frauenbild, das allem Anschein zum Trotz niemals radikal in Frage gestellt wurde. Folglich werden bestimmte Funktionen, die allmählich den Charakter von existentieller Bedürfnisbefriedigung und somit einen „minderen" Wert erhalten, an Frauen delegiert. Das augenfälligste Beispiel hierfür ist in Italien die fast völlige „Feminisierung" des Schulwesens. In der modernen Gesellschaft, die als „posteducated society" bezeichnet wird, hat die Schule die vorherrschende Bildungsfunktion verloren und wird deshalb an die Frauen delegiert, weil Bildung zu den Grundbedürfnissen wie Ernährung, Impfung etc. gezählt wird. Gerade aus denselben Gründen haben wir es auch mit einer allmählichen „Feminisierung" des medizinischen Sektors zu tun, vor allem in der alltäglichen medizinischen Versorgung (Gynäkologie, Pädiatrie, Laboranalysen und Anästhesie), während die Frauen von den „führenden" Funktionen wie Forschung, hochklassige Chirurgie und Professuren an den Universitäten weitgehend ausgeschlossen bleiben.

Und nun ein letzter Gedanke: Die Präsenz der Frauen im politischen Leben ist eng verknüpft mit einer abwertenden Vorstellung von der Politik in ihrem Einfluß auf die Massen und mit der Vorstellung von Parlamentsabgeordneten als „Körper" der politischen Führer. In Wirklichkeit „bestimmen" die Frauen nicht die Politik. Und selbst wenn sie es täten, würden sie die eingeschlagene Richtung so lange verfolgen, wie die das System tragenden Wertvorstellungen sich nicht verändern.

Lidia Menapace
DIE SCHERBEN DER GLEICHBERECHTIGUNG

Auf unsere ersten Klagen und Proteste haben die italienischen Juristen schlecht, ja mit Empörung reagiert. Wie? Was? Dem Vaterland des Rechts (Italien wird so genannt wegen des, ach, so ruhmreichen Römischen Rechts) mangele es nicht allein an der Erfüllung seiner Verpflichtungen (schon bei Dante heißt es: „Die Gesetze sind da, doch wer wird Hand an sie legen?"), sondern es fehle ihm die Gleichrangigkeit mit eben diesem Recht? Schweigt, Frauen, ihr habt doch keine Ahnung von diesen Dingen.

Und so fingen wir – schon vor Jahren – damit an, die Gesetzesbücher zu durchforsten, und was wir dabei fanden, liest sich so: Kündigung wegen Eheschließung, väterliche gleich elterliche Gewalt, Doppelmoral bei Ehebruch, das „Kavaliersdelikt", die Verteidigung der persönlichen Ehre als mildernder Umstand bei Mord und Kindesmord, der Ausschluß der Frauen von verschiedenen Berufen (zum Beispiel Richteramt), die sexuelle Gewalt als Verletzung der Moral und nicht der Person, wobei letztlich zwei grundlegende Rechtsgedanken bedacht werden müssen, die nicht zufällig „römisch" sind, nämlich: daß Frauen „von Natur aus" lügen und „vis grata puellis" (dem Mädchen ist Gewalt ja nur willkommen, damit es seine „natürliche" Scham überwindet).

Jahrelang haben wir gegen die alten Römer angekämpft, die als Täter schuldig geworden sind bei der Entwicklung altbewährter und heute noch gültiger Rechtsstrukturen.

Jetzt geht es nur noch um Feinarbeit (abgesehen von der Frage der sexuellen Gewalt, für die in Italien noch archaische und faschistische Normen gelten): das wichtigste an Durchsicht und Analyse der Gesetzestexte kann als getan angesehen werden. Gesetze sind also da, doch glaubt nicht, daß sie zur Anwendung kämen. Immerhin bilden sich mittlerweile auch bei uns auf Empfehlung des Europäischen Parlaments Kommissionen für die Wahrung der Chancengleichheit für Mann und Frau und Initiativen zugunsten der Frauen. Und schließlich wird eine gewisse Anzahl von Frauen in herausragenden intellektuellen Berufen – und in diesen arbeitslos – eine Tätigkeit finden. So hoffen wir jedenfalls. Von einem derartigen Instrumentarium erwarten wir kaum etwas anderes.

Die gesellschaftliche Konsequenz dieses endlosen Ringens ist darin zu sehen, daß wir als eines der letzten Länder Europas die Scheidung erlangt haben, die allerdings von der überragenden Mehrheit des Volkes bestätigt wurde (die Volksbefragung über die Abschaffung der Scheidung ergab ein klares „Ja" für die Scheidung). Dasselbe gilt für den Schwangerschaftsabbruch. In beiden Fällen haben wir berechtigte Ängste ausgestanden, denn

Italien ist ein Land mit einer weitreichenden, traditionellen Bindung an die katholische Kirche.

Doch am Ende gelangten selbst die konservativsten Juristen zu der Überzeugung, daß „wir gleich sind". Sie konnten jedenfalls nicht mehr in aller Öffentlichkeit verkünden, daß Frauen minderwertige, komplementäre Wesen sind, die, „wenn sie gut sind", besser sind als die Männer und bla, bla, bla ...

Heute herrscht nur noch in den ganz rückständigen Gegenden unseres Landes die Meinung, daß Frauen nur dafür da seien, Kinder zu gebären, und ihre einzige Aufgabe in der Mutterrolle bestehe. In den letzten Jahren zeigte sich wieder ein deutliches Propagieren der traditionellen Familie, ohne wesentlichen Erfolg allerdings.

Jetzt geschah etwas völlig Überraschendes, auch für die sogenannten demokratischen Männer, die sich mittlerweile ein wenig beruhigt hatten und dachten, einen „modus vivendi" gefunden zu haben: Plötzlich ging es nicht allein darum, den Frauen zu erklären, was sie sind und was sie wollen, nicht darum, nur den Feministen, den Verbündeten, den „Kondottiere", den Kavalier zu spielen, sondern um den Mann, *der alles verstanden hat* (gleiches Recht auf Sexualität, gerechte Aufteilung der Hausarbeit, Zugang zu allen Berufen), kurz: Es hieß, das Lied der Gleichberechtigung aus voller Kehle zu schmettern.

Wir begannen indes eine neue Richtung – die des Andersseins – einzuschlagen, denn die Gleichberechtigung erwies sich zwar sehr schnell als eine notwendige Ausgangssituation (fort mit den juristischen Hürden und Hindernissen anderer Art), doch als eine absolut unzureichende. Diese Frage hat sich in einigen Fällen ganz konkret gestellt. Die von der Kurzarbeit betroffenen Fiat-Arbeiterinnen wurden nur unter einer Bedingung wieder an ihre Arbeitsplätze gelassen, nämlich: wenn sie bereit wären, auch in Nachtschicht zu arbeiten. Dies geschah *im Namen der Gleichberechtigung*. Gleichberechtigung bedeutet also, das vorhandene Modell zu imitieren. Allerdings kommt es nicht vor, daß zum Beispiel Arbeiter im Namen der Gleichberechtigung Nachtarbeit ablehnen. Weiterhin haben schon seit Jahren verschiedene Verteidigungsminister immer wieder versucht, den freiwilligen Militärdienst auch als berufliche Karriere den Frauen anzudienen – den Zugang zu den Kampfeinheiten verwehren sie allerdings. Die Regierungskommission für die Gleichberechtigung hat sich dazu negativ geäußert, weil dies „nicht der Gleichberechtigung entspräche". Als gleichberechtigt versteht sich dann wohl das derzeit geltende (männliche) Modell der „Verteidigung". Die meisten Frauen aus der Frauenbewegung lehnen dieses Gesetz ab, obwohl die gestellte Falle der Gleichberechtigung die Frauen davor zurückschrecken läßt, dieses Angebot abzulehnen (denn es geht hier auch um Arbeitsplätze, die in einer Zeit großer Arbeitslosigkeit kein unwichtiges Argument darstellen). Auf anderen Gebieten aber, zum Beispiel der Wissenschaft, Informatik, politischen Vertretung, muß einfach mittlerweile eingeräumt werden, daß die Gleichberechtigung gar nicht weit führt – und dies ist auch noch oftmals verbunden mit unguten Gefühlen, ja sogar untragbarem Identitätsverlust.

Daher haben wir mit unseren Analysen noch einmal von vorn angefangen und wollen jetzt eigentlich nur noch das Anderssein herausstellen. Es werden Verhaltensformen, Fähigkeiten sowie Merkmale untersucht, die im Lauf der vergangenen Jahrhunderte Frauen geprägt und ausgezeichnet haben, so daß diese gesellschaftlich anerkannt und geschätzt werden. Ein paar unter uns haben begonnen, herausfordernd auf das Anderssein hinzuweisen: Nie wird euch eine Energiepolitik, nie ein rationaler Umgang mit unseren Ressourcen gelingen, wenn ihr euch nicht davon überzeugen laßt, daß Hauswirtschaft eine Wissenschaft ist, die *Wissenschaft des täglichen Lebens.* Nie wird es euch gelingen, den Staat zu reformieren, wenn ihr in eure Bilanzen und Institutionen nicht auch die reproduktive Arbeit als für die Spezies Mensch unabdingbar notwendige Arbeit mit einbezieht. In der wissenschaftlichen Forschung werdet ihr nie einen Schritt weiterkommen, wenn die Unterschiede, das Anderssein, nicht zugestanden werden. Nie werdet ihr eine demokratische Gesellschaft zum Leben

erwecken, wenn sich das Leben einzig und allein auf einen Wert gründet, den Konkurrenzkampf, und wenn das unentgeltliche Tun, das Kontemplative, die auf Plaudern „verschwendete und somit verlorene" Zeit, die auf Gefühle konzentrierte und ihnen gewidmete Aufmerksamkeit davon ausgeschlossen werden.

Unseren sogenannten demokratischen Männern raucht der Kopf: Gerade erst hatten sie ihre Lektion gelernt, und was geschieht jetzt? Sobald sie den Mund aufmachen, irren sie. Und wir sind dabei ganz ruhig und erklären mit großer Geduld. Wenn sie das Anderssein gedanklich vollzogen haben werden, sind wir bereits wieder woanders, davon bin ich fest überzeugt. Das ist halt so.

Wie sehr das Anderssein verblüfft, wurde mir überdeutlich bewußt, als ich bei einem Podiumsgespräch berühmter Wissenschaftler, die sich mit künstlicher Intelligenz beschäftigen, zugegen war. Da sie ständig erklärten: „... aber das männliche Gehirn ... Weil das männliche Gehirn ... Doch das männliche Gehirn ...", fragte ich ganz unvermittelt: „Und das Gehirn der Frau?" Während sie mich alle anstarrten, als sei ich völlig hinterwäldlerisch, entgegneten mir der berühmteste Mann in dieser Runde und seine klügste Schülerin einstimmig: „Ja, aber das ist doch völlig gleich!" Als ich dann darum bat, mir einen wissenschaftlichen Beweis für das eben Gesagte zu erbringen, und gleichzeitig erklärte, einige Beispiele anführen zu können für die unterschiedliche Betrachtungsweise, das heißt die andere *Art* der Betrachtungsweise, die unterschiedliche Gestaltung, das heißt die andere *Art* der Umweltgestaltung, verstummten sie. Allem Anschein nach hatte die Kultur der Gleichberechtigung sie in ihren Köpfen dafür freigesprochen, daß sie eine Hälfte des Himmels, die gewiß auch die Hälfte der Intelligenz – wenn nicht sogar mehr – bedeutet, vernachlässigt haben. Es gibt noch so viel zu tun, schon allein um die Scherben der Gleichberechtigung beiseite zu schaffen.

46

Isabella Guacci

DIE ITALIENISCHE POLITIK UND DIE FRAUEN

Nach dem Zweiten Weltkrieg beschloß die Konstituierende Versammlung der Republik das Dekret, das im Februar 1945 das Wahlrecht auf die
Frauen ausdehnte, die Verfassungsartikel, in denen die Gleichheit vor
dem Gesetz für alle Bürger ohne Unterschied des Geschlechts anerkannt
wird (Art. 3) und das Recht für die Bürger beiderlei Geschlechts auf
Zugang zu den Wahlämtern (Art. 48). Diese Gesetzesänderungen erfolg-
ten aufgrund der großen Beteiligung der Frauen am Befreiungskrieg,
waren aber auch ein Kompromiß zwischen katholischer und nichtkirch-
licher Weltanschauung. Im Artikel 31 der Verfassung wird der ursprüngliche Charakter der Familie bekräftigt, und der Staat „fördert ihre Gründung". Folglich wird in den Artikeln über die moralische und juristische
Gleichheit der Ehegatten sowie über die gleichen Rechte für Arbeiterin
und Arbeiter hinzugefügt, daß die Einheit der Familie nicht angetastet
und die Frau nicht an der „Erfüllung ihrer wesentlichen Funktion als
Mutter" gehindert werden darf ...

Auch die zwischen Mussolini und dem Papst geschlossenen Lateran-
verträge wurden in die Verfassung aufgenommen, dank derer das faschistische Gesetzbuch „Codice Rocco" aus dem Jahre 1931 in Kraft blieb.
Dieses Gesetzbuch enthält eine Reihe von Gesetzen, die die Rechte der
Frauen und ihre persönliche Würde verletzen. Alle Kämpfe und Errungenschaften der Frauen mußten es bis heute mit dem reaktionären Charakter dieser Gesetze aufnehmen (Abtreibung, Ehrendelikt, sexuelle
Gewalt usw.).

In den Jahren 1946 bis 1948 zerbricht die antifaschistische Einheit der
Parteien, die das Nationale Befreiungskomitee CNL (Comitato di Liberazione Nazionale) gebildet hatten. In der Konstituierenden Versammlung
hatten die Kommunistische und die Sozialistische Partei zusammen
39,7 Prozent der Stimmen erhalten, die Christdemokraten 35,2 Prozent.
Aber bereits von Juni 1945 an verlassen Christdemokraten und Liberale
die Regierung unter Parri, die die sozialpolitischen Forderungen des Befreiungskrieges vertritt. Es bilden sich die Regierungen des Christdemokraten De Gasperi mit Sozialisten und Kommunisten, für die die Schwierigkeiten immer größer werden. Bei der Regierungsbildung 1947, im
Klima des Kalten Krieges, schließt De Gasperi Kommunisten und Sozialisten aus, auch um die Hilfen des Marshallplans zu erhalten. Die KPI wird
seit damals nie mehr als möglicher Regierungspartner angesehen, obwohl
sie gegen Ende der siebziger Jahre mehr als dreißig Prozent der Stimmen
erreicht. Die Spaltung der antifaschistischen Front spiegelt sich auch in
der Gewerkschaft wider. Schon 1945 hatte der Papst die Katholiken auf-

gefordert, aus der Einheitsgewerkschaft CGIL auszutreten; im Jahre 1950 entsteht dann eine zweite Gewerkschaft christlicher Arbeiter, die CISL. Auch die Frauen trennen sich. Die katholischen Frauen traten aus der Frauenorganisation UDI (Unione Donne Italiane) aus, einer aus antifaschistischen Gruppen zur Verteidigung der Rechte der Frau entstandenen Organisation, und gründeten den Frauenbund CIF (Centro Italiano Femminile). Seine Aufgabe bestand darin, Frauen für wohltätige Dienstleistungen außerhalb der Familienarbeit zu motivieren (sich vernachlässigten Kindern, der Wiedereingliederung von ehemaligen Häftlingen usw. zu widmen).

In den Nachkriegsjahren kämpften die Frauen der Kommunistischen, Sozialistischen Partei und der UDI aus der Opposition heraus für die Durchsetzung von Gesetzen zugunsten der Frauen. In jenen Jahren begann der Kampf um zwei wichtige Gesetze: das eine, vorgelegt von der Kommunistin Teresa Noce, zum Schutz der werktätigen Mutter, das von der Senatorin Tina Merlin gegen die „Reglementierung der Prostitution durch den Staat''.

Das erste wurde 1950 nach der Mobilisierung Hunderter von schwangeren Frauen vor dem Parlament verabschiedet. Das Gesetz wurde 1971 verbessert und bedeutet eine große Errungenschaft für die Frauen: Unkündbarkeit der werktätigen Mutter bis zum Ende des ersten Lebensjahres des Kindes, Freistellung von der Arbeit mit einer Lohnfortzahlung von achtzig Prozent für zwei Monate vor und drei Monate nach der Geburt.

Das Gesetz der Tina Merlin dagegen hatte einen mühsameren Weg: Bis zu seiner Verabschiedung vergingen gut zehn Jahre, und am Ende wurde der Gedanke, von dem es getragen war, verfälscht. Zwar wurden die „Freudenhäuser'' geschlossen und Registrierung und Gesundheitskontrollen abgeschafft, dennoch werden die Prostituierten weiterhin vom Gesetz verfolgt, im Gegensatz zu ihren Kunden.

Trotz der Verfassungsartikel über die Gleichstellung und des Engagements der Gewerkschaften wurde das erste Abkommen über gleichen Lohn für Frauen und Männer erst 1960 geschlossen. Und erst 1963 kam ein Gesetz zustande, das die Entlassung der Arbeiterin wegen Heirat verbietet. Spät kamen auch die Gesetze über die Einrichtung der staatlichen Kindergärten (1968) und der Kinderkrippen (1971), denn die katholische Opposition gegen staatliche Einrichtungen, die die Kindererziehung der Familie oder dem Monopol der privaten religiösen Institute entzogen, war sehr mächtig.

Zu Beginn der sechziger Jahre erlebten wir den Aufschwung der italienischen Ökonomie, man sprach vom „Wirtschaftsboom''. Eine Million Frauen gingen in die Industrie, und 1962 machen die Frauen 27 Prozent der gesamten Arbeiterschaft aus.

Kommunisten und Sozialisten jedoch erringen nicht die nötige parlamentarische Mehrheit, um eine Regierung zu bilden. So wurde der Versuch einer Koalition der „linken Mitte" eingeleitet, das heißt eine Regierung aus Christdemokraten und Sozialisten (1963). Doch der Eintritt der Sozialistischen Partei in die Regierung führte nicht zur Durchsetzung der geplanten Reformen. Die Spannungen zwischen Christdemokraten und Sozialisten in der Regierung dauerten an.

Manche sprachen gar von einem versuchten Staatsstreich. Das Land rebellierte: Im „heißen August" 1969 breitete sich eine mächtige Protestwelle der Arbeiter aus, der sich Studenten und eine breite soziale Bewegung anschlossen. Es entstand eine Reihe neuer politischer Gruppen links von der Kommunistischen Partei, und die Arbeiter gründeten die Betriebsräte.

In diesem Jahrzehnt beginnt die Frauenorganisation UDI, ihre Beziehungen zu den Parteien und den männlichen Institutionen zu überprüfen. Auf dem Kongreß von 1964 werden der chauvinistische Charakter der „von Männern für Männer" geschaffenen Gesellschaft und die damit unvereinbare Andersartigkeit der Frau herausgestellt. Inzwischen hat die Sozialistische Partei mit ihrem Eintritt in die Regierung die Unterstützung der UDI zurückgezogen, und die sozialistischen Frauen bleiben nun in eigenem Namen in der Organisation. 1962 wird im Arbeitsministerium eine beratende Kommission für die Probleme der Frauenarbeit eingerichtet. Später folgen die „Frauenräte" (Consulte femminili) in den Gemeinde- und Bezirksverwaltungen. Gegen Ende der sechziger Jahre beginnt die parlamentarische Debatte über das Gesetz zur Einführung der Scheidung, das dann endgültig 1970 verabschiedet wurde.

1974 verlieren die Christdemokraten die Volksabstimmung, mit der sie das Gesetz über die Scheidung zu Fall bringen wollten. Angesichts der schweren Regierungskrise und der Lage in Chile unter Pinochet stellt der KPI-Sekretär Enrico Berlinguer 1976 nach einem starken Aufschwung seiner Partei bei den Wahlen die politische Theorie des „historischen Kompromisses" zwischen den katholischen und den kommunistischen Massen auf, um den notwendigen Reformprozeß einzuleiten. Der politische Gesprächspartner für diese Strategie ist in der Christdemokratischen Partei Aldo Moro. Die Kommunisten beteiligen sich jedoch an keiner der Regierungen, sondern führen die Politik der sogenannten „nationalen Einheit" ein: Sie erlauben mit ihrer Stimmenthaltung den Christdemokraten, eine Regierung zu führen, die die Bedürfnisse der von der KPI repräsentierten Volksmassen berücksichtigen soll. Es folgen drei düstere Jahre (1976-1979) sozialen Widerstands, mit dem sich die Aktivitäten terroristischer Gruppen verflechten. Im März 1978 entführen und töten die Roten Brigaden Aldo Moro. 1979 setzt die KPI dem Versuch der nationalen Einheit ein Ende.

Aber die siebziger Jahre sind auch die Jahre des Feminismus, Separatismus und der Selbsterfahrungsgruppen. Die autonome Frauenbewegung entwickelt sich als starke Massenbewegung außerhalb der Parteien und gegen die Institutionen. Auf ihren Druck hin werden wichtige Gesetze verabschiedet: Außer dem Sieg beim Volksentscheid zur Scheidung von 1974 wird im Jahre 1975 auch das Gesetz über das neue Familienrecht verabschiedet und im selben Jahr das Gesetz zur Einrichtung der Familienberatungsstellen. 1971 wird das Gesetz, das Information und Propaganda für Verhütungsmethoden verbot, für verfassungswidrig erklärt, und 1975 erklärt das Verfassungsgericht auch die Abtreibung bei medizinischer und sozialer Indikation als zulässig. Schließlich wird 1978 nach erbitterten parlamentarischen Auseinandersetzungen das Gesetz über den freiwilligen Schwangerschaftsabbruch verabschiedet.

Im Anschluß an die Erfahrung der Anti-Gewalt-Zentren der Frauenbefreiungsbewegung MLD (Movimento di Liberazione della Donna) sammeln einige feministische Gruppen in der zweiten Hälfte der siebziger Jahre die notwendige Anzahl an Unterschriften, um einen eigenen Gesetzesvorschlag gegen sexuelle Gewalt vorzulegen. Diese Entscheidung hat eine große Bedeutung in der Geschichte der Beziehungen zwischen Frauen und Institutionen.

Die feministischen Kollektive und die UDI, die diese Initiativen unterstützt, wollen über den Kampf um die Abschaffung der Artikel des faschistischen „Codice Rocco" hinausgehen, der die Vergewaltigung als Straftat gegen die Moral und nicht gegen die Person definiert.

Das Mittel der Volksabstimmung zur Durchsetzung eines Gesetzes zu nutzen, bedeutet für die Frauen, die Abgrenzung gegenüber den männlichen Institutionen beizubehalten und gleichzeitig eigenständig kollektiv politisch zu handeln und eine Auseinandersetzung sowohl im Parlament als auch in den Parteien zu provozieren. Für dieses Gesetz gibt es keinen Referenten im Parlament. Es ist von 500.000 Frauen unterschrieben und auf Tausenden von Frauentreffen im ganzen Land diskutiert worden.

Sieben Jahre nach der Vorlage ist dieses Gesetz weder verabschiedet noch irgendein Gesetz zur Streichung des „Codice Rocco". Aber es hat die direkte Auseinandersetzung zwischen den Bewegungsfrauen und den Parteifrauen der Linken gefördert.

1982 wird beim Arbeitsministerium ein „Nationales Komitee für die Gleichstellung der arbeitenden Frau" eingerichtet, während das Regierungspräsidentenamt eine „Nationale Kommission für die Verwirklichung der Gleichberechtigung zwischen Mann und Frau" einsetzt. Am 8. März 1986 legt die Kommission einen umfangreichen „Nationalen Aktionsplan" vor, der die Ungleichheit zwischen Mann und Frau auf allen Ebenen aufheben soll (von der Vertretung in den Parteien bis zur Abschaffung ungleicher Gesetzesvorschriften, von der Revision von Verfassungsnormen bis zur Empfehlung eines nicht-sexistischen Gebrauchs der italienischen Sprache), und veröffentlicht einen „Codice Donna", eine Sammlung der gesamten, die Frauen betreffenden Gesetzgebung. Aber dieser Kommission gelingt es nicht, über die Propaganda hinauszugehen, da ihr die Mittel zur Durchsetzung fehlen und sie keinerlei Auseinandersetzung mit den Frauen des Landes führt. Die Aktionen zur Verwirklichung der Gleichheit zwischen Mann und Frau bleiben leere Worte.

Auf ihrem Kongreß von 1986 beschließt die Kommunistische Partei, den Frauen mehr Raum zu geben, indem sie ihre Anzahl in den Führungsgremien erhöht und die neue Frauenbeauftragte in das Parteisekretariat aufnimmt. Die Überlegungen der kommunistischen Frauen konzentrieren sich auf eine Politik, die bei der Andersartigkeit von Frauen ansetzt. Nach dem Kongreß entsteht der Versuch einer Verknüpfung der kommunistischen Tradition mit dem Ansatz der Politik der Geschlechtsunterschiede, den einige feministische Gruppen gerade ausarbeiten. Zeichen dieses Versuchs ist die „Carta delle Donne", ein politischer Vorschlag, der fordert, daß Frauen in den Institutionen mehr Macht erhalten. Die grundlegende Forderung der „Charta" ist die nach einer „Quotenregelung in der Vertretung" und streicht heraus, daß seit 1948 die Zahl der ins Parlament gewählten Frauen niemals die Sieben-Prozent-Schwelle überschritten hat. Die Kommunistische Partei reagiert darauf, indem sie viele Frauen in ihren Listen aufstellt, und auch andere Parteien erhöhen die Zahl ihrer Kandidatinnen; in der Grünen Liste sind fünfzig Prozent Frauen vertreten. Auf die Kandidatur der Frauen zu setzen, hat sicherlich auch die Funktion, die Stimmen der Wählerinnen anzuziehen. Die „Radikale Partei" stellt den Pornostar Ilona Staller – Künstlername „Cicciolina" („Schnuckelchen") – auf, die mit 20.000 Stimmen gewählt wurde – als Provokation der parlamentarischen Institutionen. Im Ganzen werden 101 Frauen gewählt, das entspricht circa zehn Prozent, davon sechsundsechzig in den Listen der KPI.

Der Wahlslogan „Die Kraft geht von den Frauen aus" bewahrheitet sich jetzt in bezug auf das Gesetz gegen sexuelle Gewalt: Der Gesetzestext der Frauenbewegung wird in der Auseinandersetzung zwischen Wählerinnen und Gewählten wieder neu eingebracht – und das zu einem Zeitpunkt, da in Italien die Zahl der angezeigten Vergewaltigungen nie dagewesene Spitzenwerte erreicht hat. Im Hintergrund dieser Anstrengungen steht jedoch wieder einmal eine schwere Regierungskrise. Die „politischen" Frauen werden ihre Position selbst definieren und durchsetzen müssen, weil sich die Reform der Institutionen mehr denn je als ein ausschließlich männliches, von oben durchgesetztes patriarchales Unternehmen darstellt.

Liana Borghi / Gloria Corsi / Alessandra De Perini / Simonetta Spinelli
ZEICHEN UND SPUREN: LESBEN IN ITALIEN

Wer wir sind
Typisch für die Lesben Italiens ist ihre Unsichtbarkeit: Ihre Tendenz, auf-
und unterzutauchen, bezeugt eindeutig einen Mangel an Organisation
und Struktur.

Die Lesbenbewegung ist im Grunde eher von Fluktuation als von Stabi-
lität geprägt. Sie ist ein persönliches Beziehungsgeflecht individueller
Kontakte von Stadt zu Stadt. Lesben sind ständig in Bewegung, wechseln
von Zentrum zu Zentrum, von einer Gruppe zur anderen, den Jahreszeiten und räumlichen Bedürfnissen entsprechend.

In ihrem Netzwerk spielt Politik meist eine Nebenrolle, doch sind die
politischen Lesben ein verläßliches Verbindungsglied zwischen privaten
und politischen Aktivitäten. Bei vielen Lesben stößt der politische Lesbianismus auf Widerhall, charakterisiert allerdings eher ein Spannungsverhältnis zur Bewegung als die Bewegung selbst. Lesbianismus ist in erster
Linie eine Art zu leben.

Neben den privaten Beziehungen existieren in der Bewegung in Groß-
und Mittelstädten familien- oder clanähnliche soziale „Nester", wobei
„Familie" nicht in patriarchalem Sinn gemeint ist, sondern sich auf den
freieren botanischen Begriff der „Affinität" bezieht und keine Rollenfest-
schreibung (Mutter/Tochter) beinhaltet, statt dessen emotionale Bande,
wie sie sich in der Gemeinschaft – in Freundschaften, Liebesbeziehungen –
entwickelt haben, und in einem tiefen Gefühl der „Sippschaft". Lesbischen
„Familien" liegen häufig verwobene sexuelle Beziehungen zugrunde, in
denen aus Liebe Freundschaft, Fürsorge, Solidarität geworden ist.

Unter „Clan" verstehen wir Zusammenschlüsse von Frauen verschiedener „Familien" aufgrund privater, sozialer, politischer und kultureller
Interessen, in denen sich das Gemeinschaftsgefühl in Solidarität und sozialer Kooperation äußert.

Familien, Clans, Paare, einzelne Frauen und politische Gruppen bilden
die Lesbenbewegung. Insofern definieren wir die Gemeinschaft als eine
Gruppe von Lesben, die in unterschiedlicher Weise präsent sind: physisch
sichtbar, analysierend, provozierend, aufeinander bezogen.

Viele von uns sind Straßenhändlerinnen, Sportlerinnen, Krankenschwestern, Lehrerinnen, Künstlerinnen, Handwerkerinnen im Kunstge-
werbe, Frauen, die in Kollektiven Einzelhandel betreiben. Unser Einkommen liegt unter dem Durchschnittsverdienst, was einerseits auf eine
bewußte Lebensentscheidung hindeutet, die sich an gewissen Werten
orientiert, andererseits aber auch etwas über die allgemeine ökonomische
Situation der Italienerin aussagt.

Treffpunkte
Meistens treffen sich Lesben privat, organisieren Feste zu Hause, da es in Italien praktisch keine Frauenkneipen mehr gibt – nur noch das Cicip Ciciap in Milano. Der Mangel an öffentlichen Räumlichkeiten hat nichts mit mangelnder Nachfrage zu tun, sondern ist symptomatisch für die Finanzschwäche selbständiger Frauen und für das Fehlen jeglicher öffentlicher Mittel und privater Unterstützung. Zermürbende, unbezahlte Arbeit hat zur Schließung der Lesbenkneipe Zanzibar in Rom und dem Ciadamarè in Florenz geführt. In der Regel gibt es nur noch wenig Freiraum in einigen gemischten oder schwulen Bars, die einen Tag in der Woche nur für Frauen geöffnet sind. So in Rom das Joli Cœur (samstags), das Dorian Gray und die Surreal Bar, in Neapel das Anyway (donnerstags), in Catania das Centro Voltaire (mittwochs) und in Cagliari das T.N.T. (montags).

Zur Schaffung neuer Treffpunkte organisieren Lesben aus der Provinz große Essen und gelegentliche Feste, die sie über Mundpropaganda und Fraueninfos öffentlich machen. So das Lesbendinner in Florenz, das immer am 15. eines Monats stattfindet, Treffpunkt ist der Frauenbuchladen.

Andere Kollektive organisieren Treffen, an denen überwiegend Lesben teilnehmen. So ist zum Beispiel Casa Balena ganzjährig geöffnet, dort finden Workshops in Ökotechnik und alternativer Energie statt. Terra di Lei ist ein Campingplatz und den Sommer über geöffnet. Il Cordinamento Toscano wird in Kürze ein Landhaus eröffnen, das ganzjährig offen sein soll. Bis dahin existiert es als Sommercamping. Adelfia und Agape organisieren im Sommercamping Ferienkurse für Frauen. Leider war es letzten Sommer gemischt, obwohl als reines Frauencamping angekündigt. Le Papesse in Sizilien organisieren Treffen und verschiedene Aktionen. Die Gruppe Le Lune organisierte ein Frauenferiendorf.

Im Frauenzentrum Buon Pastore in Rom befindet sich das Centro Femminista Separatista, das außer politischen Aktivitäten auch gelegentlich Feste organisiert. So auch, gemeinsam mit anderen Frauengruppen, Vivere Lesbica und Coordinamento Lesbiche Italiane (CLI), die ein Lesbenarchiv führen und die einzige italienische Lesbenzeitschrift Bolletino publizieren.

Dann gibt es in Italien noch die fünf Frauenbuchläden und die vielen Dokumentationszentren.

Information, Klatsch und Gemeinschaftsbande
Unser größtes Informationssystem ist die Mundpropaganda. Pressenotizen erscheinen vorwiegend im Bolletino del Cli, zum Teil auch in Noi Donne, in Il Paese delle Donne sowie auf der wöchentlichen Frauenseite der Zeitung Manifesto. Nur wenig erscheint in der Schwulenpresse.

Lesben außerhalb der Bewegung annoncieren oft in den Tageszeitungen. Informationen bringen noch das Turiner Bolletino delle Donne, das Filodonna des Coordinamento Toscano sowie Flutturia und C.D.M. in Mailand. In Florenz gibt es mittwochabends das Lesbentelefon.

Die Unterscheidung zwischen Information und Klatsch ist oft nicht so einfach. Klatsch ist für uns ein Mittel der Kommunikation, der Information, der sozialen Kontrolle. Solche Äußerungen sind nicht ohne Vorbehalt aufzugreifen. Außer daß Verdrehungen unvermeidlich sind, ersetzt das „Geschichtenerzählen" leider nur allzu oft die direkte Konfrontation und auch die Suche nach einer gemeinsamen Sprache.

Andererseits etabliert der Klatsch eine Art Who is who hinsichtlich Status, politischer Richtung, Charakter und Liebesgeschichten, der sich vom nationalen ins internationale Netz einspeist. Solche Informationen sind für die bewegte Lesbe von größter Bedeutung, entscheiden das regionale Für und Wider auf ihrer Suche nach sozialen und sexuellen Kontakten. Klatsch bildet den Anreiz für Frauen im ganzen Land.

Klatsch funktioniert auch als Mittel sozialer Kontrolle, da er sich auf Bewegungsebene über den persönlichen und politischen Ruf und über Beziehungen verbreitet. Im Klatsch finden abstrakte Theorien ihren Probelauf. Kontroverse Themen werden auf kollektive Phantasie gerichtet. Neue Fragen über den Umgang von Frauen miteinander tauchen auf und werden verbreitet, verändern ethische Wertmaßstäbe und fordern ein flexibleres Verhalten.

Mögliche Liebesbeziehungen werden durch die begrenzte Ballung von Lesben erheblich eingeschränkt. Das kann stabile Zweierbeziehungen, Verantwortungsgefühl und soziales Bewußtsein bestärken, aber auch zu Vorsicht und Konformität führen. Aufgrund der Notwendigkeit, das schwer errungene Gleichgewicht zu schützen – mitsamt den sozialen Aktivitäten, die großenteils auf Zweierbeziehungen beruhen –, ist die Monogamie mithin die üblichste Bindung.

Infolgedessen werden in der Bewegung unaufhörlich Probleme wie offene oder ausschließliche Zweierbeziehungen, romantische Liebe oder Paarsolidarität, Rollen, Eifersucht, Betrug/Verletzung, Unabhängigkeit/ Verschmelzung diskutiert – Probleme, die keine spezifisch lesbischen sind, über die aber Lesben diskutieren, wobei sie de facto an heterosexuellen Prämissen rütteln.

Die Norm, ein Paar zu sein, besteht unbequemerweise neben dem Versuch, ethische Beziehungen zu schaffen – damit meinen wir Beziehungen, die auf individueller Autonomie basieren, dem Austausch von Dynamik, dem schweifenden Begehren, dem politischen Partizipieren und dem ständigen Bemühen, sich mit den anderen zu sozialisieren.

Während viele Frauen neue Versuche mit dem falschen Überbegriff der offenen Zweierbeziehung gleichsetzen, halten viele andere das für den

Moralismus der gepriesenen Verschmelzung, für einen Schutzmechanismus und die Institutionalisierung des Paarkokons. Für die letzteren riecht das Demonstrieren einer freien, unbeschwerten sexuellen Lebensweise außerdem nach Konformität. Dennoch ist dieses Spannungsverhältnis zwischen ethischer Perspektive und schützendem Moralismus für eine weiterführende politische Diskussion aller Lesben von Bedeutung.

Lesbenbewegung und Separatismus
Unsere Bewegung unterscheidet sich unter anderem von der anderer Länder darin, daß wir kaum je eine separatistische Lebensweise angenommen haben – vorwiegend weil ökonomische Probleme eine Mobilität in der Arbeit und die Organisation autonomer sozialer Strukturen verhindern. Zwar leben und beziehen sich die meisten italienischen Lesben ausschließlich mit und auf Frauen, arbeiten aber in gemischten Zusammenhängen. Die wenigen Ausnahmen sind Casa Balena, Le Cetine*, die Frauenbuchläden, Dokumentationszentren, einige Bars und kleine Kunsthandwerkskollektive.

Im Rückblick auf unsere Geschichte bedeutet Separatismus weniger, daß sich lesbische Gruppen für die Organisation einer autonomen Gemeinschaft, sondern vielmehr für ein politisches Konzept entschieden haben, das alle Frauen einschließt: daß Frauen sich ihrer bewußt werden und sich im Frauenzusammenhang definieren – außerhalb der Kategorien, die das männliche Denken ihnen aufzwingt – und ihren Körper neu bewerten, um eine Kultur zu schaffen, die diesen Körper nicht negiert, sondern ihm Bedeutung verschafft.

Dieser Analyse zufolge distanzieren sich Lesben von der patriarchalen Kultur durch eine kollektive Diskussion, die durch gemeinschaftliches Experimentieren erleichtert, nicht aber abgestützt wird. Die Entscheidung politischer Lesben für den Separatismus ist nur dann von Bedeutung, wenn sie Beziehungen jenseits patriarchaler Vorbilder entwickeln, die auf der freien Entfaltung des Selbst statt auf rigiden Rollen beruhen.

In unserem speziellen Fall beinhaltet separatistische Politik die Suche nach autonomen Analysen und Räumen innerhalb der Frauenbewegung.

---

* Le Cetine ist bisher unsere einzige „utopische" Gemeinschaft. Sie wurde 1980 gegründet und liegt in der Nähe von Siena – ein verlassenes, abgelegenes Bergdorf, das infolge eines staatlichen Wiederansiedlungsprogramms wieder bewohnt wurde. Abgesehen von einigen Frauen, die sich dort niedergelassen haben, herrscht eine große Fluktuation – Frauen kommen und gehen, auch Ausländerinnen sind dort. Im Frauendorf herrscht eine extrem sozial-radikale Position, die sich in totaler Arbeitsverweigerung äußert, da Arbeit als Mittel sozialer Integration betrachtet wird. Die dort lebenden Frauen haben kein einziges Projekt in Gang gebracht, das auf ökonomische Unabhängigkeit abgezielt hätte, auch wenn ständig eine Menge solcher Projekte diskutiert wurden. Die Gemeinschaft besteht noch immer, und viele Frauen fahren im Sommer dorthin.

Viele Lesben gehörten und gehören noch immer allen möglichen feministischen Gruppen an. Infolgedessen zielt unser Separatismus im großen und ganzen nicht auf eine Abspaltung von heterosexuellen Frauen ab. Wir wollen nicht nur eine lesbische Kultur schaffen, sondern auch die umfassende Bedeutung lesbischer Analysen für die Diskussion einer grundlegenden Frauenkultur unter Beweis stellen.

Die lesbisch-feministische Bewegung in Italien und andere Definitionen reiner Frauenzusammenhänge
Unsere Situation muß in Bezug zur Geschichte der Frauen in unserem Land gesehen werden. Italien ist im Hinblick auf die Emanzipation lange sehr rückständig gewesen, trotz des enormen legislativen Fortschritts in den letzten Jahren. Die Frauenbewegung hat den Lesben einen Raum eröffnet, in dem sie sich treffen, zusammenschließen und debattieren können. Innerhalb der Frauenbewegung haben Lesben Autonomie gesucht und kein Nebeneinander. An der Frauenbewegung schieden sich unsere Geister, denn sie führte zu einer Änderung der traditionellen lesbischen Analysen und Verhaltensweisen.

Womöglich erklärt das die Tatsache, daß sich in Italien nicht zwei separate politische Bewegungen – die heterosexuelle und die lesbische – entwickelt haben. Der politische Lesbianismus entsprang dem Feminismus der siebziger Jahre. Selbst Lesbengruppen ohne Verbindung zur feministischen Tradition haben sich der von der Frauenbewegung geschaffenen Räume bedient und tun es weiterhin. Der thematische und theoretische Austausch ist somit unvermeidlich. Politische Lesben sind für Frauen aus der Bewegung primäre Bezugspersonen.

Lesben sind keine Opfer der Orthodoxie. Schon wie sie sich bezeichnen, läßt die Unterschiede ins Auge springen.

„Homosexuell" nennen sich die Frauen, die der Schwulenbewegung Fuori – nach 1978 praktisch in der Versenkung verschwunden – angehören und sich mit neuen Lesbengruppen zusammengetan haben. Die wenigen Lesbengruppen, die sich in den Räumen von Arcigay treffen, schließen sich nicht mit den Männern zusammen, sondern benutzen nur ihre Räume.

„Homosexuell" nennen sich ebenfalls einige Frauen aus psychoanalytischen Gruppen in Bologna, Mailand und Parma. Diese Frauen haben sich bewußt für diesen Begriff entschieden, der eine spezifische politische Analyse charakterisiert: nämlich daß Frauen ihre primären Bezugspersonen bei der Schaffung einer reinen Frauen(wörtlich „homo-sexuellen") kultur sind. Nach ihrer Analyse ist der Begriff lesbisch eine direkte Ablenkung und gefährlich, weil er das sexuelle Verhalten betont, was für die Erschaffung einer weiblichen Symbolik irrelevant ist.

Eine Minderheit, die sich überwiegend für die Kulturdebatte interes-

siert, läßt einzig und allein den Begriff „Frau" zu. Lesbianismus ist für sie
etwas Persönliches und Privates. Es muß nicht benannt werden.

„Lesbisch" nennen sich die meisten von uns. Für Lesben in feministischen oder reinen Lesbengruppen oder in unstrukturierten Zusammen-
schlüssen bedeutet das Wort eine Kritik an der medizinischen Termino-
logie. Die Weigerung, sich für anomal, entartet zu halten oder sich kulturellen Stereotypen anzupassen. Für sie schließt die Liebe zwischen Frauen
eine tiefe politische Bedeutung mit ein.

Die Frage der Menschenrechte

In Italien hat die Befruchtung feministischer und lesbischer Analysen
noch eine seltene Blüte getrieben: die Widerstrebung, für die Menschenrechte zu kämpfen. Die politischen Lesben – außer denen in Fuori Donna
in den siebziger Jahren – haben sich nicht mit der Schwulenbewegung
verbündet. Wir sind praktisch einhellig gegen spezifische Gesetze für
Lesben. Wir wollen keine staatliche Einmischung in unsere Sexualität.
Derartige Gesetze, von Männern erdacht und von Männermacht durchgesetzt, wären eine Falle, und wir würden ihren Normen auf den Leim
gehen.

Aber wir haben Vorschläge gemacht, die auf nicht institutionelle Anerkennung des Rechts einer jeden Person zur Entfaltung der Persönlichkeit
abzielen. Wir haben uns für alle Belange eingesetzt, die demokratische
Räume erweitern und indirekt den Lesben Rechte zugestehen wie das
Recht Alleinstehender auf Adoption, Chancengleichheit auf dem Woh-
nungsmarkt für Wohngemeinschaften wie Familien. Doch waren diese
Themen nie eine Plattform für uns.

Aber im Dezember 1985 wurde CLI ein eingetragener Verein. Sein
Statut war ein politisches Manifest, das die Initiierung von Gesetzesvor-
lagen beinhaltete zum Schutz von Frauen, die als Lesben diskriminiert
werden. In diesem Statut wurde das Wort Menschenrechte durch Existen-
tielle Rechte ersetzt. Als erste Amtshandlung stellte CLI einen Antrag
beim Nationalen Komitee für die Gleichberechtigung, die Absichtserklä-
rungen hinsichtlich eines Aktionsplanes im Bereich Arbeit, Gesetzgebung, Massenmedien etc. um einen Antidiskriminierungspassus für
Lesben zu erweitern.

Homophobie und Rassismus

Daß wir spezifische Gesetze ablehnen, liegt vermutlich an der Tatsache,
daß Homophobie in Italien durch das Fehlen spezieller Gesetze gegen die
Homosexualität unter Kontrolle gehalten wird. Es ist nur einmal zu einer
Anklage gekommen: Verstoß gegen das allgemeingültige Gesetz, das Obszönitäten in der Öffentlichkeit verbietet, was Frauen schwerlich anzu-
hängen ist. (Dennoch wurden zwei Frauen in Sizilien beim Küssen

erwischt und zu sieben Monaten Haft verurteilt – in der Berufung gewannen sie den Fall.)

Da sich das Gesetz zur Homosexualität ausschweigt, wird die allgemeine Tendenz bestärkt, jedes Rütteln an heterosexuellen Normen zu ignorieren – es existiert einfach nicht. Und doch wird in einer sozialen Ordnung, deren Norm die Familie und damit verbundene Werte sind, jeder Andersartigkeit, insbesondere der sexuellen, der Stempel „schuldig" aufgedrückt, sie wird mit sozialer Ächtung bestraft. Die italienische Lesbe ist, wie jede andere auch, doppelt diskriminiert: Sie hat es mit Homophobie und Sexismus zu tun.

CLI sammelt die Fälle von Diskriminierung und sexueller Erpressung. Der schlimmste Fall kollektiver Homophobie passierte 1985, als die Hütte zweier Frauen in einem Armenviertel von Rom angezündet wurde (wobei eine der Frauen ums Leben kam).

Aber im großen und ganzen äußert sich die Homophobie in Italien in schlichtem Negieren, was von vielen Lesben bestärkt wird, die sich aus Angst vor sozialer Ächtung lieber verstecken. Während man über schwule Männer Witze reißt und sie gesellschaftlich bestraft, ignoriert man die Lesben lediglich. In unserer kulturellen Tradition, die schwer auszurotten ist, sind Frauen den Männern untergeordnet. Besonders auf dem Land, in den Gebirgsregionen und im Süden bestehen homosoziale Zusammenhänge fort – diese sind durch die dreißig Jahre der Frauenarbeit in einem Land mit rasch fortschreitender Industrialisierung kaum in Frage gestellt. In derartigen homosozialen Zusammenhängen werden lieber beide Augen zugedrückt.

Traditionell ist es bei uns ganz normal und nicht weiter bemerkenswert, wenn zwei Frauen öffentlich Zuneigung bekunden oder miteinander tanzen. Insofern ist das Zeigen gemäßigter lesbischer Zuneigung von gesellschaftlich akzeptiertem Sozialverhalten heterosexueller Frauen nicht zu unterscheiden. Deshalb entwickelt das soziale Umfeld selten Feindseligkeiten, die zum Ausschluß aus der Gesellschaft führen, vorausgesetzt, daß Lesben Vorsicht walten lassen und sich nicht demonstrativ verhalten. Darüber hinaus halten es italienische Männer ohnehin für unter ihrer Würde, Lesben mehr als flüchtige Aufmerksamkeit zu schenken – eben die vulgären oder scherzhaften Witzeleien, mit denen sie alle Frauen bedenken. Dennoch offenbart das Sozialverhalten eindeutig einen kaum verhohlenen Voyeurismus. Und so ist es kein Zufall, daß Lesbianismus von Pornoblättern landesweit erotisch ausgeschlachtet wird.

Auch in bezug auf Rassismus scheint sich Italien in einer Ausnahmesituation zu befinden. Seit kurzer Zeit erst kommen Einwanderer aus der Dritten Welt in unser Land. Die damit verbundenen sozialen Probleme werden momentan erst ansatzweise erkannt. In der Bewegung sind die einzigen farbigen Frauen entweder ausländische Studentinnen oder Touristinnen oder Frauen ausländischer Botschaften, die überall willkommen sind.

Bisher hat sich unser Rassismus ganz anders geäußert. Jahrelang herrschte im Norden eine Diskriminierung der aus dem Süden Zugezogenen. Hier handelt es sich eindeutig um Klassen-, nicht um Rassendiskriminierung. In der Bewegung ist aber derartige Diskriminierung selten, da der südliche Akzent an der Tagesordnung und Armut eher die Regel ist. Vor allem in unstrukturierten Zusammenhängen können die verschiedensten soziokulturellen Ebenen nebeneinander bestehen – dank ständiger Auseinandersetzung und Bewußtseinserweiterung.

Politische und theoretische Ansätze

Die lesbisch-feministische Diskussion

Die erste Phase der politischen Debatte über Lesbianismus entwickelte sich zwischen 1972 und 1980 und konzentrierte sich auf Probleme der Kollektivität, Autonomie, Identität. Die noch nicht tiefschürfend durchdachten Analysen waren oft widersprüchlich.

Die Frauen von Fuori, die der Schwulenbewegung angehörten, traten für Sichtbarkeit und zahlenmäßige Stärke ein. Sie entwickelten bald autonome Ansätze und kritisierten das männliche Führerprinzip. Lesben in feministischen Gruppen konzentrierten sich auf die Suche nach Identität und diskutierten über Separatismus, machten Consciousness-raising-Gruppen, kämpften für die Belange der Frauenbewegung (Abtreibung, sexuelle Gewalt), fanden aber nur wenig Raum für eine Diskussion über ihr Lesbischsein.

Außer in Gruppen, in denen Lesben stark vertreten waren (wie im Movimento Femminista Romano von Pompeo Magno), blieben sie oft im Schatten der Frauenbewegung. Sie äußerten sich unter Schwierigkeiten in der nationalen Diskussion in den feministischen Blättern (Differenze, Effe, Quotidiano Donna) und hatten Probleme, eine eigene Sprache zu finden.

Nur zögernd machten Lesben ihre Probleme öffentlich, teils aus Furcht, daß sich die vereinigte Frauenfront ihretwegen spalten könnte, teils weil die Lesben landesweit verstreut waren. Die unstrukturierten Gruppen, die die längste Geschichte hatten, waren räumlich gebunden und voneinander isoliert. So, wie sie sich in der Provinz entwickelten, hatten sie auf den begrenzten sozialen Hintergrund reagiert und sich in „Clans" zusammengeschlossen, in die kaum hineinzukommen war. Zwischen dem Leben in den Städten, wohin die meisten Lesben gingen, um sich zu emanzipieren und einen größeren Raum zur Begegnung zu suchen, und dem Leben in der Provinz, das ganz privat und defensiv ausgerichtet war, bestand wenig Verbindung. Und lesbische Kerngruppen, die sich allmählich in Frauengruppierungen bildeten, wurden nur als Feministinnen gesehen.

Das änderte sich unvermittelt durch die Aktionen zweier Gruppen, dem Kollektiv Artemide und Identitata Negata, in denen sich Lesben aus der Frauenbewegung zusammengeschlossen hatten. Sie organisierten ein Lesbentreffen, auf dem über lesbische Themen und kulturelle Aspekte diskutiert wurde. Als Ergebnis wurde im Jahr darauf eine Anthologie von „Coming-out-stories" veröffentlicht (Felina). Auf der Frauendemo am 8. März 1979 marschierten diese beiden Gruppen, gefolgt von einem Großteil der römischen Lesben, in einem eigenen Block.

Im Zuge dieses Aufbruchs wurde der Lesbenverlag Felina gegründet, und die Mailänder Gruppe Da Donna a Donna gab im Quotidiano Donna eine eigene Lesbenseite heraus.

Die öffentliche Diskussion hielt sich zu der Zeit dennoch in Grenzen. Viele Frauen leugneten, daß Lesben unterdrückt waren; eine Beweisaufnahme wurde erstellt, Erfahrungen wurden ausgetauscht und verglichen und eine Diskussion in Gang gesetzt, wie die öffentlich sichtbaren Gruppen in den verschiedenen Städten mit den unsichtbaren in der Provinz, wie verschiedene Realitäten zu verknüpfen seien. Diese Themen wurden auf nationalen Treffen diskutiert.

Der erste lesbisch-feministische Kongreß fand Ostern 1981 in Turin statt (vorausgegangen waren zwei Lesbentreffen 1976 und 1978). Themenschwerpunkte: Lesbianismus und Feminismus, lesbische Mütter, Sadomaso, lesbische Identität. Eine Menge Widersprüche taten sich auf. Radikale Lesben aus Frankreich nahmen an diesem Kongreß teil, und die allgemeine Diskussion spitzte sich zu: Lesbianismus kontra Feminismus.

Nach dem Turiner Kongreß gründeten sich zwei neue Lesbengruppen, die Linea Lesbica Fiorentina in Florenz und Phoenix in Mailand. Die Debatte wurde auf nachfolgenden Lesbentreffen im Juni 1981 und im Dezember im Frauenzentrum Rom fortgesetzt.

Auf beiden Treffen wurde die Unterdrückung von Lesben thematisiert, die Angst vor Isolation und Einsamkeit, die Stärkung einer lesbischen Identität. Allmählich zeichnete sich eine neue Analyse ab: Lesbianismus wurde nicht mehr als Imitation der Heteronorm oder als Abweichung davon, sondern als eigenes Begehren formuliert.

Dies war der Anfang einer starken Bindung zwischen politischen Gruppen in den Großstädten und den unstrukturierten Gruppierungen in den Kleinstädten. Das lesbische Netzwerk, wie es heute besteht, wurde geknüpft.

Aus dem Bedürfnis nach regelmäßigen Treffen, engerem Zusammenschluß, Informationen und politischen Diskussionen entstand der

Lesbenverband CLI (Collegamento Lesbiche Italiane). Nach der Dezentralisierung der Lesbentreffen organisierte die Gruppe Linea Lesbica in Florenz 1982 ein nationales Treffen zur Vorbereitung eines nationalen Kongresses, der im Januar 83 in Bologna stattfand. Hier ging es vor allem um Sexualität, Probleme der Unterschiede und Gemeinsamkeiten in Beziehungen, Selbstfindung, verinnerlichte Normen, kulturelle Einflüsse, die Schaffung einer lesbischen Kultur, öffentliche Bewußtmachung. Dieser Kongreß brachte einen Umschwung: von der Unterdrückung der Lesben zur Stärke, Kreativität, Aktivität.

Das Aufblühen der italienischen Lesbenbewegung mit ihrem weitverzweigten Netzwerk, den regionalen Aktivitäten und Diskussionen fiel mit der Krise der Frauenbewegung zusammen, mit der Schließung der ersten Frauenzentren und -treffpunkte – was auch für Lesben neue Probleme aufwarf. Die in letzter Zeit entstandenen unstrukturierten Gruppen hatten zunehmend Schwierigkeiten, Räume für Treffen und Kongresse zu finden, und so mußte das Netzwerk sich wieder mehr auf persönliche Kontakte beziehen. Zu dieser Zeit, 1983, brachte die Gruppe 4 des Mailänder Frauenbuchladens eine Sottosopra-Sondernummer zur Theorie des „Affidamento"* (An-Vertrauen) heraus.

Sexuelle Verschiedenheit und Vertrauen

Die Analyse der Mailänder Gruppe spiegelte zum Teil die internationale Debatte zum Stellenwert sexueller Verschiedenheit wider. In der italienischen Version ging es um die Prämisse, daß Frauen sich immer als gespalten erlebt haben: hier das private weibliche Subjekt, dort das engagierte Selbst, bedingt durch eine Gesellschaft, die eine systematische Kontrolle über Frauen ausübt, indem sie sie einander entfremdet und voneinander isoliert.

Diese Dichotomie können wir nur aufheben, wenn wir das Schweigen, Negieren brechen und die Beziehungen von Frauen zu Frauen benennen, ins öffentliche Bewußtsein rücken und ihnen gesellschaftliche Realität verschaffen. Kurz: Frauen müssen einander den höchsten Stellenwert einräumen, einander schätzen und vertrauen, dem eigenen Begehren Ausdruck verleihen.

Diese Theorie wurde in die Praxis umgesetzt. Zum Teil wurde die Kluft zwischen politischer lesbischer Analyse und der realen Selbstbejahung als komplexe Subjekte geschlossen.

---

* Luisa Muraro, eine anerkannte Philosophin, wird als „symbolische Mutter" des „Affidamento" betrachtet. Ihr Buch „Vilemina und Mayfreda. Die Geschichte einer feministischen Häresie" ist ein anschauliches Beispiel ihrer Theorien. Muraro ist Mitglied von Diotima, einer Gruppe von Philosophinnen in Verona. Zu „Affidamento" siehe auch: Fiocchetto „Die Geschichte der italienischen Frauenbewegung.

Ein Großteil der Lesben schwankte zwischen Gleichgültigkeit hinsichtlich dieser Theorie und vereinfachender Interpretation.

Politische Lesben kritisierten das Papier vor allem, weil hierin ganz bewußt auf Lesben überhaupt nicht eingegangen wurde und weil es, indem es den Gedanken der Verschiedenheit wieder einführte, die komplexe feministische Diskussion darüber, wie wir mit der Anerkennung der zwischen Frauen real existierenden Unterschiede umgehen können, simplifizierte und sogar zunichte machte. Gruppen aus Rom und Florenz äußerten massive Kritik an dem Papier.

Insgesamt gesehen aber nahm die Lesbenbewegung nicht sonderlich Notiz vom „Affidamento". Sie befaßte sich vielmehr mit den ethischen und politischen Dimensionen von Beziehungen und thematisierte diese Aspekte auf einem nationalen Kongreß im autonomen Frauenzentrum in Rom 1985.

Auf diesem Kongreß wurde klar, daß sich die Bewegung beträchtlich verändert hatte. Das Niveau der Diskussion lag weit höher als früher. Die Osmose der letzten Jahre hatte zu einer ganzen Reihe Verbesserungen geführt: des sozialen Lebens, der Diskussionsmöglichkeiten, des Identitätsgefühls, und hatte Sicherheit bestärkt. Und weil diese Themen sich mit zwischenmenschlichen Beziehungen befaßten, fühlten sich alle Teilnehmerinnen in der Lage, ihre politischen Ansichten zu artikulieren und durch konkrete Beispiele der persönlichen Interaktion zu veranschaulichen. Zum erstenmal spielte es keine Rolle, ob eine Frau zu einer politischen Gruppe gehörte oder nicht.

In der Debatte zeigte sich, daß für die Frauen Lesbischsein nicht nur ihr Liebesleben betraf, sondern ihre gesamte Existenz. Die aus der ethischen Dimension resultierenden Probleme erwiesen sich oft als nicht faßbar, doch stets als Ursache von Konflikten.

Lesbische Kultur – wessen Kultur ist das?

In Italien gibt es zwei Verlage, die sich offen als Lesbenverlage definieren: Felina, 1980 gegründet, und Estro, 1985. Sie haben bisher insgesamt acht Lesbenbücher herausgebracht. Keiner der beiden Verlage erhält irgendwelche finanziellen Subventionen.

Wie bereits gesagt, ist das Bolletino del CLI die einzige Lesbenzeitschrift, die vorwiegend über Abonnements und über die fünf Frauenbuchläden in Italien vertrieben wird.

Von den beiden Frauenstudienheften hat bisher nur DWF (Donna, Woman, Femme) eine Nummer über Lesbianismus publiziert: Essays aus dem Amerikanischen.

In den Frauenbuchläden ist „Lesbenliteratur" vorwiegend in Übersetzungen namhafter ausländischer Schriftstellerinnen zu finden (Hall, Lehmann, Colette, Stein, Vivien, Cvetaeva, Wolff, Barnes, Leduc, Millet,

Rich). Es gibt in Italien keine erklärt lesbische renommierte Schriftstellerin außer Dacia Maraini (deren erfolgreicher Lesbenroman bald vergriffen war und nie mehr nachgedruckt wurde). Als lesbische Lyrikerin hat sich nur eine benannt, obwohl einige sagen, sie schreiben „Lyrik für Frauen". CLI veröffentlichte im Frühjahr letzten Jahres eine Anthologie lesbischer Lyrik (der zweite Band seit 1976), mit fünfzig Autorinnen unter vollem Namen.

Mit der lesbischen Geschichte steht es auch nicht besser. Die Bewegung wartet noch immer ungeduldig auf die Vollendung des ersten Buches überhaupt, das die anerkannte lesbische Historikerin Rina Macrelli seit Jahren recherchiert. Nur wenn eine Frau in Italien ausgiebig in einem Frauenbuchladen stöbert, stößt sie auf einige wenige Essays, einige Einleitungen in Romanen, eine Vielzahl von Aufsätzen über bestimmte Künstlerinnen und Schriftstellerinnen, die ihre sexuelle Preferenz kaum je – wenn überhaupt – erwähnen.

Zwar heißt es: „Lesben sind überall", dennoch existiert in Wahrheit für Lesben eine blühende feministische Kultur, zu der sie beitragen und die sie befördern, sich aber schwer damit tun, ihren sichtbaren Raum als Lesben zu finden. Ihr Raum ist zumeist ein feministischer Raum. Und daß in der Frauenbewegung chronischer Geldmangel herrscht, wirkt sich für Lesben um so nachteiliger aus.

Aus diesem Grund sind „freundliche Frauenräume" für eine Lesbenkultur – wie auch für Zusammenschlüsse von Lesben – in Italien überaus wichtig. Von großer Bedeutung ist zum Beispiel das Zentrum Virginia Woolf in Rom, das Frauenstudien organisiert und Lesben oft Raum für Diskussionen gibt. Der Frauenbuchladen in Florenz präsentiert seit sieben Jahren Ausstellungen lesbischer Kunst, veranstaltet Lesungen, Gruppen und Diskussionen für Lesben. Der römische Frauenbuchladen ist eine wahre Fundgrube für Frauen auf der Suche nach Lesbenkultur, dort gibt es eine Fülle bibliographischen Materials und allgemeiner Information.

An den Universitäten sieht es da schon anders aus. Frauenstudien (obwohl nicht offiziell gelehrt) beziehen zwar des öfteren lesbische Schriftstellerinnen und Themen mit ein, dennoch wurde bisher kein Kurs öffentlich als „lesbisch" ausgewiesen. Die Frauenverlage ziehen schon mal einen Lesbentitel in Erwägung, doch das tun bürgerliche Verlage auch – ob aus ökonomischen Gründen oder als Alibi, sei dahingestellt. Und diese spärlichen Lesbenbücher werden ausnahmslos rezensiert. Auf den Frauenfilmfestivals werden nur angedeutete Lesbenfilme gezeigt, obwohl es auch anders ginge: In Italien existieren mittlerweile Kollektive lesbischer Filmemacherinnen und zwei Filmverleihe, in Genua und Turin, die sich auch auf Lesbenfilme spezialisiert haben. Schließlich und endlich: lesbische Fotografinnen, Cartoonistinnen und andere Künstlerinnen – sie alle müssen sich auf die Frauenkanäle verlassen.

Und hier stellt sich nun die Frage: Gibt es eine Lesbenkultur in Italien? Die Antwort ist: Ja, gewiß. Wenn auch spärlich, infolge der mickrigen Bedingungen. Dennoch wird jeder neue Lesbentext sofort verschlungen, weitergereicht, diskutiert und über Mundpropaganda verbreitet. Oftmals zirkulieren hektographierte Auszüge in Gruppen, Seminaren, auf Kongressen. Lesbische Theorie in Form von Pamphleten, Flugblättern oder gehefteten Kopien finden sich in Italien reichlich, wenngleich sie außerhalb der Lesbenbewegung völlig unbekannt ist, weil sie kaum je in den Rahmen der Wissenschaft eingeht.

Lesbische Kultur, wie jede Kultur, ist sehr viel mehr als das, was durch offizielle Kanäle zum Vorschein kommt. Vergraben, verborgen, übersetzt, meist mündlich überliefert, so drückt sich unser Bekenntnis aus, die Ethik, die unser Leben bestimmt und unsere Beziehungen.

Serena Dinelli

MAMMA MIA

Wer in Italien in einen Zug einsteigt, durch die Straßen läuft oder auf
den Markt geht, irgendwo eintritt – in Büros, in kleinen oder großen
Städten –, trifft überall auf Hunderte von Frauen. Viele von ihnen sind
Mütter. Manche führen ihre Kinder an der Hand, andere sind schon alt,
wieder andere sind jung und von den Nicht-Müttern kaum zu unterscheiden. Auf eurer Reise durch verschiedene Regionen unseres Landes, wo
euch alle Generationen begleiten, entsteht aus zahllosen Mosaiksteinchen
ein großes Familienfoto, auf dem dichtgedrängt italienische Mütter zu
sehen sind. Wie ist dieses Bild zu deuten? Wie kann es scharf eingestellt
werden mit den unzähligen Gesichtern, Gesten, Stimmen, der so unterschiedlichen Art der Kleidung, wie sie aus einem Meer anderer Sinnes-
reize plötzlich auftauchen auf der Bühne oder mitten in der Landschaft.
Wie stellt man es an, diese Frauen kennenzulernen?

Beim Betrachten französischer, deutscher oder italienischer Familien
bemerkt ihr verblüfft bestimmte unverwechselbare Besonderheiten.
Italien zum Beispiel ist ein farbiges Kaleidoskop aus Traditionen und
Lebensbedingungen, auch wenn Konsumverhalten und Medien dazu
neigen, zumindest das Aussehen zu uniformieren. Der Wandel tiefver-
wurzelter Gefühle, die Veränderung der typischen familiären Verkettun-
gen erfolgt viel langsamer als anderswo. Es ist äußerst schwierig, von
„Mutter Italien" zu sprechen. Dieses Klischee fand seine stärkste Ausprä-
gung zur Zeit des Faschismus, der es den Frauen als Vorbild aufdrücken
wollte, die große Gebärende, ganz dem Wohl der Familie hingegebene,
treue Dienerin des Mannes/Ehemannes und allein durch ihn auch Die-
nende des Staates zu sein. Vielleicht trifft es ja auch zu, daß in der allgemeinen Vorstellung eine Mutterfigur verinnerlicht wurde, die dort entstand, wo die unterschiedlichsten und tiefgreifendsten Strömungen der
Kultur Italiens zusammenflossen. Die herausragende, äußerst schwer zu
deutende, fast schon ans Mythische grenzende Charakteristik dieser
Figur ist die Bereitschaft, Zuflucht zu gewähren, die allgegenwärtige,
wunderbare Größe der mediterranen Mutter, zu der die sanfte, warme
italienische Landschaft eine doppelte metaphorische Bindung eingeht.
Diese Mutter steht diesseits und jenseits des Rechts und der Gesetze der
Väter und versucht, alle Menschen als ihre Kinder zu betrachten. Es liegt
in ihrer Natur, die eigenen Kinder nie zu verlieren, sich nie von ihnen zu
trennen; sie vermag auf eine ganz besondere Art zu verführen: Sie ist
Gewißheit für Geborgenheit, die Stätte, an die du stets zurückkehren
kannst, Gewißheit für die eigene Zugehörigkeit; sie ist Gewißheit für
Wärme und Fürsorge, wobei sie stets eine Haltung zwischen liebevollem

Entgegenkommen und erdrückendem Besitzergreifen einnimmt. In ihrem Verhältnis zur Tochter besteht eine Nähe, die nicht einmal durch deren Eheschließung zerstört wird. Ein weiteres Merkmal ergibt sich aus der allgegenwärtigen übermächtigen Tradition der katholischen Kirche, die sie als Opfergestalt und völlig geschlechtsloses Wesen darstellt. Wie sehr eine Frau dieses Vorbild verinnerlicht, zeigt sich, wenn sie am Tag der Eheschließung ihre Sexualität der Mutterschaft unterordnet. Es ist eine anonyme Sexualität, die kanalisiert wird in den Wunsch nach einem Sohn. Angesichts einer Tochter bedingt das oftmals eine ambivalente Haltung (du arme Tochter, du wurdest geboren, um so zu leiden wie ich), aber auch einen aktiven und vielleicht sogar aggressiven Beitrag zur Aufrechterhaltung der Unterdrückung. Für beide – Tochter und Sohn – ist es ungeheuer schwierig, sich von einer Mutterfigur zu befreien, die sich in ihrem ganzen Menschsein aufgeopfert hat. Während ihre Kinder heranwachsen und zu jungen Menschen werden, kann diese Mutter von grenzenloser Eifersucht gequält werden. Das Heranwachsen des Sohnes bedeutet für sie die Gefahr, ihn zu verlieren; die Jugend der Tochter mag sie an das erinnern, was sie bereits verloren hat. Sie kommt erst dann ein wenig zur Ruhe, wenn sie diese Tochter in einer Ehe „versorgt" weiß. Ihr ideales Liebesobjekt sind die Kleinsten. Noch immer widmen italienische Frauenzeitschriften, die sich an einen bildungsarmen Leserinnenkreis wenden, eine Rubrik den Kinderfotos. Die Leserinnen schicken ihre Fotos ein und schreiben dazu, wie groß ihre Leidenschaft für die so wunderschönen Kinder sei. Diese Kinderfotos bedeuten für die Frauen eine Möglichkeit, sich selbst zu zeigen und sich lustvoll zur Schau zu stellen.

So viel oder wenig sie bestimmten Klischees gerecht werden mögen, haben beziehungsweise hatten die italienischen Mütter ein unstillbares Verlangen, gesehen und beachtet zu werden, ja sich geradezu zu exhibitionieren. Der Faschismus war vielleicht die Zeit, in der ihnen am unerbittlichsten eine Identität aufgezwungen wurde, die sie als menschliche Individuen auslöschte. Es geschah demnach vielleicht nicht rein zufällig, daß unmittelbar nach dem letzten Weltkrieg ein ganz besonderes Phänomen sichtbar wurde: Wenn irgendein Regisseur kleine Mädchen für einen Film suchte, so präsentierten sich Abertausende von Müttern, die alle darum bettelten, ihre Tochter möge für die Rolle ausgewählt werden, damit sie für die Traumwelt des Films entdeckt würde. Visconti verarbeitete diese Massenpsychose in einem ganz außergewöhnlichen Film „Bellissima", in dem die Rolle der Mutter, die für das Recht auf Zurschaustellen kämpft, unvergeßlich von Anna Magnani dargestellt wird. Dieser Mutterfigur unmittelbar voran ging die Gestalt der Sofia Loren in „Una giornata particolare" (Ein ganz besonderer Tag), in dem sie eine Frau in der Zeit des Faschismus spielt, eine wahre Haushaltsmaschine, ausgesaugt von einer Kinderschar und einem schnauzbärtigen Ehemann.

Doch es gab seit jeher niemals nur *eine* Mutter, heute weniger denn je. Heute mischen sich Traditionen und Subkulturen ununterbrochen mit einer sich stark verändernden Gesellschaftsstruktur. Ich nenne nur ein Beispiel: Bereits vor einem halben Jahrhundert stand auf der einen Seite die emilianische Bäuerin, die in der Landwirtschaft eine gewisse autonome Stellung innehatte, auf sich stolz sein konnte, und sowohl bei der Aufzucht der Kinder als auch bei finanziellen Entscheidungen ein wichtiges Mitspracherecht hatte. Auf der anderen Seite hingegen gab es die „Dame" aus dem Kleinbürgertum des italienischen Südens, für die die Ehe der Beginn einer fast vollständigen häuslichen Isolation war, die völlige Abhängigkeit vom Willen des Ehemannes bedeutete. Die erste wurde von einem Netz der Solidarität und Frauenkultur aufgefangen; sie verrichtete schwere körperliche Arbeit auf dem Felde und im Haus, ging aber noch im hohen Alter zum Tanzen. Die zweite, in ihrem Haus gänzlich isoliert und ohne jeden Anreiz von außen, hatte an ihrer Seite ein ganz junges Dienstmädchen, mit dem sie das tägliche Dasein und die häuslichen Belange teilte. Sie lebte in relativem Wohlstand, konnte aber durchaus unbewußt von der Langeweile dieses stillschweigend hingenommenen Schicksals zerfressen werden.

In der Nachkriegszeit hat Italien große Veränderungen erfahren, deren Folgen vor allem die Frauen-Mütter zu spüren bekommen haben: Niedergang der Landwirtschaft, Aufschwung der Industrie und des Dienstleistungsbereichs, wachsender Wohlstand für viele, Emigration innerhalb des Landes, hohe Anzahl von Frauen mit Schulbildung, schwindender Einfluß der Kirche, Ausbreiten der Kultur der Linken.

In den letzten zwanzig Jahren fanden dann die großen Massenbewegungen statt: zum Beispiel die Studenten- und Arbeiterrevolte, der Kampf der Feministinnen, das Engagement der Gewerkschaften, dem sich viele Arbeiterinnen anschlossen. In diesem Kontext begann die Mutterschaft als Ideologie, als absoluter Wert und praktischer Einsatz langsam zu verblassen. Es sind gewisse Freiräume entstanden, in denen die Frauen Kraft und Energie für sich schöpfen konnten und dabei nicht allein die eigene Neugier auf persönliche Erfahrungen und auf die Kultur entdeckten, sondern auch den Wunsch nach Selbstbestimmung, das Interesse an der Sexualität, die Freude an Selbstdarstellung und die Lust daran, etwas für sich zu tun.

Die Frauenbewegung hat diese Veränderungen herausgearbeitet und weiterentwickelt. In den siebziger Jahren haben sich Tausende von Frauengruppen zunächst bemüht, die eigenen Lebensbedingungen zu überdenken, bevor sie den neuen Kontinent zu erforschen begannen, auf dem sie dann neue Symbole, eigene Gedanken und Traditionen ansiedelten. Das Ringen um den Schwangerschaftsabbruch und die freie Entscheidung für eine Mutterschaft waren die herausragenden Momente in der Öffentlichkeit für diese umfassende, vielgestaltige Arbeit, die weiterhin geleistet wird. Der Volksentscheid, der die Einführung der Scheidung bewirkte, zeigte ein sehr verändertes Bild des Landes. Es entwickelten sich viele Einrichtungen, insbesondere im Bereich des Gesundheits- und Schulwesens, so daß viele Familien (tatsächlich waren es wohl die Mütter) in eine vorher nie gekannte Öffentlichkeit gerieten. Schließlich erfuhren mit der Zulassung Dutzender privater Fernsehsender die Medien eine geradezu schwindelerregende Entwicklung. Im Hinblick auf die Sendezeiten steht Italien, verglichen mit allen anderen europäischen Ländern, mittlerweile an erster Stelle, und die täglichen Einschaltquoten haben amerikanische Verhältnisse fast erreicht.

Die arbeitenden Mütter in den Ballungszentren im Norden Italiens können ein ganz leidliches Angebot sozialer Dienste in Anspruch nehmen, während sie im Süden auf die Unterstützung der Großfamilie zurückgreifen müssen. Alle versuchen, mit Hilfe von Verhütungsmitteln oder durch Schwangerschaftsabbruch – sogar wenn sie katholisch sind – die Zahl der Kinder auf eins oder zwei zu beschränken. Alle müssen sich jedoch durch ein Labyrinth von Zeit-/Stundenplänen, Institutionen und bürokratischem Kleinkram hindurchkämpfen. Ihr Tag gleicht allzu oft einem Puzzle, das sie trotz Müdigkeit und Hektik zusammensetzen müssen. Ihr könnt sie beobachten, wie sie voller Anspannung versuchen, sich durch das Verkehrschaos hindurchzuschlängeln, zwischen Arbeitsstätte, Schule oder Krippe der Kinder, dem Haus der Großeltern und dem Supermarkt hin und her hetzen. Das Fernsehen ist der allgegenwärtige Babysitter, den sie ausnahmslos einsetzen, denn kaum zu Hause angekommen, müssen sie die Hausarbeit in Angriff nehmen.

Hinsichtlich ihrer Gefühle und kulturellen Vorbilder befinden sich die Frauen zur Zeit in einem gewaltigen Umbruch. Vor allem in den letzten Jahren scheinen sie diese drückende Ambivalenz überwunden zu haben, die für die meisten von ihnen eine Arbeit einzig und allein deswegen rechtfertigt, weil sie mit in die Haushaltsbilanz einfloß. Viele Frauen formulieren heute ganz klar und deutlich, daß sie arbeiten und auch in Zukunft arbeiten werden, weil sie daraus eine persönliche Befriedigung schöpfen und ihnen daraus soziale Kontakte und kulturelle Anreize erwachsen. Und doch haben diese Frauen tief in ihrem Inneren das Gefühl, daß die Mutter, und nur sie allein, für das gute Gedeihen der Kinder verantwortlich ist.

Die Männer, Ehemänner der Arbeiterinnen und Hausfrauen, lassen die Frauen meistens allein. Bemüht um berufliche Karriere und das Mehr-Verdienen-Wollen, haben sie lange Arbeitszeiten oder gehen einer zweiten lukrativen Tätigkeit nach. Wenn sie dann einmal ihren Kindern Zeit widmen (in den vergangenen Jahren zeichnete sich zögernd diese Tendenz ab), spielen sie bestenfalls mit ihnen. Hausarbeit verrichten sie nur selten. Spielen sie nicht mit den Kindern, so sitzen sie mit ihnen vor dem

Fernsehapparat oder nehmen die Söhne mit zum Sport. Oft meinen die Männer allerdings, die ganze freie Zeit bedeute für sie Anspruch auf Freizeit: Sie sehen viel fern, gehören Sport-Fan-Clubs an, treiben selbst Sport, gehen mit Freunden aus, widmen sich Computerspielen oder anderen Hobbys, die sie nach allen Kräften verteidigen.

In den kleineren und mittleren Städten begegnet ihr Frauen, die Heimarbeit verrichten; sie stricken, stellen Schuhe und andere Artikel für die Bekleidungsindustrie her. Sie versuchen, an ihrem sehr langen Arbeitstag trotz allem die Mutter-Funktionen irgendwie wahrzunehmen. Diese Situation leben sie in einer fast völligen Isolation: Arbeit und Wohnung ermöglichen keine sozialen Kontakte und verschlingen die gesamte verfügbare Zeit.

Im Bereich der Landwirtschaft bedeutete der Übergang zu einer modernen Bewirtschaftung des Bodens für viele Frauen, daß sie nicht mehr wie ihre Mütter auf dem Feld arbeiten mußten, sondern nur noch in dem und für das Haus lebten, das üppig möbliert und mit vielen elektrischen Haushaltsgeräten ausgestattet wurde.

In allen touristischen Zentren Süditaliens trefft ihr Mütter, die in den Sommermonaten mit einem modernen Lebensstil in Berührung kommen. Sie arbeiten entweder in Restaurants oder auf dem familieneigenen Campingplatz, wo sie mit Touristen zu tun haben. Ihre Kinder vertrauen sie Verwandten an. Das restliche Jahr über tauchen sie wieder ein in Haus, Familie und die Abhängigkeit vom Ehemann.

Für die noch mehr den Traditionen verhafteten Frauen ist das Dasein für die Familie in den vergangenen Jahren manchmal interessanterweise zum Ausgangspunkt ihrer Emanzipation und Befreiung geworden; sehen wir zum Beispiel die Bewegung „Mütter gegen Drogen" in den Armenvierteln von Neapel oder in den Randgebieten von Rom, die Sizialianerinnen, deren Angehörige und Kinder von der Mafia umgebracht worden sind, die Mütter behinderter Kinder. Auf der Suche nach einem Ausweg aus verzweifelten Lebenssituationen, die ihre Familien gefährdeten, haben diese Frauen gelernt, in der Öffentlichkeit zu reden, Kontakte zu Presse und Behörden zu unterhalten, durch Italien zu reisen, wobei die meisten von ihnen ein ganz bescheidenes Bildungsniveau und ein Minimum an persönlicher Freiheit besaßen.

Die derzeitigen gesellschaftlichen Veränderungen bringen für die Frauen – fast ausnahmslos – Entdeckungen und Konflikte im Bereich der Sexualität (der eigenen und der der Kinder). Die jahrhundertelange Tradition der katholischen Kirche verhindert noch immer den Einsatz wirksamer Verhütungsmittel und verbindet die weibliche Sexualität mit dem Bild einer Prostituierten. Andererseits haben Liberalisierung und Konsumgesellschaft neue Anreize ermöglicht und tun dies weiterhin. Das Fernsehen zeigt zum Beispiel sehr sexbetonte Frauentypen, und die

Pornographie hat in den vergangenen Jahren eine weite, halb heimliche Verbreitung nicht nur unter Männern, sondern auch in den Familien gefunden (Illustrierte, Comics, Videokassetten, Softpornos im Fernsehen).

Für alle stellt der Konsum eine enorme Versuchung dar. Auf Wohnung und Kleider konzentriert sich fast die gesamte Aufmerksamkeit. Die italienische Familie ist über viele Jahre hinweg stabil, die Kinder bleiben ihre ganze Jugendzeit über im Haus, in welchem sich alle möglichen Gegenstände anhäufen. Weder die Hausfrau noch die erwerbstätige Frau verzichten darauf, die Wohnung und jedes einzelne Möbelstück darin liebevoll zu pflegen – trotz Kinder und Mann, die „sauber zu halten" sind. Auf den Straßen fallen auch die italienischen Männer auf, fast ausnahmslos gut gekleidet, gepflegt, geschniegelt und gebügelt. Aus jedem von ihnen spricht eine Mutter oder Ehefrau-Mutter, die Flecken entfernt, wäscht, bügelt und dies alles manchmal bis spät in die Nacht.

Die jungen Mütter begrüßen im allgemeinen die gesellschaftlichen Veränderungen; auch wenn sie müde und abgespannt sind, sich alleingelassen fühlen, unter dem häufig autoritären Verhalten ihrer Ehemänner und unter deren Gleichgültigkeit und Trägheit leiden, so sind sie dennoch der Meinung, daß sie sich eine gewisse Erfüllung, Freude und Freiheit gestatten können, die ihre Mütter entbehren mußten. In ihnen mischen sich Unruhe, Neugier auf alles, die Suche nach neuen Werten und neo-konservative Anstöße.

Schließlich trefft ihr ganz häufig auf einen besonderen Menschen, die einstige Mutter, die heute Großmutter ist. Erstaunlich ist die Vitalität unserer Großmütter; nicht selten teilen sie ihre Zeit auf in die Fürsorge für den kränkelnden Mann und die Enkel oder die bereits verheirateten Kinder, wobei sie sich allerdings manchmal auch Zeit für sich selbst stehlen. Bei ihnen kann durchaus eine Verwurzelung in alten Traditionen mit einer lebhaften Neugier auf alles Neue einhergehen. Wenn ihr nachmittags ins Kino geht, kann es durchaus passieren, daß ihr den Saal voller Großmütter findet, die sich, ihren Söhnen und Ehemännern zum Trotz, welche sich über ihren Geschmack empören, mit Vergnügen und Freude eine homosexuelle Liebesgeschichte ansehen. Die veränderte Konsumsituation und eine andere Mentalität haben vielen von ihnen ein Bewußtwerden und die Entdeckung der eigenen Vergangenheit ermöglicht, doch das kann durchaus einhergehen mit dem Festhalten an tradierten Verhaltensweisen, insbesondere im Bereich der Sexualität und der Kindererziehung.

Die Mütter-Großmütter bleiben im allgemeinen bis an ihr Lebensende sehr aktiv. Viele leben inzwischen allein, da die Ehemänner vor ihnen gestorben sind und die jungen Eheleute nicht immer gern mit ihnen zusammenleben. Dann verbringen sie ihre Zeit damit, ihre Wohnung zu pflegen, mit Freundinnen und Nachbarinnen zu plaudern, zu lesen und fernzusehen. Wenn sie jedoch mit einem Kind zusammenleben, so arbeiten, putzen, kochen sie für alle, wobei sie die Freude an einem gewissen Wohlstand vermengen mit ihrem unerschütterlichen Drang zur Sparsamkeit. Der bedrückendste Gedanke der Mütter und Großmütter ist, krank zu werden, nicht mehr unabhängig und für die anderen nicht mehr nützlich zu sein.

Manchmal sterben sie von allen hochgeachtet im Familienkreis, manchmal in einem einsamen Krankenhausbett oder aber allein zu Hause, was die Kinder erst bei einem Anruf bemerken, wenn das Telefon unaufhörlich klingelt und niemand mehr den Hörer abnimmt.

Germana Ciccone
WIR, DIE MÄDCHEN DER ZWEITEN GENERATION

Als ich noch ein kleines Kind war, verstand ich nicht, was meine Mutter tat; ich folgte ihr überallhin und war davon überzeugt, sie sei eine Statue. Auch perfekt wie eine Statue: voller Worte, Ideen, inmitten der Kinder, der Sachen, die sie machte, dem Geschrei und den Küssen. Ich fragte sie, wenn es mir gut oder schlecht ging.

Ich fühlte mich stark hinter ihrem Rücken, sie vor mir, ganz so, wie ich es brauchte. Sie war wirklich ideal. Ich hörte mit Aufmerksamkeit jeder Sache zu und dachte, immer beurteilen zu können, wer Recht und Unrecht hatte. Es war eine erlebte Kindheit auf der Suche nach Gerechtigkeit und den Versuchen, Frieden zu stiften.

Es war schwierig, beide Elternteile zu lieben, den einen und den andern der entgegengesetzten Pole zu verstehen, daß die Trennung zwischen beiden nicht so klar war.

Meine Eltern waren unschlagbar, wenn es darum ging, die Dinge zu verdrehen und mich im gleichen Moment immer lebhaft miteinzubeziehen. Ich wurde Richter/Opfer ihrer Streitereien. Sie diskutierten meistens – aber nicht immer – überflüssige Dinge. Ich lebte ihre Geschichte, ihre Entwicklungen.

Meine Mutter nahm mich überall mit hin, auch weil ich sie nie allein lassen wollte. Und so wurde ich Zuschauerin ihrer hochtrabenden Vorträge, ihrer Kompromisse, ihres Entgegenkommens, ihrer Ideale.

Meine Mutter war immer im Gefecht, auch mit sich selbst; im großen und ganzen versuchte ich, hinter ihr herzuhetzen, oftmals hielt ich an, ohne zu verstehen.

Mit vier, fünf Jahren ging ich auf meine ersten Frauendemonstrationen – auf die Plätze der Kleinstadt. Teilweise erinnere ich mich gut, teilweise verwechsle ich sie mit dem Karneval. Aber ich war rundum zufrieden, mit ihr zusammen zu sein.

Ich erinnere mich, wie sie mit dem Rücken gegen das Licht gewandt vor den großen Fenstern unseres Hauses auf dem Land stand und mir alle Dinge mit Entschiedenheit und Bestimmtheit klarmachte. Sie wirkte auf mich sehr weise. Heute weiß ich, sie war es nicht immer, aber sie war jung, sie lebte, sie war aktiv, für mich ein echtes Denkmal – wie es sein soll.

Die Bilder aus meiner Kindheit sind reichlich verblaßt, doch ihre Konsequenzen habe ich heute vor mir.

Meine Eltern ließen sich scheiden, als ich zwölf Jahre alt war. Die Geschichte meiner Familie ist recht charakteristisch, und im gleichen Moment ist sie für mich ganz persönlich und einmalig. Einmalig, weil sie natürlich an meine Bezugspersonen gebunden ist, an deren Charakter und soziale Rolle, auch wenn im Prinzip die Fakten, die individuelle Geschichte, auf soziale und historische Phänomene, auf Symbole einer Kulturbewegung und Politik reduziert werden können. (Ich will natürlich nicht behaupten, daß die Scheidung meiner Eltern ein historisches Ereignis war.)

Meine Mutter fügte sich ungern in die traditionelle Rolle der Hausfrau, sie tat es dennoch, als Gegnerin ihres Schicksals und Opfer einer rigiden engen Struktur gleichzeitig. Sie war – und ist noch immer – die „allerbeste Mutter" aus der Sicht ihrer drei Kinder, auch wenn sie sich mehr für familienferne Dinge, für Frauen und für deren Rolle in der Gesellschaft und die Frauenbewegung interessierte.

Auch als wir versuchten, auf Wunsch meines Vaters, eine Familientherapie zu machen, hatte sie sich längst von diesem Muster entfernt und war nicht mehr bereit, dies zu akzeptieren. Ihre Zentrifugalkraft, die entstand, als sie wegging, hat in unserer Familie einen Sturm, ja einen Orkan ausgelöst; es war schwierig, sich zurechtzufinden.

Die Gründe für eine Scheidung sind vielfältige Geschichten und Motivationen, doch ich glaube, daß sie in jedem oder doch fast jedem Fall für die Kinder einerseits Unglück und andererseits Reife und Bewußtsein bedeuten. Für uns war es jedenfalls so. Wir haben aus dieser Erfahrung viel gelernt: Es war der Blick in eine andere Welt. Es hieß, sich mit neuen Situationen und Menschen auseinanderzusetzen, zu schauen und zu verstehen, um auch in der Lage zu sein, große Probleme selbst zu lösen. Hasten nach Wachstum und Reife, um eine selbstbefriedende (und den Rest der Familie) Rolle einnehmen zu können, und vor allem: Vorwärtsgehen, immer die Bereitwilligkeit der anderen respektierend.

In zweifacher Hinsicht habe ich viele Dinge „verstanden"; rational habe ich die Frauenemanzipation nachvollziehen können, doch emotional habe ich unter den Auswirkungen gelitten. Ich habe die Kämpfe meiner Mutter mitgekämpft und verstehe heute, welche meine eigenen sein werden.

Die Frauenbewegung hat neue Wege aufgezeigt, hat aus Konflikten Lösungen gezogen, die mittlerweile mit allen Früchten der Arbeit vom System integriert wurden (auch die Scheidung) und ambivalenterweise in allen Bereichen Einzug gehalten haben. Die Mädchen von heute machen sich das gar nicht klar, sie haben nicht mal die gleichen Zielvorstellungen. Sie passen sich gewissermaßen an: an das Leben, das sie vorfinden und das sie blind macht. Auch ich muß mir noch überlegen, von welchem Punkt an dieses auch mein Leben sein könnte, für mich ist es sehr schwierig zu verstehen, ob dies alles ein historischer Abschnitt war oder auch mit meiner Lebenssituation zu tun hat. Wie viele andere Mädchen bin ich mir nur meiner Jugend und meiner Stärke bewußt. Mehr als die anderen habe ich eine anstrengende Geschichte hinter mir. Ich kenne meine Mutter und weiß, welches Identifikationsmuster sie mir geboten hat, so daß mein Selbstvertrauen und meine Sicherheit ein mit Mühe erreichtes Ziel sind, und ich weiß, daß ich heute nur vor den Dingen Angst habe, für die mir die Urteilskraft fehlt, die bei mir Desinteresse, blinde Passivität und fehlendes Selbstvertrauen hervorrufen. Aber wir Mädchen von heute können uns nicht mehr aus unserer Situation lösen, vom Zeitgeist trennen.

COME PUNK INCONTRO
ANCORA MOLTA DIFFIDENZA –
A VOLTE PERSINO IO
MI GUARDO ALLO SPECCHIO
E MI DICO:
    MA CHE' SEI SCEMA?

STE

Als Punk
begegne ich noch immer
viel Mißtrauen.
Manchmal guck sogar ich
mich im Spiegel an
und frag mich:
Was denn, bist Du eigentlich
noch dicht?

aus „Aspirina", Milano 87

Ein bißchen muß die Kulturszene und ein bißchen die Geschichte (Frauenbewegung ist für uns heute Geschichte) herhalten, um uns verständlich zu machen, daß wir nicht die einzigen, die ersten sind, die ihre Lebenswelt so nicht akzeptieren können. Doch meiner Meinung nach nehmen viele Jugendliche von heute die Erpressungen und Unbequemlichkeiten im Austausch für die seit wenigen Jahren erreichten Privilegien hin – neue Formen, alte Kleider.

Dies muß sein, weil uns bewußt ist, daß wir jung sind, weil wir integriert sein, uns in der Welt nicht als Randgruppe fühlen wollen, um sie besser für uns nutzen zu können.

Ich sehe nicht die Bereitwilligkeit zu handeln, zu entscheiden, mitzumachen. (Für uns sind Scheidung und Abtreibung keine Errungenschaften, sondern Realität, dies alles aufgrund einer – veränderbaren – Zukunftsvision.)

Wir stimmen gegen Kernkraftwerke, einige interessieren sich für Politik, Gesundheit und Körper, doch es ist wie etwas, das uns von der Umwelt auf dem goldenen Tablett serviert wird, es ist nicht so, daß wir es uns suchen oder aufbauen.

Wir, die Mädchen des Post-Feminismus, haben schon alles, haben vor kaum was Angst und leben unser Jungsein, koste es, was es wolle. Für was sollten wir denn kämpfen?

Jede Blume hat ihren Frühling – und wir? Zwischen Kernenergie, Umweltvergiftung, dem Golfkrieg? Werden wir überleben?

Wir sind keine Denkmäler, höchstens Zuschauerinnen des Fernsehprogramms.

„DIE HAUSFRAUEN CHRISTI"
Als Nonne leben. Auszüge aus einem Bericht

Zahlreich sind die Nonnenklöster in Italien, die Touristinnen – gegen Bezahlung – Essen und Unterkunft gewähren. Vor allem auf dem Lande sind sie eine gute Alternative zur Unterkunft im Hotel. Sowohl der reizvollen Landschaft wegen, in die die Klöster meist eingebettet sind, als auch der dort zu genießenden Ruhe und nicht zuletzt des günstigen Preises wegen. In Rom betreiben belgische, indochinesische und afrikanische Schwestern auf sehr kluge Weise ein Restaurant: „L'eau vive", in der Via Monterone 85 in der Nähe des Pantheon. Tagsüber bieten sie ein Mittagessen zu einem festen und – angesichts der hervorragenden Qualität – ziemlich niedrigen Preis.

Es gibt zwar einen christlichen Feminismus, doch haben sich die nichtklerikalen Feministinnen mehrfach mit der Situation der Nonnen beschäftigt. Der folgende Beitrag ist der Meinungsumfrage zum Thema „Die Hausfrau Christi" entnommen, die von Stefania Bernardi, Mara Gasbarrone, Immacolata Datti Mazzonis, Annamaria Pazienti, Maria Celeste Puzziano und Rosetta Stella durchgeführt und von „Edizioni delle Donne" 1976 veröffentlicht wurde.

***

Einhundertvierzigtausend Frauen sind heute Nonnen in Italien. Es sind vorwiegend ältere Frauen vom Lande, die sehr früh ins Kloster gegangen sind, eine geringe Schulbildung haben und im allgemeinen hart und unentgeltlich arbeiten. Es ist nicht einfach, in ihnen die unterdrückte Frau zu sehen, die sich befreien könnte, auch weil bisher nur wenige von ihnen dieses Bedürfnis offen gezeigt haben. Jene, die das Leben im Kloster nicht mehr ertragen konnten, sind weggegangen – Tendenz steigend, denn das Leben im Kloster bietet keinerlei Raum, um Konflikte auszutragen. Das Verlassen des Klosters stellt zunächst für jede von ihnen den Versuch einer mehr oder weniger gelungenen individuellen Befreiung dar. Dies hat jedoch niemals zu einer organisierten Protestbewegung geführt, die es vermocht hätte, die im Kloster verbliebenen Frauen zu erfassen, um ihre Situation gemeinsam zu verändern.

Die Arbeitsteilung innerhalb der kirchlichen Einrichtung sieht vor, daß die männlichen Geistlichen die Kopfarbeit auszuüben (Theologie, Predigt, bis hin zum Religionsunterricht in den Schulen, der erst seit 1986 kein Pflichtfach mehr ist) und – mit der Wahrnehmung des Priesteramtes – vor allem den Kontakt mit dem „Allerheiligsten" zu pflegen haben. Frauen sind von der Ausübung des Priesteramtes ausgeschlossen, und zwar unter fadenscheinigen Begründungen, die offiziell als „historisch" anerkannt werden, theoretisch längst überwunden werden könnten, aber in der Praxis noch ihre Gültigkeit haben. Also obliegt den Klosterfrauen die Handarbeit: Sie sind nicht nur jahrhundertelang die „Haushälterinnen" der Priester, sondern auch der entsprechenden Ordensbrüder. Ihnen obliegt das Sticken der geweihten Tücher und des Wandschmucks, das Vorbereiten der Hostien für die Messe, Tätigkeiten der Pflege und Fürsorge – als verlängerter Arm der Mütter in ihrer traditionellen Rolle (Kinder-, Alten- und Krankenpflege) – und schließlich auch ein wenig Kopfarbeit: Die Katechese ist für Kinder zuständig, die Unterrichtstätigkeit der Nonnen beschränkt sich auf die Vorschulerziehung oder auf die vorwiegend von Frauen besuchten „scuole magistrali" (Schulen für die Ausbildung von Grundschullehrer/innen). Die von den Nonnen besuchten Theologiekurse der päpstlichen Universitäten sind „einfacher", alles in allem eben zweitklassig.

Die Passivität, das Sichunterwerfen – diesmal gegenüber einer anderen Frau, der „Mutter" Oberin –, wird durch das Gehorsamsgelübde festgeschrieben. Die Unterdrückung der Sexualität führt zur Verachtung des eigenen Körpers (Haare werden kurz geschnitten, Schleier und Kleidung verleihen ein unförmiges Aussehen). Es ist nicht nur von Keuschheit die Rede, sondern vor allem von „geweihter Jungfräulichkeit". Einer Vergewaltigten ist es laut Kanonischem Recht gestattet, abzutreiben. Vielleicht weil sie aufgehört hat, Frau zu sein. Die Weihe hat sie zu einem Wesen völlig anderer Natur gemacht: Sie ist per Definition nicht mehr fortpflanzungsfähig. Im übrigen werden ihr genügend Gelegenheiten geboten, ihre mütterlichen Instinkte auf geistiger Ebene auszuleben, so bei der Kinder- und Krankenpflege und beim Gebet für die Sünder. Geboten wird ihr auch die Möglichkeit der geistigen Liebe gegenüber Christus, dem „Bräutigam der Kirche". Die Weihe ist für sie wie eine Vermählung. Die Nonnen sprechen oft von diesem „Verliebtsein", von dieser idealisierten Beziehung mit der Gestalt Jesu.

Das Armutsgelübde könnte beispielsweise vorsehen, daß die Früchte ihrer Arbeit den Armen zur Verfügung zu stellen seien. Statt dessen bedeutet es für die Klosterschwestern – wie für die Hausfrauen –, ihre Arbeit unentgeltlich zu verrichten. Sie sind gezwungen, sogar das Fahrgeld bei der Oberin zu erbitten, obwohl der Orden reich ist und mit öffentlichen Einrichtungen (Krankenhäusern, Erziehungsanstalten) Verträge über die Zurverfügungstellung der Schwesternarbeitskraft abschließt. Der Anteil der im „aktiven Leben" Stehenden beträgt 95 Prozent. Die übrigen fünf Prozent, die eigentlichen „monache" (Nonnen), führen ein „kontemplatives Leben". Ihre Gemeinschaften heißen „monasteri" (Nonnenklöster) und die der Schwestern „conventi" (Schwesternklöster).

Aus den Statistiken ist zu entnehmen, daß die Zahl der Klosterschwestern rückläufig ist, weil die „Zugänge", das heißt die neu Berufenen, die „Abgänge" nicht wettmachen können.

Die italienischen Klosterschwestern sind – je nach Wohnort – zum Zeitpunkt ihres Eintritts ins klösterliche Leben wie folgt verteilt: 61,1 Prozent in Nord-, 11,4 Prozent in Mittel-, 25,2 Prozent in Süditalien sowie auf den Inseln und 2,3 Prozent im Ausland. Auf den ersten Blick mag die Tatsache, daß der Norden Italiens den größten Anteil an Klosterschwestern stellt, verblüffen. Wenn die Gleichung „Ins Kloster gehen = Rückständigkeit" aufgestellt würde, so müßte die Zahl der neu Berufenen im Süden weitaus höher sein. In den vorwiegend christdemokratischen Regionen Norditaliens ist es dem Katholizismus jedoch gelungen, tief in die Gesellschaftsstrukturen einzudringen, und zwar mit seinen Verbänden, Genossenschaften und christdemokratischen Gewerkschaften, das heißt, es ist ihm gelungen, erheblichen Einfluß auf gesellschaftlicher Ebene zu erlangen. In Süditalien hingegen zeigt sich der Katholizismus als etwas Rituelles bei der Ausübung oft bigotter religiöser Bräuche, denen meist eine gleichgültige Haltung entgegengebracht wird. Kurz, der Anreiz, den Schleier zu nehmen, ist im Norden größer als im Süden. Im übrigen weist der Süden Italiens die größte Zahl an Frauen auf, die früh heiraten und mehr Kinder bekommen. Dort ist die Frau weitaus stärker an ihre reproduktive Rolle für die Erhaltung der Art und an ihre gesellschaftliche Rolle als Ehefrau und Mutter gebunden. Ins Kloster zu gehen bedeutet letztlich, sich dieser Rolle zu entziehen oder sie indirekt und auf idealisierende Weise, jedoch nicht in ihrer materiellen Direktheit zu erfüllen.

Es gibt in Italien 506 Frauenorden. Die meisten von ihnen wurden im letzten Jahrhundert gegründet, sehr wenige in der Zeit davor und nur einundzwanzig nach 1950. Diesen religiösen Frauenorden stehen 11.891 Gebäude zur Verfügung. Verteilt man die 14.000 italienischen Klosterschwestern auf die vorhandenen Einrichtungen, so ergibt das zwölf Nonnen pro Einrichtung: Eine deutliche Unterbelegung der Klöster.

Anna Rap
Kochen, Essen, Trinken

Um sich in dem saftigen Labyrinth der kulinarischen Tradition Italiens orientieren zu können, ist es unerläßlich, ihre sehr verzweigten Wurzeln, die auf die Mannigfaltigkeit der verschiedenen Kulturen zurückzuführen sind, aufzusuchen.

Um die Geheimnisse der italienischen Küche zu erforschen, befassen wir uns zunächst mit den prägenden Einflüssen – wie bei jeder anderen Erscheinungsform italienischer Kultur – der vier wesentlichen Strömungen: der arabischen, der germanischen, der französischen Kultur und nicht zuletzt der Antike. Hinzugefügt sei der blühende Handel in früherer Zeit mit dem Mittleren Orient und dem Fernen Osten – auch die Entdeckung Amerikas. Der riesige Umfang ausgetauschter Waren hat erheblich zur Bereicherung der italienischen Küche beigetragen. Denken wir nur an den Mais, die Tomate, die Kartoffel, den Kaffee. Daraus setzt sich ein buntes Mosaik zusammen, das zwei wesentliche Entwicklungslinien deutlich macht: die Küche der Butter und des Reis und die Küche des Weizens und des Olivenöls.

Und die Frauen? Die Frauen haben es im Lauf der Zeit verstanden, mit ihren alchimistischen Fähigkeiten, mit ihrer Phantasie und unter dem Druck materieller Not diese vier Bestandteile in ein Kaleidoskop der Gaumenfreuden zu verwandeln. Alles das ist Ergebnis jahrtausendealter Tradition im Handwerk – ihrem Handwerk, in den Küchen, an den Backöfen, am Kamin, im Keller bei der Konservierung und nicht zuletzt im Service-Bereich für die Familie, gefühlvoll, konstruktiv und technisch perfekt. Die Küche ist in Frauenhand auch eine geistreiche Wiederaufbereitungsanlage, und spätere unvermeidliche Abfälle werden biologisch recycled – auf dem Hauskomposthaufen. Mit enormer Kreativität und Geschick wird aus einfachen Mitteln eine riesige geschmackliche Vielfalt an Speisen durch das Zusammenspiel von nur wenigen Zutaten hervorgebracht.

Ein Beispiel: Das Brot. Nur wenige Zutaten: Mehl, Wasser, Olivenöl, ein wenig Hefe, manchmal auch Salz. In jeder italienischen Stadt, vielleicht schon in jedem Ort, könnt ihr zahlreiche geschmacklich unterschiedliche Brotsorten in den vielfältigsten Formen kosten.

Das Brotbacken ist ein magisches Ritual und findet seinen höchsten Ausdruck im „carasau" oder „carta musica" (singendes Papier), das sardische Frauen zu mehreren versammelt, die einmal im Monat in der Nacht backen.

Heute wird die feine Küche vom „Küchenchef", die einfache Küche vom „fast-food" repräsentiert. Die Folge davon ist, daß jener außerge-

wöhnliche, für die gute Küche so unverzichtbare Sinn für Harmonie und Gleichmaß verloren zu gehen droht, der durch die materielle Not entstanden ist und den die Frauen zur Kunst erhoben haben.

Butter und Reis dienen als Grundlage für die Zubereitung der vielfältigsten Speisen im gesamten Norden Italiens. Im Piemont und im Aostatal, wo der Einfluß der französischen Küche deutlich zu spüren ist, stellt die Butter praktisch die einzige Zutat dar.

Butter, Sardellen und Knoblauch sind die Grundlage der „bagna cauda" (1), eine pikante, heiße Soße, die in einer Schüssel aufgetragen und auf einen Kocher gesetzt wird, der auf den Tisch kommt. Darin werden verschiedene Gemüsesorten eingetunkt.

Der Reis mit seinen vielfältigen Zubereitungsmöglichkeiten – von der Suppe zum Risotto* bis hin zu den verschiedenen Süßspeisen – wird im Piemont in großen Mengen verwendet. Im übrigen ist das die Region des Trüffels, dieses schmackhaften Speisepilzes, der zusammen mit Butter und Reis ein einfaches, aber erlesenes Gericht ergibt: „Risotto col tartufo bianco" (2), Risotto mit weißen Trüffeln. Trüffelpilze sind auch ein wesentlicher Bestandteil bei der Zubereitung eines typischen Gerichtes des Aostatals: „La Fonduta" (3), die Fondue. Es werden die „fontina" (Art Weichkäse) in Milch zum Schmelzen gebracht, einige Eier hinzugefügt, das ganze mit feingeschnittenen Trüffeln bedeckt und mit gerösteten Brotschnitten sehr heiß serviert.

Im Piemont gibt es ausgezeichnete Fleischgerichte, zum Beispiel die „brasati"* (4), die aus Frankreich stammen und in erstklassigen Weinen wie Barolo und Barbera gekocht beziehungsweise „geschmort" werden. Nicht zu vergessen das Konditoreigewerbe mit dem erlesenen zarten Gebäck, die Weiterverarbeitung des Kakao, der zusammen mit Haselnüssen in ein kleines Juwel verwandelt wird: das „gianduiotto", eine winzige Nußpraline, die ihren Namen der Maske „Gianduia" des piemontesischen Volkstheaters verdankt.

In der Lombardei erhält der Risotto* durch den Zusatz von Safran eine gelbe Färbung. Es gibt eine reiche Auswahl an Suppen und Minestroni*, die alle ausgezeichnet schmecken. Typisch sind folgende Fleischgerichte: „cazzuoeula" (5), Gericht aus verschiedenen Stücken vom Schwein, und „busecca" (6), ein Arme-Leute-Essen, dessen wichtigster Bestandteil Kutteln sind.

Von den Gebäcksorten ist das weltberühmte „panettone" zu nennen, dessen Geschmack heute leider viel von seiner Ursprünglichkeit eingebüßt hat.

---

* Die im Text erscheinenden * verweisen auf das Wörterzeichnis und die Ziffern in Klammern auf die jeweils empfohlenen Weine im Anhang dieses Kapitels.

In Venetien werden dem Risotto* oft Fisch und Muscheln zugegeben. Probiert mal den Reis mit „peoci"*, Scampi und Tintenfisch (7). Auch der getrocknete Fisch, der Stockfisch, wird auf vortreffliche Weise zubereitet. Sehr bekannt ist das Gericht „baccalà alla vicentina" (8), das mit „polenta" als Beilage, einem mit Maismehl und Wasser angerührten, sehr lang gekochten Brei, serviert wird. Die „polenta" ist im Norden Italiens sehr verbreitet und ersetzt oft das Brot. Genannt werden sollte auch eine alte Konservierungsmethode für Fisch, genannt „saor", wörtlich Geschmack. Für die Zubereitung können die verschiedensten Fischsorten – von bester bis minderer Qualität – verwendet werden. Der Fisch wird zunächst gebraten und dann in eine Marinade aus Essig, Rosinen und Pinienkernen eingelegt. Das Ergebnis ist eine erlesene, sehr appetitanregende, süßsaure Gaumenfreude.

In Venetien ist der Einfluß Österreichs besonders beim Gebäck zu spüren. Der unverfälschteste Kuchen ist der wunderbare „Pandoro" aus Verona, der aus Mehl, Hefe, Butter und Eiern besteht und mit Puderzucker bestreut wird.

Der Olivenanbau beginnt in Ligurien. Das ligurische Olivenöl ist eines der hochwertigsten Italiens.

Die ligurischen Gerichte – sowohl die der feinen als auch die der einfachen Küche – sind von ausgesprochen erlesenem Geschmack. Der Einfluß der französischen und arabischen Küche ist hier besonders spürbar.

Vegetarierinnen (zumindest solche, die es nicht so streng handhaben und hin und wieder ein Ei essen) kommen hier ganz sicher auf ihre Kosten, denn zur Zubereitung vieler Gerichte werden ausschließlich Gemüse und Getreide verwendet.

Schwieriger wird es, das Essen der raffinierten ligurischen Küche zu kosten, es sei denn, ihr habt eine bereitwillig kochende Freundin in Genua. Einfach ist es dagegen, das volkstümliche Essen zu probieren, das in den Brat- und Backstuben zubereitet wird.

Ihr könnt damit beginnen, ein Fladenbrot zum Frühstück zu essen, das am Morgen stets warm erhältlich ist: die „focaccia", ausgerollter, mit Salz, Olivenöl und manchmal auch Rosmarin gewürzter Brotteig, der im Ofen gebacken wird. Eine weitere Spezialität ist die „farinata" (Kichererbsenbrei). Sie wird in „testi"* aus Kupfer gebacken. Ihre Zubereitung ist sehr einfach: Kichererbsenmehl, Salz, Wasser und Olivenöl. Das Ergebnis ist außergewöhnlich. Eine einzige Portion ersetzt eine ganze Mahlzeit.

Im Restaurant werden zahlreiche Nudelgerichte mit „pesto" angeboten. Das „pesto" besteht aus Basilikum, Knoblauch, Parmesan- und Schafskäse sowie Pinienkernen – eine sehr schmackhafte Soße (battuto)*. Mit „pesto" werden meist „trenette"*, lasagne, gnocchi* und auch Minestrone* serviert.

Man sollte Genua nicht verlassen, ohne die „pànera" gekostet zu haben: ein in der ganzen Welt unerreichter, traumhafter Eis-Kaffee. Die toskanische Küche ist wegen ihrer einfachen Zubereitung und der natürlich-reinen Zutaten weltberühmt. Auch hier stellt das Olivenöl die Grundzutat dar. Sehr schmackhaft sind die Fleischgerichte. „Bistecca alla fiorentina" (9), Steak nach florentiner Art, ist hier die Spezialität: eine dicke, marinierte Scheibe Entrecôte auf Holzglut gebraten. Ebenso wohlschmeckend und einfach zubereitet sind Suppen und Hülsenfrüchte, vor allem Bohnen. Von den Fischspeisen sei der „caciucco" (10) genannt: eine mit mehreren Fischsorten zubereitete Fischsuppe.

Die zwei besten und berühmten Gebäckarten stammen aus Siena und heißen „ricciarelli" und „panforte" (Art Pfefferkuchen). Die Region Emilia, auch die „grassa", die Fette, genannt, zeichnet sich in der Kochkunst besonders durch die großzügig verwendeten Zutaten aller Speisen aus. Die Wurstwaren dieser Region sind die besten in ganz Italien. Die „mortadella" ist die typischste: eine dicke rosa-farbene, mit Speck gespickte Wurst. In Parma wird „prosciutto", Parmaschinken, hergestellt: gesalzene Schweinekeule von höchst edlem Geschmack.

In der ganzen Emilia und Romagna erfreut sich der „zampone" (11), gekochter Schweinefuß, größter Beliebtheit.

All diese an Geschmack und Kalorien reichhaltigen Leckerbissen werden zusammen mit der schlichten „piadina" serviert, deren Zutaten wieder einmal nur aus Mehl, Wasser und Salz bestehen. Die „piadina", ein dünner Fladen, gebacken in einem „testo"* aus Eisen oder Ton, ersetzt in der Romagna oft das Brot.

Nudeln – das am meisten verbreitete Nahrungsmittel Italiens – wurden früher ausschließlich mit der Hand gemacht. Der aus Mehl und Eiern bestehende Teig wird von Frauen mit dem Nudelholz ganz dünn ausgerollt und aufgerollt und in schmale Streifen geschnitten, dann sind es „fettuccine", in breiten, rechteckigen Streifen heißen sie „lasagne". Wird zwischen zwei Teigschichten eine Fleisch- oder Gemüsemischung gelegt, so erhält man verschiedene gefüllte Teigtaschen, die je nach Form und Art der Füllung unterschiedlich genannt werden: „cappelletti", „ravioli", „angoletti" etc. Die gefüllten Teigwaren sind in allen italienischen Regionen verbreitet. Bolognas „tortellini" (12), wegen ihrer Form und ihres Wohlgeschmacks „Nabel der Venus" genannt, sind die berühmtesten. Die gefüllten Nudeln werden meist in Fleischbrühe oder – je nach Art – „trocken" mit „ragù" serviert, einer Soße aus Fleisch und Tomaten, die auf kleinster Flamme sehr lange köcheln muß. Die bekanntesten dieser „ragù" sind die bologneser und die neapolitanische Soße. Eduardo de Filippo legt einem seiner Hauptdarsteller die folgenden Worte in den Mund: „Das ‚ragù' muß ‚pfeifern'" („pippiare", ein lautnachahmendes Wort, das den Zug aus einer rauchenden Pfeife nachahmt).

In Umbrien wächst der kleinere Bruder des weißen Trüffels, der schwarze Trüffel. Auch dieser höchst aromatische Speisepilz wird gewöhnlich gerieben und auf ein Nudelgericht mit dem Namen „strangozzi" (13) gestreut, das nur aus Mehl und Wasser, ohne Ei, besteht. In dieser Region schmecken Wild- und Lammfleischgerichte sowie die Wurst ausgezeichnet. Von den Wurstsorten sei hier die wohlschmeckendste „ciaùscolo" genannt. Sie wird lange gelagert, bleibt trotzdem weich und dient als Brotaufstrich.

Verwandt mit der umbrischen Küche ist die der Marken und Abruzzen, die jedoch um die adriatischen Fischgerichte erweitert wird. Genannt seien für die Marken die „vincisgrassi" (Eiernudelteig-Pastete), der „timballo"*, gefüllt mit reichlich „ragù" und Béchamelsoße sowie die „olive ascolane", große, mit Fleisch gefüllte, panierte und anschließend gebackene Oliven. Für die Abruzzen die „bucatini all'amatriciana" (14), ein Makkaroni-Gericht mit einer pikanten und sehr schmackhaften Soße aus Tomaten, „pancetta" (Schweinebauch), „peperoncino" (Pfefferschote) und „pecorino"*. Dieses Gericht wird auch in Rom auf exzellente Weise zubereitet.

Die römische Küche ist ausgesprochen volkstümlich, sehr schmackhaft, aber nicht gerade leicht bekömmlich. Sie bedient sich mit Vorliebe der minderwertigen Teile des Kalbs und des Schweins. Eines der seltsamsten Gerichte ist „coda alla vaccinara"*, geschmorter Ochsenschwanz: ein wohlschmeckendes, deftiges „spezzatino" (15) (Art Ragout). Unter den ersten Gängen sei besonders die „rigatoni co' pajata" genannt: Makkaroni mit einer Soße aus Tomaten und Kalbsinnereien (16). Zu empfehlen sind die „spaghetti alla carbonara"*. Die Zutaten dieser Spaghettizubereitung sind geschlagene Eier, gebratener Schweinebauch und „pecorino"*.

Lammfleisch ist das am meisten geschätzte Fleisch, das vorwiegend im Ofen gebacken wird. „Abbacchio brodettato"* (17), ein geschmorter Lammfleischbraten mit dem Zusatz von Eiern und Zitronensaft. Auch die Innereien des Lamms werden verwendet und zusammen mit Artischocken in ein Gericht mit dem Namen „coratella co' carciofoli"* verwandelt (18).

In Rom ist die hebräische Küche höchst reizvoll, nicht zuletzt wegen der Qualität und der Naturbelassenheit der verwendeten Zutaten. Es ist nicht gerade einfach, die hebräische Küche kennenzulernen, da die wenigen Restaurants, die es gibt, auch etwas teuer sind. Zu empfehlen wäre jedoch, zumindest die „carciofi alla giudia" zu kosten: leicht geöffnete Artischocken in heißem Olivenöl frittiert – das Ergebnis: eine knusprige, wohlschmeckende Rose.

Neapel ist zwar berühmt für seine Pizza, doch wartet die Region Kampaniens noch mit zahlreichen anderen Köstlichkeiten auf. Genannt seien die mit Meeresfrüchten angerichteten ersten Gänge, die vielfältigen Zubereitungskombinationen der Fischgerichte, das gratinierte oder mit Fleisch gefüllte und überbackene Gemüse.

Das Gebäck ist vortrefflich, das bekannteste ist die „sfogliatella": knusprige Blätterteigtasche, gefüllt mit „ricotta"* und kandierten Früchten. Ein weiteres typisches Gebäck Neapels ist die „pastiera", ein Ostergebäck, das es das ganze Jahr über zu kaufen gibt: Ein Brei aus Getreide wird mit einer mit Orangenblütenessenz aromatisierten süßen Crème untergemengt. Das Ganze wird dann in eine mit Blätterteig ausgelegte Backform gefüllt, im Ofen gebacken und anschließend mit Puderzucker bestreut.

Die Regionen Apulien, Lukanien und Kalabrien haben eine typisch mediterrane Küche. Hier, auch wenn es immer seltener vorkommt, machen die Frauen die „Pasta"* mit der Hand. Diese Arbeit nimmt sehr viel Zeit in Anspruch. Die Zutaten sind bekannt: Hartweizenmehl und Wasser. Die verschiedenen Pastanamen richten sich jeweils nach der äußeren Form.

In Bari werden „recchiatelle", kleine, muschelförmige Nudeln hergestellt, die mit Gemüse oder „ragù" angerichtet werden (19). In Kalabrien werden „filateddi" und „fusilli" mit der Hand hergestellt. Die ersteren werden so gemacht: Kleine Teigstückchen werden in die Länge gerollt bis sie die Form einer Kordel erhalten. Bei den zweiten werden kleine Teigstückchen auf eine Art Stricknadel gerollt. Wenn der Teig trocken ist, zieht man die Stricknadel heraus und erhält somit die Form einer kleinen Feder (20).

Diese Regionen liegen am Meer, daher gibt es Unmengen von Fisch und Meeresfrüchten. Die Gemüsegärten sind reich an buntem Gemüse, das entweder frisch oder konserviert für die Zubereitung köstlicher Vorspeisen verwendet wird.

Das Gebäck – meist aus süßem Teig hergestellt – hat höchst phantasievolle Formen. Es wird in Öl gebacken und anschließend in Honig getaucht. Die Namen sind sehr pittoresk: „zeppole, cicerata, cartellate, cannariculi".

In Sizilien, in Palermo, durch die „Vucciria", den Markt zu schlendern, könnte zum Anlaß genommen werden, eine ganze Mahlzeit zu organisieren. Zahlreiche Verkaufsstände bieten gekochte und rohe Muscheln und Bratstuben die verschiedenartigsten Mahlzeiten an, vor allem Gemüsegerichte. Ihr könnt Tintenfisch und gesottene Innereien kosten. Das alles getaucht in Düfte, Lärm und einen Hauch nordafrikanischer Atmosphäre. Fast in ganz Sizilien ist der Fischkauf eine ausschließlich den Männern überlassene Angelegenheit. Beobachtet das mal selbst, es ist wirklich ein sonderbarer Anblick.

Zu nennen wären hier einige Gerichte, die es in den Restaurants zu probieren lohnt. „Arancini", mit Hühnerklein, Erbsen und Béchamelsoße gefüllte Reispfannkuchen; „caponata", gekochte Auberginen mit Sellerie und dem Zusatz von Essig, Oliven, Kapern und Rosinen. Von den ersten Gängen sei hier auf die „pasta alla Norma" hingewiesen: Makkaroni, angerichtet mit Tomatensoße, gebackenen Auberginenstückchen und bestreut mit geriebenem Ricotta-Käse (geräuchert) (21); „pasta con le sarde", Makkaroni, angerichtet mit Tomatensoße, frischen Sardellen, wildem Fenchel, Rosinen und Pinienkernen (22).

In der Gegend um Trapani ist die Zubereitung des Cuscus üblich: ein arabisches Gericht, das mit einer reichen Auswahl an Schalentieren serviert wird.

Von den zweiten Gängen seien hier die ausgezeichneten Fischzubereitungen sowohl mit wertvollem als auch mit Blaufisch, „pesce azzurro"*, genannt.

Das Gebäck schmeckt hervorragend! Biskuit gefüllt mit süßem Ricotta, kandierten Früchten und Schokoladestückchen, anschließend mit Zuckerguß, „glassa"*, überzogen und mit einem barocken Dekor aus kandierten Früchten verziert. „Cannoli": süße Teigröhrchen, in Öl gebacken und mit süßem Ricotta und kandierten Früchten gefüllt. „Pasta reale": wörtlich königlicher Teig (Marzipan). Schon der Name sagt viel über seine Güte aus. Er setzt sich zusammen aus Mandeln und Zucker und wird für die Herstellung perfekter Imitationen frischer Früchte verwendet. Nicht zu vergessen die „granita", Gramolate, mit Frucht- oder Kaffeegeschmack, und das Eis, das in Sizilien zu jeder Tageszeit verzehrt wird. Es ist üblich, eine mit Eis gefüllte Brioche schon zum Frühstück zu sich zu nehmen.

Sardiniens Kultur ist vorwiegend eine Hirtenkultur. Deshalb läßt sich die sardische Küche gut im Freien zubereiten. Außerdem ist die Zubereitung so beschaffen, daß das Essen lange haltbar ist. Allerdings haben wir es hier mit einer einfachen und oft armen Küche zu tun. Jahrhundertelang wurden Fleisch, Fisch und Gebäck nur an Festtagen gegessen und waren Symbol für Gastfreundschaft. Gerade in der Herstellung von Gebäck und Brot erfahren Phantasie und Ideenreichtum volle Entfaltung. Von den vielen Brotarten, die auf Sardinien gebacken werden, ist das „carasau" die eigentümlichste. Dieses Brot hat eine lange Haltbarkeit (vier bis fünf Monate) und das Aussehen von dünnen, knusprigen Fladen. Verwendet wird es nicht nur als Beilage zu Fleisch- und Gemüsegerichten sowie Käse, sondern auch für die Zubereitung des „pane frattau", eines vollständigen, sehr nahrhaften Gerichtes: Die dünnen Brotfladen werden kurz in heißes Wasser getaucht und auf Teller gelegt, dann werden sie mit einer Fleischsoße und einem verlorenen Ei, „uovo in camicia"*, pro Person angerichtet und mit geriebenem „pecorino"* bestreut (23).

Eine weitere von den Schäfern zubereitete Spezialität mit einer langen

Haltbarkeit ist die „merca", ein in Salzlache eingelegter Käse, der auch für die Zubereitung von Suppen verwendet wird.

Die sardische Küche bedient sich mit Vorliebe des Lamms, des Spanferkels, aber auch ihrer minderwertigen Teile (24). Ob in einem großen Ofen gebacken, in einer in der Erde ausgehobenen Grube oder ganz einfach im Freien, das Fleisch erhält Geschmack und Aroma erst durch ein großes Holzfeuer. Dabei ist darauf zu achten, daß nur besonderes Holz verwendet wird (Steineichen-, Olivenbaumholz und Wacholderzweige), das dem Braten besonderen Duft und Würze verleiht. Während die Zubereitung der Fleischgerichte ausschließlich den Männern überlassen war, waren das Brotbacken und die Herstellung von Gebäck ausschließlich Aufgaben der Frauen. Brot und Gebäck stellten bis vor wenigen Jahren ein Zeichen des Dankes der Neuvermählten dar. So wurde die „corbula", ein Korb voller Getreide, Bohnen oder Ähnlichem geschenkt und bereicherte die für die neue Familie erforderlichen Vorräte bis zur nächsten Ernte. Der leere Korb wurde dann gewöhnlich mit Brot und Gebäck gefüllt zurückgegeben. Die Formen und Verzierungen dieses Gebackenen zeugten von großer Phantasie und Sorgfalt bei der Zubereitung.

Von dem großen, vielfältigen Angebot an Gebäck sollten die „sabadas" unbedingt gekostet werden: kleine Frischkäse-Fladen, eingeschlossen zwischen zwei Teigschichten, die in Öl gebacken und anschließend mit Honig bestrichen werden. Ausgezeichnet schmeckt das kleine Mandelteiggebäck „sospirus" (Seufzer). Aber das einfachste, bescheidenste, natürlichste und zarteste Naschwerk ist sicherlich ein mit Honig bestrichenes Salatblatt: Es hat keinen Namen.

WÖRTERVERZEICHNIS

Abbacchio:	Lamm
Battuto:	Art Soße aus mehreren, im Mörser zerkleinerten Zutaten
Brasato:	Schmorbraten
Brodettato:	Frikassee
Carbonara:	Abgeleitet von „carbonaio" (Kohlenhändler) oder von Mitglied der „Carboneria" (Karbonaribewegung im 19. Jahrhundert) – hier auf den schwarzen Pfeffer in der Soße bezogen
Carciofoli:	im römischen Dialekt Artischocken
Coratella:	Lamminnereien
Friggitoria:	Laden, in dem es Gebratenes zu kaufen gibt (Bratstube)
Glassa:	Zuckerguß. Puderzucker in Wasser oder Eiweiß auflösen, über das Gebäck gießen und hart werden lassen.
Gnocchi:	kleine Teigklöße aus Mehl, Kartoffeln und Ei
Minestrone:	Gemüsesuppe aus verschiedenen Gemüsesorten
Panforte:	Art Pfefferkuchen mit viel Dörrobst
Pasta:	Teig aus Mehl und Ei, aus Mehl und Wasser oder Mehl und Zucker
Pecorino:	gelagerter Schafskäse
Peoci:	Miesmuscheln
Pesce azzurro:	Blaufisch: Sardellen, Sardinen, Makrelen
Pizza napoletana:	runder Hefefladen, im Ofen gebacken, bedeckt mit Käse und Tomaten. Vielleicht ist der Name eine Ableitung von „piadina" und ähnlichen, im Süden gebräuchlichen Ausdrücken. Früher wurde nicht auf Tellern, sondern auf solchen Fladen serviert.
Ricciarelli:	Mandelgebäck mit vielen gehackten Mandeln
Ricotta:	ungesalzener Quarkfrischkäse
Risotto:	trockenes Reisgericht
Spezzatino:	Art Ragout, in dem das Fleisch in kleine Stücke geschnitten und geschmort wird
Spianata:	mit dem Nudelholz dünn ausgewalzter Teig
Timballo:	Art gefüllter Pastete aus geschichtetem Teig
Trenette:	Makkaroni
Vaccinara:	im römischen Dialekt gebräuchliches Wort, abgeleitet von „vaccaro" (Kuhhirte)

WEINE

(1) Barolo
(2) Barbera
(3) Nebbiolo secco
(4) Gattinara Spanna
(5) Frecciarossa St. George
(6) Rosso di Bellagio
(7) Tocai
(8) Vermentino

(9) Montalbano
(10) Ansonica
(11) Lambrusco di Sorbara
(12) Fogarina
(13) Orvieto Rosso
(14) Trebbiano
(15) Colonna
(16) Velletri Rosso

(17) Zagarolo Rosso
(18) Monterotondo Rosso
(19) Conversano Rosso
(20) Cirò
(21) Corvo rosso di Salaparuta
(22) Partinico bianco
(23) Vernaccia di Oristano
(24) Cannonau

Monika Savier
Daumen im Wind – Über die Begrenzung der Freiheit durch den alltäglichen Sexismus

Freiheit und Abenteuer auf Reisen haben ihre geschlechtsspezifischen Realisierungsmöglichkeiten und – im Hinblick auf Frauen – klare Begrenzungen. Da, wo für Jungen, Studenten, Männer mit erhobenem Daumen im Wind, am Rande einer Landstraße oder der Autobahn, die Freiheit anfängt, ist sie für Mädchen und Frauen bereits zu Ende. Frauen „mit dem Daumen im Wind" signalisieren Verfügbarkeit. Ihre Schutzlosigkeit provoziert selten bei haltenden Fahrern das Bedürfnis, zu helfen und zu beschützen, sondern gerade das Gegenteil: Die situative Macht wird oftmals auf sadistische Weise ausgekostet, sei es nur in Form von Psychoterror, Anmache, Provokation, um zu beobachten, wie das Opfer sich windet: in der Zwangslage zwischen höflicher Dankbarkeit, erfahrener Beleidigung und Reduzierung auf die gefügige Zuhörerin von Obszönitäten.

Die Situation ist nicht viel anders, wenn Frauen ohne Männerbegleitung nachts auf der Straße sind oder auch in Nachtbussen oder der U-Bahn, denn ab 22, 23 Uhr (je nach Größe der Stadt) gehört die Welt den Männern, so wie der PKW, in den eine Frau einsteigt. Sie betritt Gastland, und der Gastgeber definiert fortan die Regeln des Ablaufs. Hier liegt eine Vergewaltigung schnell im Bereich des Möglichen. All dies ist bekannt – und so ist es praktisch überall auf der Welt.

Hier in Italien gibt es einige spezifische Ausprägungen, die zu wissen auf Reisen dienlich sein kann.

Die meisten Italiener respektieren auf außerordentliche Weise ihre Mütter, um so weniger allerdings ihre Ehefrauen oder Gleichaltrige. Sexuelle Anmache betrifft daher vorrangig junge Frauen. Frauen mittleren Alters sollten unbedingt zum eigenen Schutz auf der Straße die gestrenge Mutter spielen, mit strafendem Blick, entrüstet und mit erhobenem Haupt, sich aber nie auf zänkische Vulgaritäten mit den Jungs einlassen – sich also nie auf ihre Ebene begeben.

Italiener halten sich meist strikt an die Tag/Nacht-Aufteilung im „Jagdrevier". Wenn sich die Straßen leeren, wird die Welt frauenfeindlich, und selbst der Taxifahrer ist mit Entschiedenheit zu dirigieren oder auch der Polizist auf der Straße.

Für Frauen ist Reisen somit teuer, denn überall muß der „Sicherheitsfallschirm" finanzierbar und realisierbar sein. Wer spät nachts an einem Bahnhof ankommt, kann nicht noch umherstreifen und eine billige Pension suchen, sondern muß sich gleich zum nächsten Hotel am Platze begeben, um dann später unter den beschützenden Augen der Rezeption

– denn inzwischen ist sie Möbel des Hauses geworden – an der Bar auf der Straße einen Wein trinken zu können.

Tagsüber scheint die Sonne, Bedrohung und Gefahr rücken ins Reich der Unvorstellbarkeit, ja es scheint geradezu beschämend, diesen lustigen, höflichen Männern noch vor wenigen Stunden derart mißtraut zu haben.

Italiener erleben „ihre" Frauen vorwiegend bei Helligkeit und in allgemein respektierter Rolle als Mutter, Angestellte, Marktfrau, Schülerin etc. Am Abend treffen sich alle noch mal auf dem „Corso" oder der „Piazza", um sich zu sehen, Informationen auszutauschen und sich und seine (aus dem Ei gepellte) Kleidung zu zeigen. Alles spielt sich brav mit den Händen in den Taschen ab, denn die Situation auf der Piazza ist generationsübergreifend und die soziale Kontrolle der Älteren unübersehbar. Dann, pünktlich um acht, sind alle zu Hause bei Mutter zum Essen (in der Tat sind die Mütter nie am Abend auf der Piazza anzutreffen, da sie um diese Zeit kochen).

Später dann, nach dem Essen, gehört die Stadt den Männern oder den Pärchen – oder es sind eben „Prostituierte", die die Regeln nicht akzeptieren. Das bezieht sich nicht nur auf Kleinstädte mit archaischer Sexualmoral, sondern auch auf Großstädte. Am 5. März 88 wurde in Rom in der Innenstadt, unweit von Piazza Navona, um Mitternacht eine dreißigjährige Frau von drei Männern vergewaltigt. Die von den Anwohnern gerufene Polizei erwischte die Männer mit runtergezogenen Hosen, sie hatten ihr Opfer auch geschlagen und wechselten sich gerade bei der Vergewaltigung ab. Die drei Männer kamen ins Gefängnis, was zu großer

Empörung nicht nur bei ihnen selbst („Was denn, für einmal bumsen kommt man schon in den Knast ...?"), sondern auch bei ihren Müttern führte: „Unsere Jungen sind provoziert worden, was macht eine Frau auch nachts allein auf der Straße ..." Einer der Täter hatte als Strafverteidiger eine Frau, die bereits beim ersten Haftvorführungstermin die gleiche Position unterstrich und dazu auch Zeitungsinterviews gab. Es ist also noch nicht klar in diesem Land, wann der „Latin Lover", der unkritisiert an alle Hausecken pinkelt, überall auf den Boden spuckt und sich ständig und an jedem Ort ganz ungeniert an seinen Geschlechtsteilen kratzt, vom Täter zum „Opfer" avanciert.

Italienerinnen unterscheiden sich nicht nur in ihrem routinierten Verhalten gegenüber Männern von Ausländerinnen, sondern auch rein äußerlich. Die meisten sind ausgesprochen gepflegt, gut bürgerlich gekleidet, auch Studentinnen tragen Nylonstrümpfe unter der Jeans (mit Bügelfalte). Äußere Stilformen zur sichtbaren Abgrenzung von der familialen Stammkultur, wie die Subkulturen in England, Holland, Deutschland etc., sind unüblich, denn die Ablösung von der Familie findet weder sichtbar noch unsichtbar statt. Die soziale Asymmetrie der Geschlechter wird statt dessen durch männliche beziehungsweise weibliche Kleidung unterstrichen. Die Androgynität vieler Ausländerinnen dagegen provoziert bei den Männern in der Regel Rivalität, ja Platzhirschverhalten. Es wird versucht, den Gegner Frau im „Männerrock" durch sexuelle Gewalt auf seine eingeschränkten Rechte zu reduzieren. Dabei treten Italiener immer in Gruppen auf.

Für Touristinnen ist es oft schwierig, die Situation richtig einzuschätzen. Neben den üblichen Sprachbarrieren erleben sie eine expressive Körpersprache, die nun mal nicht immer bedrohlich ist, sondern oft auch kreativ und lustig. Auch viele Gespräche, im Zug, auf der Straße oder im Café, entstehen während des Tages fast immer aus freundlicher Neugier oder auch Hilfsbereitschaft. Es ist daher nicht angemessen, sogleich mit einer herben Angst-Abwehr („va fanculo ...", „leck mich ...") zu reagieren. Die soziale Kommunikation ersetzt vielfach die fehlende staatliche Organisation. Wer hat nicht schon verzweifelt nach fehlenden Straßenbezeichnungen gesucht oder versucht, Kleingeld zum Telefonieren zu wechseln, oder fragen müssen, warum an dem Zug „Palermo" steht und über dem Bahnsteig „Milano"? So kommt man leicht ins Gespräch, tauscht sich über gemeinsames Leiden aus, wartet gemeinsam auf das, was längst kommen sollte, und so werden Hilfesuchende auch gelegentlich Helfende. Das ist für Deutsche nicht so einfach, schrecken sie doch schon zusammen, wenn ein Mann auf sie zukommt, um nach der Uhrzeit zu fragen. Meist wird „üble Anmache" dahinter vermutet, Tarnung und Hinterlist. Das ist in Italien nicht so. Ohne das Netz sozialer Kommunikation liefe hier nichts mehr, und wenn jemand „anmachen" will, so läuft das ganz offensichtlich. Das italienische Männlichkeitsimago durch immerwährende Potenz, Stärke und Gesetzlosigkeit reduziert sich bei Tageslicht auf den „Jungen von nebenan", dem gegenüber keinerlei Verunsicherung angemessen ist. Wichtig ist eindeutiges Verhalten. Es reicht zu sagen, was und wohin frau will, und in der Lage zu sein, nicht nur mit erhobenem Haupt zu schimpfen, sondern auch um etwas bitten zu können.

2
STADT, LAND, FLUSS

Francesca Marco
Brief aus Turin

Liebe Monika,
auch diesmal hast Du meine Einladung nicht angenommen, einmal in Turin vorbeizukommen, wenn Du von Deutschland zurück nach Italien fährst. Natürlich konnte ich Deine Frage „Warum gerade Turin?" am Telefon nicht erschöpfend beantworten, und deshalb schreibe ich Dir hier, warum Turin – denn mein Turin, das gut zweitausend Jahre alt ist, ist bei den Frauen so wenig bekannt (besonders bei Frauen aus dem Ausland). Das wird mir immer klar, wenn ich im Gespräch sage, daß ich aus Turin bin. „Ach ja, Fiat", wird mir geantwortet. Aber nie sagt mal eine: „Ach ja, die Stadt der Nobelpreisträgerin Rita Levi Montalcini" – eine große Forscherin der Neurobiologie (emigrierte in die Staaten, bedroht durch die Rassengesetze, kam zurück nach dem Zusammenbruch des Faschismus). Ihre Forschungsarbeit über DNA, Anfang der fünfziger Jahre, hat ihr weltweite Anerkennung in der Wissenschaft eingebracht.
Manchmal entdecken die Frauen Turin per Zufall, weil sie zum Beispiel aus dem Aosta-Tal hier herüberkommen oder weil die Flughäfen in Genua oder Mailand wegen Nebel oder Streik geschlossen sind. Und doch braucht die „Serenissima Contessa di Grugliasco" oder die „Signora di Beinasco" – historische Wappenbezeichnungen der Stadt – in keiner Weise auf Rom neidisch zu sein, denn lange vor Rom war sie die Hauptstadt Italiens. Hier wurde die Einheit Italiens geboren, hier entstanden das erste Kino, die Industrie, das Radio, die Studentenbewegung, die kommunistische Partei. Nur hier konnte Teresa Noce, die Berufsrevolutionärin, wie sie sich selbst gern bezeichnete, geboren sein, und zwar im Jahre 1900. Und schon in jungen Jahren ist sie in vorderster Front der Arbeiterkämpfe (sie, die kleine Arbeiterin an der Drehbank bei Fiat). 1921 tritt sie in die kommunistische Partei ein, geht nach Frankreich und wird dort Vorsitzende des Frauenflügels der kommunistischen Partei. In den dreißiger Jahren finden wir sie wieder in Italien, wo sie an den großen antifaschistischen Streiks der „mondine" (Reisfeldarbeiter/innen) teilnimmt. Später, 1936, finden wir sie in Spanien bei den internationalen Brigaden. Dann arbeitet sie im antifaschistischen Widerstand in Frankreich, und im August 1944 wird sie von der Gestapo ins Konzentrationslager Ravensbrück verschleppt. Im Mai 1945 wird sie befreit und kann

nach Italien zurück. Nach dem Krieg ist sie Gewerkschaftsführerin der Textilarbeiter/innen und Mitglied des Zentralkomitees der PCI (Partito Communista Italiano) – wie auch Felicita Ferrero, geboren 1899. Auch sie war Gründungsmitglied der kommunistischen Partei, 1921, arbeitete zusammen mit Gramsci in „ordine nuovo", rührte von 1922 bis 1926 die Werbetrommel für den Antifaschismus in Turin, flüchtete nach Moskau, überlebte die Verfolgung im Stalinismus und verließ 1957, aufgrund der Ungarn-Invasion, die kommunistische Partei.

Um diese kleine Aufzählung großer Kommunistinnen abzuschließen, will ich Dir noch zwei Worte zu Camilla Ravera sagen, geboren 1899, Aktivistin in Turin, zusammen mit Gramsci, Terracini und Togliatti. 1922 ist sie Abgeordnete des Vierten Kongresses der Kommunistischen Internationalen in Moskau. Sie flüchtet nach Paris, kehrt 1930 zurück nach Italien, wird festgenommen und lebt dreizehn Jahre abgeschoben in der Konfination (Zwangswohnort). Später wird sie Ehrensenatorin auf Lebenszeit.

Ich will Dir auch noch erklären, wie die Frauen hier in Turin ihre Gleichberechtigung am Arbeitsplatz gegenüber den Männern durchgesetzt haben (hast Du noch einen Augenblick Zeit zu lesen, oder willst Du mich schon in den Papierkorb werfen?). Deshalb schildere ich Dir jetzt ein ganz besonderes Ereignis, das nach der berühmten Befreiung vom 25. April 1945 stattgefunden hat:

Im Juni werden die nationalen Tarifverträge zwischen Regierung und Gewerkschaft ausgehandelt. Die Löhne der Arbeiterinnen werden darin niedriger eingestuft als die der Arbeiter. Die Arbeiterinnen aus Turin akzeptieren das nicht, doch Gewerkschaften und Kammern entgegnen, daß es sich um eine nationale Übereinkunft handelt, in Rom unterzeichnet, die für alle Frauen des Landes gilt. Doch die Frauen Turins streiken GEGEN die Gewerkschaften. Tausende besetzen die Straßen der Stadt und fordern gleichen Lohn für gleiche Arbeit, und am Ende SIEGEN sie: In Turin, nur in Turin, verdienen Arbeiter und Arbeiterinnen den gleichen Lohn.

Monika, ich schreibe Dir, während die Sonne untergeht und der Nebel langsam zwischen den drei Flüssen – Po, Dora, Stura – aufsteigt, und die Stadt magisch und mysteriös wird: Weißt Du eigentlich, daß nach esoterischen Überlieferungen die Stadt Turin in einem magischen Dreieck steht, das seine beiden anderen Punkte in Prag und Lion hat?

Und wenn der Nebel hauchdünn die Piazza Castello einhüllt, sieht es aus, als ob hinter dem gelblich-weißen Lichtschein der Fenster des Palazzo Madama noch immer die prunkvollen Allegorien der Madame Reali und der Königin Maria Christina von Frankreich lebten (nach ihr erhielt der Palazzo seinen Namen). Es sind Tänze mit ehrfurchtsvoll ergebenen Adeligen und dem höfischen Volk (Zeit: so um 1640).

Der Tanz hat hier in Turin jahrhundertealte Tradition. Du denkst vielleicht, daß die ältesten Akademien Italiens die Schule „San Carlo di Napoli" und die „Mailänder Scala" sind – das stimmt nicht. Die älteste ist die „Società Cavalieri Torinesi", die später in das Theater Regio einbezogen wird. Und noch heute hat Turin in Sara Acquarone eine Künstlerin mit Weltniveau. Sara kommt aus der Schule einer anderen großen Frau, die in den dreißiger Jahren von Rußland nach Italien kam und eine Ballettschule gründete. Sie heißt Bella Gurevich und wird die russische Pionierin des modernen Balletts in Italien. Sara Acquarone, geboren 1914, war eine so begabte Schülerin, daß sie bald selbst ein Projekt machte: die Gruppe „Teatro di Movimento", die bis in die fünfziger Jahre hinein mit zeitgenössischen Choreografien in der ganzen Welt auftrat. Eine weitere Frau aus Piemont (die Provinz, deren Hauptstadt Turin ist, Anm. d. Ü.) hat ihre Stimme durch die ganze Welt getragen: Magda Olivero, Sopransängerin und unübertroffene Interpretin Puccinis. In den fünfzig Jahren ihrer Karriere hat sie an allen großen Opern der Welt gesungen. Und da ich eher auf Jazz stehe, muß ich Dir natürlich auch noch Tiziana Ghiglione nennen, Modern Jazz-Sängerin aus der Turiner Avantgardescene.

Wenn Du mich also fragst, warum Du nach Turin kommen sollst, werde ich Dir nicht antworten: weil hier das ägyptische Museum ist, nach dem in Kairo das wichtigste auf der Welt (das „British Museum" in London kommt erst danach), sondern ich sage: weil die wichtigsten Institutionen der Stadt und der Provinz endlich in den Händen von Frauen sind, das heißt, der Bürgermeister von Turin ist eine Frau, und der Präsident der Provinz ist auch eine Frau (Nicoletta Casiraghi). Aber wer ist diese Bürgermeisterin? Es ist Maria Magnani Noja, Anwältin, Sozialistin, mehrmals Abgeordnete und Mitglied des Parteivorstandes der PSI (Partito Socialista Italia), die erste Frau Italiens, die eine große Industriestadt mit mehr als einer Million Einwohnern regiert, und das mit den potentesten Industrielobbies des Landes hinter sich. Sie ist eine Frau, deren Biographie die Spuren der Geschichte um das Recht der Frauen kreuzt: Sie war Vorsitzende der UDI (Unione Donne Italiane), in der Liga für das Scheidungsrecht und kämpfte an vorderster Front in Strafprozessen gegen Vergewaltigung. Ihre Aufgabe ist es jetzt, aus dem grauen Turin eine grüne lebenswerte Stadt zu machen, mit einem Po, der endlich sauber ist, und Straßen, auf denen frau wieder allein durch die Stadt laufen kann. Sie sagt selbst, die Frauen haben Turin viel gegeben, jetzt ist die Stadt dran, den Frauen etwas zurückzugeben, und das soll durch die Macht realisiert werden, die der Bürgermeister hat – nämlich sie.

Andere Kolleginnen der Magnani Noja sind nicht in Turin geblieben, sondern nach Rom gegangen, wie Bianca Giudetti Serra, geboren 1921, Partisanin bis 1943, Rechtsanwältin, berühmt für ihre Prozesse, zum Teil Arbeitsprozesse, die Geschichte gemacht haben. Heute sitzt sie in Rom in der Regierung für die Democrazia Proletaria (Partei der organisierten Arbeiter und Außerparlamentarischen Linken, Anm. d. Ü.).

Eine weitere Frau aus Piemont ist Abgeordnete in Rom: Livia Turco, Führerin der kommunistischen Frauen, Mitglied im nationalen Vorstand der Partito Radicale (Sponti-Linke, Anm. d. Ü.), sowie Adelaide Aglietta und mit ihr Emma Bonino, beide mehrfach Abgeordnete und Kämpferinnen für die Rechte der Frauen.

Und Turin rühmt sich einer weiteren vielseitigen Tochter, der Anwältin Debenedetti. Zivilrechtlerin und anerkannte Autorität im Bereich des Familienrechts, Protagonistin verschiedener richtungsweisender Prozesse, die die Situation der Frau in der italienischen Familie entscheidend verbesserten. Und da man nicht vom Brot allein lebt: hier ist sie, unsere Theologin Adriana Zarri, an vorderster Front für die Rechte der Frauen kämpfend und weit entfernt von der Kirche des Papstes Wojtyla der achtziger Jahre. Heute lebt sie in einem Bauernhaus in der Nähe Turins und arbeitet als Schriftstellerin.

Bevor ich nun heute abend einschlafe, zur besten Sendezeit der Spielfilme im Fernsehen, muß ich Dich daran erinnern, daß die Wiege des Kinofilms, die ersten Filmstudios, die erste „Cabiria" (nicht die von Fellini, sondern die von 1914) hier in Turin entstanden. Maria Adriana Prolo ist eine Frau, die ihr Leben lang für die Erhaltung des Kinomuseums gekämpft hat, und jetzt hat die Stadt entschieden, das Museum dem Palazzo del Cinema zuzuordnen. Es wird also bald neben dem berühmten Palazzo degli Stemmi in der Via Po zu finden sein als Stätte der beiden internationalen Turiner Filmfestspiele: Das Jugendfilmfestival und das Festival des Sportfilms.

Ach, wie gut könnte ich Dir Dein „Warum Turin?" beantworten, wenn Du einmal gemeinsam mit mir durch die Gassen der Altstadt spazieren würdest oder in einem der alten Cafés unter den Arkaden einkehrtest, wo man sich verirren kann, weil man vor Säulen und antiken Türbogen die Richtung verliert. Monika, erinnerst Du Dich, daß auch Nietzsche „ausgeflippt" ist in eindrucksvollen Nächten unter den Bogengängen von Turin? Aber ich würde Dich eventuell mit den „dolcezze" (süßen Torten) in den Cafés auf der Piazza Castello und Piazza San Carlo zum Ausflippen bringen, zum Beispiel mit den berühmten Gianduiotti (Piemonteser Nußschokolade, Anm. d. Ü.), den kandierten Zuccherini, den Dolci, den Likören, Crèmes. Leider bist Du ja nicht so fürs Süße, und deshalb wäre es besser, mit Dir in die Via Dora Grossa hinunterzugehen, zum alten Balön – heute fast ausschließlich in den Händen von Frauen. Es ist ein Markt mit alten Sachen, Antiquitäten und Turiner Küche in den einfachen Restaurants. Wir werden gemeinsam die alten „Piole" suchen (typische Bauerngaststätten), die den Risotto mit Trüffeln machen, ah, und die „Bagnacauda" (Soße aus Sahne, Sardellen und Knoblauch zum Eintunken roher Gemüse, Anm. d. Ü.), die „Agnolotti" (gefüllte Teigtaschen, Anm. d. Ü.) und den „Carello dei Bolliti fumanti" (Buffet-Wagen, auf dem zur Auswahl gesottene Fleischsorten aller Art, vom Rindskopf bis zum Schenkel, angeboten werden, Anm. d. Ü.) – und zur Verdauung all dieser Sachen einen Kaffee „alla Mamma" (mit Grappa und Zitronenschale). Um uns dann weiter unserem Unternehmungsgeist hinzugeben, werden wir beide in den alten Buch- und Schallplattenläden unten in der Via Garibaldi – Herz des Handels im alten Turin –, da, wo jetzt Fußgängerzone ist, wühlen.

Und was machen wir, wenn wir unser ganzes Geld ausgegeben haben? Zum Beispiel in der Frauengalerie gleich um die Ecke? Dann werden wir zur „Fiden-Donne", einer Finanzierungsgesellschaft von Frauen für Frauen und Frauenprojekte gehen und uns eine Million (Lire, Anm. d. Ü.) leihen, am Abend dann ins Theater Carignano gehen und Ileana Ghione applaudieren, die dort gerade ein Stück von Brecht aufführt. Leider hat sie ihr Theater „Ghione" von Turin nach Rom verlegt und kommt nur noch zu Gastspielen.

Meine liebe Freundin, gerade in diesem Moment, in dem ich Dir diesen Brief schreibe, um Dir Turin nahezubringen, beneide ich so richtig Lalla Romano, diese Schriftstellerin aus Piemont, die 1951 mit ihrer ersten Erzählung „Metamorfosi" riesige Anerkennung erhielt und mich mit ihrem letzten Buch „Nei mari estremi" völlig erobert hat, während ich, die hier schreibt, vielleicht nicht mal Dich für einen Besuch in Turin erobere. Vielleicht sollte ich mich eher an Gina Lagorio halten, eine andere Schriftstellerin aus Piemont, sie hat wirklich gewußt, die spannendsten Frauenpersönlichkeiten in ihren Büchern zu schaffen, zum Beispiel in „Tosca dei gatti" oder „La spiagga dei lupi". Es wäre ihr ein Leichtes gewesen, Dir Turin schmackhaft zu machen.

Ich mache jetzt Schluß, Monika, aber schnell noch zwei Verse von Natalia Ginzburg (die dreißig Jahre in Turin gelebt hat):
    „Wenn du durch die Straßen gehst, ist niemand bei dir.
Wenn Du Angst hast, nimmt niemand deine Hand.
Es ist nicht deine Straße, es ist nicht deine Stadt.
Die Lichterstadt ist nicht deine.
Die Lichterstadt gehört den andern.
Sie gehört DEN Menschen, die kommen und gehen,
die Essen kaufen, Zeitschriften usw, usw ..."
    Also komm her, laß uns diesen Menschen die Stadt wegnehmen!

Francesca

Piera Zumaglino
Bewegung in Turin

Das feministische „Netz" Turins hält sich weiterhin lebendig und arbeits-
fähig dank seines Frauenzentrums, das als Bezugs- und Treffpunkt in der
Stadt funktioniert, und dank des Informationsblatts „Bollettino delle
Donne", das als Sprachrohr für Programme und Erfahrungen der einzelnen Frauen und Gruppen dient. Das Bündnis zwischen radikalfeministi-
schen Frauen und Gewerkschaftsfrauen, in den Jahren 1974 bis 1978 hergestellt, hat sich bis heute bewährt. In Turin wurde der Frauenbuchladen
drei Jahre nach seiner Eröffnung wieder geschlossen. Aber die Feministinnen, die sofort nach Inkrafttreten des Gesetzes zur Gleichberechtigung in den Gewerkschaftsausschuß eingetreten sind, haben die Kämpfe
auf dem Arbeitsmarkt organisiert, und es ist ihnen gelungen, Tausende
von Frauen in die Fabriken einstellen zu lassen. Die soziale Struktur der
Stadt mit ihrem vorwiegend industriellen Charakter hat den Prozeß der
„Intellektualisierung" des Feminismus gebremst, der für andere Städte –
vor allem Mailand – typisch ist, und hat die Energien der Bewegung auf
die Themen Arbeit und Beschäftigung der Frauen ausgerichtet. Im Jahre
1983 wurde eine internationale Tagung zum Thema Arbeit: „Produrre &
Riprodurre" (Produzieren und Reproduzieren) organisiert, die zwei
Ergebnisse zeitigte: die Entwicklung einer eindeutigen beruflichen Spezialisierung aufgrund spezifischer Interessen und die Förderung stabiler
nationaler und internationaler Beziehungen.

Die Spezialisierung
Sofort nach der Tagung entsteht das Zentrum „Produrre & Riprodurre"
für Dokumentation, Forschung und Kommunikation zwischen Frauen,
dem die Frauen beitreten, die an der Diskussion über Chancengleichheit,
Hausarbeit und Geld interessiert sind. Ihr Motto: „Wir haben uns unsere
Sexualität zurückerobert, holen wir uns auch den Verdienst zurück!"
Es entstehen außerdem das Dokumentationszentrum „Simonetta Tosi"
und der Koordinierungsausschuß „Frauen gegen Gewalt", von dessen
Initiative ausgehend eine juristische Beratungsstelle eingerichtet wird.
Das Zentrum „Simonetta Tosi" dagegen hat sich der Sammlung von
Material über die Gesundheit der Frau und der Durchführung eines Aus-
bildungsprogramms für Mitarbeiterinnen im sozialen Gesundheitswesen
mit einem Hebammenkurs gewidmet und eine internationale Tagung
zum Thema Geburt veranstaltet. Im Augenblick arbeitet es an Gesetzes-
vorlagen zur Verhinderung medizinischer Versuche an Frauen, ein Problem, das in Turin tragische Aktualität durch den Tod einer Minderjähri-
gen bei einem nicht genehmigten Versuch während einer Abtreibung

gewonnen hat. Das Zentrum wurde im Prozeß als Nebenklägerin anerkannt, was in Italien zum erstenmal der Fall war.

Eine weitere im Frauenzentrum entstandene Initiative ist „Camera Woman", die Filmkurse hält, Videos herstellt und vorführt. Doch auch außerhalb des Frauenzentrums sind in diesen Jahren zahlreiche Initiativen entstanden: „Comunicazioni Visive", die sehr gut besuchte Frauenfilmtage organisiert; „Livia Laverani Donini", die Seminare zur historischen und kulturellen Reflexion veranstaltet; „Emily Dickinson", eine Gruppe von Frauen, die in der Buchhandlung „Bookstore" die Verbreitung von Frauenliteratur durch Lesungen und Diskussionen fördert.

Die Kunst fehlt auch nicht. In den Räumen des ältesten Frauenprojekts Turins „Sorelle Benso" (eine 1976 entstandene Leihbücherei) hat die Künstlerinnengruppe „Circolo Donne Artiste" ihren Sitz, sie organisiert Gemeinschaftsausstellungen. Bei den „Sorelle Benso" trifft sich auch die Gruppe „Il filo e il gesto" (Faden und Bewegung), die sich mit der Handwebkunst beschäftigt. Schließlich die kürzlich entstandene Kooperative „Sofonisba Anguissola" (Name einer Malerin aus dem 16. Jahrhundert), die eine Frauengalerie eröffnet hat, einen Ort für Ausstellungen, Archivierung und Verbreitung der Werke zeitgenössischer Künstlerinnen, mit separatem Raum zur theoretischen Arbeit über die weibliche Kreativität.

Es sind auch zwei Projekte zu nennen, die noch in der Vorbereitungsphase sind. Eines ist das von Frauen geführte Restaurant „Ratatui", das in einem Gebäude in der Via San Rocchetto 34 eröffnet werden soll. Die Frauen haben sich das Ziel gesetzt, die Mitglieder/Mitarbeiterinnen beruflich zu Küchenchefinnen, Oberkellnerinnen, Köchinnen auszubilden. Das andere Projekt ist eine Frauenkneipe, die der Kulturverein „L'altra uscita" (Der andere Ausgang) im Frauenzentrum eröffnen will. Es soll einen permanenten Barservice bieten, außerdem Ausstellungen, Aufführungen, Filmvorführungen und Feste organisieren. Das Projekt will sich vor allem an jüngere Frauen wenden, die ihre Freizeit bisher nur in gemischten Lokalen und Diskotheken verbringen können. In Turin ist es die erste Initiative dieser Art.

Schließlich ist von Turin ausgehend eine unabhängige gewerkschaftliche Frauenorganisation auf nationalem Niveau im Aufbau. Diese zukünftige „Frauengewerkschaft" wird die konkreten Interessen ihrer Mitglieder verteidigen, Arbeitsprozesse anstrengen und Unterstützung, Beratung und Hilfe bieten.

Das Netz nationaler und internationaler Beziehungen ist vor allem der Gruppe „Produrre & Riprodurre" zu verdanken, die am Koordinierungsausschuß der italienischen Forschungs- und Dokumentationszentren teilgenommen hat, außerdem auch am „European Network of Women", einer Organisation von Frauengruppen aus den Ländern der

Europäischen Gemeinschaft, die mit besonderer Aufmerksamkeit die EG-Gesetzgebung im Hinblick auf Frauen verfolgt und eine Reihe von Seminaren veranstaltete, die gegenseitiges Kennenlernen und Informationsaustausch zwischen feministischen Gruppen in Europa förderten. Nach der Teilnahme an der Weltfrauenkonferenz von Nairobi hat die Gruppe „Produrre & Riprodurre" ein Netz von Beziehungen mit Gruppen der Dritten Welt geknüpft, besonders mit Frauen aus Nordafrika und dem Nahen Osten, und hat mit ihnen das „Institut für Frauenstudien im Mittelmeerraum" gegründet. Motiviert durch diese Beziehungen hat „Produrre & Riprodurre" zusammen mit dem Bologneser Frauenzentrum eine Solidaritätsaktion zur Organisierung eines Frauenfriedenscamps in Beirut gestartet. Schließlich sind mit der Teilnahme an der Gruppe „Frauen und Entwicklung" verschiedene Kontakte mit Frauen in Mittelamerika geknüpft worden. Zum Beispiel war eine Rechtsanwältin aus Nicaragua mehrere Monate in Turin zu Gast, um Erfahrungen über die italienische Gesetzgebung in bezug auf Frauen zu sammeln. Und im Frauenzentrum kann es vorkommen, daß wir einer Delegation mittelamerikanischer Gewerkschafterinnen begegnen, die sich über die Abtreibung nach der Karmann-Methode informiert ...

Daniela Ambroset / Sonia Ambroset / Anna Fabretto
MAILAND – GEFÜHL UND HÄRTE

Eine Stadt, in der jedes Jahr mehr Unternehmen gegründet als Kinder geboren werden, erfahren die Frauen, die in dieser Stadt leben, arbeiten und tagtäglich den Problemen und Widersprüchlichkeiten ihrer Situation begegnen, auf eine ganz besondere Weise. Mailand ist zweifellos die am wenigsten „italienische" Stadt. In ihrer Geschichte zeigte sich seit jeher die ausgeprägte unternehmerische Komponente, die zeitweilig geradezu frenetische Dynamik, die Menschen und Räume bestimmt, das gleichzeitige Vorhandensein von Wohlstand und ungelösten sozialen Problemen (zum Beispiel Wohnungsnot, Jugendarbeitslosigkeit und anderes). Das alles trägt dazu bei, daß diese Stadt auch heute noch ein bißchen weniger „europäisch" und widersprüchlicher ist, als sie es gern sein würde.

Mailand ist auf jeden Fall im Vergleich zu den anderen italienischen Großstädten „atypisch" und stets auf Internationalität ausgerichtet, so daß es selbst für interessierte und informierte Touristen beim ersten Besuch schwer zu verstehen ist. Lieben oder hassen kann man die Stadt erst, wenn man eine Zeitlang dort gelebt hat, denn die erste Begegnung mit ihr weckt weder in ästhetischer noch kultureller Hinsicht besonders positive oder negative Gefühle. Die eigentlichen Touristen in Mailand sind jedoch die Geschäftsleute und erst seit jüngster Zeit auch die Top-Models aus der Modewelt, einer Branche, die an Wichtigkeit gewinnt in einer Stadt, die seit jeher Arbeit, Geschäfte und berufliches Engagement an die erste Stelle ihrer sozialen und kulturellen Wertskala gesetzt hat.

Mailand, Italiens unumstrittene Industriehauptstadt und jetzt auch die Nummer Eins auf dem Dienstleistungssektor, ist eine Stadt, die Eigeninitiative, Fähigkeiten zur beruflichen Selbstverwirklichung und den Erfolg belohnt – ohne dabei allerdings so etwas wie amerikanischen Fanatismus zu zeigen –, eine Stadt, die immer schon das Beispiel für gesellschaftlich anerkannte Wertvorstellungen verkörpert. Als eine auch im wörtlichen Sinn „bürgerliche" Stadt verdankt Mailand seine bedeutende wirtschaftliche Entwicklung 1. geographischen Faktoren: es liegt inmitten der fruchtbaren Po-Ebene an einem Knotenpunkt vieler inländischer und über die Alpen führender Verkehrswege; 2. historisch-sozialen Faktoren: dem Vorhandensein eines soliden, festgefügten bürgerlichen Unternehmertums, das bereits in den Anfängen des 19. Jahrhunderts auf das Entstehen von Industriezweigen und die Wahrnehmung kaufmännischer Tätigkeiten großen Einfluß genommen hatte; 3. kulturellen Faktoren: die Arbeitsmoral und der tiefverwurzelte gesellschaftliche Konsens. Obwohl Mailand eine eher bürgerliche und „calvinistische" Stadt ist, besitzt sie durchaus eine Volksseele und eine lange Tradition in ihrem

Eintreten für den Fortschritt: Hier entstanden im späten 19. Jahrhundert die ersten Arbeiter- und Genossenschaftsbewegungen, hier entstand und entwickelte sich die sozialistische Partei, hier kämpfte eine starke Arbeitergewerkschaft, die auch einige ihrer bedeutendsten Erfolge in eben dieser Stadt verbuchen konnte.

Aus dieser Vielfalt unterschiedlicher Kräfte und Interessen ist eine wettbewerbsfähige, unendlich ermüdende, stets „hastende" Stadt entstanden, die allerdings auch viel aufgeschlossener und effizienter ist als viele andere Städte in Italien; alles in allem eine „demokratische" Stadt, wo Reichtum nur selten zur Schau gestellt und die Arbeit aller Menschen, selbst in ihrer bescheidensten Form, anerkannt und geachtet wird.

Die Frauen in Mailand

Es scheint uns mittlerweile unmöglich, von „der Frau", gleichgültig ob Mailänderin oder nicht, zu sprechen, sondern von Menschen weiblichen Geschlechts, für die größtenteils das traditionelle Bild der Weiblichkeit nicht mehr zutrifft, die in einer Zeit deutlicher und unaufhaltsamer Umwälzungen leben, die – je nach Generationszugehörigkeit, Bildungsniveau und sozialer Herkunft – ganz unterschiedlich sind. Das Bild der Frau, das alle Frauen in das Schema der Ehefrau/Mutter hineinpreßte, beginnt sichtbare Risse zu zeigen. An seine Stelle tritt ein Mensch weiblichen Geschlechts, der sich, verglichen mit seiner traditionellen Rolle, jetzt eine „andere" Identität aufbaut: Ausbildung, Arbeit, Professionalität, gesellschaftliches Engagement sind mittlerweile Bestandteile der weiblichen Identität. Dennoch zeigt sich das Mailand der Frauen wie eine widersprüchliche Wirklichkeit, in der, trotz aller Veränderungen, traditionelle weibliche Rollen fortbestehen, insbesondere in den unteren Gesellschaftsschichten.

Die Familienstruktur hat sich radikal verändert: Allen voran stehen die „Singles" (248.970), gefolgt von den Zwei-Personen-Haushalten (161.532). Doch selbst wenn wir berücksichtigen, daß die Zahl der Singles „aufgebläht" ist, weil einige eigentlich mit einem/einer Partner/in zusammenleben, manche unterschiedliche Wohnsitze angeben, um Steuerforderungen zu umgehen, so ist diese Zahl trotzdem außergewöhnlich hoch. 1984 war die Zahl der „Alleinlebenden" in Mailand zum erstenmal die höchste von allen. Eine bemerkenswerte Neuheit in der Stadtchronik ist folgende: Seit September 1987 wird in Mailand eine Monatszeitschrift herausgegeben, die sich ausschließlich an alleinstehende Personen (junge/erwachsene) wendet. Der Name, der übrigens nicht gerade vor Einfallsreichtum strotzt, lautet: „Für Singles".

Immer weniger Kinder werden geboren: In den Jahren 1976 bis 1983 machen Erst- und Zweitgeborene zusammen neunzig Prozent aller Neugeborenen aus. 1983 entfällt die Hälfte der Geburten auf die Erstgebore-

106

nen. Die Zahl der Spätgeburten, deren Mütter älter als fünfunddreißig Jahre sind, nimmt zu.

In der Arbeitswelt steigt die Anzahl der tätigen Frauen (1971 waren es 235.048 = 30 Prozent, 1981 waren es bereits 264.944 = 36,16 Prozent). Die Zahl der arbeitslosen Frauen ist allerdings sehr hoch. (1983 waren es 11,4 Prozent gegenüber 4,8 Prozent bei den Männern.) Glücklicherweise hat sich diese Zahl positiv verändert. Einige Untersuchungen und Umfragen der letzten zwei Jahre, darunter eine bei den Arbeiterinnen der ITALTEL*, zeigen ganz deutlich, wie sehr gerade bei dieser Kategorie von arbeitenden Frauen das Problem der „Doppelrolle" fühlbar wird, das ihnen die Erfüllung beider Funktionen am Arbeitsplatz und innerhalb der Familie äußerst schwierig macht. Dieses Problem verschärft sich noch, denn die Reorganisation der Betriebe und auch die neuen Technologien verlangen von den Frauen eine größere Anpassungsfähigkeit an die Arbeit. Aus dieser Sicht scheint die Haltung der Frauen gegenüber der „Maschine" im allgemeinen und dem Computer im besonderen anders als die der Männer zu sein. Sie bejahen ihre Anwendung im Rahmen des unbedingt Notwendigen, spüren jedoch keinerlei Faszination beim Einsatz und Benutzen dieser technischen Geräte. Diese statistische Erkenntnis ist aber sicherlich kein für Mailänder Frauen spezifisches Merkmal, sondern gilt ebenso für Frauen in anderen Städten Italiens und des Auslands.

Wenn diese Doppelrolle für die Arbeiterinnen und Angestellten problematisch ist, wie sieht es dann wohl erst bei den zahlreichen Freiberuflerinnen aus: 1981 gab es 7.000, dreimal so viele wie 1971. Das gleiche gilt für die Unternehmerinnen: 1981 waren es 2.681, 1971 hingegen 1.533, während die Anzahl der Unternehmer kaum größer geworden ist. (1981 waren es 1.749, 1971 genau 1.533.)

Schwieriger zeigt sich der Zugang von Frauen zu Bereichen, die eine viel eindeutigere Männerdomäne darstellen (Ingenieure) oder wo eine besondere, freche Unbefangenheit und Unabhängigkeit (Journalisten) verlangt werden. Von den am Institut für Psychoanalyse eingeschriebenen Studierenden sind 53 Prozent Frauen, während nur 1,53 Prozent zukünftige Ingenieurinnen in Mailand und in der Provinz studieren.

Wie aber leben die Frauen mit dem Bild einer „neuen Frau"? Welche sind ihrer Meinung nach die Merkmale einer nach Unabhängigkeit, jedoch nicht nach männerorientierter Emanzipation strebenden Frau? Auf diese Frage haben die Mailänderinnen folgendermaßen geantwortet: Die neue Frau sollte intelligent (72 Prozent) und mutig (32 Prozent) sein. Nur

---

* Eines der größten Mailänder Unternehmen, das führende im Fernmeldewesen; führend ist es außerdem im Hinblick auf seine Initiativen zugunsten der Frauen, nicht zuletzt, weil an seiner Spitze eine der wenigen Managerinnen Italiens steht.

29 Prozent haben erklärt, die Frau müsse einzig und allein für die Familie da sein. Schön ist nur für 7 Prozent und sexy nur für 1 Prozent der Befragten von Wichtigkeit. Aus diesen Zahlen scheint der tiefe Graben sichtbar zu werden, der sich auftut zwischen dem Bild, das die Frau für sich selbst anstrebt, und dem, das ihr von den Medien vorgehalten, ja manchmal sogar aufgezwungen wird.

Die Mailänder Frauenbewegung

Die Anfänge der Mailänder Frauenbewegung gehen auf die zweite Hälfte des 19. Jahrhunderts zurück und sind durch zwei große ideologische Strömungen geprägt: die radikal-aufklärerische und die sozialistische Bewegung. Der ersten gehört Anna Maria Mozzoni (1837-1920) an, der zweiten Anna Kulischoff (1845-1925). Diese zwei herausragenden Frauengestalten haben mit ihrer Theorie und ihrem Wirken für die Frauenbewegung jene Zeit entscheidend mitgeprägt. Während A. M. Mozzoni ihre politische Arbeit hauptsächlich auf die theoretische Produktion, das publizistische Schaffen und die Einflußnahme auf politische Institutionen beschränkte, arbeitete Anna Kulischoff – genannt „la dottora dei poveri" – (Doktorin der Armen) eher praktisch mit und für Frauen. Eine andere, ebenso herausragende und völlig vergessene Frauengestalt ist Adelaide Beccari (1842-1906). In ihrem theoretischen Werk und in ihrer politischen Arbeit kam ein für jene Zeit radikaler und revolutionärer Feminismus zum Ausdruck, der nicht nur auf die Emanzipation der Frau abzielte, sondern auch auf ihre Befreiung. Das 20. Jahrhundert stand für sie im Zeichen bürgerrechtlicher Kämpfe und politischen Engagements für die Durchsetzung der Menschenrechte sowie der Öffnung gegenüber ehrgeizigen gesellschaftspolitischen Ideen und Perspektiven. Die Mailänder Frauen beteiligten sich in dieser historisch-kulturellen Phase besonders aktiv und traten als ihre „Protagonistinnen" auf.

Die Widerstandsbewegung, die „Resistenza" gegen den Faschismus formierte sich hauptsächlich in Norditalien. Die Mailänder Frauen engagierten sich darin, und viele von ihnen bezahlten diese Zivilcourage mit dem Leben. Im November 1943 wurde in Mailand die erste Frauenorganisation ins Leben gerufen, aus der Ende des Krieges die UDI (Unione Donne Italiane – Italienischer Frauenbund) hervorging.

Die Jahre zwischen Ende des zweiten Weltkrieges und Mitte der sechziger Jahre bedeuteten für die italienische Frauenbewegung eine Phase der Stagnation. Männer wie Frauen wurden vom gesellschaftlichen und politischen Engagement zunächst durch die Notwendigkeit des Wiederaufbaus nach dem Krieg ferngehalten und später durch den Wirtschaftsboom der sechziger Jahre mit seinen „konsumorientierten" Lebensmodellen.

Die Neue Frauenbewegung ist in Italien in erster Linie als eine bürgerliche Bewegung zu verstehen. Dies gilt insbesondere für die Stadt Mai-

land, die aufgrund ihrer Besonderheiten und historischen Bedingungen (der „aufklärerische" Feminismus des 19. Jahrhunderts) diese Entwicklung besonders begünstigte.

Die erste Frauengruppe mit radikal-liberalen Ideen war in Mailand in den Jahren des „Wirtschaftswunders" die Gruppe DEMAU (demistificazione autoritarismo – Entmystifizierung der Macht). Diese 1965 ins Leben gerufene Gruppe stand – zumindest zu Beginn – auch sogenannten „antiautoritären" Männern offen. Das besondere Verdienst der Gruppe DEMAU bestand im Aufzeigen eines neuen Weges, der dann von vielen anderen Gruppen der Neuen Frauenbewegung eingeschlagen wurde. Von diesen seien hier zumindest die 1970 gegründete und fünf Jahre lang aktive Gruppe „ANABESI" genannt und die von bürgerlichen und intellektuellen Frauen gegründete Gruppe „RIVOLTA FEMMINILE". Von der erstgenannten unterschied sie sich vor allem in ihrem Selbstverständnis als „reflektierender", theoretischer Arbeitskreis, dem konkrete Aktionen fernlagen, der eine in sich geschlossene Gruppe darstellte und nichts zu tun hatte mit der in jenen Jahren sich abzeichnenden Orientierung einiger Frauengruppen, die die Strategie der „Praxis im gesellschaftlichen Leben" vertraten und ihrer Präsenz eine „öffentliche" Dimension verleihen wollten, sei es im Bereich der Stadtteilarbeit, auf gesellschaftlich-kultureller wie gewerkschaftlicher Ebene.

In der Mailänder Frauenbewegung zeichnete sich zu Beginn der siebziger Jahre die Polarisierung zweier Richtungen ab: Da gab es jene Frauen, die jegliche Diskussion/Auseinandersetzung mit dem „gesellschaftlichen Leben", mit der Öffentlichkeit ablehnten, und jene, die die Ergebnisse ihrer theoretischen Beschäftigung und ihrer Analysen aus der Selbsterfahrungsgruppe öffentlich machen wollten. Andersgeartet waren da die Erfahrungen zweier Frauenkollektive, des „Cherubini"- und des „Col di Lana"-Kollektivs, die die Namen den jeweiligen Straßen entnahmen, in denen sich ihre Räume befanden.

Innerhalb des „Cherubini"-Kollektivs diskutierten die Frauen Kernfragen der Sexualität, Mutter-Tochter-Beziehung, Dynamik der Frauen- und Lesbenbeziehungen. Die räumlichen Bedingungen des „Cherubini"-Kollektivs erwiesen sich als sehr problematisch, so daß Anfang 1976 der Einzug in das weitaus geräumigere Haus in der Via Col di Lana folgte, das zu einem wirklichen „Haus der Frauen" umgestaltet werden sollte.

1976 erreichte die Frauenbewegung in Mailand quantitativ ihren Höhepunkt. Der große Aktivismus von „Col di Lana" zeigte dann aber sehr bald seine Grenzen und Risiken. Ermüdungstendenzen wurden spürbar, die zum Ausstieg der wenigen – der üblichen – Aktiven führte, auf die die ganze Mühe und Last des „alltäglichen Verwaltens" des Hauses fiel. Es wurden Versuche unternommen, die Struktur von „Col di Lana" vitaler und effizienter zu gestalten (Errichtung einer italienischen „bar", eines

Restaurants und einer Bibliothek). Trotzdem wurden in den darauf folgenden Jahren die Energien erschöpft.

Neben diesen Gruppen gab es in diesem Jahrzehnt auch andere Mailänder Frauengruppen mit einer durchschnittlichen Lebensdauer von zwei bis drei Jahren. Sie lassen sich je nach ihrem Betätigungsfeld folgendermaßen unterteilen:

- Selbsterfahrungs-, Therapie- und Tiefenpsychologie-Gruppen;
- in der Stadtteilarbeit, in eigenen Beratungsstellen und im Bereich der Frauenmedizin aktive Gruppen;
- Arbeitskreise und Sensibilisierungsgruppen in Fabriken, größeren Betrieben, Gewerkschaften und im Bereich des Rechtswesens;
- in der Kulturarbeit tätige Gruppen, Buchhandlungen, Frauen-Film-Kooperativen;
- Lesben-Gruppen, von denen die 1979 entstandene und 1982-83 wieder aufgelöste Gruppe „Phoenix" die bedeutendste und erfolgreichste war.

Von den Gruppen, die am Ende des „goldenen Jahrzehnts" der autonomen Frauenbewegung Mailands eine bedeutendere Rolle gespielt haben, ist sicherlich die in der Via Lanzone zu nennen. Die Frauen, die dieses Experiment ins Leben gerufen hatten, besetzten im Zentrum der Stadt ein großes altes Haus. Das bedeutendste Projekt von Via Lanzone war 1979 die Bildung der Mailänder Redaktion von „Quotidiano Donna", der 1979 in Rom gegründeten feministischen Wochenzeitung, deren Veröffentlichung im Dezember 1981 eingestellt wurde.

Die Mailänder Redaktion von QD wurde nicht nur zu einem Informations- und Diskussionsforum für viele Gruppen und einzelne Frauen Mailands und anderer Städte, sondern ebenso zu einem Verbindungsglied zu ausländischen Gruppen und Zentren. Die Schließung der Redaktion in Rom und die zwangsläufige Einstellung der Zeitung, die immer schwieriger werdende Situation für das Haus in der Via Lanzone (wegen der zunächst ständig angedrohten und 1985 endgültig verhängten Räumungsklage), die Zuspitzung der Krise der Mailänder Frauenbewegung führten schließlich dazu, daß sich die Redaktionsfrauen anderen Aktivitäten zuwandten. 1982 wurde deshalb die Kooperative „Quotidiano-Donna-Vertrieb" gegründet, die auch heute noch Frauenfilme aus aller Welt vertreibt und die alljährlich stattfindenden Mailänder Frauen-Film-Tage zu unterschiedlichen Themen organisiert. Die Kooperative hat in letzter Zeit auch Videofilme produziert und einen Fortbildungslehrgang für Frauen über die Techniken des Videos durchgeführt. Derzeit arbeitet die Kooperative an der Vorbereitung eines Pilotprojekts, das mit der Finanzierung aus EG- und Mitteln anderer italienischer Einrichtungen die Förderung von Verträgen mit den Fernsehgesellschaften der jeweiligen Länder vorsieht, um Video-Produktionen und Frauenfilmen mehr Raum zu bieten. Die Kooperative ist außerdem von der Stadt Mailand mit der Errichtung eines „Allgemeinen Archivs für italienische und ausländische Frauenfilme" beauftragt worden, an der sie gerade arbeitet.

Ein wichtiges Zentrum in Mailand ist die „Libreria delle Donne" (Frauenbuchladen): Er stellt mehr als nur einen Laden dar, in dem ausschließlich Bücher von Frauen – wie es damals bei der Eröffnung 1975 beschlossen wurde – verkauft werden. Erklärtes Ziel ist die Schaffung eines Freiraums, in dem das geschriebene Wort vieler Frauen, ihr oft verkanntes und ignoriertes literarisches Schaffen einem breiten, interessierten Leserinnenkreis zugänglich gemacht wird. Aber im Lauf der Jahre wurde die Buchhandlung auch und vor allem zu einem Ort der Beschäftigung mit feministischer Theorie, des Gedankenaustauschs, der Diskussion, manchmal auch der harten Auseinandersetzung zwischen Gruppen unterschiedlicher Positionen und auch ein Zentrum der Verbreitung feministischer Lehre und „frauenspezifischer" Sichtweise.

Die Zeitschrift „Sottosopra" wird zum wichtigsten öffentlichen Kommunikationsmittel und auch zum politischen Identifikationspapier der der Buchhandlung nahestehenden Frauen. Obwohl sie unregelmäßig erscheint, erweist sie sich als eine wichtige Plattform für Informationen und ideologische Perspektiven, die schon immer großes Interesse geweckt, Diskussionen, aber auch kontroverse Standpunkte erzeugt haben. Nach Meinung vieler Frauen sind Charakter und Sprache dieser Zeitschrift zu „elitär". Es ist jedoch zu berücksichtigen, daß „Sottosopra" das Ergebnis einer theoretisch-philosophischen Auseinandersetzung innerhalb einer Gruppe von Frauen darstellt, die sich hauptsächlich mit theoretischen Fragestellungen beschäftigt.

Beinah als Gegenposition dazu – und zweifellos auch als Ausdruck einer anderen Herangehensweise an Probleme seitens der Feministinnen – versteht sich die erst vor kurzem erschienene Comic-Zeitschrift „Aspirina". In einer für diesen Artikel geschriebenen Selbstdarstellung erzählen die Initiatorinnen:

„‚Aspirina' gibt Raum für die Darstellung weiblichen Humors, gezeichnet und geschrieben ohne Kompromisse und in vollem Ernst. Ihr findet keine Rezensionen, keine Kultur, keinen illustrierten Feminismus oder anderes Abgehobene. ‚Aspirina' wurde in Freiheit geboren, gezeugt von der autonomen Frauenbewegung, besonders den Frauen des Mailänder Frauenbuchladens. Doch ist sie frei von jeder Bindung, denn Witz und Humor können nur in wirklicher Unabhängigkeit gedeihen, unberechenbar und immer überraschend."

Der Frauenbuchladen hat folgende Organisationsstruktur: Er besteht aus einem Kollektiv von etwa fünfzig Frauen, die abwechselnd halbtags arbeiten. Damit konnte die Trennung zwischen Geschäftsführung, theoretischer Beschäftigung und Produktion verhindert werden. Der gleiche

Versuch, nämlich „Denken" und „Handeln" zu verknüpfen, wird auch von den Frauen des Kulturzentrums „CICIP CICIAP" unternommen. Es handelt sich um ein Frauenlokal, das sowohl als Kneipe als auch als Restaurant funktioniert, aber auch eine Reihe unterschiedlicher Aktivitäten organisiert: Yoga-, Pantomime- und Fotografiekurse sowie Kabarett-Aufführungen und Video-Vorführungen von Frauen. Diese Frauenkneipe entstand 1981 auf Initiative von drei Frauen. Von Anfang an waren sich die Frauen einig, daß dieses Lokal eine private und keine kollektive Geschäftsführung erhalten sollte, sie waren der Meinung, daß das Gelingen solcher Projekte eines anhaltenden Sich-Engagierens und einer persönlichen und verantwortlichen Einsatzbereitschaft bedürfen und daß sie nur so für Frauen, die sie führen, eine Erwerbsquelle darstellen können. Diese Konzeption erwies sich als die wirksamste, so daß das „CICIP CICIAP" (der Name stammt aus dem Mailänder Dialekt und bedeutet soviel wie „das Schwatzen der Frauen") heute das einzige Frauenlokal in Italien ist, das der „Ermüdungsphase" der Bewegung standgehalten hat, ohne ihre charakteristischen Eigenschaften aufgegeben zu haben. Es stellt also eine wichtige Begegnungsstätte für Mailänderinnen und Frauen aus anderen Regionen Italiens dar, und es ist gleichzeitig so etwas wie ein „Generationsspiegel", denn dort begegnet ihr sowohl den „historischen" Frauen der Bewegung, den heute etwa Vierzigjährigen, als auch ganz jungen Frauen, die vielleicht zum erstenmal einen Frauentreffpunkt aufsuchen. Dieses Lokal ist für Mailand (und Italien) wohl einzig in seiner Art, deshalb hat es fast Symbolcharakter angesichts einer städtischen Realität, in der sogar ein Frauenzentrum fehlt.

Um all das, was in und durch das „CICIP" läuft, sichtbarer zu machen, haben einige Frauen 1985 Informations- und Dokumentationsmaterial veröffentlicht. Und seit März 1987 ist daraus eine richtige Zeitschrift, die „Fluttuaria", geworden. Darin werden kulturelle, wissenschaftliche, philosophische Themen unter die Lupe genommen und in frauenspezifischer, parteiischer Sicht interpretiert. An dieser Zeitschrift arbeiten außerdem „Profi-Frauen" mit (Journalistinnen, Schriftstellerinnen, Intellektuelle), die zusammen mit den CICIP-Frauen die Redaktion bilden. Das Interesse und die Bereitschaft dieser eher „im System integrierten" Frauen ist auch ein Zeichen der heutigen Zeit: Die feministische Sichtweise und Methode wird nicht mehr auf den engen und schützenden Bereich der Selbsterfahrungsgruppe beschränkt. Vielmehr wird jetzt versucht – und das mit großem Engagement und harter Arbeit –, sie auf eine weitaus breitere Kommunikationsgrundlage sowie auf eine professionelle Ebene zu übertragen. Dies scheint vor allem auf die jüngeren, mehr leistungs- und berufsorientierten Frauen zuzutreffen, während die „historischen" Frauen der Bewegung ihr Augenmerk weiterhin auf das Politische richten. Die Gruppen in sich sind mobiler geworden. Sie bilden sich für eine bestimmte Aufgabe, ein ganz bestimmtes Projekt, und haben sie ihr Ziel erreicht, lösen sie sich in undramatischer Weise wieder auf. Kurz, sie sind weniger auf das warme Nest fixiert, sondern auf das Ziel. Diese Einschätzung teilen auch die Frauen der UDI, der „historischen" Frauen-organisation, die mehr als alle anderen die Signale der Neuen Frauenbe-wegung wahrgenommen und rezipiert hat, indem sie einen radikalen Wechsel ihrer Ziele und vor allem ihrer Methoden vollzogen hat.

Zur Zeit stehen der Mailänder UDI circa zweitausend Frauen (aus dem Stadt- und Provinzbereich) nahe, die nicht alle notwendigerweise Mitglie-der sind. Die Räume der UDI in der Via Bagutta in der Altstadt sind in den letzten vier, fünf Jahren zu einem offenen Zentrum für all die Frauen geworden, die ganz bestimmte Projekte unterstützen möchten. Dieses Zentrum hat zudem während der „Stillhaltephase" der Bewegung auch für UDI-ferne Frauen „symbolischen" Charakter für Kontinuität gehabt. Die Organisationsstruktur der Mailänder UDI wurde einer Roßkur un-terzogen: eine vollbeschäftigte Koordinatorin, einige freiwillige Frauen, die sich die Verwaltungsaufgaben aufteilen, und eine Reihe von Gruppen, die an der Realisierung bestimmter Projekte mitarbeiten. Das Zentrum fi-nanziert sich durch eigene Mittel (Beiträge und andere Einnahmen), und jede Gruppe ist in ihren finanziellen Entscheidungen und in ihrer inter-nen Organisationsstruktur vollkommen autonom. Alle zwei Monate fin-det eine Sitzung unter Beteiligung aller Gruppen statt, um über organisa-torische Probleme und gemeinsame Initiativen, die die Mitarbeit aller ver-langen, zu diskutieren und darüber zu entscheiden.

Zur Zeit arbeiten in der UDI folgende Gruppen:
- Das Zentrum „Donnalavorodonna": Es beschäftigt sich hauptsäch-lich mit Themen der Arbeitswelt und der beruflichen Bildung der Frauen. Mit Zuschüssen der EG, der Stadt Mailand sowie anderen Körperschaften führt es Berufsausbildungslehrgänge für junge Frauen durch, die sich zum erstenmal um einen Arbeitsplatz bewerben, sowie Orientierungs- und Fortbildungslehrgänge für Frauen, die wieder ins Arbeitsleben zurückkehren möchten. Es werden auch Initiativen zur Förderung von Unternehmen und selbständiger beruflicher Arbeit von Frauen durchgeführt.
- Das Zentrum „Il Diritto Delle Donne": Es führt Rechtsberatung durch im Familienrecht, der Anwendung des Gesetzes bei Schwanger-schaftsabbruch sowie im Arbeitsrecht. Ziel dieser Frauengruppe ist die Realisierung eines Hauses für geschlagene Frauen. Die Mißhandlung von Frauen – ein gesellschaftliches Phänomen, das leider oft übersehen oder gar negiert wird – ist eine bittere Wahrheit in dieser Stadt. Die Zahl der mißhandelten Frauen, die sich an das Zentrum wenden, ist beträchtlich. Die aktiven Frauen sind gerade dabei, eine Bestandsauf-nahme in Mailand durchzuführen, vor allem in den ärmsten Randge-

bieten der Stadt, um mit objektiven Daten und statistischem Zahlenmaterial die Dimension des Problems zu dokumentieren und die Mailänder Stadtverwaltung dahingehend zu sensibilisieren, daß sie öffentliche Räume für ein Frauenhaus zur Verfügung stellt.

– Das Zentrum „Sibilla Aleramo": Es führt historisch-kulturelle Recherchen durch, verwaltet eine Bibliothek und beschäftigt sich mit ganz bestimmten Themen und Studien.

– Die ökologische Gruppe „Cassandra": Sie beschäftigt sich mit dem Problem der Ökologie, Umwelt und alternativer Energie aus frauenspezifischer Sicht, die sich von vielen politischen Positionen und Entscheidungen der „grünen" Männer unterscheidet.

– Die Gruppe „Per La Maternita": Sie beschäftigt sich mit Themen wie Verhütung, Beratung, Frau und Gesundheit, der korrekten Anwendung des Schwangerschaftsabbruch-Paragraphen seitens der öffentlichen Gesundheitseinrichtungen.

– Die Umweltgruppe „Gea": Organisatorisch versteht sie sich als eine Kooperative im Dienstleistungsbereich, die in Schulen oder anderen lokalen Einrichtungen Informationsveranstaltungen über Umweltprobleme durchführt.

– Die Handwerkerinnen-Kooperative „Donne in Cantiere": Sie bietet ihre Dienste für Instandsetzung, Einrichtung und Wartung von Gebäuden an. Die Frauen dieser Kooperative sind ehemalige Teilnehmerinnen der von der UDI durchgeführten Berufausbildungslehrgänge.

– Die Kooperative „Casa Matta": Sie wurde mit dem ehrgeizigen Ziel gegründet, ein stadteigenes Gebäude instandzusetzen, um es in ein Wohnhaus für das Zusammenleben alleinstehender Frauen mit Kindern zu verwandeln. Das Projekt sieht neben der Schaffung individueller Lebensräume (kleine Appartements) auch die von Gemeinschaftseinrichtungen vor, um den Frauen – wenn sie es möchten – die Möglichkeit zu geben, auch etwas gemeinsam zu entwickeln. Die Verhandlungen mit der Stadt über die Überlassung des Gebäudes sind jedoch steckengeblieben, so daß angesichts dieser Initiative viel Pessimismus herrscht.

– Die „Cooperativa Antonietta": Sie ist die erste, ja „historische" Kooperative der UDI. Sie betreibt – als Begegnungs- und Ferienzentrum für UDI-Frauen und ihre Familien – auch ein Hotel in Pinarella di Cervia an der Riviera der Romagna.

Aus diesen Aktivitäten läßt sich leicht ersehen, daß die UDI ihren ursprünglichen Anspruch, eine Frauenorganisation zu sein, die sich hauptsächlich im „sozialen Bereich" bewegt, nicht gänzlich aufgegeben hat. Verändert hat sich allerdings das allgemeine Klima, die Arbeitsweise und -qualität oder besser die „Intensität" des Zusammenseins und gemeinsamen Handelns der Frauen. Dieses starke Sich-Orientieren auf die Praxis scheint einherzugehen mit einem größeren und überzeugteren Interesse für das „Spezifische" der Frauen und der Frauenfrage im allgemeinen.

Eine weitere Ausdrucksform der heutigen Mailänder Bewegung sollte hier erwähnt werden: Das „Collettivo Donne Milanesi" (C.D.M. – Mailänder Frauenkollektiv), das 1982 aus einem Zusammenschluß mehrerer Gruppen hervorging – nämlich aus der Gruppe „Ticinese", in der Frauen Selbsterfahrung praktizierten und auch Stadtteilarbeit machten, und aus zwei Lesbengruppen, der „Phoenix" und der „Gertrude Stein". Trotz zahlreicher interner Konflikte und psychologischer Widerstände hat sich das Kollektiv den Rahmen einer kulturellen Arbeitsgemeinschaft gegeben. Damit konnte es sich an die Stadtverwaltung wenden, um ständige und seinen vielfältigsten Bedürfnissen entsprechende Räume anmieten zu können. Nach langwierigen Verhandlungen wurde dieses Ziel erreicht. Inzwischen haben sich jedoch die beiden Gruppen „Ticinese" und „Phoenix" aufgelöst. Im Rahmen des C.D.M. hat sich aber eine neue Lesbengruppe, „S'Ignora"*, gebildet, in der sich vor allem die jüngsten unter ihnen und die am deutlichsten an einer „ausdrucksstarken" und weniger politischen Arbeit interessierten Frauen wiederfinden.

Die an Institutionen enger gebundenen Frauenzentren sind:

– Das „Centro Azione Milano Donne": Es wurde 1986 gegründet und versteht sich als Studien- und Dokumentationszentrum, das „positive Aktionen" zugunsten Mailänder Frauen durchführt. Diese „positiven Aktionen" verstehen sich als Strategie zur Durchsetzung der Chancengleichheit mittels geeigneter Maßnahmen, die den gesellschaftsbedingten Diskriminierungen entgegenwirken oder diese korrigieren sollen.

Das Zentrum verfügt über eigene Archive und eine „historische" Bibliothek und ist zur Zeit – in Zusammenarbeit mit anderen Gruppen – an der Realisierung verschiedener Projekte beteiligt.

– Die private Einrichtung „Centro Studi Storici sul Movimento di Liberazione della Donne in Italia" (Zentrum für historische Studien über die Befreiung der Frau in Italien) und schließlich die „Fondazione G. G. Feltrinelli"**, das in Italien bedeutendste Kulturzentrum, das sich mit der Geschichte der italienischen Arbeiterbewegung befaßt. Seit 1980 unterhält die Stiftung einen eigenen Bereich über die Frauenfrage und verfügt zur Zeit über ein wertvolles Dokumentenarchiv, eine reich sortierte Bibliothek und eine beachtliche Zeitschriftensammlung. Von den zahlreichen Initiativen des Zentrums seien hier nur

---

* A. d. Ü.: Es handelt sich um ein Wortspiel: Signora = in der Anrede Frau oder Dame, apostrophiert „S'Ignora" = „es wird ignoriert".

** Der Name „Feltrinelli" stammt von dem gleichnamigen linken Verlag, der der Förderer dieser Stiftung ist.

einige genannt: Forschungsprojekte, internationale Seminare und Tagungen über die Frauenfrage. Das Zentrum steht unter privater Leitung und arbeitet mit verschiedenen Gruppen der Mailänder Frauenbewegung zusammen.

Sehenswertes in Mailand

Es sollte vielleicht vorausgeschickt werden, daß das Gesicht der Stadt Mailand, trotz der eindrucksvollen Kunstschätze in den Sälen der zahlreichen Museen, keine besonders folkloristischen Züge aufweist. Ein typisches Merkmal sollte jedoch hervorgehoben werden: Das verzweigte System künstlich angelegter Kanäle, der Navigli, die in den Wassergräben, die das mittelalterliche Mailand zu Wehrzwecken umgaben, ihren Ursprung haben. Die Navigli waren in der Vergangenheit für die Entwicklung der Wirtschaft und des Handels der Stadt von großer Bedeutung, da sie ein natürliches Verkehrssystem darstellten, das in die größeren Flüsse der lombardischen Region, in die Adda, den Tessin und den Po mündete. Die meisten Kanäle sind heute zugeschüttet und von einer autogerechten Asphaltdecke überzogen. Im Jahre 1819, zur Zeit seines vollständigen Ausbaus, umfaßte das gesamte Netz der Navigli beachtliche 147.441 Kilometer. Diese künstlichen Kanäle wurden unter Ausnutzung bestimmter Höhenlagen des Bodens angelegt, so daß die Boote den „Abstieg" auf natürliche Weise zurücklegten. Für den „Aufstieg" dagegen war eine Sonderspur vorgesehen, genannt Alzaia, auf der die Kähne von Maultieren und Pferden in Richtung Stadt gezogen wurden. Aus Zeugnissen jener Zeit erfahren wir, daß für das Ziehen der Boote noch bis Ende des 19. Jahrhunderts bedauerlicherweise auch Menschen eingesetzt wurden. Dies erklärt vielleicht, weshalb einige von ihnen die Navigli zum Ort ihrer Verzweiflungstat wählten. Das Wasser des Tombone di San Marco – so wird berichtet – zog die Lebensmüden besonders an; so rechneten die Bootsführer und Wächter stets damit, daß der Anbruch eines neuen Tages ihnen zusätzliche Arbeit bescheren würde, nämlich die undankbare und leidvolle Aufgabe, die leblosen Körper von Männern und Frauen, die diesem Naviglio aus Verzweiflung ihr Leben geopfert hatten, wieder herauszufischen.

Der Stadtteil, in dem die Kanäle heute noch offen sind, ist volkstümlich geblieben. Anfang dieses Jahrhunderts wurde er „el borg di formagiatt" (die Vorstadt der Käsemacher) genannt, weil am Naviglio entlang die schmackhaftesten Käsesorten hergestellt wurden. Heute gibt es in diesem Teil der Stadt viele Gasthäuser, „trani", und alternative Lokale. Er ist zu einem beliebten nächtlichen Ziel junger Leute geworden, die sich gern in Kneipen treffen, in denen es gute Musik zu hören gibt, vom Jazz, Blues bis hin zum Rock und Reggae. Deshalb solltet ihr mit eurem Spaziergang am späten Nachmittag beginnen und ihn in einer dieser Kneipen, die nur am Abend geöffnet haben, beenden. Wir empfehlen, diesen Teil der Stadt – wohl der volkstümlichste und charakteristischste Mailands – zu Fuß zu erkunden. Er erstreckt sich entlang der zwei bedeutendsten Navigli der Stadt, die sich im Quartiere ticinese (Tessiner Stadtviertel) befinden: Der Naviglio Grande und der Naviglio Pavese beginnen am Darsena-Hafenbecken, das bis Anfang dieses Jahrhunderts den Hafen für beide Navigli stellte.

Spaziergang zum Naviglio Grande

Begebt euch auf die Alzaia Naviglio Grande (bleibt auf der rechten Seite des Kanals), nach fünfhundert Metern trefft ihr auf eine sehr charakteristische Ecke, genannt Vicolo Lavandai, ein öffentlicher Waschplatz, an dem die Frauen aus dem Volke ihre Wäsche wuschen. Geht weiter bis zur Brücke, die die Via Valenza kreuzt; überquert die Brücke und geht weiter die Ripa di Porta Ticinese entlang. Unterwegs trefft ihr in der Via Lombardini auf eine Schmuckwerkstatt, in der die sympathische Roberta arbeitet. Dort könnt ihr eine kleine Pause einlegen und die dort entstehenden wunderbaren Arbeiten bewundern, die zu Großhandelspreisen erhältlich sind. Immer den Naviglio entlang stoßt ihr auf eine Eisenbahnbrücke, unter der ihr durchgeht, um auf die dort beginnende Via Ludovico il Moro zu gelangen. Nicht weit entfernt von der Eisenbahnbrücke bemerkt ihr eine kleine Backsteinbrücke, die nur von Fußgängern benutzt werden kann; diese Brücke führt zu einer reizvollen kleinen Piazza, über der sich die Kirche von San Cristoforo erhebt. Eine Legende weiß zu berichten, daß die adeligen Mailänder hier, in diesem Gotteshaus, bevor sie sich den Kreuzzügen anschlossen, die Schlüssel der Keuschheitsgürtel ihrer „bedauernswerten" Gemahlinnen aufzubewahren pflegten.

Spaziergang zum Naviglio Pavese

Wenn ihr den Naviglio Pavese vom Darsena aus zurücklegen wollt, so solltet ihr euch von der Piazza XXIV Maggio aus auf den Weg machen, die Via Scoglio di Quarto entlang und weiter auf der Via Ascania Sforza. Hier, zumindest im ersten Teil, gibt es nichts, was das touristische Interesse wecken könnte. Diese Gegend solltet ihr wegen der Vielfalt an Lokalen eigentlich nur nachts erkunden. Unterwegs stoßt ihr auf sehr gute Lokale, die es aufzusuchen lohnt. Im Sommer findet ein großer Teil der Musikveranstaltungen auf einem riesigen Boot im Kanal statt.

Wenn ihr auf dem linken Ufer des Kanals, dessen Wasserlauf ganz träge bis zum Tessin führt, weitergeht, trefft ihr charakteristische Lokale, wo ihr die verschiedenartigsten und erlesensten Speisen zusammen mit einem Schluck guten Weines kosten könnt.

Tagesspaziergang durch Brera

Wer Lust verspürt, einen Einblick in das „kulturelle" und künstlerische Mailand zu bekommen, sollte die volkstümlichen Viertel der „Navigli" verlassen und in das „Labyrinth des Minotaurus" eintauchen, das den Stadtteil Brera prägt. Obwohl Mailand bereits seit dem 14. Jahrhundert die Hauptstadt des Handels, der Kongresse und Messen ist und sich über diese lange Zeit hinweg ihre Bedeutung als Industriestadt herauskristallisierte, hat sie dennoch Kultur und Kunst stets ein lebendiges Interesse entgegengebracht, was in Brera ganz deutlich zu sehen ist.

Dieses Stadtgebiet wird als das „Montmartre" Mailands bezeichnet, denn alle Maler und Bildhauer, welche die berühmte Kunstschule in Brera besucht haben, lebten in den winzigen Mansardenstübchen der Via Pontaccio, Via Madonnina, Via Fiori Chiari. Vor dem letzten Weltkrieg hatte dieser Stadtbezirk wegen seiner zahlreichen Bordelle an Ansehen verloren; die „Flaniererinnen" der Via Pontaccio, dicht gesäumt von Stundenhotels, waren sehr berühmt.

Der Largo Cairoli endet vor dem Hauptportal des „Castello Sforzesco", das als das größte zivile Bauwerk der Renaissance in der Stadt gilt. Im Schloß findet ihr zahlreiche bedeutende und interessante Kunstmuseen. Wir möchten vor allem auf die „Biblioteca Braidense" aufmerksam machen, die alte Texte über Kunst und Malerei beherbergt. In den nach englischem Vorbild aufgegliederten Schloßpark sind kleine Seen hineingetupft. Vom Largo Cairoli aus, vorbei an der Via Cusani und der Via dell' Orso erreicht ihr die Via Brera. Hier könnt ihr die prachtvolle Pinakothek besuchen, die in einem im 17. Jahrhundert erbauten und sehr beeindruckenden Gebäude untergebracht ist. Sie hütet sorgsam wohl eine der außergewöhnlichsten Gemäldesammlungen der Lombardischen und Venezianischen Schulen zwischen dem 15. und dem 18. Jahrhundert. Nach diesem „Pflicht"-Aufenthalt, der sicherlich den Durst der Kunstliebenden gestillt haben wird, könnt ihr durch die engen unverfälschten Straßen wie Via Pontaccio, Via Madonnina, Via Fiori Chiari, Via Ponte Vetero schlendern.

Solltet ihr etwas kaufen oder essen wollen, so bleibt nicht in Brera (dort ist alles unheimlich teuer geworden), sondern geht zum Corso Garibaldi, wo ihr eine Menge „Trattorie" und Second-hand-Läden findet.

Ein Spaziergang durch die City

Das Zentrum Mailands beherrscht die „Piazza del Duomo", der geometrische Mittelpunkt, von wo aus die wichtigsten Verkehrsadern strahlenförmig in die Stadt führen. Der von uns vorgeschlagene Weg verzichtet bewußt auf die üblichen Sehenswürdigkeiten, die in den herkömmlichen Reiseführern sehr detailliert beschrieben werden; ihr könnt diese im E.P.T., im „Palazzo del Turismo" in der Via Marconi 1, links vom Dom, bekommen. Weitere Informationen dieser Art könnt ihr einholen im: „Ufficio Informazioni" am Mailänder Hauptbahnhof (Galleria di Testa) sowie im „Ufficio Informazioni" der Stadtverwaltung in der Galleria Vittorio Emanuele, Ecke Piazza della Scala.

Von der Piazza del Duomo geht ihr durch die Via Torino bis zum Largo Carrobbio, biegt rechts in die Via San Sisto und dann an der Piazza Mentana in die Via Morigi ein, die ihr bis zur Kreuzung Via Gorani entlanggeht. Dort an der Nummer Neun liegt das beschriebene „CICIP & CICIAP", das einzige von Frauen betriebene Frauenlokal in Mailand. Auf diesem kurzen Weg spürt ihr womöglich auch noch einmal das „feministische" Flair heraus, das hier ganz besonders intensiv war, und überall dort, wo sich Frauen niedergelassen haben, ist ein Hauch davon zurückgeblieben.

Von der Via Gorani durch die Via Vigna, Via Santa Valeria und den Largo Gemelli gelangt ihr an die Piazza Sant'Ambrogio. Die Kirche auf diesem Platz, die ihm auch den Namen gibt, ist der Sakralbau, der nicht nur das Mailand des Mittelalters repräsentiert, sondern auch eine typische Kirche des romanisch-lombardischen Stils verkörpert. Ihre Gründung geht auf den Heiligen Ambrosius zurück, den Schutzpatron der Stadt. Überquert den Platz und biegt in die Via Lanzone ein: Dort existierte jahrelang das Frauenzentrum, ein ganz wichtiger Anlaufpunkt für die Mailänder Frauen.

Solltet ihr an einem 7. Dezember in Mailand sein, so könnt ihr an der Piazza Sant'Ambrogio einen ganz besonderen Markt erleben, den „O Bej O Bej" (der Name steht für den Ausruf der Bewunderung „Wie schön! Wie schön!", den die an den Ständen ausgestellten Gegenstände bei Erwachsenen und Kindern wachrufen). Geht dann weiter die Via Lanzone, Via Torchio und Via Correnti entlang bis zur Kreuzung Via De Amicis.

Die Via De Amicis kreuzt die Piazza Resistenza Partigiana, wo der Corso Genova beginnt. Unmittelbar auf der linken Seite trefft ihr in der Via C. Simonetta 15, gleich nach der Via Torti, auf das C.D.M. (Collettivo Donne Milanesi – Mailänder Frauenkollektiv), den Treffpunkt der lesbischen Mailänderinnen, wo sich die ganze Woche hindurch verschiedene Arbeitsgruppen treffen, die sich ganz unterschiedlichen Aktivitäten widmen.

Der Donnerstagabend ist ab 21 Uhr allen gemeinsam vorbehalten (klopft an das Fenster), um sich zu treffen und miteinander zu diskutieren. An einem Sonnabend (oder Sonntag) im Monat organisieren die Frauen ein Essen oder ein Fest, an dem dann auch Kabarett aufgeführt wird.

Helga Innerhofer
MERAN: ALPENPARADIES MIT LUFTVERSCHMUTZUNG

„Du gutes bundesdeutsches altersheim Du feingliedrige braut des suedens
& schon rentnerin mit magnolien geziert",
so bissig liebevoll führt uns der Schriftsteller N. C. Kaser in Meran ein –
was ist verlockend an diesem Ort, der nach wie vor als Kurstadt gepriesen
wird und seine Anziehungskraft seit eineinhalb Jahrhunderten bewahrt
hat? Waren es früher Leute mit Rang, Namen und prallem Geldbeutel
oder erholungsbedürftige Poeten, die hier zur Kur weilten, so sind es
heute vor allem betagte bundesdeutsche Touristen, die Meran im Frühjahr und Herbst überschwemmen, um Landschaft und uriges Tirolertum
zu genießen. Und so manch ein italienischer Gast hat in letzter Zeit sich
dazugesellt, angezogen vom Bekannt-Unbekannten, vom Reiz einer Gegend, die zu Italien gehört, aber bereits so fremdländisch ist.

Es ist auch für alleinstehende Frauen überlegenswert, auf dem Weg vom
Norden in den Süden hier Station zu machen oder kurz zu verweilen, bevor Italien wieder verlassen wird. Es kann interessant und erholsam sein,
wird die Umgebung miteinbezogen und ein Blick hinter die zugegeben
reizvolle Fassade geworfen.

Ein erster Rundgang zu Fuß kann nur vorbeiführen an Kurpromenade
und Gilf, Jugendstil-Kurhaus und Stadttheater, welches auch von innen
sehenswert ist, an den Lauben und der Pfarrkirche, von dort in den ältesten und verkehrsberuhigten Stadtteil, dem Steinach-Viertel, an der
landesfürstlichen Burg mit manchmal ansprechenden Ausstellungen und
über den Tappeinerweg mit Aussicht auf das Burggrafenamt und gutem
Blick auf die vor allem winterliche Luftverschmutzung im Talkessel. Und
über dieses historische Meran gibt jeder Fremdenführer detailliert Auskunft.

Vielfältig sind die Möglichkeiten, wenn frau gerne wandert, entweder
von Meran aus oder von umliegenden Ortschaften, die mit Zug, Bus oder
Seilbahnen erreichbar sind. Lohnenswert ist auf jeden Fall eine Zugfahrt
mit dem „Vinschgerbahnl", zum Beispiel bis nach Schlanders, von dort
zu Fuß den Sonnenberg entlang, vorbei an schönen alten Bauernhöfen,
bis nach St. Martin am Kofel; nach Latsch führt eine Seilbahn, und die
Vinschgaubahn bringt uns nach Meran zurück. Auch der Sonnenberger
Waalweg im Vinschgau, ab Galsaun zum Beispiel, ist für kurze, wenig
anstrengende Wanderungen geeignet. Im Passeiertal kann der ganze oder
ein Abschnitt des Meraner Höhenweges bewandert werden, ab Riffian
oder weniger anstrengend ab Dorf Tirol nach Gfeis, Vernuer und so weit
ins Tal hinein, wie es die Kräfte zulassen. Meran selbst ist Ausgangspunkt
für ausgiebige und kleine Spaziergänge; angenehm sind alle Waalwege,

weil keine Höhenunterschiede zu bewältigen sind – insbesondere die nicht so bekannten und deshalb weniger überlaufenen wie der Waalweg, der vom Ofenbauer bis nach Saltaus oder der vom Naiftal nach Schenna führt.

Wer lieber mit dem Fahrrad die Gegend erkundet, findet in Meran einen Fahrradverleih, allerdings keinen einzigen Fahrradweg, dafür oft dichten Verkehr und schlechte Luft. Zum Durchtreten geeignet sind die Untervinschgauer Radwege oder die Wiesenwege ab Marling, allerdings nicht im Frühjahr, denn da wird viel Gift auf die Apfelkulturen gesprüht. Diese Wiesenwege führen in das Falschauer-Biotop mit Müllhalde, sehenswertes und beeindruckendes Beispiel einer Biotopzerstörung und einer nicht existierenden Abfallbeseitungspolitik.

Auch mit Fahrrad oder öffentlichen Verkehrsmitteln erreichbar sind einzelne Stadtteile wie Maria Himmelfahrt, St. Vigilplatz und Sinich; es empfiehlt sich, einen davon unbedingt anzusehen – als Kontrast zu dem fassadengeputzten Stadtkern und dem noblen Obermaiser Villenviertel. Stadtplanerischer Unsinn und Konzeptlosigkeit sind dort mit Händen zu greifen, es sind Schlafstätten mit Ghettocharakter. Fehlende Infrastrukturen, schlechte Verkehrsverbindungen und soziale Probleme bewirken, daß die Bewohner abgeschnitten und abgeschoben leben. Und in den Vierteln Maria Himmelfahrt und Sinich wurden 1987 auch mehrere Terroranschläge gegen italienische Familien verübt; ein neues Spannungselement. Gezeichnet waren diese Anschläge von einer ominösen Gruppe „Tirol", wer wirklich dahintersteckt, ist schwer zu sagen, und obwohl es bei Sachschäden geblieben ist, wurde die politische Situation angeheizt und das Klima zwischen Italienisch- und Deutschsprachigen verschlechtert.

Der Meraner Raum ist eine Art politisches Stimmungsbarometer für Südtirol: Die Bewohner der Stadt sind zur Hälfte deutsch- und zur Hälfte italienischsprachig, das wäre eine gute Voraussetzung für ein Zusammenfließen der Kulturen und für gemeinsame, neue und positive Erfahrungen in der mehrsprachigen Provinz. Aber gerade in diesem Ort konzentrieren sich die Spannungen, Probleme und manchmal auch Gewalt. Hier haben sich die Politiker zum Beispiel über ein halbes Jahr lang gestritten, ob der Bürgermeister italienischer oder deutscher Muttersprache sein sollte; geeinigt hat man sich letztlich auf einen ethnischen Wechsel zur Halbzeit. Hier werden Kindergarteneinschreibungen zu ethnopolitischen Affären hochgespielt: Kinder aus gemischt- oder italienischsprachigen Familien, die deutsche Kindergärten besuchen, werden zu Zerstörern der deutschen Kultur und Sprache hochstilisiert. Von der Bevölkerung kommen aber auch immer wieder Zeichen dafür, daß man sich nicht fein säuberlich nach Sprachgruppen getrennt auseinanderdividieren lassen will. Es gibt Friedensspaziergänge und Schülerkundgebungen, bei denen

Italiener und Deutsche gemeinsam ihre Fähigkeit zu mehr Miteinander unter Beweis stellen. Es wirken interethnische Vereine und Gruppierungen, die sich um sprachgruppenübergreifende Aktivitäten und Kulturangebote bemühen, auch wenn dies „von oben" immer wieder behindert wird.

Meran bietet also nicht nur Erholung und Entspannung, sondern auch die Möglichkeit, Probleme, Scheinprobleme und Perspektiven in einem mehrsprachigen Land kennenzulernen.

Die Situation in Südtirol, wo an die sechzig Prozent Deutsche, dreißig Prozent Italiener und vier Prozent Ladiner leben, müßte eigentlich befriedet sein, denn seit 1972 ist das „Südtirol"-Paket in Kraft, das einen umfassenden Minderheitenschutz gewährleistet und das autonome Land großzügig mit finanziellen Mitteln ausstattet. Große Unzufriedenheit und diffuse Selbstbestimmungsgelüste sind heute nicht mehr gerechtfertigt im Unterschied zu den späten fünfziger und sechziger Jahren, als die deutschsprachigen Südtiroler auch mit Terroranschlägen für einen wirksamen Minderheitenschutz eintraten und sich aus der italienischen Bevormundung befreien wollten. Denn seit 1919, als Südtirol und das Trentino von Italien annektiert wurden, erfuhren die deutsch- und ladinischsprachigen Südtiroler nationale Unterdrückungspolitik zuerst offen und systematisch unter dem italienischen Faschismus, später, nach Ende des Zweiten Weltkrieges, verschleiert und subtiler, weil die Zentralregierung Kompetenzen nicht abtreten wollte.

Heute geht es nicht mehr oder kaum mehr darum, dem Staat die Stirn zu bieten und nationale Interessen zu verteidigen. Heute muß man lernen, sich in einem mehrsprachigen Land einzurichten, und vor allem die „Großkopfeten", die das politische Sagen haben, müssen zur Einsicht finden, daß ein Getrennthalten der Sprachgruppen, ein starres Festhalten an Paragraphen und die Unfähigkeit, sich zu verändern, nur den Weg zu Feindbildern ebnen und interessante Möglichkeiten einer mehrsprachigen Kultur vereiteln.

Gloria Corsi
FRAUEN IN VENETIEN
Padova, Vicenza, Verona

Der momentane Lebensalltag der Frauen in Venetien – hier ganz speziell in Padova, Vicenza und Verona – ist stark von der sozialpolitischen und geographischen Lage dieser Region abhängig und, das gilt für Padova ganz besonders, von der Geschichte der Frauenbewegung in den siebziger Jahren.

Venetien ist seit ewigen Zeiten unter dem Banner der „Democrazia Cristiana" (Christdemokratischen Partei) einzuordnen. Darüber hinaus ist Padova für seinen Heiligen Antonius und seinen Heiligen Leopold bekannt. Dies hat unausgeglichenermaßen das Schicksal der Frauen in Venetien als „mater familiae", als Familienmutter bestimmt, zumindest bei den meisten Frauen.

In der Tat bestätigt die venezianische Realität (Padova im besonderen) voll und ganz das Sprichwort: „Tutto a posto, niente in ordine" („Alles hat seine Ordnung, aber nichts ist geklärt"). Das Wichtigste hier ist eben, daß der Schein gewahrt bleibt und in der Öffentlichkeit alles o.k. ist. Was dahinter liegt, ist Geheimnis im Verborgenen und ist zu verteidigen.

Das Bild der Frau in der Region Venetien ist das einer Mutter, die stark an ihre Familie gebunden, meistens katholisch ist, viel Zeit in ihrem Haushalt verbringt und – sollte sie außerhalb des Hauses erwerbstätig sein – sich ganz besonders sichtbar um ihre Kinder kümmert, um den Ehemann und das, was die Leute wohl denken mögen – alles in allem eine Kleinbürgerethik.

In den siebziger Jahren gab es in Padova eine aktive Frauenbewegung: Die Gruppen „Lotta Femminista" (feministischer Kampf) und „Salario e lavoro domestico" (Lohn für Hausarbeit) sind berühmte Beispiele, auch wenn sie mittlerweile im Nichts verschwunden sind.

Vielleicht ist es kein Zufall, warum sie Ende der siebziger Jahre nicht mehr da waren – vielleicht weil beiden Gruppen die reale Distanz (damit meine ich die emotionale) zu Männern fehlte? Das Verschwinden dieser Gruppen hat in der Frauenbewegung Padovas eine Atmosphäre der Unsicherheit hinterlassen, die Exfeministinnen lassen sich nicht mal mehr auf den wenigen öffentlichen Treffen sehen, zum Beispiel bei Ausstellungen, Lesungen oder Filmvorführungen von Frauen.

Zur Zeit gibt es wenige Frauengruppen in Padova. Das Frauen-Dokumentationszentrum „Lidia Crepet" ist als einzige Organisation übriggeblieben. Es verfügt über eine Bibliothek und veranstaltet Lesungen von Frauen. Darüber hinaus organisiert es jedes Jahr ein feministisches Filmfestival. Dieses Jahr ist es das vierte, und es ist auch ein Einführungskurs in die Filmproduktion von Frauen geplant. Es finden auch regelmäßig Literaturkurse statt mit dem Ziel, Texte von Frauen analysieren und interpretieren zu lernen. Die Gruppe hat sich, obwohl sie aus sehr aktiven Frauen besteht, nicht besonders eindrucksvoll im Alltag Padovas gezeigt; sie vergrößert sich auch nicht – gerade deshalb ist sie vielleicht die einzige, die zur Zeit etwas zuwege bringt. In der Tat hat das Frauen-Filmfestival jedes Jahr großen Erfolg und ist praktisch die einzige Gelegenheit, bei der die Frauen Padovas sich in der Öffentlichkeit treffen. Eine weitere Gruppe mit nicht mehr als zehn Mitgliedern ist die „Gruppe Alice". Es sind Frauen, die sich seit vielen Jahren kennen, erst gemeinsam für die Abtreibung gekämpft haben und sich jetzt mit dem Thema „Gewalt gegen Frauen" beschäftigen. Auf große Öffentlichkeit sind sie nicht sonderlich erpicht, statt dessen genießen sie ihr wöchentliches Treffen alter Freundinnen.

Verlassen wir Padova, begeben wir uns nach Vicenza. Das Sozialverhalten der Frauen aus Vicenza ähnelt dem in Padova. Sie sind eher noch verschlossener und auf ihren guten Ruf bedacht, denn Vicenza ist kleiner als Padova (und vergessen wir nicht, daß Padova eine Universitätsstadt ist).

In Vicenza gibt es eine Gruppe, die sich „NOI" (WIR) nennt. Sie hat verschiedene Tagungen zum Thema „Frauen und Wissenschaft" gemacht; zur Zeit arbeiten sie mehr zurückgezogen an verschiedenen Themen, zum Beispiel über „Geschlechtsunterschiede" und „weibliche Körpersprache".

Nun bleibt noch Verona – die Stadt, in der zur Zeit die politische Präsenz der Frauen am lebhaftesten ist (vermutlich wegen der geographischen Nähe zu Mailand). Die Aktivitäten haben allerdings mehr eine kulturelle Dimension als eine politische.

Eine der beiden aktiveren Frauengruppen, genannt „Diotima", beschäftigt sich mit feministischer Philosophie. Die zweite wichtige Gruppe ist der Verein „Il filo di Arianna", die sich in ihrer Zielsetzung und ihren Inhalten stark dem Kulturzentrum „Virginia Woolf" in Rom annähert. Im letzten Jahr hat die Gruppe mehrere Seminare und Tagungen veranstaltet, die immer gut besucht waren. Auch in diesem Jahr geht es um Philosophie, Literatur, Recht, Mythen und Religion, Kunstgeschichte, Fotografie, Massenmedien, weibliche Überlebenstechniken …

Darüber hinaus gibt es in Verona noch „Il Melograno" (Der Granatapfelbaum), eine Frauengruppe, die sich um Mutterschaft und Kindererziehung kümmert. Dann haben wir noch die Gruppen „OIKJA" und „Gea", in denen Hausfrauen organisiert sind, sowie die Gruppe „Frauen und Karriere".

Marisa Bettini

Frauen im Zentrum

Die Geschichte dieses Zentrums (das einzige in Italien, das vollständig aus öffentlichen Geldern finanziert wird) hat ihre Wurzeln in der Geschichte der Frauenbewegung in Mestre*, die in den siebziger Jahren sehr aktiv und vielseitig war. Genau genommen ging es 1977 los, als einige feministische Gruppen aus der Umgebung eine unbewohnte Villa in einem Mestrer Stadtteil besetzten und die Stadtverwaltung baten, es zu kaufen und in Selbstverwaltung als „Casa delle Donne" (Frauenzentrum) zu übergeben. Die Antwort der Verwaltung als Initiator und Geldgeber zeigte sich 1979 in der Errichtung des jetzigen Frauenzentrums: organisiert wie ein Gemeindebüro mit Dokumentationszentrum und einer Fachbibliothek, die die Erwartungen der Bewegung damaliger Zeit natürlich enttäuschte, angefangen von den Träumen einer autonomen Verwaltung bis hin zu den Inhalten.

Alles in allem ist dem Zentrum jedoch nicht abzusprechen, daß es in diesen Jahren, schon allein aufgrund seiner Existenz – trotz der Widersprüche und Ambivalenzen – Teil der politischen Leidenschaft vieler Frauen geworden ist: sei es, um es zu erhalten und zu verteidigen, sei es, um es einfacherweise zu nutzen oder zu kritisieren, es zu akzeptieren als ein notwendiges Übel oder es auch als unberechtigten Luxus abzutun. Dennoch, es ist ein Ort der Begegnung, es sind Räume, die auch in der Öffentlichkeit sichtbar sind, in denen Informationen gesammelt oder unter die Frauen gebracht werden, oft die Resonanz auf gesprochene Worte (oder auch Schweigen), deutlich auch jene der Frauen, die die Existenz des Zentrums am Anfang wie eine Niederlage erlebt haben.

Das Hauptverdienst dieses Zentrums, wie auch anderer Zentren zu Anfang der achtziger Jahre – abgesehen von der spezifischen Charakteristik eines jeden –, war es, die Möglichkeit zu schaffen, vielfach verlorene Energien der Frauen zu konzentrieren und ihre verschiedenen Vorstellungen und Initiativen zu realisieren. Es ging auch um das Bedürfnis der Frauen, sich zu suchen und zu treffen, für einige, zurückzukehren und Frauenpolitik zu machen, für andere, unbedingt einen Augenblick anzuhalten und den persönlich eingeschlagenen Weg oder den des Kollektivs neu zu überdenken. Wieder andere kamen, um Studien und Forschung zu betreiben ... Ob im guten oder schlechten, das Zentrum ist Zeuge faßbarer Realitäten der Frauen, eine feststehende Tatsache und frauenbewegte Kulturgeschichte, die nicht mehr bei Null anfangen muß.

Das Zentrum verfügt über mehrere Räume, in denen Büros und eine

---

* Italienische Geschäfts- und Industriestadt auf dem Festland vor der Insel Venedig

große Bibliothek untergebracht sind. Die hier beschäftigten Frauen sind alle Angestellte der Stadtverwaltung, da das Zentrum eine Einrichtung des öffentlichen Dienstes ist.

In die Bibliothek und ins Dokumentationszentrum kommen fast ausschließlich Frauen. Es ist auch schön zu sehen, daß besonders viele Frauen des dritten Lebensabschnitts zu uns kommen und sich Bücher ausleihen; die Altersgruppe über sechzig, ja über fünfundsechzig ist sehr kämpferisch.

Die Bibliothek dient auch als Versammlungsraum. Hier sind in den letzten Jahren mehr als zehn Initiativgruppen entstanden und gewachsen. Und die meisten machen weiter. Ihre Aktivitäten und Treffen sind ausschließlich für Frauen.

Das Programm des Zentrums wird ungefähr einmal im Jahr redaktionell erarbeitet – unter Mithilfe der Gruppen aus den Stadtteilen oder anderen selbstverwalteten Initiativen – und inhaltlich nach der aktuellen politischen Situation definiert. In der Stadtverwaltung wird das Zentrum von einer Stadträtin vertreten, die den Auftrag hat, die Forderungen des Zentrums auf bürokratischer Ebene durchzusetzen.

Die Finanzierung des Programms im Zentrum ist durch einen festen Etat unter dem Titel „Frauenzentrum" im kommunalen Haushaltsplan der Verwaltung verankert, das heißt: Die Frauen von Mestre sind Kopf und Seele, während die Institutionen den Körper am Leben erhalten.

Lisa Carnio / Nicoletta Aramu
VENEDIG

Von Venedig zu erzählen ist nicht einfach. Denn es gibt so viele falsche Vorstellungen und Allgemeinplätze über diese Stadt, daß es uns abgedroschen vorkam, ein weiteres Mal darüber zu schreiben.

Wer nach Venedig fährt, muß das Erfundene vom Authentischen unterscheiden. Die Einstellung gegenüber dem Leben in Venedig und seinen Lebensräumen muß unserer Meinung nach vorurteilslos nüchtern sein und gleichzeitig neugierig auf Unbekanntes, offen für Abenteuer.

Nicoletta und ich haben zwei große Routen ausgearbeitet und sie mit kleinen Tips und Hinweisen auf Sehenswürdigkeiten angereichert. Beide Wege schlängeln sich durch Straßen, Gassen, über Plätze und führen beinahe durch die ganze Stadt. Es bleibt euch überlassen, ob ihr euch nur das herausgreift, was euch interessiert, ob ihr Teile zu Fuß zurücklegt und für andere ein „Vaporetto" benutzt. Die bekannten Touristengegenden, wie San Polo mit all seinen Geschäften bis hin zur Rialtobrücke oder San Marco und Umgebung, haben wir nicht berücksichtigt beziehungsweise nur am Rande gestreift.

Für die vielen Eigennamen (deren Zahl wir schon beschränkt haben) entschuldigen wir uns im voraus, aber Venedig ist im Grunde genommen ein einziges gewaltiges Monument. Jeder Stein trägt hier einen Namen und eine Jahreszahl.

Venedig ist eine teure Stadt, teuer im doppelten Sinn: kostspielig und liebenswert. Der jüngsten Statistik zufolge ist sie sogar eine der teuersten (kostspieligsten) Städte Italiens, für mich als Venezianerin ist sie natürlich in erster Linie liebenswert.

Wer mit dem Auto nach Venedig kommt, parkt am besten in der großen „garage communale" (öffentliches Parkhaus), gleich hinter der Brücke, die Venedig mit dem Festland verbindet. Auf dem Piazzale Roma einen Parkplatz zu finden, ist so gut wie aussichtslos, und die vielen Privatgaragen sind teuer. Auch der „parcheggio del Tronchetto" (Parkplatz), eine riesige Zementinsel für Tausende von Autos, ist nicht zu empfehlen, denn bis nach Venedig sind es dann noch vierzig Minuten zu Fuß, wenn ihr nicht den Bus oder das „Vaporetto" nehmt. Dann könnt ihr den Wagen auch gleich in Mestre lassen.

Ich komme am liebsten mit dem Zug an. Was in anderen Städten der Autobus, ist in Venedig das „Vaporetto", eine Art Motorfähre, die alle wichtigen Punkte der Stadt miteinander verbindet – natürlich nur, soweit sie über große Kanäle zu erreichen sind. Abgesehen davon ist Venedig eine Stadt, die zu Fuß erobert werden muß. Aber Vorsicht: Einmal zu

Fuß unterwegs werden Touristen sofort auf Konsumtrip geschickt. Gelbe Schilder mit schwarzer Schrift locken auf die Route Rialto-San Marco. Im Aufstellen von Touristenfallen sind venezianische Händler und Geschäftsleute sehr erfinderisch.

Venedig besteht aus sechs großen Stadtteilen – im venezianischen Dialekt „sestieri": Dorsoduro, San Marco, San Polo, Castello, Cannaregio und San Croce. Dem venezianischen Dialekt begegnen wir in der Stadt häufig. Abgesehen von der Piazza San Marco gibt es in Venedig die Bezeichnungen *piazza* (Platz), *via* (Straße) usw. nicht. Sie heißen im Dialekt: *campo* (piazza – Platz), *campiello* (piazzetta – kleiner Platz), *calle* (Sackgasse zwischen zwei Häuserreihen), *fondamenta* (Straße zwischen Kanal und Häuserreihe), *ramo* (vicolo – Gasse). Andere, vielleicht weniger häufige, aber typische Bezeichnungen sind: *sottoportego* (porticato – Säulengang), *corte* (Innenhof), *piscina* (kleiner Platz, auf dem früher Regenwasser gesammelt wurde) und *ponte* (Brücke) – natürlich in Venedig als Verbindungswege besonders wichtig.

Die Brücke mit dem ausgefallensten Namen ist die Ponte dele meraveghe (ponte delle meraviglie – eigentlich: Brücke der Wunder) in der Nähe der Accademia di Belle Arti (Akademie der Schönen Künste), wobei „meraveghe" im venezianischen Dialekt auch Geschwätz oder Spott bedeutet. Bemerkenswert ist auch der Straßenname Calle dele Tette (Straße der Brüste), und der interessanteste Säulengang heißt Sottoportego del Casin dei Nobili (Säulengang des Bordells der Adligen).

Sobald ihr in Venedig seid, besorgt euch einen Stadtplan. Bei der Touristeninformation am Piazzale Roma oder am Bahnhof bekommt ihr ihn gratis – klein, aber ausreichend –, sonst kann es passieren, daß ihr ständig im Kreis lauft.

Die erste Route geht vom Campo Santa Margarita zur Accademia di Belle Arti und teilt sich dort in zwei Richtungen: Eine geht auf der rechten Seite des Canal Grande zur Basilica della Salute; die andere führt über die Ponte dell'Accademia an der linken Seite des Canal Grande zum Theater La Fenice und von dort, wenn ihr wollt, bis nach San Marco.

Zuerst einmal müßt ihr aber vom Piazzale Roma zum Campo Santa Margarita kommen. Hinter der Kreuzung der drei Holzbrücken geht ihr die Fondamenta Magazen und dann die Fondamenta Minotto entlang, von der aus ihr auch einen wunderschönen Blick auf ein Stück Venedig habt: den Kanal, die Gondeln, die typischen venezianischen Häuser. Die Fondamenta Minotto mündet in die Salizada San Pantalon, und von dort ist es dann nicht mehr weit bis zum Campo Santa Margarita.

Wenn ihr mit dem Zug kommt, macht einen kleinen Umweg über den Campo dei Frari und besichtigt die Kirche Santa Maria Gloriosa dei Frari und die Scuola San Rocco.

Die Kirche – ein eindrucksvolles Bauwerk im gotischen Stil – enthält bedeutende Kunstschätze: Gemälde und Skulpturen von Tizian, Bellini und Donatello. Die Schule von San Rocco liegt direkt hinter der Kirche. Sie enthält eine sehr schöne Gemäldegalerie mit berühmten Bildern wie Szenen aus dem Alten und Neuen Testament von Tintoretto.

Vom Campo San Rocco nehmt ihr dann eine der Querstraßen Richtung Calle San Pantalon, die zur Straße längs des Rio delle Muneghette führt. Achtet auf die Häuser am Kanal. Auf ihren Balkons und Fensterbrettern stehen Windfahnen und bunte Mini-Windräder aus Holz. Sie zeigen den Wechsel der Winde und damit das Steigen und Fallen des Meeresspiegels an. Von dort kommt ihr dann endlich zum Campo Santa Margarita.

Campo Santa Margarita: charakteristischer und malerischer Mittelpunkt volkstümlichen Lebens mit Fisch-, Obst und Gemüsemarkt. In der Mitte des Platzes steht ein einzelnes Gebäude, ein gedrungener Turm, im 17. Jahrhundert eine berühmte Gerberschule, jetzt leider geschlossen. Die Häuser am Platz aus dem 12. und 13. Jahrhundert gehören zu den ältesten Venedigs.

Vom Campo Santa Margarita geht's weiter zum Campo San Barnaba. Überquert den Rio San Barnaba über die Ponte dei Pugni. Von der Brücke aus seht ihr auf der einen Seite den Kanal in den Canal Grande münden, auf der anderen Seite den Kirchturm von Angelo Raffaele, der abends, angestrahlt, besonders schön ist. Vormittags wird an der Brücke von einem Boot aus Obst und Gemüse verkauft.

Vom Campo San Barnaba lauft ihr in Richtung Accademia di Belle Arti und kommt auf den Campo della Carità, der sich zum Canal Grande hin öffnet. Die Kirche und die Schule der Carità auf dem gleichnamigen Platz sind Sitz der Akademie der Schönen Künste, die eine der besten Kunstsammlungen aus dem 14. und 15. Jahrhundert enthält.

Nun teilt sich unser Weg durch Venedig. Beim ersten bleibt ihr auf dieser Seite des Canal Grande und kommt zur Basilica della Salute. Habt ihr euch für diesen Weg entschieden, gibt es zwei Möglichkeiten: 1. Ihr geht hinter der Kirche der Carità am Rio Terà Antonio Foscarini entlang, nehmt die erste Straße nach links und haltet euch immer geradeaus, parallel zum Canal Grande. In diesem reizvollen und ruhigen Teil der Stadt findet ihr eine Menge sehr guter kleiner Antiquitätenläden. Hier müßt ihr unbedingt den Palazzo Venier dei Leoni, besser bekannt unter dem Namen Peggy-Guggenheim-Museum, besuchen. Ursprünglich Wohnhaus der Guggenheim, enthält das Museum jetzt eine der beachtlichsten Sammlungen moderner Kunst. Von da aus seid ihr in zehn Minuten an der Basilica della Salute.

2. Ihr seid wieder am Rio Terà Antonio Foscarini, geht aber diesmal immer weiter geradeaus und kommt zur Fondamenta delle Zattere. Die

„Zattere", die breite Straße am Canal della Giudecca, war früher ein Umschlagplatz für Holz, das auf Flöße (zattere) verladen wurde. Tische und Stühle im Freien, Bars und kleine Restaurants zeigen auch hier, daß sich in Italien vieles unter freiem Himmel abspielt. Von der Zattere biegt ihr links ab und kommt zur Basilica della Salute. Dort habt ihr eine gute Sicht auf die Lagune, auf die Insel San Giorgio und auf den Markusplatz. Eine kleine Anmerkung zur Basilica della Salute: Sie wurde 1630 zu Ehren der Jungfrau errichtet – nach einer schrecklichen Pestwelle, die die Bevölkerung Venedigs um die Hälfte dezimierte.

Kehren wir nun zurück zur Akademie der Schönen Künste und machen wir uns auf den zweiten Weg, den nach San Marco. Über die Ponte dell'Accademia kommt ihr zum Campo San Stefano, einem der weitläufigsten Plätze Venedigs mit berühmten und außerordentlich schönen Palästen wie Palazzo Pisani, Palazzo Loredan und Palazzo Morosini, Sitz der Dogen zur Zeit der venezianischen Republik. Von dort aus könnt ihr einen Abstecher nach San Samuele zum Palazzo Grassi machen, wo ständig Kunstausstellungen zu sehen sind. Vom Campo San Stefano geht es weiter zu einem anderen sehr malerischen Platz, dem Campo San Angelo – bemerkenswert die Aussicht auf den schiefen Turm der Kirche San Stefano. Dann nehmt ihr die lange, vor euch liegende Straße, die Calle della Mandola. Biegt ihr hier links in eine der Straßen, kommt ihr zum Palazzo Fortuny, einst Wohnhaus von Mariano Fortuny, heute für Fotoausstellungen genutzt. Geht ihr hingegen die Calle della Mandola weiter geradeaus und dann rechts in die Calle della Verona, kommt ihr zum Theater La Fenice auf dem Campo San Fantin. Im Restaurant „Al Teatro" an der Ecke gibt es einen hervorragenden „Spritz" (typisch venezianischer Aperitiv aus Weißwein und Aperol mit Zitronenscheibe). Die Innenräume des Restaurants sind mit Fotos von Schauspieler/inne/n aus den fünfziger Jahren tapeziert. Die Tische im Freien mit rosa Tischtüchern und Kerzen am Abend schaffen eine fast unwirkliche Atmosphäre – eine Atmosphäre fast wie im Theater. Man fühlt sich selbst wie auf der Bühne, und die Gäste dort kommen gerade aus einem wirklichen Theater und setzen sich hier in ein anderes unter freiem Himmel auf dem Platz.

Vom Theater La Fenice ist es nicht mehr weit bis San Marco. Dort habt ihr dann das übliche Venedig-Bild vor Augen: Tauben und Touristen. Wenn ihr wollt, seid ihr von da aus auch schnell an der Rialtobrücke, aber auch dort erwartet euch mehr oder weniger dasselbe.

Ich jedenfalls überlasse euch jetzt Nicoletta.

***

In Venedig müßt ihr natürlich auch mit dem „nassen Element" Bekanntschaft machen. Nehmt eins der kleinen Schiffe der ACTV (städtische Transportgesellschaft Venedigs), Linie 1 Richtung Rialto – genannt das „Bummelschiff", langsam aber unaufhaltsam –, und ihr habt die einmalige Chance, das große Spektakel auf dem Canal Grande zu beobachten, das auf der Welt seinesgleichen sucht. Der Canal Grande ist die Straße in Venedig, die sehr viel vom vergangenen Leben der Stadt widerspiegelt und, wegen des dichten Verkehrs, auch sehr viel vom gegenwärtigen. Er führt quer durch die Stadt in Form eines „S" über vier Kilometer und teilt sie in zwei Hälften. Die Kunsthistoriker/innen unter euch werden während der Überfahrt sicherlich sofort bemerken, wie viele Gebäude am Ufer die Kunst des Spitzbogenbaus des 14. Jahrhunderts zum Ausdruck bringen; aber auch diejenigen ohne künstlerisch-technische Vorkenntnisse werden vom orientalischen Charakter der Wasser-Stadt überrascht sein und begeistert vom perfekten Zusammenspiel von Licht und Farbe.

Über den Canal Grande führen drei Brücken: die Rialtobrücke, die älteste der drei; die Brücke der Akademie, eine ewige Baustelle, und die Brücke der Scalzi (von 1934) am Bahnhof. Um diese drei einzigen Überbrückungen zu ergänzen, gibt es die „Traghetti", die uralte Einrichtung des Gondeldienstes, der von einem Kanalufer zum anderen übersetzt. Ihr müßt unbedingt einmal mit diesen Gondeln fahren, denn sie eröffnen euch eine ganz neue Perspektive auf die Stadt und werden auch von den Einheimischen benutzt.*

Aus Liebe zu den Eigennamen will ich euch die wichtigsten Paläste am Canal Grande aufzählen: auf der rechten Seite, wenn ihr vom Bahnhof kommt, der Fontego dei Turchi (Mitte des 13. Jahrhunderts), dahinter auf der linken Seite der Palazzo Loredan Vendramin Calergi, triumphaler Schlußakt venezianischer Renaissance-Architektur Anfang des 16. Jahrhunderts, weiter auf der linken Seite der Palazzo Marcello, Geburtshaus des Musikers Benedetto Marcello (1686-1739), schließlich rechts die Depositi del Megio, Gebäude aus dem 14. Jahrhundert, ehemals öffentlicher Getreidespeicher.

Wenn ihr an der Haltestelle San Stae aussteigt, blickt ihr direkt auf die barocke Fassade der Kirche von San Stae. Die Straße vor euch Richtung Rialto (gelbe Schilder!) führt zum Palazzo Pesaro, internationale Galerie für Moderne Kunst. Aber verlauft euch nicht in den kleinen Gassen! Sehenswert sind die Scheußlichkeiten, mit denen die Fassade des Palastes dekoriert ist. Geht ihr weiter in Richtung Rialto über den Campo Santa Maria Mater Domini hinweg, seid ihr auf dem Campo delle Beccarie.

---

* Anlegestellen der Gondeln sind: S. Marcuola, Rialto, S. Samuele, Ca'Rezzonico, S. Angelo, S. Tomà, Salute, S. Maria del Giglio.

Dort beginnt der Markt von Rialto mit Fischen zur Linken und bunten Obst- und Gemüseständen weiter hinten. Hier einzukaufen ist preisgünstig und amüsant. Außerdem könnt ihr von hier aus den Palazzo d'Oro, den Goldenen Palast, auf der anderen Seite des Kanals bewundern (typisch venezianische Gotik des 14. Jahrhunderts), so genannt, weil er einst vergoldet war. Abgesehen von Fisch und Gemüse hat in diesem Teil der Stadt alles Geschichte. Hier feilschten früher die Händler nach allen Regeln der Kunst. Typisch auch der Portico del Bancogiro, wo sich bis zum 12. Jahrhundert die Banca Circolante del Credito befand, die schon damals Girobank hieß. Die Colonna del Bando (Anschlagsäulen), von der aus die Regierung der Republik Venedig Ankündigungen, Verurteilungen usw. verlesen ließ, wird auch Il Gobbo di Rialto (der Buckel von Rialto) genannt wegen des Zwergs, der die Treppe davor stützt. Am Fuße der Rialtobrücke der Säulengang mit den alten Goldschmiedewerkstätten.

Geht über die Brücke zum Campo San Bartolomeo, dann durch den Sottoportego della Bissa und biegt in die Salizada San Vio ein. Von ihr geht linkerhand die Calle del Paradiso ab, der folgt ihr, geht rechts über eine Brücke und steht auf dem Campo Santa Maria Formosa. In der Mitte des Platzes die gleichnamige Kirche im klassischen Stil, flankiert von einem barocken Kirchturm; über dem Kirchenportal eine furchterregende Maske aus Stein. Wenn ihr um die Kirche herumgeht, kommt ihr zum Palazzo Querini auf dem Campiello Querini. Im Erdgeschoß des Palastes müßt ihr euch unbedingt das Projekt des Architekten Carlo Scarpa ansehen: die gelungene Restaurierung und den bewässerten Garten mit dazugehöriger Brücke. Im zweiten Stock, in der antiken Wohnung der Patrizierfamilie Querini, ist heute eine Gemäldesammlung, besonders interessant die Dokumentation über die Entwicklung und Geschichte Venedigs.

Von hier aus fragt euch zum Campo SS. Giovanni e Paolo durch, einem Platz mit einigen bemerkenswerten Kunstschätzen: das Reiterstandbild in der Mitte des Platzes, Denkmal für Bartolomeo Colleoni, einen Heerführer zur Zeit der Republik Venedig. Das Pferd, eine Arbeit aus dem 14. Jahrhundert, wird dem florentinischen Bildhauer Andrea Verrocchio zugeschrieben. Es ist berühmt für seine anatomisch-ästhetisch perfekte Ausführung. Der Reiter guckt auf ein Gebäude, das in Venedig Geschichte hat: seinerzeit Schule des Dominikanerordens von San Marco, heutzutage städtisches Krankenhaus. Seht euch ruhig mal die Eingangshalle an, ein riesiger Saal mit Säulen. Die vielen wunderschönen Kreuzgänge im Innern, die fast bis zur Fondamenta Nove gehen, könnt ihr wahrscheinlich nicht so ohne weiteres besichtigen. Auf der anderen Seite des Platzes: Cafés und Bars, an sonnigen Tagen natürlich überfüllt. Einen guten Überblick habt ihr von der erhöhten Marmorabdeckung des Brunnens in der Mitte des Platzes.

Die Brücke links vom Krankenhaus führt über den Kanal, der die Stadtteile Castello und Cannaregio voneinander trennt. Ihr könnt entscheiden, ob ihr euch jetzt in den dicht bevölkerten Stadtteil Castello stürzt, der historisch interessant und faszinierend ist: von der friedlichen Kirche San Francesco della Vigna über die beeindruckende Festung der Arsenale bis zur belebten Via Garibaldi. Die Via Garibaldi war ursprünglich ein Kanal, der Ende des vorigen Jahrhunderts überbaut wurde. Von dort aus seht ihr auch die „Giardini" (Gärten), Sitz der „Biennale", der Internationalen Filmfestspiele von Venedig. Und wenn ihr euch bis dorthin vorgewagt habt, besichtigt auch die abseits gelegene Kirche San Pietro in Castello.

Die Leute von Castello haben sich ihre Eigenheiten erhalten: Im Sommer zum Beispiel sitzen die Frauen vor den Hauseingängen, beschäftigen sich mit Handarbeiten und „quatschen".

Vom Campo SS. Giovanni e Paolo könnt ihr natürlich auch in den Stadtteil Cannaregio gehen. Über die Fondamenta dei Mendicanti kommt ihr zur Fondamenta Nove. Der ummauerte Garten mit Zypressen auf der Insel vor euch ist der Friedhof Venedigs. Schon wegen des Klosters im Innern lohnt sich der Besuch des Friedhofs San Michele. Die einzigen Lebenden hier: die Mönche. Unter den Toten: I. Stravinskj, S. Diaghilev, E. Pound und mein Vater. Ein gutes Stück weiter geradeaus auf der Fondamenta Nove, und ihr kommt auf die Fondamenta Santa Catarina und zur Sacca della Misericordia. Hier müßt ihr unbedingt eine Pause machen, besonders die Romantikerinnen unter euch, um die Schönheit dieses einsamen und malerischen Ortes zu genießen, umgeben

von den Gärten der Abbazia. Im Hintergrund seht ihr den kuppelförmigen Glockenturm von Santa Maria dell'Orto. Am Rand der Gärten des Palazzo Contarini hingegen erhebt sich zur Lagune hin das bekannte Casino degli Spiriti (Casino der Geister), Bauwerk der Contarini aus dem 15. Jahrhundert. Früher fanden hier vergnügliche Zusammenkünfte und literarische Zirkel statt. Seinen unheimlichen Namen hat dieses jetzt verlassene Casino vielleicht wegen des einsamen Ortes oder wegen des starken Echos, das von dort zurückschallt.

Wie die anderen verwinkelten Stadtteile Venedigs (Castello zum Beispiel oder Dorsoduro) müßt ihr auch Cannaregio ein bißchen auf gut Glück durchstreifen und euch auf eure Nase und eure Intuition verlassen. Sucht den Campo dell'Abbazia – ein prächtiger Saal ohne Wände und Decke – und lauft durch den eindrucksvollen Säulengang dort. Von den Brücken aus habt ihr einen guten Blick auf die Lagune, wirklich melancholisch. Wenn euch das zu traurig macht, flüchtet schnell auf die Fondamenta della Sensa oder die Ormesini, parallel dazu, beide voller Bars und kleiner Geschäfte, wo sich bis spät abends die Leute auf ein Schwätzchen treffen.

Wenn ihr noch immer nicht genug habt, seid ihr in fünf Minuten am San Marco und könnt euch dort ins Getümmel stürzen. Wenn ihr hingegen den Kanälen nach weiter geradeaus durch Cannaregio geht, kommt ihr zum „Ghetto", Fondamenta degli Ormesini. Bis zum 15. Jahrhundert war dieser Teil der Stadt jüdisches Ghetto von Venedig, heute stehen hier noch vereinzelte Synagogen. Interessant die Häuser auf dem Campo del Ghetto: mit vielen Stockwerken und ganz niedrigen Arkaden – das Ganze hat etwas Dörfliches.

Die Inseln

Giudecca, die Insel, die der Stadt am nächsten liegt, gegenüber der Fondamenta delle Zattere. Die Geschichte ihres Namens ist interessant. In der Antike hieß sie „spina longa", der lange Dorn, wegen ihrer langgezogenen Form. Später wurde sie jüdisches Ghetto, angeblich aus Handelsgründen, daher der Name Giudecca – oder auch nicht, denn es gibt noch eine andere Erklärung: Giudecca läßt sich auch von dem venezianischen Wort „Zustegà" (Richterspruch) ableiten. Auf die Insel wurden nämlich schon seit dem 9. Jahrhundert aufständische adlige Familien verbannt.

Giudecca ist eigentlich eine Inselgruppe, bestehend aus acht Inseln. Auf ihrer Westseite, von wo ein heftiger Wind bläst, verläuft beinahe schnurgerade eine „Fondamenta", auf der anderen Seite gibt es Obst-, Gemüse- und Blumengärten. Am dritten Sonntag im Juli wird das traditionelle Fest des „Redentore" (Erlösers) gefeiert. Dann verbindet eine Brücke aus Booten Venedig mit der Insel. In der Nacht zuvor versammeln sich auf dem Kanal unzählige beleuchtete und geschmückte Boote, um beim berühmten Feuerwerk über dem Wasserspiegel des Marcusbeckens dabeizusein.

Lido. Bekannt ist die Insel wegen des jährlich stattfindenden Filmfestivals von Venedig und wegen ihres langen Sandstrandes. Nach Lido geht die Fähre vom Piazzale Roma oder das Motorboot vom Marcusplatz. Sie ist die einzige Insel, auf der auch Autos zugelassen sind. Ein Teil ist im Sommer hoffnungslos überfüllt: von der Piazzale Santa Maria Elisabetta (Anlegestelle des Motorboots) bis zur Piazzale Bucintoro – hier steht auch das Hotel des Bains, bekannt durch den Film „Tod in Venedig" von Luchino Visconti nach der gleichnamigen Novelle von Thomas Mann – und weiter bis zum Hotel Excelsior, wo die Filmfestspiele stattfinden.

Ich empfehle euch, den Bus Richtung Alberoni zu nehmen: Auf halber Strecke liegt Malamocco, ein kleines Dorf mit herrlichem Blick auf die Lagune; und den Strand von Alberoni könnt ihr wirklich genießen. Er ist wunderschön und leer.

Isola di San Giorgio Maggiore ist die kleine Insel, die man vom Marcusplatz aus sieht. Das alte Benediktinerkloster ist der Sitz der Cini-Stiftung, Zentrum für Kunst, Kultur und Geschichte. Zu besichtigen gibt es außerdem die Kirche und das Teatro Verde, eine Art Arena, inzwischen Ruine, mitten im Grünen.

Murano, Burano, Torcello. Um alle drei Inseln auf einmal zu besichtigen, braucht ihr einen Tag. Fähre oder Motorboot fahren von der Fondamenta Nove ab.

Murano liegt Venedig am nächsten, sie ist fast ein Vorort. Berühmt ist die Insel wegen ihrer Glasbläserkunst. Sie ist voll von Glasfabriken und kleinen Werkstätten. Schließt euch möglichst nicht den organisierten Führungen an, sondern versucht es auf eigene Faust. Wer sich besonders für die Geschichte der Glaskunst interessiert, sollte das Glasmuseum im Palazzo Giustiniani besuchen, Bauwerk aus dem 16. Jahrhundert und Bischofssitz. Keinesfalls auslassen dürft ihr allerdings die Basilica Santa Maria e Donato: ein Bau im venezianisch-byzantinischen Stil des 12. Jahrhunderts, ein wenig jünger als die Basilica von San Marco.

Burano ist die malerischste der venezianischen Inseln und außerdem weltberühmt für ihre Spitzen. Auch die Häuser sind einzigartig: sehr klein, eng, nicht höher als zwei, drei Stockwerke und vor allem bunt. Jedes Haus hat eine eigene Farbe schon seit vielen Generationen. Früher lebten die Menschen hier vom Fischfang, aber Burano war immer eine arme Insel. Abgesehen von einigen übriggebliebenen Fischern arbeitet die Bevölkerung heute in den Glasereien von Murano oder in Venedig.

Torcello ist sehenswert: Verloren liegt sie inmitten der Lagune mit wenigen Häusern – die nichts Venezianisches mehr an sich haben, sondern eher an die kleinen Dörfer in Venetien erinnern –, grünen Wiesen und der alten Kathedrale von Santa Fosca.

Torcello ist die erste venezianische Siedlung, das heißt die erste Insel, auf die sich die Bevölkerung Venetiens vor den Barbaren aus dem Norden flüchtete. Nach und nach wurden dann auch die anderen Inseln besiedelt und zum Schluß das heutige Venedig. Die Kathedrale von Santa Fosca stammt aus der Zeit der byzantinischen Herrschaft circa 639. Die Kirche neben der Kathedrale wurde während des 11. und 12. Jahrhunderts gebaut. Auf dem kleinen Hauptplatz von Torcello, mitten auf einer Wiese, steht der „Thron von Attila", ein Sitz aus rohem Marmor, auf dem der Legende nach Attila gesessen haben soll. Wahrscheinlicher ist allerdings, daß die Richter der Insel hier Recht gesprochen haben. Zwischen den niedrigen und schon ein wenig farblosen Häusern gibt es eine ländlich wirkende Herberge: das Hotel Cipriano, das bekannteste Hotel Venedigs, das auch heute noch seine wenigen Zimmer nur an berühmte Persönlichkeiten vermietet.

Giovanna Oliveri

Rimini: Trümmerfrauen im Wirtschaftswunder

9 Millionen 772 Tausend Buchungen, davon entfallen 47,62 Prozent auf die Bundesrepublik Deutschland – diese Gäste verteilen sich auf 5.000 Hotels und Pensionen, 60.000 Villen und Wohnungen, 240 Ferienkolonien und -häuser sowie 80 Campingplätze. Daneben gibt es 40.000 Geschäfte und Boutiquen, 180.000 Beschäftigte, 15.000 Milliarden Lire Umsatz, das heißt ein Achtel des gesamten italienischen Fremdenverkehrs. Das sind die Zahlen der letzten Saison an der romagnolischen Küste.

Wir schreiben das Jahr 1944. In den letzten hundert Tagen vor dem Waffenstillstand haben 15 Bomben- und 373 Luftangriffe in Rimini die Wasserscheiden der „gotischen Linie" zerstört, an der die feindlichen Truppen konzentriert waren. Achtzig Prozent der Stadt wurden dabei verwüstet, Dörfer und umliegende Hügel in einen riesigen „Schweizer Käse" verwandelt.

Zwischen diesen beiden Bildern liegen dreiundvierzig Jahre und das Wirtschaftswunder der Romagna. Hauptpersonen in diesem Geschehen sind die Frauen.

An der Küste, insbesondere in Rimini, ist Strandleben schon seit hundert Jahren bekannt, das sich allerdings nur auf wenige Badestrände konzentrierte. In den fünfziger Jahren verließ eine ganze Generation von „azdore" (im Dialekt der Romagna bedeutet dieses Wort „Herrscherinnen") ihre traditionellen Arbeitsbereiche: Tenne, Hühnerhof und Feld, um „ans Meer" zu gehen, wo sie in den damaligen Hotels arbeiteten, um sich in diesem Bereich zu qualifizieren. Um sieben Uhr morgens radelten die Frauen in ihren Dörfern los – das fertige Mittagessen und die saubere Wäsche zu Hause auf dem Tisch hinterlassend. In Dreier- oder Vierergruppen fuhren sie einem heißen und anstrengenden Tag entgegen. Um 22 Uhr kehrten sie nach Hause zurück, das Treten in die Pedale war weniger kraftvoll, den Pullover hatten sie wie einen Schal um den Hals geschlungen, um sich vor der kühlen Abendbrise zu schützen. Harte Arbeit war es, ohne Fest- und Feiertage, ohne Ferien, ohne Rentenbeiträge und ohne Abfindung,* doch vielen ermöglichte sie, zum erstenmal Geld zu verdienen. Nachdem die Frauen den erbarmungslosen Überlebenskampf unter dem Bombenhagel mit Hunger, Entbehrungen und Angst gewon-

---

* Anm. d. Ü.: In Italien wird bei Beendigung eines jeden Arbeitsverhältnisses – je nach Dauer der Betriebszugehörigkeit – eine „liquidazione" gezahlt.

nen hatten, das heißt ganz allein mit ihrer Verantwortung für die Alten, die Kinder und sich selbst, wollten sie weder in die kleine begrenzte Welt der Tenne zurückkehren, noch ihre schöpferische Kraft und Intelligenz bei dem Versuch vergeuden, mit den allmorgendlich von geizigen Ehemännern auf dem Nachttisch zurückgelassenen Groschen auszukommen.

Dieselben Frauen, die zunächst ihre Männer dazu angespornt hatten, öffneten später in den sechziger Jahren Pensionen und Gasthäuser mit „Kost und Logis" (wobei die Häuser in sehr billiger Bauweise errichtet und die Frauen dabei als Handlanger eingesetzt wurden). Sie boten eine gute Küche, individuelle Betreuung der Gäste und mäßige Preise – und dies unter allergrößtem persönlichen Einsatz –, wobei sie diese Pensionen und Gasthäuser mit der gleichen Sparsamkeit und Umsicht betrieben, mit der sie ihr eigenes „ca" (Ausdruck, der im weitesten Sinne die Atmosphäre in dem Haus beschreibt) führten. Das Beispiel dieser Generation, welche noch heute in Küchen und Wäschereien das Zepter in der Hand hält, hat die nachfolgenden Generationen stark geprägt. Letztere hat gerade in diesem Jahr von der Kommission für die Wahrung der Chancengleichheit für Mann und Frau einen Fortbildungskurs für Unternehmerinnen im Hotel- und Gaststättengewerbe zugesichert bekommen, damit sie mit der Entwicklung Schritt halten können. Die „azdora" ist eine starke Frau, welche das tiefverwurzelte Vertrauen in die weibliche Kraft, gepaart mit einem unermeßlichen Pflichtgefühl und der Disziplin für ein arbeitsintensives Leben, an die nächste Töchtergeneration weitergibt; hierin liegt auch für sie die wichtigste Anerkennung. Dieses unerschütterliche Festhalten an ihrer Rolle der Reproduktion und Haushaltsführung, die sie als ein Sich-treu-Bleiben versteht, macht sie weiterhin zu einer Gefangenen des Patriarchats. Die Räume für ein Heraustreten aus traditionellen Zwängen reduzieren sich auf solche, die mit ihrer Rolle zu vereinbaren sind, und der Bewußtseinsprozeß, der in gewisser Hinsicht ja auch geradezu verblüffend ist, bleibt auf die Integration und Emanzipation beschränkt. Das Umgehen festgesetzter Normen, das die Situation der Frauen erträglicher macht, wird so sehr verinnerlicht, daß sich dabei ihr Status als Unterdrückte noch mehr festigt.

Die „azdore", strenge Mütter und Ehefrauen, strahlen so große Integrität aus, die Achtung gebietet und Distanz schafft und im Unterbewußtsein der Männer versteckte Ängste vor „Aufgefressenwerden" und Kastration freisetzt. Die mythische Gestalt der „Saraghina" (so heißt ein Fisch an der Adria, den in Rimini alle sehr gern essen), die Federico Fellini – er ist in Rimini geboren und aufgewachsen – in zahlreichen Filmen heraufbeschwört, ist die jüngste Deutung dieser männlichen Phantasien. Die erste bekannte Frau aus Rimini war die Zauberin „Foglia", die, ausgestattet mit einer „masculae libidinis" – so erzählt es uns Horaz –, mit drei Komplizinnen des gleichen Schlages einen Knaben verhungern ließ, indem sie ihm zuerst köstliche Gerichte vorsetzte, die sie ihm allerdings wieder entzog.

In seinen „Geschichten" berichtet Procopius von zwei Riesinnen, die im Schlafe siebzehn Wanderer töteten und dann einen nach dem anderen verschlangen.

Mündlich überliefert ist folgende Geschichte: Im letzten Krieg haben einige Frauen einen Nazisoldaten verspeist; hier klingt außer dem Mythos des Kannibalischen auch noch das komplizierte Verhältnis zu den Deutschen an.

In der offiziellen Geschichtsschreibung finden wir – häufig nur zu größerem Ruhme Gottes oder der Männer – Frauengestalten, die sich ein wenig kriegerisch zeigten und auch ein wenig aufbegehrten. Die Heilige Innocenza – Ko-Schutzherrin von Rimini – ist eine Märtyrerin, die, fünfzehnjährig, zusammen mit ihrer Kammerzofe durch das Schwert umkam. Eine Frau, genannt Francesca von Rimini (eigentlich wurde sie in Ravenna geboren), verehrt und besungen von Malern, Dichtern und Musikern, ist die Ehebrecherin, die zusammen mit ihrem Geliebten, Paolo il Bello, von ihrem Ehemann Giovanni lo Sciancato umgebracht wird. Sie selbst erzählt uns darüber in Dantes „Hölle", Paolo weint und schluchzt unterdessen. Isotta degli Atti, schon als Kind von dem Herrscher über Rimini, Sigismondo Malatesta, „erobert", ist mit ihren blauen Augen und den roten Haaren – als Zeugnis für die germanische Abstammung des Stammes der „testamatta" (Querköpfe) – seine Geliebte. Treu ergeben und äußerst resolut wird sie Begleiterin und Trösterin des Kriegers, und die höfischen Dichter rühmen sie deswegen. Sie erweist sich allerdings in Sigismondos Abwesenheit als kluge und fähige Regentin der Stadt, während ihr Geliebter sich auf fernen Schlachtfeldern tummelt. Cia (Marzia) degli Ubaldini, die in Cesena zusammen mit ihren Söhnen der Belagerung der Burg standhält und sich somit ihrem Manne widersetzt (der Forli verteidigt), sagt: „Ihr möget Sorge tragen für Forli, ich kümmere mich indes um das Wohl von Cesena." Sie ist die nicht gezähmte Ehefrau. Mit einer Rüstung angetan verfolgt sie den Feind mit gezücktem Schwert bis über die Stadtgrenzen hinaus und schließt ihre unzuverlässigen Truppen in einen Wachturm ein und verhandelt mit dem Feind über die Auslieferung ihrer Leute als Gegenleistung für den Erhalt des eigenen Lebens.

Von der Hexe Vaccarina wissen wir nur, daß sie am 15. April 1587 verbrannt wurde, während von den „portolotte", den Frauen der Seeleute, erzählt wird, daß sie schwatzhaft und frech waren, auffälligen Schmuck trugen, Pfeife rauchten und den Überfall auf Schiffe und Paläste anführten.

Obwohl das Bild weiterhin aus weiblichen Klischees besteht und die Hauptfigur – Mann – einrahmt, zeichnen sich darin allmählich Spuren von Brüchen ab. Wenn wir in der Chronik des „Rinascimento" (Renaissance) blättern, so stoßen wir beim Verfolgen des matrilinearen Ursprungs auf die wechselvolle Geschichte der „Signorie".*

Hier zeigen sich wichtige Anhaltspunkte zu dem prekären Überleben der Frauen, das an dynastische und politische Interessen gekoppelt war.

Sigismondo hatte drei Ehefrauen: die erste, Ginevra, war die Tochter der Parisina, die im Alter von einundzwanzig Jahren vom eigenen Ehemann, Niccolò d'Este, wegen Ehebruchs enthauptet wurde. Ihre Großmutter Lucrezia wurde unmittelbar nach der Geburt Parisinas von ihrem Vater vergiftet als Strafe für die Verschwörung, die ihr Ehemann Andrea gegen den Schwiegervater angezettelt hatte. Andrea hingegen heiratete ein zweites Mal und nahm Rengarda zur Frau, die kurze Zeit später von ihrem Vater vergiftet wurde, da sie wegen Ehebruchs „an den Absender zurückgeschickt" worden war. Ginevra wurde aller Wahrscheinlichkeit nach mit einundzwanzig Jahren, nach dem Tod ihres ersten und einzigen Sohnes, vergiftet. Kaum zwanzigjährig starb die zweite Frau Sigismondos, Polissena Sforza, die er als Vierzehnjährige geheiratet hatte. Möglicherweise wurde sie erwürgt. Sigismondos dritte Frau, Isotta degli Atti, überlebte ihn und wurde von dem Sohn einer ihrer Geliebten vergiftet. Antonia, Sigismondos Tochter, die mit einem Gonzaga verheiratet war, wurde, kaum zwanzigjährig, von einem Schwert durchbohrt. Und so weiter und so weiter. Es bedurfte sehr langer Zeit, um uns zu zähmen ...

Die ledige, siebenundvierzigjährige Kindergärtnerin Amelia Carosi ist eine Frau der „Resistenza", die nicht kämpfte, sondern in der Stadt zurückblieb, als alle anderen diese verließen. Sie schrieb ein „Kriegstagebuch" auf gelbem Papier, wie es bei uns in den Fleischerläden verwendet wird. Darin erzählt sie von einer Durchsuchung durch deutsche Soldaten an einem 4. September. „Er wollte mir eine silberne Uhr abnehmen; da diese aber nicht mehr lief, gab er sie mir wieder zurück. Der andere Deutsche nahm sich ein Handtuch – zahlte dafür fünfzig Lire –, außerdem neun Streichholzschachteln und eine Dose mit Brausepulver für Tafelwasser. Sie zertrümmerten alle Türen und eine Anrichte aus Holz." In dieser präzisen Darstellung ohne Pathos zeigen sich alle Merkmale des konfliktreichen Verhältnisses zu den Deutschen. Der Haß wegen der Zerstörung der Stadt und der erlittenen Gewalt hindert die Bewohner von Rimini keineswegs daran, zu erkennen, daß es vor allem dem Zustrom deutscher Touristen zu verdanken ist, daß Rimini als „der Strand Europas" einen solchen Aufschwung genommen hat und sein Wiederaufbau dadurch beschleunigt wurde. Die beachtliche DM-Zufuhr hat ganz eindeutig die Entwicklungsprojekte beeinflußt. Die tüchtige romagnolische Bevölke-

---

* Anm. d. Ü.: Regierungsform, die sich in vielen italienischen Städten in der zweiten Hälfte des 13. Jahrhunderts durchsetzte.

rung wurde im Kontakt mit den Deutschen noch leistungsorientierter und effektiver. Sie wurde ständig aufs neue gefordert durch die Notwendigkeit, den Bedürfnissen des Durchschnittstouristen gerecht zu werden, der einerseits Sympathie und Herzlichkeit erwartet, um die traumatischen Ereignisse der Vergangenheit zu überwinden, andererseits aber eine Organisation verlangt, die nichts dem Zufall überläßt.

Das Ergebnis ist für alle sichtbar: ein jeden Morgen frisch geharkter Strand, wo Sonnenschirme und Liegestühle in Reih und Glied geordnet sind. Die Formel „alles inklusive" schließt auch den „freien" Tanzabend ein (der Tango-Walzer-Polka-Mazurka-Cocktail, getanzt zu den rhythmischen Klängen lokaler Musik).

Ehemalige Frachtkähne sind zu „Night-clubs" umgebaut, wo um Mitternacht gebratener Fisch serviert wird. Hier finden wir die höchste Konzentration von Diskotheken und Tanzlokalen in ganz Italien, amerikanische und romagnolesische „Fast-food"-Läden, wobei in den zuletzt genannten eine Vielzahl gefüllter „Piadini" (ein Fladenbrot – das ehemalige Brot der Armen) angeboten wird. Es ist alles vorhanden: Vergnügungspark, Wasserrutschen, Märchenland, Wasserschlitten, Tretboote, Surfbretter, Rikscha am Strand, Filme in deutscher Sprache, Platzkonzerte, Rockkonzerte im Stadion oder Autodrom, Ausflüge ins Grüne oder zu den „Castelli Malatestiani", Feste und Festivals. Ein riesiger „Vergnügungspalast", wo für jeden Geschmack und jede Altersstufe sicher etwas zu finden ist, dazu noch alles von so guter Qualität und so großer Effizienz, wie es für die meisten italienischen Fremdenverkehrsorganisationen undenkbar wäre. Wahrscheinlich kann man es nur auf diese Weise einer Million Menschen ermöglichen, gleichzeitig in einer Stadt auszuharren, die sonst nur 130.000 Einwohner zählt, ohne daß je ein Kind verlorengeht, denn der Stranddienst kümmert sich darum, dieses wiederzufinden.

In den fünfziger Jahren war der Strand Schauplatz sonntäglicher Ausflüge, wo zwischen Seegras und Dünen gespielt oder nach dem Sturm die „poveracce" (Muscheln) gesammelt wurden. Das Meer war grün und roch noch nicht nach Sonnenöl. Dann wurde der Strand außer zum Standort für Lokale auch noch zum Tummelplatz emsiger „Pappagalli", als die sogenannte „sexuelle Freiheit" für Nordeuropa etwas völlig Normales, für Italien allerdings den Bruch einer festgefügten Ordnung bedeutete. In den sechziger, siebziger Jahren waren die sommerlichen Abenteuer mit den Ausländerinnen für alle Männer ein unerschöpfliches Gesprächsthema. Heute hat dieses Phänomen deutlich an Interesse verloren; allerdings treffen wir nicht selten auf blonde zweisprachige Mädchen und Jungen, hervorgegangen aus Ehen, die damals geschlossen wurden.

1972 entstand das erste „Collettivo femminista autonomo" (Autonomes Frauenkollektiv), das die Frauen des linken Lagers dazu bewegte, innerhalb des Folgejahres das erste „Collettivo femminista communista" (Kommunistisches Frauenkollektiv) sowie den „Circolo UDI" (Kreis des italienischen Frauenverbandes) zu gründen. Fast alle diesen Kollektiven zugehörigen Frauen hatten einen Universitätsabschluß oder waren noch Studentinnen und „waren 68 dabei" gewesen. Das Kollektiv war Ausdruck ihres Wunsches, eine von den Parteien unabhängige und vom Einfluß der Männer freie Politik zu machen; bei den jungen „Demo"-Kameraden rief dieser Wunsch geradezu unvorstellbare Reaktionen hervor: „Lesbennest" (was zur damaligen Zeit wirklich einer Beleidigung gleichkam) oder „alles Nutten". Der Mann aus der Romagna kann nicht einmal die Vorstellung der Autonomie ertragen – glücklicherweise sind die Zeiten, wo Gift so hilfreich war, lange vorbei …

Die Frauenbewegung, die zum Teil völlig abwegige und unverständliche Richtungen eingeschlagen hatte, zeigt sich heute in ganz unterschiedlichen Gruppierungen, die zusammen mit den jeweiligen lokalen UDI-Verbänden ihre gemeinsame Zugehörigkeit zur Frauenbewegung bei den alljährlichen Organisationstreffen für den 8. März und in zahlreichen, nach außen gerichteten Initiativen demonstrieren. So wurden im Laufe der Jahre Demonstrationen gegen sexuelle Gewalt und für legalen Schwangerschaftsabbruch organisiert, eine selbstverwaltete Beratungsstelle und eine Selbsthilfegruppe ins Leben gerufen. Diskussionen, Lesungen in Gegenwart der Autorinnen, Foto- und Kunstausstellungen, Theater- und Filmtage für Frauen von Frauen.

Heute gibt es all diese Anlaufpunkte nicht mehr. Der alte und ehrwürdige Sitz der UDI – Organisationszentrum der verschiedenen Aktivitäten und letzter Stützpfeiler für die politische Diskussion innerhalb der Frauenbewegung – wurde im wahrsten Sinne des Wortes dem Erdboden gleichgemacht. Das baufällige kleine Haus an der „Piazetta Teatini" wurde abgerissen. Übrig geblieben sind nur noch die 1975 im Garten gepflanzten Bäume. Am 8. März 1987 wurde nach langen, ermüdenden Verhandlungen mit der Stadtverwaltung in einem sehr schönen Gebäude in der Via Cairoli das „Centro Documentazione Donna" (Dokumentationszentrum für Frauen) eingeweiht, in dem jedoch keine Beratungsstelle eingerichtet werden kann, da Ausstattung und Personal nicht vorhanden sind. Dieses Zentrums bedienen sich die noch aktiven Frauen der Frauenbewegung, die gerade über ein „Centro Antiviolenza" (Zentrum gegen Gewalt) verhandeln – wegen der sich in letzter Zeit häufenden Fälle von Gewalt ist dies eine bittere Notwendigkeit geworden; sie organisieren Treffen und Ausstellungen.

Während die Männer ihre Autonomie haben, deren Tempel die „Bar"

143

darstellt, landen die Frauen immer wieder in „gemischten" Lokalen, wobei sie sich seit einer geraumen Weile das Recht erkämpft haben, allein auszugehen. Die selbstauferlegte Mäßigung bei dem Ausbruch aus alten Strukturen hat die Vorstellung von Örtlichkeiten für autonome Vergnügungen erst gar nicht zugelassen, und daher gibt es auch keine reinen Frauenlokale. Für Lesben gibt es weder bestimmte Treffpunkte noch politisch organisierte Gruppen. Geht immer der Nase nach …

Obwohl Rimini von Bombenangriffen und späteren Bauspekulationen erheblich zerstört worden ist, hat es in seinem alten Stadtkern einige reizvolle Flecken bewahrt: einen sehr schönen Platz (Piazza Cavour), der ein Resümee der Stadtgeschichte wiedergibt, Triumphbogen des Augustus und Ponte Tiberio aus römischer Zeit; Tempio Malatestiano, ein Juwel der italienischen Renaissance, in dem die Darstellung der zehn Sibyllen und der Künste und die Grufte von Isotta, Polissena und Ginevra zu finden sind. In der Nähe des Triumphbogens in der Via Santa Chiara liegt das ehemalige Klarissinnenkloster, in dem am 2. Dezember 1655 Christina von Schweden Unterkunft fand. In San Giuliano, der Kirche des ehemaligen Fischerdorfes, findet ihr die „Annunciazione di Maria" (Die Verkündigung Marias) von Elisabetta Sirani (1638-1675), einer berühmten Bologneser Malerin.

Riminis Hinterland ist wunderschön und reich an malerischen kleinen Dörfern, Schlössern und Kirchen, die hinter den sanften, duftenden Hügeln untertauchen.

Rina Macrelli

LA ROCCA E LA ROCCHI*
Giuliana Rocchi, ein Denkmal

Einen Führer durch den Untergrund der Riviera könnte sie schreiben. Sie, die eine lebendige und sinnliche Erinnerung hat an das, was wir gewöhnlich wegschieben und in Ghettos verbannen, auf die Müllkippen vor der Stadt, in die Lagerhallen des Unsichtbaren und Unbewußten. Sie, für die Dialekt Alltagssprache ist und nicht literarisches Stilmittel (wie für andere bekannte Dichter aus Santarcangelo). Sie, vierte Klasse Grundschule, Hausangestellte, Arbeiterin, Tagelöhnerin in der Landwirtschaft. Sie, dunkle, lachende Augen, großes Herz – jetzt auch vergrößertes und überanstrengtes Herz. Sie, die ihr Leben lang gearbeitet hat, jetzt Rentnerin mit 390.000 Lire im Monat. Sie, Dichterin. Aber nennt sie bloß nicht Dichterin, wenn ihr sie besucht.

In der Allee der Herrschaften in Rimini

Tè vièl di sgnèur	In der Allee der Herrschaften
zò vers maróina	unten am Meer
u iè un mazèl.	gibt's einen Fleischer.
O vèst è un a cumproè	Ich habe gesehen, wie einer was kaufte
du chèll ad coérna mónda	für seinen Hund,
per e'coèn	zwei Kilo Fleisch ohne Knochen,
e u m'è vnéu inamènt	und ich hab' mir vorgestellt,
quei che in Etiopia i mòr ad foéma.	die in Äthiopien verhungern.
Adfura, drì un canzèl,	Draußen am Tor,
una sgraziéda, férma	eine arme Frau, unbeweglich
l'aspitéva ch'à pasèss:	wartet sie, daß ich vorbeigehe:
las vargugnéva a racói	sie schämt sich, ein Paar
un poéra 'd scoérpi véci	alte Schuhe rauszufischen
da sáura un sac 'd mundéza.	aus einem Müllsack.
In coéva e' vièl u iè una cisa	Am Ende der Allee steht eine Kirche,
duvè che e' prit e' dóis	der Pfarrer predigt,
che a sèm tot fradèll.	wir alle sind Brüder.

* La Rocca: die Burg oberhalb von Santarcangelo. La Rocchi: Giuliana Rocchi, geboren in Santarcangelo, Publikation zweier Gedichtbände in „Romagnolo" (Dialekt, der in einem Teil der Emilia Romagna gesprochen wird): „La vóita d'una dóna" (Das Leben einer Frau), 1980 und 1981, „La Madòna di garzéun" (Die Madonna der Lehrlinge), 1986. Teile daraus sind ins Englische übersetzt in der Zeitschrift „Labrys". Über sie ist viel geschrieben worden, aber am besten kann sie selbst ihre Werke vertreten. Sie liest vor Frauengruppen, ist auch des öfteren vom Fernsehen eingeladen worden, aber ihre bevorzugten Zuhörer/innen sind Kranke, Behinderte, Alte und Kinder.

Sie meint die große Allee in Rimini, die zum Grand Hotel führt. Was sagt sie sonst noch zum Riveria-Boom?

Das Meer

Un gnè piò al fraschi e i bdòll

che ma la bréza dl' oélba
i s'inchinéva,
un gnè piò la canéza
duvè che néun burdèll
andémi a foè i nost bsògn,
un gnè piò al bunoéghi
pini ad lumagóin ch' a racuiémi
nè i rozlamérda ch' is divertéva
a cor mal dri su pali.

Adès, l'è tot cemènt e luci.

Es gibt keine Zweige mehr und
keine Birken
die sich in der Brise des
Sonnenaufgangs biegen,
es gibt kein Röhricht mehr,
wo wir als Kinder hingingen,
wenn wir mal mußten,
es gibt kein Dickicht mehr
mit Schnecken zum Sammeln
und auch keine Pillendreher,
die hinter ihren Mistkugeln her-
laufen.

Jetzt gibt es nur noch Zement und
Lichter.

In den Reiseführern über Santarcangelo werdet ihr die Frauen, unbequeme Denkmäler, vergeblich suchen. Frauenarbeit eignet sich nicht als Aushängeschild. Nicht mal im städtischen Volkskundemuseum taucht sie auf, abgesehen vom obligatorischen Webstuhl – Skelett ohne Fleisch. Unzählige Überreste aus der Steinzeit, Werkzeuge von Männern – Ackergeräte, Karren, Mühlsteine – in allen Variationen, aber kein einziger der abgenutzten Waschsteine, Werkzeug der Waschfrauen am Fluß oder am Graben, der quer durch die Stadt führt. Kein Wort über das Verschwinden des öffentlichen Waschhauses.

In ihrem ersten Buch schreibt Giuliana über dieses Waschhaus und über die Frauen, die dort mit krummem Rücken herumschrien und sangen, als sie Kind war.

Die alte Waschstelle

Quant vólti da burdéla a iò lavoè!

Dòp ch'i l'à guast

quant vólti a l'o insugnè!

L'era una vasca granda, fónda e
lónga;
tè mez una muraia
lal dividéva da spónda a spónda;

Wie viele Male seit meiner Kindheit
habe ich hier gearbeitet!

Wie viele Male habe ich davon
geträumt,
nachdem sie sie kaputt gemacht
hatten!

Die große Wanne, tief und lang;

die Mauer in der Mitte
teilte sie von einem Rand zum andern;

d'un coènt, tóti insén ui si lavéva,
da cl'oèlt, duvè che l'aqua l'era
              céra,
ui si saquéva (...)
... Quant è piuvéva
al cósi agli era séri.
Me squert,
sun sugamoèn sal spali

e un fazulèt lighèd a bréta,

al lavéva tot cal dóni,
piò svélti dna saiéta.
Quant vólti cal sgraziédi
al duvéva ròmp e'giaz!
E dogni toènt una ranzaiéda

s'agli aveva un scaldinaz.

(...)
Quant agli è stoè mai,
          cal lavandoéri!
Agli era sempra in fóila, al
        stéva tóti a poéri (...)
A num li arcórd ma tóti
agli era in quantità.
Ad làu u resta sàul un bèl ricòrd,
al snè andoè tóti
cumè ch'al fòss d'acòrd.
E la su vasca lan gnè piò,

i l'à guastoéda.
L'era acsè béla,
l'è stoè propria una buièda.

in der einen Hälfte wurde gewaschen,
in der andern, mit klarem Wasser,
             wurde gespült
(...)
... Und wenn es regnete, was für
ein Unglück.
Im Freien,
mit einem Handtuch auf den
             Schultern
und einem zusammengeknoteten
      Taschentuch auf dem Kopf,
wuschen sie, diese Frauen,
schneller als der Blitz.
Wie viele Male, die Ärmsten,
mußten sie das Eis aufhacken!
Und manchmal, wenn sie irgend-
       woher Glut hatten,
konnten sie sich ein bißchen
            aufwärmen
(...)
Zu wie vielen sie immer waren,
        diese Waschfrauen!
Immer standen sie in einer Reihe,
      und alle waren gleich (...)
An all ihre Namen erinnere ich mich
nicht, es waren zu viele.
Aber ich denke gerne an sie zurück,
jetzt sind sie alle weg
als hätten sie sich abgesprochen.
Und ihre Waschwanne gibt es nicht
             mehr,
sie haben sie ihnen kaputt gemacht.
Schade, sie war so schön,
was für eine Stümperei.

Wenn ihr oben im Dorf halt macht, nur wenige Meter vom Haus der Rocchi, an der Kreuzung, von der die Straßen abwärts führen, habt ihr eine herrliche Aussicht aufs Meer. Und mit Hilfe ihrer Verse wird euer Blick auch zu den unsichtbaren Denkmälern der Frauen schweifen.

                  Die Wäscherin
Un' áura ad nóta   Um ein Uhr nachts
la Mariana   schlug Mariana

la sbatéva i lanzùl	die Bettlaken aus
sóta e'pàunt dl'Éus	unter der Brücke des Uso
(la fósa l'era sóta	(der Fluß war ausgetrocknet
e'lavadéur céus).	und das Waschhaus geschlossen).
La Palmina	Palmina
la su burdéla znina	ihre kleine Tochter,
sò e zò me Pozlòng	rannte die Pozzolungo rauf und runter
lai carzéva i pàn.	und hatte sich ein Laken über den Kopf gezogen.
La iéva insgnè 'd no vài pavéura:	Sie hatten ihr beigebracht, keine Angst zu haben:
'Da st'áura	Um diese Zeit
i vòiv i dórma	schlafen die Lebenden,
e i mòrt i n'artáurna.	und die Toten kehren nicht wieder.

Zwanzig Jahre zu zweit

Voint' àn in dò	Zwanzig Jahre zu zweit
tra lòm e schéur	durch Licht und Dunkelheit,
sna maléta mal spali	das Bündel auf der Schulter,
al féva gli éultmi coési.	bettelten sie bei den letzten Häusern.
Vaiéun 'd San Boértal	Draußen auf den Feldern von San Bartolo
un pòrc ad zinquent'àn	verstellte ihnen so ein Schwein
u si era paroè adnìnz	von fünfzig Jahren den Weg
e u s'éra caloè zò i calzéun.	und zog sich die Hose runter.
Rugend cmè al sproèdi	Laut schreiend liefen sie weg
ad chéursa m'una coésa, e alè	rannten zum nächsten Haus,
i li éva racucluedi.	dort hat man ihnen geholfen.
Intoènt ch'e' caléva la sáira	Während es Abend wurde,
l'arzàur e'techètt	spannte der Hausherr die Pferde
la bróza ma la cavala.	vor den Wagen.

Wenn es Abend wird, und ihr seid auf dem Festival,* laßt euch vom Lärm und Konsumrausch der Masse nicht stören. Konzentriert euch lieber auf das Bauwerk über euch, das Monument, die Burg, die im Lauf der Zeit ihren militärischen Charakter verloren hat und auch ein wenig ihre Funktion als Wahrzeichen. Konzentriert euch auf die kleinen geflügelten Lebewesen, das Moos, die Kapernsträucher, und lauscht dem Wind, der an ihren Zweigen zerrt.

---

* Das Festival: alljährlich im Sommer stattfindendes Theaterfestival in Santarcangelo mit Straßentheater und Aufführungen im Freien.

Flug ohne Wiederkehr

L'è casc un barbazàn da noid	Eine Schleiereule ist aus dem Nest gefallen
da un béus dla Róca;	aus einem Loch in der Burg;
i l'à tolt sò i burdèll	Kinder haben sie gefunden
e i l'à port véa.	und mitgenommen.
I su	Die Vogeleltern,
ch'i dórma ad dè	die tagsüber schlafen,
is n'è doè che l'era nóta	haben es erst nachts gemerkt
e i à zarcoè	und ein großes Geschrei
cmè i disperoèd	angestimmt, verzweifelt wie sie waren,
vulànd s cagli éli grandi	um sich schlagend mit weit
spalancoédi.	ausgebreiteten Flügeln.
I è pasoè tòtt	Alle, die zum Festival wollten,
i va me Festival.	mußten da vorbeigehen.
Ma i su lamènt	Aber diese herzzerreißenden
ch'i è gròss cumè i surnècc	Schreie
in gnà sintói niséun.	hat niemand gehört.
Suloènt e'còcch	Nur der Kuckuck
l'eva capói	hatte verstanden,
e da un roèm dla Bosca	und von einem Ast im Wald aus
se su cu-cu	wollte er ihnen Mut machen
ui vleva foè curàgg.	mit seinem „ku-ku".

In den Reiseführern wird immer beschrieben, welche illustren Persönlichkeiten ihren Fuß in die Burg gesetzt haben, Friedrich I. von Hohenstaufen zum Beispiel, als er das dritte Mal nach Italien kam, um die kaiserliche Herrschaft zu sichern. Daß aber auch die Gräfin Eugenia Rasponi in den zwanziger und dreißiger Jahren dieses Jahrhunderts mit ihrer Freundin hierherkam, das werdet ihr nirgendwo finden. Damals war die Burg im Besitz der Grafen Rasponi von Ravenna. Giuliana hat es mir mal im Vorbeigehen erzählt, und ich habe nicht gewagt nachzufragen, weil ich wußte – und sie sicherlich nicht –, was Freundin in diesem Fall bedeutete und was für eine Freundin sie war, diese Lina Poletti – Geliebte von Sibilla Aleramo und Eleonora Duse.

Von Eugenia Rasponi wissen wir aus einem anderen Zusammenhang: Simonetta Nicolini, eine Wissenschaftlerin aus Santarcangelo, erinnert in einem Essay über das Bedrucken von Stoffen daran – eine alte Kunst, die in Gambettola noch immer ausgeübt wird –, daß sich die Gräfin sehr für die Erhaltung dieser Kunstrichtung eingesetzt habe. Vor kurzem haben die wichtigsten Persönlichkeiten des Ortes Margarete von England das alte „Mangano" (die große Walze) der Stoffpresse vorgeführt, mit der die

Leinwand ausgerollt wurde. Ich bezweifle allerdings, daß jemand erwähnt hat, unter welchen Mühen diese Leinwand von Frauen gesponnen und gewebt wurde oder was manche, die Ärmsten unter ihnen, taten, um die Aussteuer für ihre Töchter herzustellen.

<table>
<tr><td></td><td>Die Aussteuer</td></tr>
</table>

Quand e'furmantáum	Wenn der Mais
e'cminzéva a sgrignè i dìnt	grinsend die Zähne zeigte,
al dóni al stéva alérta.	machten sich die Frauen bereit.
Al le rubéva ad nóta	Sie stahlen ihn nachts,
per to' e' corédo, e pu	für die Aussteuer, und dann
tla casa al le maséva	versteckten sie ihn in ihren
	Wohnungen
ben stáis sóta una cuérta.	ganz flach ausgebreitet unter der
	Bettdecke.

Anläßlich des 8. März hat ein feministisches Kollektiv der Riviera in einer Zeitung geschrieben: „Giuliana Rocchi ist schon ein Denkmal an sich." Sie ist es tatsächlich. In einem sehr aufwendig gemachten Führer von Santarcangelo sind die Hände des letzten Meisters der Schmiedekunst abgebildet. Die Hände der Frauen fehlen.

Giuliana schätzt ihre Hände. Hände, die sich seit fünfzig Jahren abmühen.

<table>
<tr><td></td><td>Meine Hände</td></tr>
</table>

Che agli à garavloè	Sie haben gesammelt
legna e erbi	Brennholz und Gras
zò ma l'Éus	unten am Uso,
che agli à spighè batéu	sie haben geschnitten, gedroschen,
vandmoè spanucè	verlesen, Maiskolben von Blättern
	befreit,
al mi moéni bróti	meine häßlichen Hände
(...)	(...)
al mio moéni róvdi	meine rauhen Hände,
che agli à gramloè e lóin	die den Hanf gebrochen haben
at quèl 'd Viserba	bei Viserba,
e al féva e'sangv	die geblutet haben,
al mio moéni tuzóti	meine aufgedunsenen Hände,
che agli à strisè suloèr	die die Fußböden gescheuert haben,
sbatéu lanzùl ad chìlt	die fremde Bettlaken ausgeschlagen,
fat spoia pida tòt	die Blätterteig ausgerollt
e che par lòss	und, welch ein Luxus,
agli à oénca recamoè	auch gestickt

e ancáura al spuntécia	und die Strümpfe meiner Kinder
calzèt di mi burdèll	gestopft haben,
al mio moéni stracchi	meine müden Hände,
che la matóina	die morgens,
quant am svègg	wenn ich aufwache,
al n'è piò bóni	es nicht mal mehr schaffen.
ad céud e pògn.	sich zur Faust zu schließen.

Ja, sie ist ein Denkmal. Eins von den beweglichen, die so schwer festzuhalten sind. Versucht es abends, wenn sie von der Arbeit kommt. Via della Cella, zwei Schritte von der Burg entfernt. Macht die Tür auf und geht rein. Aber nennt sie bloß nicht Dichterin, sonst wird sie wütend. Sagt einfach Giuliana.

Renata Viganò
AGNESE GEHT IN DEN TOD

Der schönste Roman über den italienischen Widerstand wurde von einer ehemaligen Partisanin aus Bologna geschrieben – Renata Viganò (1900-1976). L'Agnese va a morire, erschienen 1949 bei Einaudi, erzählt von Ereignissen des Befreiungskrieges anhand der persönlichen Geschichte und aus der Sicht einer alten Bäuerin, die ein Kurier der Partisanen wird. Der nachfolgende Auszug erzählt von Agneses Flucht aus ihrem Haus, nachdem sie einen deutschen Soldaten ermordet hat.

Während sie in einem der drei Boote zwischen Clinto, dem Kommandanten, und zwei anderen Partisanen saß, verspürte Agnese plötzlich ein großes Verlangen zu reden. Doch die anderen schwiegen, und so zog sie den Knoten ihres Kopftuches unter dem Kinn noch ein wenig fester und starrte auf das trübe Wasser, in dem faulige Gräser herumschwammen. Ein kühler Windstoß fegte über das weite Land, langsam dämmerte im Tal der fahle kalte Morgen herauf. Die Männer zogen die Ruder kräftig und tief durch das Wasser, das Boot glitt schnell davon. Sie waren schon ein gutes Stück vom Ufer entfernt, im Schilf versteckt. Das Haus war nicht mehr zu sehen.

Plötzlich hörten sie ein fernes Grollen und Schießen.

„Sie wachen gerade auf", sagte Clinto. „Wir haben es noch rechtzeitig geschafft." Agnese flüsterte: „Es tut mir leid." „Es tut dir leid, einen Deutschen getötet zu haben?" fragte Clinto und fing an zu lachen. Agnese musterte sie schüchtern. „Es tut mir leid, daß ich das Haus verlassen mußte." Sie errötete leicht, ihre Stimme war wieder sicherer geworden, als sie sagte: „Wegen des Deutschen ist es mir völlig egal, auch daß sie mir das Haus niedergebrannt haben und daß ich nur noch ein einziges Kleid besitze. Ich wollte sie alle töten, als sie kamen, um meinen Mann mitzunehmen, denn ich wußte, daß sie ihn umbringen würden; aber ich hatte mich zu dumm angestellt. Gestern war der richtige Augenblick gekommen."

Sie erinnerte sich jetzt noch einmal ganz deutlich an ihre dunkle Küche, den fetten Soldaten, seine Arme auf ihren Tisch gestützt. Noch einmal fühlte sie, wie eine ungeheure Kraft und ein abgrundtiefer Haß in ihrem Kopf, in ihren Armen frei wurden und sie zum Handeln zwangen. Sie spürte keine Reue mehr; sie glaubte, wieder ruhig, ja fast zufrieden zu sein.

Der Partisan am Ruder beugte sich bei jedem Ruderschlag weit nach vorn und fragte: „Wie hast du es getan, Genossin? Hast du ihn erschossen?" Agnese packte die Maschinenpistole, die Clinto zwischen seinen

Knien hielt, beim Lauf, hob sie hoch und sagte: „Ich kann nicht schießen. Ich habe ihm einen Schlag auf den Kopf versetzt. So! Siehst du?" Noch einmal machte sie diese Bewegung und legte die Maschinenpistole ganz langsam auf die Bank. Sie blickte dem anbrechenden Tag entgegen, ihr Gesicht zeigte keine Regung. Alle im Boot sahen auf ihre großen ausgestreckten Hände.

Daniela Abram / Roberta Curti
DIE REBELLINNEN BOLOGNAS

Wundert euch nicht über das Grau. Auch wenn euch gesagt wurde, daß Bologna für das Rot seiner Häuser berühmt ist, das die Altstadt in der Abenddämmerung in einem ganz besonderen Licht leuchten läßt.

Rot und grau dominieren in dieser Provinzhauptstadt, die mittlerweile von Verkehrschaos, Smog und Lärm bedroht ist. Doch dieses grau-rote Bologna, diese für Norditalien so typische Stadt, „rot" und reich, ist aber zugleich auch ein wahres Schmuckstück, alt und sehr gut erhalten, für das sich die Stadtverwaltung in ganz besonderer Weise einsetzt, ihm so etwas wie Fürsorge angedeihen läßt.

Wenn ihr am Bahnhof ankommt, spürt ihr sofort das kämpferische Engagement, das diese Stadt auszeichnet, die – so hieß und heißt es auch heute noch – die Wunden des alten und neuen Faschismus nie vergessen kann.

Die Spuren des grauenvollen Blutbades am 2. August 1980 sind noch sichtbar, ein Zeugnis der tiefen Wunden, die ihr geschlagen wurden: zuerst der Bombenanschlag auf den Eilzug „704", dann das Attentat auf den „Italicus" im emilianischen Appenin, und zuletzt die Tragödie des August 1980, die Bologna – „das rote" – hinnehmen mußte. Die Bologneser, wie immer empört und doch stolz, als einzige dafür ausgewählt worden zu sein, haben sich, zusammen mit den politischen Institutionen, in einem einmaligen Solidaritätswettstreit mit einer für Italien seltenen Effizienz aufgeopfert.

Aber sobald Bologna auch nur einen Augenblick darauf verzichtet, Mythos und Leitbild zu sein – was es immer noch ist –, sobald es seinen beispiellosen Stolz hintanstellt, ist es eben auch die „Fette", die Stadt der Tortellinis und der guten Küche, heute unschätzbar reich und wohlgenährt, stets darauf bedacht, sich in den Schaufenstern in den Straßen der Altstadt zu spiegeln, in denen Gold und Nerze leuchten und glänzen.

Wenn ihr im Herbst, Winter oder – warum eigentlich nicht – auch einmal im Frühjahr nach Bologna kommt, so ist der Himmel nicht selten grau und eintönig, tagsüber ohne Wolken, nachts ohne einen einzigen Stern. Ihr gewöhnt euch sehr schnell an das euch so vertraute, typische Kontinentalklima.

Das Zentrum der Stadt – die große „Piazza" – habt ihr schnell erreicht: „Piazza Maggiore" – dort, wo man sich auch ohne Verabredung trifft, wo seit jeher Kundgebungen und Prozessionen stattfinden, wo Leute auf Versammlungen reden und die großen „Stars" singen, wo man sich zu einem Schwätzchen trifft, die Wahlergebnisse abwartet, wo man zu städtischen oder nationalen Ereignissen stets zugegen ist, wo Rentner – ihre Zeitungen unter den Arm geklemmt – allmorgendlich das Neueste vom Tage und die Sportergebnisse kommentieren, wo ...

Hier münden sternförmig die wichtigsten Verkehrsadern der Stadt: Straßen, zumeist von Arkaden gesäumt, wohin sich in den kälteren Monaten die bereits erwähnten Rentner zurückziehen, um mitten im Hin- und Herhasten geschäftiger Bologneser ihr Pläuschchen zu halten. Fünfunddreißig Kilometer Arkaden: in Bologna braucht man zwar keinen Schirm, wohl aber eine Anti-Smog-Maske, denn Tag für Tag werden mehr Abgase in diese Bogengänge hineingepustet. Trotz dieses Gaskammer-Effektes treffen sich die alten Männer tagtäglich dort, während ihre Frauen ...

Die inzwischen Sechzigjährigen gehen auf dem Markt einkaufen, klagen über ihre Arthrosen und erzählen gern viel. Die meisten von ihnen kommen vom Land oder haben dort zumindest ihre Jugend verbracht, wo sie häufig sehr hart auf den Hanf- und Reisfeldern gearbeitet haben.

Das Bild der alten Bologneserin taucht vor unseren Augen auf wie einzelne Einstellungen aus einem neorealistischen Film: mutig, willensstark, lebendig und umrahmt von Erzählungen, die für die jüngere und junge Generation den Hauch des Mythischen, Heldischen, Legendären tragen: der Befreiungskampf, die Streiks gegen die Gutsherren, die Polizeiübergriffe in der Zeit Scelbas.*

In ihren Erzählungen klingt immer ein tiefverwurzeltes Zugehörigkeitsgefühl zu einer Gemeinschaft an, in der das Personalpronomen „ich" unbekannt ist; hieraus spricht die allumfassende menschliche und soziale Solidarität derer, die sich vor allen Dingen als Teil einer Gruppe, fast als Mitglied eines Chores verstehen.

Wo eine Frau ist, da ist auch ein Fahrrad, unzertrennlicher Weggenosse ihrer Jugend.

Nur mit diesem bewaffnet, radelt der junge weibliche Kurier der Partisanen blitzschnell in der „bassa"** von einem Dorf zum anderen, die Einkaufskörbe randvoll mit Waffen und Flugblättern, notdürftig versteckt unter Weintrauben und Maiskolben. Sie begleitet die Wehrdienstverweigerer in den Appenin, wo sie zu den bereits operierenden Partisanentrupps stoßen. Sie allein weiß, wo sie die jungen Leute finden kann, sie allein kennt die Verstecke der Kampftruppen.

Trifft sie auf den Feind, so ist ihre Position eine absolut ungleiche: Falls sie an den Straßensperren angehalten wird, kann sie sich verteidigen

---

* Mario Scelba war von 1947 bis 1953 und auch später noch einmal italienischer Innenminister. Er ist in die Geschichte Italiens eingegangen wegen der Organisation bestimmter Polizeieinheiten „La Celere" (Überfallkommando), die eigens dafür ausgebildet wurden, Straßenkämpfe in Schach zu halten, wobei es dann auch viele Tote und Verletzte gab.
** Unterentwickeltes Gebiet in der Poebene.

und nur hoffen, daß ihr beim Überlassen des Fahrrades nicht auch noch die Körbe durchsucht werden.

Aus ihren Erzählungen klingt der Stolz auf ihre bedeutende und lebenswichtige Rolle in diesem Kampf. Sie sagen, daß ohne die Frauen die „Resistenza" nicht möglich gewesen wäre. Heute bleibt uns außer ihren Erzählungen das Bronzestandbild der Partisanin neben dem des Partisanen, an einem historischen Ort des Bologneser Widerstands errichtet: Porta Lame, dort, wo am 7. November 1944 die Befreiungstruppen und die deutsche Wehrmacht in einem blutigen Gemetzel aufeinandertrafen. Auf diese Weise hat die Stadt das Mitwirken ihrer Frauen, ihren kämpferischen Einsatz erst vierzig Jahre später anerkannt und ihnen ein Standbild gewidmet anstelle der zahllosen Tapferkeitsmedaillen, die statt dessen ihren Ehemännern und Brüdern verliehen wurden, Auszeichnungen, die von den Frauen nur selten gefordert, ihnen allerdings häufig versagt blieben.

Es war übrigens eine Frau – die ehemaligen Partisaninnen erzählen es heute nicht ohne Stolz –, die die Männer der 7. Gruppo di azione patriottica (Gruppe der patriotischen Aktion) „Gianni" an jenem Tage anfeuerte, zusammen mit ihr so lange zu schießen, bis auch die allerletzte Patrone abgefeuert wäre. Allerdings hatten die den Frauen anvertrauten Aufgaben im allgemeinen ausführenden und nur in Ausnahmefällen Führungscharakter. Für den jungen weiblichen Kurier war der Kampf in der „Resistenza" trotz allem stets eine Halbtagsbeschäftigung. Bei jedem Auftrag sofort bereit, das Fahrrad zu besteigen und eine Mission zu erfüllen, verrichtete sie anschließend die gewohnte Arbeit, zu Hause und auf dem Feld, stark und energisch wie immer, wenn auch weniger kämpferisch und weniger kraftvoll.

So ist auch am Tisch der Männer kein Platz für sie, sondern in der Nähe des Feuers, wo sie zusammen mit den anderen Frauen des Hauses und den Kindern ihre Mahlzeiten einnimmt.

Die „Resistenza" hatte es den Frauen dieser Generation ermöglicht, sich einen anderen Weg für ihr Leben vorzustellen als den, der ihnen vorbestimmt war und der im allergünstigsten Fall bedeutete, die „azdoura"* zu sein, das heißt die erste unter allen Frauen im Haus, die unermüdliche Organisatorin des häuslichen Lebens.

Es ist eine andere Zukunft, die sich die Partisanin vielleicht nur unbewußt vorstellte, während sie mit grenzenloser Geduld in diesen langen, endlosen Monaten des Terrors und des mutigen Einsatzes mit dem Fahrrad, immer an den Kanälen entlang, das Bologneser Land durchquerte.

---

* Wortwörtlich bedeutet „azdoura" im Bologneser Dialekt „Herrscherin". Im Leben der Bauern bezeichnet das Wort die tüchtige und geschäftige Ehefrau des Familienältesten, die mit der Heirat die eigene Familie verläßt, um in die des Ehemannes einzutreten.

Eine Frauenzeitung* jener Tage schrieb: „Um zu bekommen, muß erst gegeben werden, um geachtet zu werden, muß erst gelitten und gekämpft werden." Und dann, im Augenblick der Befreiung, im Chaos dieser letzten Tage, zwischen scheinbar ziellosen Bombeneinschlägen und bedrohlichen Tiefffliegern, der Angst zu sterben und der Hoffnung, alles möge endlich sein Ende haben, riß sie von den Fahnen die Embleme einer Monarchie, die noch niemand begraben hat** und nähte darauf, wobei sie die Farben vertauschte, Hammer und Sichel.

Noch völlig im Ungewissen, was einmal sein wird, hoffte sie, daß es für sie besser werde als zuvor, daß die Männerwelt die von ihr angesichts der Gefahren und immer dann, wenn es nötig war, bewiesene Stärke und die gezeigten Fähigkeiten anerkennen möge.

Auch nach dem Krieg sind die ehemaligen Partisaninnen noch immer fahrradfahrende Frauen voller Energie. Wochenlang streiken sie in den Reisfeldern für ihren ersten Arbeitsvertrag, ohne den Großgrundbesitzern Ruhe zu geben. In Scharen eilen sie herbei und bevölkern die Plätze als die ersten Opfer der Republik beigesetzt werden. Voller Begeisterung drängen sie sich sonntags auf den Tanzdielen, um an Versammlungen teilzunehmen, die sich mit den Problemen des neuen Italien und der „freien Liebe" auseinandersetzen, die sie als Möglichkeit verstehen, den von ihnen geliebten Mann zu heiraten. Sie halten aus Anlaß der ersten Wahlen Wache vor den Wahllokalen und kennzeichnen mit Kreide die Gewänder der Nonnen, damit diese nicht zurückkehren, um ein zweites Mal ihre „christliche" Stimme abzugeben.

Die vitale Bologneserin – ihre einzige Waffe ist noch immer das Fahrrad – muß sich häufig gegen Festnahmen und Ausweisungspapiere wehren, stets bereit, Ungerechtigkeiten und Mißbrauch anzuprangern: Sie spricht in Versammlungen, schreit auf Plätzen, predigt den Kommunismus, muß sich aber trotzdem immer noch von den Genossen anhören: „1948 ist schief gelaufen, weil die KPI euch Frauen das Wahlrecht eingeräumt hat." Und das muß sie sich noch viele Jahre lang anhören. Doch sie kämpft weiter an ihrer Seite, wenngleich mit gedämpfterer Hoffnung. In der Scelba-Ära wird sie bei Demonstrationen und Flugblattaktionen verhaftet, immer bereit, den Männern voranzugehen, wenn für diese größere Gefahr besteht: „Laßt uns an der Spitze gehen, wir sind Frauen."

Als Gegenleistung für ihren Mut bekommen sie Lohnarbeit: Die Bologneserinnen arbeiten seit jeher, und ein paar von ihnen sind in allen Berei-

---

* „La Compagna" (Die Genossin) – Zeitung für die Frauen der sozialistischen Partei der proletarischen Einheit Italiens 25/7, 1944.
** Die Republik wurde erst später ausgerufen, und zwar nach dem Volksentscheid über die Staatsform in Italien. Er wurde am 2. Juni 1946 zusammen mit den Wahlen für die Konstituierende Versammlung durchgeführt, wobei die Frauen zum allerersten Mal ihre politische Stimme abgaben.

chen zu finden. In jenen Jahren öffnet sich ihnen der Zugang zu den Fabriken, und ganz allmählich setzt das aufreibende Ringen um die Lohngerechtigkeit ein. Die Konsequenz ihres Mutes zeigt sich in ihrer Organisation in der UDI (italienischer Frauenbund) und in der Möglichkeit zu autonomen Initiativen, die von den Parteigenossen mit einem gewissen Wohlwollen aufgenommen werden.

Außer ihrem Beitrag zum Wiederaufbau der von Bomben fast völlig zerstörten Stadt erarbeiten die UDI-Frauen Programme und konkrete Maßnahmen im Bereich des Gesundheits- und Bildungswesens und im weiteren Sinn Hilfsaktionen für Flüchtlinge und Bedürftige.

Unvergessen geblieben ist der endlose Sonderzug, der an einem kalten grauen Wintertag im Bahnhof von Bologna einfuhr, einer von vielen in den Jahren zwischen 1945 und 1948. Er brachte Tausende Kinder aus Neapel, die in den übelbeleumdetsten Winkeln der Stadt aufgegriffen worden waren, schmutzig und mit dem ganzen Elend des Südens beladen. Nachdem sie aus dem Zug gehoben und in einem von der Garnison zur Verfügung gestellten Raum gewaschen und entlaust worden waren, wurden sie in die Häuser in der Stadt oder auf dem Land rings um Bologna verteilt. Völlig verstört von dem, was sie über Kommunisten gehört hatten, nämlich daß diese Kinder „fressen", verweigerten die meisten von ihnen jegliche Nahrungsaufnahme, solange nicht ihre Gastgeber vor ihnen gegessen hatten. Dieses Gerücht kursierte so hartnäckig, daß es notwendig wurde, die Mütter aus Neapel anreisen zu lassen, die sich persönlich davon überzeugten, daß ihre Kinder keineswegs im Ofen landeten und schon gar nicht verspeist wurden.

Als sie wieder abreisten, waren die Kinder schön anzusehen: wohlgenährt und gesund, der ganze Stolz der Bologneserinnen, die sie monatelang gehegt und gepflegt hatten.

Und als dann der 8. März kam, setzten sich die Frauen aus den Frauenausschüssen der linken Parteien, allen voran die UDI, in Bewegung und schwärmten in die Stadt, auf die Märkte, an die Arbeitsplätze und auf die „Piazza", wo sie Mimosen verkauften. Während sie so von Tür zu Tür zogen, um ihre Blumen zu verteilen, geschah es häufig, daß sie des Hausfriedensbruchs beschuldigt und nur deswegen verhaftet wurden, weil sie irgendwo an einer Tür geklingelt hatten.

An jenem Tag war Bologna in festliches Gelb getaucht und voller Frauen.

Von Jahr zu Jahr gedenkt die Stadt, zusammen mit ihnen und immer weniger kämpferisch, des Tages, der die weibliche Präsenz mittlerweile als Tradition in ihrer Geschichte würdigt. Der 8. März bot in den fünfziger Jahren stets Gelegenheit zu Umfragen, die häufig der spontanen Initiative der militanten Frauen überlassen wurde, womit sie in mehr Häuser vordringen und mehr Frauen erreichen konnten. Es waren Um-

fragen zu Heimarbeit, Saisonarbeit in der Landwirtschaft, Kündigungen in den Fabriken infolge Schwangerschaft oder Eheschließung, um die Rechte der arbeitenden Mütter zu wahren.

Aufgrund des engen Abhängigkeitsverhältnisses von der KPI hatte die UDI ihrer Organisation die hierarchische Struktur der KPI zugrundegelegt, so daß die UDI nicht den frischen Wind spüren konnte, der im Kielwasser der 68er Revolte auch die Frauen erfaßte.

In den siebziger Jahren war in Bologna die Gegenüberstellung zweier in gleicher Weise politisch organisierten Frauenorganisationen das getreue Spiegelbild männlicher Dynamik im politischen Handeln. Während einerseits sich parteiintern eine Art „revolutionäre" Bewegung der jüngeren Genossen auf das heftigste mit der alten Garde der KPI (für sie stellte die Partei lediglich die „konservative" Regierung in Stadt und Region dar) auseinandersetzte, organisierten sich die jungen Frauen. Sie waren aus den überwiegend männlich besetzten Arbeitsgruppen ausgetreten und kämpften um die eigene Befreiung. Sie gründeten die ersten feministischen Frauengruppen, die sich wie ein Steppenbrand verbreiteten, und bekämpften die UDI-Frauen mit deren traditioneller Sichtweise der Frauenemanzipation, in der, aufgrund ihrer eigenen Geschichte, die private Sphäre überhaupt nichts mit Politik zu tun hatte.

Heute scheinen diese Konflikte in der Stadt überwunden zu sein, ja sie gehören bereits der Vergangenheit an.

In der Welt der Frauen durchlebt die UDI, die mittlerweile von der KPI finanziell unabhängig geworden ist, eine tiefgreifende Identitätskrise, und von den in die Geschichte eingegangenen militanten Frauen fragen sich nicht wenige, welche Zukunftsperspektive diese Vereinigung denn eigentlich noch habe.

Verlassen wir die Mütter, so reich an unauslöschlichen Erfahrungen, jedoch inzwischen aus dem aktiven Leben der Stadt ausgeschieden – ihrer Stadt, die sich durch Wohlstand und Konsumverhalten entscheidend verändert hat –, und wenden uns ihren Töchtern zu. Den heute Dreißig- und Vierzigjährigen, für die Emanzipation nicht mehr ein fernes Ziel darstellt, sondern die Alltäglichkeit ihrer Existenz.

Hier seht ihr sie, geschäftig und immer in Eile, unter den Arkaden oder in den äußeren Stadtbezirken; da hetzen sie vom Arbeitsplatz nach Hause, aus den Supermärkten zur Schule der Kinder, ihre Tage randvoll mit Terminen – die Zeit ist immer zu knapp. Ist die Bologneserin noch eine vitale, lebensfrohe Frau? Sie ist sicher immer noch eine unternehmungslustige Frau und arbeitet nach wie vor.

In den offiziellen Arbeitsstatistiken weist die Emilia-Romagna den höchsten Prozentsatz erwerbstätiger Frauen auf. In jedem Bereich, auch in den Berufszweigen, die vornehmlich von Männern besetzt sind, wird das Eindringen von Frauen immer spürbarer: Taxifahrerinnen, Betriebsleiterinnen, Stadtteilbeauftragte, Straßenfegerinnen, Freiberuflerinnen, Handwerkerinnen. Die Frauen zwischen dreißig und vierzig neigen immer mehr dazu, keinesfalls auf eine Arbeit zu verzichten, und ziehen sich auch nicht wegen einer Ehe oder des ersten Kindes aus ihrem Berufsleben zurück, so wie es noch ihre Mütter getan haben.

Die Statistiken sprechen eine deutliche Sprache, sie zeigen auf, daß nicht allein in der Emilia-Romagna, sondern insbesondere in Bologna die Emanzipation der Frauen auf unwiderrufliche Weise das Leben der Stadt geprägt hat: Es gehen nicht nur mehr Frauen einer Erwerbstätigkeit nach, sondern es entscheiden sich immer mehr Frauen für eine bessere und längere Ausbildung, sie heiraten später und weniger häufig, sie haben weniger Kinder. 1981* ist die Geburtenrate die absolut niedrigste seit 1860, und sie ist um die Hälfte niedriger als die Sterberate. Wenn 1971 das Verhältnis der jungen Menschen zu den Älteren 100:70 betrug, so hatte es sich 1981 umgekehrt: auf 133 ältere Menschen kamen 100 junge Leute.

Dieses Ungleichgewicht zeigt sich auch in dem Verhältnis der älteren weiblichen Bevölkerung zu der ganz jungen Generation: 1981 kommen auf zwei Kinder drei alte Frauen, während das Verhältnis bei den Männern in einem perfekten Gleichgewicht zueinander steht: auf einen alten Mann kommt ein Kind.

Der berüchtigte „0-Zuwachs", den alle Soziologen im Munde führen und den die Städte so sehr fürchten, tritt in Bologna viel deutlicher zutage als sonstwo: Ihr braucht nur durch die Straßen zu gehen oder zu einer bestimmten Zeit mit dem Bus zu fahren. Es genügt, die Vielzahl der städtischen Sozialstationen zu betrachten, die in den äußeren Stadtbezirken von den alten Menschen selbstverwaltet werden.

Die Möglichkeiten für eine bessere Lebensqualität im Alter werden von den politischen Institutionen mit einer solchen Bereitschaft und Effizienz zur Verfügung gestellt, wie es sicher in anderen Städten Italiens nicht üblich ist: Hauspflege im Krankheitsfall, Sommer- und Winterferien, freier Eintritt für alle kulturellen Veranstaltungen, kostenlose Benutzung aller Verkehrsmittel und Zuweisung von Gemüsegärten auf staatlichem Grund und Boden.

Selbst wenn die emanzipierte Frau in Bologna sich nicht mehr so um die Zukunft ihrer Eltern sorgen muß, weil sich die Stadtverwaltung mit Hilfe der sozialen Dienste ihrer täglich und in angemessener Form annimmt, lastet auf ihren Schultern nach wie vor die Erziehung und Versorgung der Kinder, da die doppelte Arbeitsbelastung in den meisten Fällen noch immer eine unumstößliche Realität darstellt.

Bologna und die Emilia-Romagna waren in den vergangenen zehn

---

* 1981 hat die Regierung eine allgemeine Volkszählung durchgeführt, was alle 10 Jahre geschieht.

Jahren wegweisend in der Organisation neuer Strukturen für die Kinderbetreuung: Krippen für alle ab den ersten Lebensmonaten; Ganztagsschulen und Horte haben häufig für die erwerbstätige Mutter das „Parkproblem" ihrer Kinder für die Zeit der häuslichen Abwesenheit gelöst.

In den letzten Jahren haben die Gemeinden diese Dienstleistungen allerdings drastisch gekürzt, entweder aufgrund des spürbaren Bevölkerungsrückgangs oder wegen der beachtlichen Streichungen der Sozialausgaben. Auf jeden Fall ist das Leben für die erwerbstätige Mutter in dem roten, mit Sozialdiensten gut ausgestatteten Bologna viel leichter als anderswo.

Doch nicht deswegen oder wegen etwaiger geringerer Probleme entscheidet die Bologneserin sich dafür, Kinder zu haben.

Die Zahl der freiwilligen, in den öffentlichen Einrichtungen der Region durchgeführten Schwangerschaftsabbrüche liegt über dem nationalen Durchschnitt. Ein Beispiel: 1982 betrug in Italien die Zahl der freiwilligen Schwangerschaftsabbrüche siebzehn Promille im Vergleich zu fast fünfundzwanzig Promille in der Emilia-Romagna. Klar ist jedoch, daß die Frauen dieser Region nicht zwangsläufig öfter ihre Schwangerschaften unterbrechen lassen, sondern hier greifen einfach sehr viel mehr Frauen als in anderen Regionen auf Verhütungsmittel zurück.

Es trifft aber auch zu, daß eine größere Effizienz der Krankenhausstrukturen und eine sehr geringe Anzahl von „Verweigerer"-Ärzten* die Zahl der heimlich durchgeführten Schwangerschaftsabbrüche bei volljährigen Frauen sinken läßt und den Zulauf der Frauen aus anderen Regionen verstärkt.

„Eine hedonistische und materialistische Region", so lautete das vernichtende Urteil des Papstes über die Emilia-Romagna anläßlich seines jüngsten Besuches in Bologna, wobei er die Tendenz „mehr Schwangerschaftsabbrüche, weniger Kinder" als verwerflich verurteilte und gegen den Triumph des materiellen Wohlstands wetterte, den die Region Emilia in seinen Augen in geradezu teuflischer Weise verkörpert.

Von ihren Vätern zu materialistischem Denken erzogen und – wie bereits gesagt – begünstigt durch die von ihren Müttern erzielten Errungenschaften, entscheiden sich die jungen Frauen nicht selten für eine selbständige Arbeit. Es sind Frauen, die neben – manchmal anstelle von – Ehe und Kindern von ihrem Leben auch noch die Verwirklichung im Beruf erwarten, deren Grundlage sie zusammen mit anderen Frauen schaffen.

---

* Das Gesetz, das in Italien in ganz bestimmten Situationen einen Schwangerschaftsabbruch zuläßt, räumt dem medizinischen und paramedizinischen Personal in den öffentlichen Krankenhäusern (den einzigen Einrichtungen, in denen diese Eingriffe durchgeführt werden dürfen) die Möglichkeit ein, die Abtreibung zu verweigern und den Frauen keine Unterstützung zu gewähren.

Ab Mitte der siebziger Jahre schließen sie sich in Bologna und vielen anderen Städten Italiens, angeregt durch vergleichbare Jugendinitiativen, zu Genossenschaften, Gruppen oder aber zu zweit zusammen, um gemeinsam zu arbeiten, entweder aus dem Wunsch nach Originalität oder wegen übereinstimmender gefühlsmäßiger beziehungsweise beruflicher Motivation.

Einige dieser Initiativen waren Sternschnuppen, die im Laufe von zehn Jahren auftauchten und ganz schnell wieder verlöschten: Bars, Restaurants, Kneipen, alle ausnahmslos von Frauen betrieben. Viele können sich ihrer noch erinnern (bis auf eine Ausnahme standen alle auch Männern offen), denn sie existieren heute nicht mehr, teils aufgrund finanzieller Schwierigkeiten, teils weil sie von Anfang an als zeitlich begrenzte Erfahrungen verstanden wurden. Andere hingegen, mit einer solideren Grundlage ausgestattet, sind geblieben und verkörpern – dies muß einfach gesagt werden – die wenigen Anlaufstellen für Frauen in einer Stadt, welche vielleicht mehr als alle anderen Städte die autonome Frauenbewegung als gegeben akzeptiert, ihr allerdings kaum eigene Freiräume zubilligt. Seit vielen Jahren existiert in einer der schönsten und elegantesten Straßen mitten in der Stadt die „Librellula", ein Frauenbuchladen, der von zwei Schwestern aus Bologna, Anna und Simona, betrieben wird. Sie verkaufen Bücher und Veröffentlichungen von Frauen und laden häufig zu Diskussionen über Neuerscheinungen und Ausstellungen italienischer und ausländischer Künstlerinnen ein.

1976 zog in einen Keller der Altstadt das „Teatro del Guerriero", das Loredana und Fiorella, Schauspielerin die eine, Musikerin die andere, gemeinsam leiten. Ihr Programm enthält Lesungen, Performances und Konzerte von Frauen, mit denen sie die Öffentlichkeit an ein musikalisches Experiment heranführen wollen, mit dem sich die beiden Frauen schon seit Jahren beschäftigen: dem Verschmelzen von Wort und Klang. Seit 1980 arbeitet im Gesundheitsbereich die Kooperative „Agorà". Hier arbeiten vierzehn Frauen auf medizinischem und paramedizinischem Sektor, ein und dasselbe Ziel im Auge: die Untersuchung des Verhältnisses Frau – Gesundheit, um innerhalb der Schulmedizin die Umkehrung des Mechanismus' herbeizuführen, der den Arzt als uneingeschränkten Hüter einer bestimmten wissenschaftlichen Lehre dem Patienten, in der Rolle eines Körpers, der in seine Einzelteile zerlegt und beobachtet wird, gegenüberstellt. Diese Kooperative hat in ihren neuen Räumen in der Via Ercolani mehrere Ambulanzen eingerichtet, die ganz unterschiedliche Fachgebiete abdecken: von der Gynäkologie bis zur Dermatologie, der Vorbeugung von Gefäßerkrankungen bis zur Odontostomatologie. Die hier arbeitenden Frauen setzen sich ganz energisch für Kurse zur Gesundheitserziehung in der örtlichen Verwaltung (Gemeinden, Bezirken), am Arbeitsplatz (Fabriken) und für die Inanspruchnahme der

„150 Stunden"* ein, wobei sie selbst zusammengestellte Videotapes als didaktisches Mittel einsetzen.

Im Rahmen der Denkmalspflege und Erhaltung der Kunstschätze, wofür die Behörden seit Jahren umfassende Studien erarbeiten lassen und unglaubliche Summen ausgegeben haben, arbeitet eine Gruppe von drei Frauen, „Mezzocielo", deren Büro mitten in der Stadt in einer für Bologna sehr typischen Straße liegt. Diese Frauen beschäftigen sich bereits seit Jahren mit dem Restaurieren von Kunstwerken für öffentliche und private Auftraggeber.

Das Wortpaar Frau – Kunst entwickelte sich im Bologna von heute zu einer neuen Richtung für Forschung und Studien. Anläßlich der Feierlichkeiten zum 900. Jahrestag der Universitätsgründung 1988 wird überaus engagiert nach bedeutenden Spuren dieses Wortpaares in der Vergangenheit gesucht.

Übrigens ist die Wertschätzung von Künstlerinnen keineswegs ein Phänomen jüngster Zeit. Bologna hat sich voller Stolz gerühmt, in allen Bereichen zu den wichtigsten Vertretern seines kulturellen Lebens auch Frauen zählen zu können. Es handelt sich hierbei allerdings um einzelne und ganz außergewöhnliche Persönlichkeiten, Einzelfälle, die in den vergangenen Jahrhunderten Ver- und Bewunderung erregten, die natürlich wie alle Ausnahmen dennoch die Regel bestätigen.

Sie haben heute natürlich dank der Wiederentdeckung zahlreicher Frauennamen durch die Feministinnen einen höheren Bekanntheitsgrad erlangt. Vor dieser Zeit waren sie in Vergessenheit geraten und schlummerten in der Kunstgeschichte als ruhmreiche Beispiele für diese Stadt. Lavinia Fontana und Elisabetta Sirani stammten aus Bologna und arbeiteten auch dort. Die erste lebte im 16. Jahrhundert, die zweite – die schon in ganz jungen Jahren starb – Mitte des 17. Jahrhunderts.

Zur Zeit stapeln sich ihre Bilder in den Kellern der Gemäldesammlung der Stadt Bologna und warten – so hoffen wir – auf ein besseres Schicksal. Nur mit einer Sondergenehmigung hat das Publikum Zugang zu ihren Bildern. Weitere Werke von ihnen sind hier und da in Bolognas Kirchen zu finden, die häufig ganz versteckt in obskuren Gegenden liegen.**

Von beiden spricht mit gewohntem Stolz der Bologneser Edelmann Carlo Cesare Malvasia,*** ihr leidenschaftlicher Bewunderer. Beiden gemein – und das trifft fast immer auf alle anderen Malerinnen zu – ist der Maler-Vater, so daß sie eigentlich mehr zufällig in den Werkstätten und im Schatten ihrer Väter zu Künstlerinnen erblühten.

---

* Stunden, die den Arbeitern zur Erlangung eines Schulabschlusses vertraglich zugesichert werden.
** siehe: Die Kirchen Bolognas im Anhang.
*** 1678 schrieb Malvasia in seinem Buch „Felsina die Malerin – das Leben der Bologneser Maler" eine Biographie dieser beiden Künstlerinnen.

Heute wird – wenn auch sehr spät und manchmal sehr zögerlich – das persönliche Talent dieser Frauen anerkannt, und man räumt ein, daß in beiden Fällen ihr Können auf unfaßliche Weise das der Väter weit übertraf.

Und damit nicht genug. Im Falle Lavinias, die unter anderem einen gefährlichen Hang zum Malen weiblicher Akte hatte – eine für eine Frau völlig ungewöhnliche und besorgniserregende Angewohnheit –, kann davon ausgegangen werden, daß sie sogar begabter war als ihr Ehemann, genannt „il sartore" (der Schneider), denn er malte die Details und Accessoires der Gewänder auf den Porträts seiner Frau, die viel zu beschäftigt war, als daß sie sich auch noch solchen Feinheiten hätte widmen können.

Beide wurden von den Kunsthistorikern aller Zeiten nicht nur als Schülerinnen ihrer Väter abgetan, denen ein guter Teil der töchterlichen Arbeiten zugeschrieben wurde, sondern auch als getreue Nacheiferinnen der berühmteren Maler Annibale Carracci Lavinia und Guido Reni Elisabetta.

Einem wachsameren und für die weiblichen Fähigkeiten empfänglicheren Auge kann die Originalität einiger ihrer künstlerischen Merkmale gewiß nicht entgehen: die sanfte Anmut und der Realismus bestimmter Gestalten in den Bildern der Fontana, das Zusammenwirken liebevoller Details mit feierlicheren und erhabeneren Sichtweisen in den Werken der Sirani.

Von den beiden gründete nur Elisabetta eine Schule, zu der nur Frauen Zutritt hatten. Viele ihrer Schülerinnen* führten ihre Studien auch nach ihrem frühen Tod im Alter von 27 Jahren fort. Es heißt – und das klingt auch wahrscheinlich –, sie sei an einem durch Stress und Arbeitsbelastung entstandenen Magengeschwür gestorben; andere wiederum behaupteten, sie sei von dem Dienstmädchen oder einer Malerin, ihrer Nebenbuhlerin in einer Liebesaffäre, vergiftet worden, wieder andere – so auch Malvasia – meinten, sie sei wegen eines nicht vorhandenen Ehemannes gestorben, da ja der Vater einen von ihr geliebten Freier abgewiesen hatte. Unstrittig ist jedenfalls, daß Elisabetta unendlich viel und rastlos gearbeitet hat, so viel, daß ihr keine Zeit für einen Ehemann und Kinder blieb, ganz im Gegensatz zu Lavinia, die nicht nur verheiratet war, sondern auch elf Kinder hatte, die fast alle vor ihr gestorben sind.

Wenn Lavinia für ihre Zeitgenossen zwar eine beachtenswerte, doch nicht außergewöhnliche Künstlerin war, die in ihren Bildern stets die Liebe und Mutterschaft verherrlichte, so schrieb man Elisabetta, von Malvasia als „die Ruhmreiche des weiblichen Geschlechts" besungen, einzigartige und außergewöhnliche Fähigkeiten – halb genial, halb ver-

---

* In ihrem Atelier arbeiteten unter anderem auch ihre beiden jüngeren Schwestern Anna Maria und Barbara.

führerisch – zu. Alle Mitbürger ihrer Stadt, einschließlich der Akademiker, beweinten sie, weil sie viel zu früh starb und gerade deshalb für immer zur Legende wurde.

In der Vergangenheit wurde die „Vortrefflichkeit" der Bologneser Frauen auch von der akademischen Welt anerkannt. Schon im Jahre 1200 erhielt Bettina Gozzadini den Lehrstuhl für Rechtswissenschaften und wurde wegen ihrer ungewöhnlichen rhetorischen Fähigkeiten hochgelobt.

Auf dem Gebiet juristischer Studien gelangten ein Jahrhundert später die Schwestern Bettina und Novella Calderini zu großer Berühmtheit, die an der Universität Zivilrecht lehrten, als ihr Vater gezwungen wurde, diese zu verlassen. Von Novella erzählt man sich, daß sie wegen ihrer einzigartigen Schönheit dicht verschleiert an das Pult trat, um die Studenten – ausnahmslos Männer – nicht davon abzulenken, ihren Vorlesungen zu folgen. In der Zeit der Aufklärung stieg die Zahl der Frauen, deren unglaublich umfassendes und profundes Wissen uns bis heute überliefert worden ist.

Von der Philosophin Laura Bassi wissen wir, daß sie hochgelehrte Gespräche mit bedeutenden Universitätsprofessoren führte, sich der Experimentalphysik widmete und philosophische Texte verfaßte. Doch trotz des damals herrschenden Klimas geistiger Freiheit untersagte ihr der Akademische Senat, aus ihren Werken an der Universität zu lesen, die damals nur das „Archiginnasio"* umfaßte. Die Zeit war vielmehr so, daß sie nach ihrer Heirat das Lehren in der Öffentlichkeit einstellen mußte, denn damals galt eine derartige Beschäftigung für eine verheiratete Frau als unpassend, und so hielt sie ihre Vorlesungen zu Hause.

Heute stellen die Frauen an den Universitäten der Emilia-Romagna ein Drittel der gesamten Lehrkörper, auch wenn sie meistens auf der niedrigsten Stufe der Karriereleiter stehen.

Fast alle Frauen, die sich zu der Vereinigung „Orlando" zusammengeschlossen haben, sind Dozentinnen am Athenäum der Stadt und leiten das „Centro di Documentazione Ricerca ed Iniziativa delle donne" (Dokumentationszentrum für Frauenforschung und -initiativen).

Die Analyse, die dem Entstehen dieser Vereinigung vorausging und ihre Gründung mitbewirkte, ging von der Überlegung aus, daß für Frauen die absolute Notwendigkeit für Wissensaneignung und theoretisches Arbeiten besteht, und sie zeigte in dem Verhältnis der Frauen zu den Institutionen den Weg auf, der für eine konkrete Durchführung beschritten werden mußte. Ein äußerst delikates Verhältnis, denn es ging darum, die Autonomie der Ideen und Pläne verschiedener weiblicher Intelligenzen zu wahren, ohne jedoch darauf zu verzichten, von diesen

---

* Archiginnasio ist der Name des Gebäudes, in dem von 1563 bis 1803 die Universität von Bologna untergebracht war. (Anm. d. Ü.).

Institutionen, in Gestalt der Stadtverwaltung, die Mittel für das konkrete Umsetzen dieser Ideen und Pläne zu erhalten. Trotz des mehr passiven als aktiven Widerstandes vieler Frauen, die sich schon seit Jahren in der Frauenbewegung engagiert hatten, stimmten die Frauen für einen Vertrag mit der Stadtverwaltung. Nach vielen verschiedenen Vorschlägen und Diskussionen verpflichtete sich die öffentliche Verwaltung, das Büro, das Personal, die Ausstattung und den Ankauf der angegebenen Bücher zu finanzieren und in den Haushalt der Stadt einen besonderen Posten einzubeziehen, um diese Initiative zu subventionieren.

Seit 1983 arbeitet dieses Zentrum, das auch gleichzeitig die Koordinierung aller Dokumentationszentren für Frauen in Italien betreut, ganztägig und realisiert alle Projekte – eins nach dem anderen –, so wie sie von Anfang an geplant waren. Die Aktivitäten dort sind von ganz unterschiedlicher Art: angefangen bei der Bildung von Forschungsgruppen anläßlich der Organisation von Tagungen, Seminaren, Ausstellungen und Fachkongressen bis hin zu Themen über aktuelle Probleme und der Veröffentlichung der „Quaderni del Centro" (Zentrumshefte).

Das Zentrum selbst verfügt über eine Bibliothek, deren Bücherbestand in enger Zusammenarbeit mit der Stadtbibliothek aufgestockt wird. Die Vereinigung „Orlando" verwirklicht außerdem zahlreiche andere Initiativen in Zusammenarbeit mit oder auf Vorschlag von anderen aktiven Frauengruppen der Stadt. So zum Beispiel eine Veranstaltung mit Vorführung eines Videofilms über Rehabilitationsmaßnahmen bei brustamputierten Frauen, der zusammen mit der Gruppe „Agorà" und der „Librellula" gemacht worden ist. An dieser Veranstaltung nahmen die Mitarbeiterinnen und der Chefarzt der „Rehabilitationsabteilung" am Staatlichen Institut für die Erforschung und Behandlung von Tumorleiden in Mailand teil.

Es kann aber auch zum Beispiel die Vorstellung des Buches „Attraverso" (durch – hindurch – mit Hilfe) sein, geschrieben von einem Mitglied der „Associazione donne repartodieci" (Vereinigung der Frauen aus der Station 10), eine Gruppe, die ausgehend von der realen Situation der Frauen in einer Irrenanstalt versucht, mit den Ausdrucksformen des Tanzes und des Klanges eine weibliche Kultur und Kunst zu verwirklichen. Oder es geht um eine der vielen nach Tschernobyl geführten Anti-Atomkraft-Diskussionen, die von dem „Frauenkollektiv der Via Polese" angeregt wurde, einer Gruppe, die sich seit Jahren Gedanken macht über das sexuelle Anderssein – die „pratica dell' affidamento"* – und das Sichtbarmachen der Frauen im sozialen Kontext.

---

* Darunter wird das Aufwerten des eigenen geschlechtlichen Anderssein verstanden, indem Frauen einer anderen Frau in ihrer gesellschaftlichen Funktion „Achtung zollen" und sie als Vor- und Leitbild anerkennen. (Siehe u.a. Rosanna Fiochetto: Die Geschichte der italienischen Frauenbewegung) Anm. d. Ü.

Die Räume des Zentrums stehen schließlich noch den Gruppen zur Verfügung, die sich dafür anmelden. So trifft sich dort zum Beispiel jeden Montag das Kollektiv, das seit Jahren das Phänomen der sexuellen Gewalt gegen Frauen untersucht und das Zusammentragen von Informationsmaterial zu den Erfahrungen ausländischer Frauen betreut, die wiederum mithalfen, die Häuser für geschlagene und mißhandelte Frauen ins Leben zu rufen. Am Donnerstag Nachmittag stehen die Räume den farbigen Frauen zur Verfügung, von denen die meisten erst vor kurzem und oft illegal aus Afrika ausgereist sind und die in Bologna bei wohlhabenden Familien als Dienstmädchen arbeiten.

In diesem Jahr ist der Vertrag zwischen der Frauenvereinigung und der Stadtverwaltung abgelaufen, und über der Zukunft des Zentrums ballt sich eine düstere Wolkendecke zusammen.

Es wird befürchtet, daß der Stadtrat kein weiteres Mal das Projekt dieser Vereinigung billigt, das sich auf die Autonomie kulturellen und intellektuellen Wirkens der Frauen gründet, und das bereits unermüdlich arbeitende Zentrum einfach zu einer Abteilung der Stadtbibliothek degradiert, die auf Frauenfragen spezialisiert ist.

Kann angesichts des äußerst komplizierten Verhältnisses der Bologneserinnen zu den politischen Institutionen der Weg, den die „Orlando"-Frauen bewußt eingeschlagen haben, da sie den Wunsch und Willen verspürten, allein sich selbst darzustellen, als ein konkretes Beispiel für den „strategischen" Einsatz der politischen Institutionen seitens der Frauen gesehen werden?

Diese Frage ist in allen Diskussionen der Bologneserinnen weiterhin offen. Eindeutig gesagt werden kann, daß das Verhältnis Frauen – politische Institutionen etwas darstellt, an dem sich alle messen, insbesondere wenn es heißt, Mittel zu beschaffen, um die Initiativen zur Konkretisierung und zum Sichtbarmachen der Projekte zu finanzieren.

Unterdessen hört die Stadt jedoch nicht auf, stolz auf ihre außergewöhnlichen Frauen zu sein.

Die Kirchen Bolognas

Bilder von der Fontana (1552-1614) oder ihr zugeordnete Werke sind in mehreren Kirchen zu sehen: SS. Trinità „La nascita della Vergine", in der Chiesa della Madonna del Baraccona „La Vergine con Putto", „S. Giovannino e S. Giuseppe", im Konservatorium S. Marta „S. Marta, Maddalena e Gesù Cristo", in der Chiesa S. Maria della Pietà „La molteplicazione dei pani e dei pesci", in der Chiesa di S. Giacomo maggiore „La Vergine con Putto", „SS. Cosma e Damiano e S. Caterina", in S. Antonio abate „La Crocefissione", in der Chiesa di S. Domenico „Gesù tra i dottori del tempio und „Incoronazione delle Vergine".

Wie bereits erwähnt sind in den Lagerräumen des Palazzo Pepol Campogrande in der Via Castiglione 7 auch noch Bilder vorhanden, „Famiglia Gozzadini", „S. Francesco di Paola benedice Francesco I", „Apparizione della Beata Vergina a S. Caterina, S. Agnese, S. Orsola, S. Barbara", „Ritratto di Signora" (Frauenporträt), „Gentildonna a mezza figura" (Edeldame im Halbporträt), „Ritratto d'uomo" (Männerporträt).

Elisabetta Sirani (1638-1665) werden folgende Bilder zugeschrieben: in der Chiesa della Madonna di Galliera „S. Francesco di Sales", in der Sakristei von S. Pietro „Vergine con Putto, SS. Antonio e Romeo", in der Chiesa di S. Girolamo della Certosa „Battesimo di Gesù nel Giordano", im Santuario (Heiligtum/Wallfahrtsort) della Madonna di S. Luca „S. Pietro e S. Paolo", in der Chiesa dell'Osservanza „Il beato Marco Fantuzzi".

Die Pinakothek hat im Palazzo Pepoli nachstehende Werke gelagert: „La beata Vergine col Bambino e S. Filippo Neri", „La Madonna della tortora", „Ritratto di una monaca", „Gesù in piedi sul mondo", „Autoritratto" (Selbstporträt), „L'Addolorata", „La Sacra Famiglia", „Maddalena penitente", „S. Antonio adora il Bambin Gesù", „S. Girolamo nel deserto", „Redentore benedicente", „Susanna e i vecchioni", „Sibilla".

***

Unser Dank gilt: Vittorina Dal Monte und Amadea Antonioni der UDI Bologna; den Frauen der 36. Partisanenbrigade und Ermanna Zappaterra; Corinna Giudici aus der „Soprintendenza per i Beni Artistici e Storici di Bologna" (Amt für Denkmalpflege und Erhaltung der Kunstschätze); Grazia Negrini aus dem „Centro di documentazione della donna" (Dokumentationszentrum für Frauen) aus Bologna.

Pia Ranzato
STREIFZUG DURCH FLORENZ

Ich bin keine gebürtige Florentinerin. Nach Florenz bin ich 1971 gezogen – um hier zu leben, zu arbeiten und um mir mal anderen Wind um die Nase wehen zu lassen. Damals hatte die Stadt noch immer nicht die Folgen der Überschwemmungskatastrophe von 1966 überwunden, die auch das wirtschaftliche Gefüge der Altstadt verändert hatte. Viele kleine Handwerksbetriebe – zerstört durch Schlamm, Wasser und Feuchtigkeit – schlossen für immer ihre Pforten, viele Handwerker zogen in sicherere Stadtteile um. Die alten und feuchten Häuser des stark mitgenommenen Stadtzentrums wurden an Zugereiste aus Süditalien – besonders aus Sizilien – und an in- und ausländische Studenten vermietet.

Seit einigen Jahren sind die Werkstätten zu neuem Leben erwacht. Die alteingesessenen Handwerkerfamilien, in denen seit Jahrhunderten das Gewerbe vom Vater an den Sohn weitergegeben wurde, haben einer neuen Generation von Handwerkern und – das ist absolut neu – auch Handwerkerinnen Platz gemacht; Frauen, die auf Fachschulen oder in den Werkstätten selbst gelernt hatten. An die große geschichtliche Bedeutung der Handwerkszünfte erinnern auch heute noch die Straßennamen im Stadtteil um Santa Croce: „Via dei tintori" – Färberstraße, „Via de' lanoioli" – Wollhändlerstraße. Heutzutage sind viele dieser Werkstätten restauriert und renoviert, und es ist interessant, sie einmal von innen zu betrachten. Auf dem Borgo Allegri 27 zum Beispiel gibt es ein Antiquitätengeschäft mit angeschlossener Restaurateurswerkstatt, die von zwei Frauen geführt wird.

Die Altstadt bei Santa Croce ist ein Dorf mitten in der Stadt. Auf dem Flohmarkt, Piazza de' Ciompi, kann man stundenlang stöbern, den Verkäuferinnen lauschen, die zu jedem Gegenstand eine wahre oder erfundene Geschichte zu erzählen haben, und nach Herzenslust um die Preise feilschen, die je nach Aussehen und Erscheinung der Kunden variieren. Interessant ist es auch, den Frauen zuzuhören, die sich – die Arme über der Brust verschränkt – Geschichten vom Leben und Sterben erzählen, fast schon als Ritual. Städtische Proletarierinnen, die in den letzten Jahren von der Welle des internationalen Tourismus emporgetragen wurden, sich ihren spontanen Scharfsinn und ihren volkstümlichen und bodenständigen Witz bewahrt haben, sind typisch für diese Stadt. Die

Florentinerinnen haben die Fähigkeit zur Ironie, zur Solidarität ... einen tiefverwurzelten Sinn für Gastfreundschaft, und viele von ihnen lieben ihre Stadt.

Es lohnt sich auch, durch die Altstadt zu streifen mit offenen Augen und Ohren für die kleinen Szenen des Alltags, die Menschen, die Gespräche, die lebhaften Verhandlungen, die ausladenden Gesten und das Geschwätz – mal fröhlich, mal erregt, aber nie leise. In der milden oder warmen Jahreszeit ist es angenehm, auf der Piazza Santa Croce zu sitzen – auf einer der Bänke oder auf den Treppenstufen der Kirche –, das antike und weiträumige Szenarium zu genießen und die trägen Bewegungen der Leute, das ununterbrochene Kommen und Gehen der Touristengrüppchen und die Spiele der Kinder und Jugendlichen zu beobachten. Dieser Platz integriert sie alle mit dem ihm eigenen Charme.

Von der Piazza Santa Croce aus geht es über die Straßen, die von weitem wie perspektivische Fluchtlinien erscheinen, zur Piazza della Signoria. Hier treffen sich in den langen schwülen Sommernächten die modernen „Narren" und Straßenmusikanten aus aller Welt zu Performances, Theater- und Musikaufführungen. Von der Piazza della Signoria führt die Ponte Vecchio über den Arno, den Fluß, der Florenz in zwei Teile teilt: „diesseits" und „jenseits" des Arno. Auf der Brücke – die einzige, die trotz des Zweiten Weltkriegs noch vollständig erhalten ist – findet jeden Tag ein farbenfroher Bazar statt, direkt neben den ältesten und teuersten Juweliergeschäften der Stadt. Wanderhandwerker, anarchistische Künstler und fliegende Händler ohne festen Wohnsitz liegen hier in ewigem Streit mit der örtlichen Polizei, die immer wieder versucht, das Stadtbild von diesen „Elementen" zu säubern.

Jenseits der Brücke, jenseits des Arno, kommt man nach nur wenigen Schritten zum Palazzo Pitti und zum „Boboli", eine sehenswerte Parkanlage mit berühmten Statuen, die „grüne Lunge" der Stadt. Ein weiterer magischer Anziehungspunkt: die Piazza Santo Spirito – nur fünf Minuten vom Boboli entfernt. Bei Sonnenuntergang ist es besonders schön hier, wenn das sanfte Licht die jahrhundertealten Steine bescheint und ihnen neue Ausdruckskraft verleiht, oder in der Dämmerung, wenn die Schatten lang werden und die Umrisse der Kirchen und Paläste verschwimmen. Im späten Frühjahr und Sommer kann man auf dem Platz im Freien essen – köstliche, typisch toskanische Gerichte genießen oder die unsterbliche Pizza. Der Platz liegt im Stadtteil von San Frediano, ebenfalls ein bevölkerungsreicher und produktiver Teil von Florenz. Auch hier wimmelt es von kleinen Läden, Trödlern und Werkstätten, unter ihnen die interessantesten Handwerksbetriebe der Stadt. In der Via Bartolini 4, neben dem San-Frediano-Tor, gibt es eine alte Florentiner Seidenweberei, die die kostbarsten Stoffe herstellt. Hier arbeiten fast ausschließlich Frauen. Ihre unglaubliche Geschicklichkeit und Geduld haben den Verschleiß durch

die Zeit überlebt, ebenso wie die alten Maschinen, die Webstühle aus dem 18. und 19. Jahrhundert. Der Betrieb ist ein wahres Museum, und es lohnt sich, ihn zu besichtigen.

In Florenz müßt ihr euch auf die Atmosphäre einlassen und euch treiben lassen wie ein Papierdrachen im Wind. Nur so sind sie zu bemerken, die Spuren, die die Geschichte auf den Mauern der Häuser und Paläste, auf den Gegenständen, auf der gesamten Anlage der Stadt und auf den Gesichtern der Menschen hinterlassen hat. Florenz, eine Stadt, die sich über Jahrhunderte hinweg durch das Mittelalter definiert hat, kann nur über Geschichte erschlossen werden. Eng verbunden mit einer einflußreichen Handwerks- und Bauernkultur ist sie noch immer keine Industriestadt, und ihr soziales Klima ist deshalb weder besonders nervenaufreibend noch gewalttätig. Hier kann frau auch nachts allein durch die Straßen gehen. Die Männer können zwar aufdringlich und lästig sein, besonders bei blonden Ausländerinnen aus dem Norden, aber im allgemeinen reicht schon ein abweisender Blick, eine Geste, ein Wort, um ihre plumpen Annäherungsversuche zurückzuweisen.

Florenz wird auch „das Mekka der italienischen Homosexuellen" genannt, reine Lesbentreffs gibt es allerdings nicht. Die avantgardistischfeministische Kulturbewegung hat keine bleibenden Zeichen hinterlassen, keine eigenen Räume geschaffen, hat sich nicht vergegenständlicht. Die Ideen, die Theorien – oft sehr interessant und aufschlußreich, denn italienische Frauen haben schon kulturbedingt eine gewisse Kreativität im spekulativen Denken – sind das Werk einer elitären Schicht und haben sich nur auf sprachlicher Ebene ausgedrückt: als Gesprochenes, Erzähltes, Geschriebenes. Die Wirklichkeit und das Leben fahren derweil auf anderen Gleisen. Im Frauenbuchladen in der Via Fiesolana findet ihr weitere Informationen über Politik und Geschichte der Frauenbewegung.

Ich habe diese Stadt geliebt und werde sie weiter lieben. Ich mag den Duft ihrer kulinarischen Raffinessen; er hängt in den Straßen und verändert sich mit den Tageszeiten. Ich gehe gern durch die Straßen und Gassen, die Parks und Gärten dieser Stadt, die sich so machtlos den Plünderungen durch Tourismus und Bauspekulation ausgeliefert hat, aber eifersüchtig ihre Schätze bewacht. Es gefällt mir, den Geschichten „von früher" zuzuhören, alte Symbole wiederzuentdecken und die Geschichte zu entziffern, die in jedem Stein, in jedem Winkel schlummert. Doch manchmal breitet sich in mir ein Gefühl der Beklemmung aus, und ich fühle mich in einer altertümlichen und dekadenten Bewegungslosigkeit gefangen, in der die Gegenwart unabwendbar mit der Vergangenheit verbunden ist, aber nur selten mit der Zukunft.

Florenz spiegelt sich im Umland, dieser dichtbesiedelten Landschaft, die aus unzähligen Details besteht, aus lokalen Episoden, die erst zusammengenommen das Gesamtbild ergeben. Das bemerkt man zum Beispiel von den Zufahrtsstraßen aus, die sich dort, wo sie von der hemmungslosen Bautätigkeit verschont blieben, jenes unnachahmliche Flair des Vergangenen bewahrt haben. Kurvenreich führen sie vorbei an schmucklosen Mauern, die Felder und Gärten zu verbergen scheinen. Nur ab und zu lassen sie die charakteristischen Baumkronen der Olivenbäume oder die dunklen Profile der Zypressen erkennen und geben den Blick auf die Stadt mit der bruneleschianischen Kuppel frei. Neben den architektonischen Schmuckstücken der toskanischen Landschaft, den Villen, Bauernhäusern und Kirchen, stehen in aller Stille die schlichten Vergegenständlichungen bäuerlicher Religiosität: Tabernakel, Kapellen, Kreuze. Die Tabernakel, die häufig an Wegkreuzungen stehen, gehen auf heidnische Ursprünge zurück. Sie sollten die Götter günstig stimmen und stellen eine Verbindung zu den Ernteritualen der Antike her.

Das florentinische Umland, gestaltet und bebaut von unzähligen Generationen von Männern und Frauen, strahlt eine große Faszination aus und bleibt „eine der bewegendsten Landschaften, die es gibt". Scheut nicht die Mühe, diese Gegend zu Fuß zu erkunden – die Toskana, „... die seinerzeit gestaltet wurde wie ein Kunstwerk von einem Volk ..., das keine anderen Sorgen zu haben schien als die Schönheit."

Mariella Comerci
FLORENTINA UND DIE ZWEIFACHE VENUS

Florenz als Zentrum von Kunst und Kultur ist reich an weiblicher Symbolik, und in einigen Epochen wird sie ganz besonders gefeiert.

Florenz – Florentina – ist etruskisch-römischen Ursprungs. Sein alter Stadtkern hat sich entlang der Straße zwischen Fiesole und Volterra entwickelt – zwei wichtigen etruskischen Zentren – in Höhe einer leicht passierbaren Furt des Arno.

In der etruskischen Gesellschaft hatte die Frau eine ganz besondere Position inne und genoß – im Gegensatz zur griechischen und römischen – ein hohes soziales Ansehen. Während die griechischen und römischen Frauen praktisch in ihre Häuser eingesperrt waren, nahmen die etruskischen Frauen in allen Bereichen des öffentlichen Lebens aktiv teil, und diese Sichtbarkeit im gesellschaftlichen Leben rief bei den anderen antiken Völkern Erstaunen hervor. Besonders empört waren die Römer, und als sie die Etrusker vollständig vereinnahmt hatten, gewann das römische Modell der bescheidenen, in der Wollverarbeitung tüchtigen Hausfrau (lateinisch: „pudica, lanifica, domiseda") die Oberhand.

Die Entdeckungsreise dieses weiblichen Florenz kann mit einem Besuch des Archäologischen Museums beginnen, das über eine der bedeutendsten Sammlungen etruskischer Werke verfügt. Beim Gang durch die Säle des Museums können wir in den Darstellungen auf Vasen, Statuen und Sarkophagen die Frau bei Banketten, religiösen Festen und Spielen immer in paritätischer Stellung in bezug auf den Ehemann und andere Männer entdecken.

Die etruskische Mythologie und Religion schaffte eine Verbindung zwischen der Zivilisation des Nahen Ostens und der römischen. Viele Symbole der Großen Mutter und matriarchaler Göttinnen sind so auf die Göttinnen Roms übertragen worden, die bereits unter dem Zeichen des Patriarchats standen, und später dann in die katholische Religion eingegangen. Im Archäologischen Museum finden wir einige Beispiele dieser Übernahme der Symbole. Zum Beispiel in der „Offerente", einer Statuette aus dem 6. Jahrhundert, die eine fromme Gestalt mit einem Granatapfel in der rechten Hand darstellt.

Der Granatapfel ist ein Fruchtbarkeitssymbol. Wir finden ihn auch in Verbindung mit der Madonna, wie in der „Madonna des Granatapfels" von Sandro Botticelli in den Uffizien.

Die Verehrung der römischen Juno Lucina, Göttin der Mutterschaft, die den Platz der früheren Verehrung der Göttinnen/Mütter einnimmt und in christlicher Zeit durch den Marienkult wiederaufgenommen wird, hat die Lilie als eines ihrer wichtigsten Symbole. Auch die Lilie ist ein

175

Fruchtbarkeitssymbol, das sich in Florenz oft finden läßt. In der Ikonographie – vor allem des 15. Jahrhunderts – finden wir sie häufig in den Bildern der Verkündigung.

Aber einmal abgesehen von der Darstellung der Frau/Mutter und der Göttinnen/Madonnen als Fruchtbarkeitssymbol, was taten die Frauen, wo waren sie in den Zeiten, als Florenz sich entwickelte?

Besonders bedeutungsvoll sind zwei Tafeln des Campanile von Giotto, die die Zünfte darstellen. Auf der, die die Webkunst abbildet, sind zwei Frauen dargestellt, eine am Webstuhl, die andere daneben. In der Darstellung der Kunst der Metallbearbeitung dagegen wird ein Mann bei der Arbeit dargestellt. Diese Tafeln erläutern die Arbeitsteilung zwischen den Geschlechtern, auf die sich die moderne „Industrie" gründet. Viele der Zünfte entstehen aus der Heimindustrie, die den Frauen anvertraut war; aber kaum konsolidiert sich der Markt, geht die Produktion in die Hände der Männer über, die sie ausbauen und industrialisieren. Beispielhaft ist in diesem Sinn die Web- und Stickkunst: Bis zum 14. Jahrhundert sind alle Arbeitsphasen – Entwurf, Spinnerei, Herstellung der Gewebe und Ausführung der Stickereien – völlig den Frauen zugeteilt. In der Mitte des 14. Jahrhunderts haben Produktion und Produkt einen hohen Grad der Verfeinerung erreicht, besonders in Orten wie Florenz. Zu dieser Zeit gehen diese Arbeiten von den Häusern und Klöstern, wo sie ausschließlich von Frauen ausgeführt wurden, an die Handwerksbetriebe über, auch infolge des Eingriffs des Kapitals, das vom Handel in die Industrie übergeht. Als die Produktion nach und nach zunimmt und immer lohnender wird, werden die Frauen durch männliche Arbeitskräfte ersetzt. Die Vertreibung der Frauen aus Arbeitsbereichen, die vorher ausschließlich als „weiblich" galten, wurde durch Gesetze zum „Schutz" der männlichen Arbeit befördert, die von der Regierung erlassen wurden, und bestärkt durch die Zünfte, die immer größere wirtschaftliche Bedeutung gewannen. Das Motiv dafür liegt vor allem in der Angst der Männer vor der Konkurrenz der Frauen bei der Arbeit. Tatsächlich waren die Frauen nach dem Bevölkerungswachstum im Mittelalter viel zahlreicher als die Männer, und die Nachfrage der Frauen nach Arbeitsplätzen war allmählich gestiegen. Inzwischen hatte sich eine neue, immer unabhängigere Arbeiterelite herausgebildet, die dann zum neuen Stadtbürgertum wurde. Die Zünfte sind genau Ausdruck dieses neuen Bürgertums, und die Bestimmungen dienen dazu, die Privilegien zu schützen, die es nach und nach ansammelt. Und der Ausschluß der Frauen aus den Handwerkerzünften geht unerbittlich weiter.

Im „Libre des Metiers" von Etiers Boileau, das gegen Ende des 13. Jahrhunderts in Paris geschrieben wurde und die verschiedenen Berufe aufführte, waren fünf von hundert reine Frauenberufe und in sehr vielen überwiegend Frauen beschäftigt. Besonders die Tätigkeiten, die mit kostbarem Material wie Seide und Gold zu tun hatten, wurden von Frauen ausgeführt. Nur wenige Jahre später wurden die Frauen in entfremdete und eintönige Arbeiten verbannt, und es gibt keine ausschließlich weiblichen Tätigkeiten mehr. Zum Beispiel verbot die Zunftordnung der Gobelinwirker, vorher ein Frauenberuf, im 14. Jahrhundert den menstruierenden und den schwangeren Frauen die Arbeit an den großen Gobelinwebstühlen.

Obwohl die Frauen im Mittelalter unterdrückt waren, zum Teil mit Gewalt, haben sie doch im Vergleich zu scheinbar liberaleren Epochen wie der Renaissance in besonderem Maß Kultur und Kunst beeinflußt.

Die meisten der namenlosen Kunstwerke des Mittelalters, die wir bei der Besichtigung der Florentiner Herrschaftshäuser und Museen bewundern, wie Gobelins, Stickereien, Miniaturen und Goldschmiedearbeiten, sind sehr wahrscheinlich das Werk von Frauen.

Die humanistische und Renaissancekultur, die ihren philosophischen Ausdruck im Neuplatonismus gefunden hat, ist von den klassischen Modellen der griechischen Kultur beeinflußt, wo sich zum ersten Mal auf organische Weise die Definition Mann/Gott findet, die sich gegen die weiblichen Symbole der Göttin/Mutter durchsetzt. Sie stellt den höchsten Ausdruck des Mythos vom Mann als mächtiges Geschöpf dar, als das mächtigste, das fähig ist, sich bis zu Gott zu erheben. Mit dem Humanismus entsteht der Begriff des „Individuums", das natürlich männlich ist. Auch etymologisch bedeutet Humanismus „nach Maß des Mannes" und stellt die zentrale Bedeutung der menschlichen/männlichen Person wieder her. Die Renaissance vertritt ausgezeichnet diese Welt nach Maß des Menschen/Mannes. Es ist eine Kultur, eine Welt, die sich bühnenmäßig „darstellt", indem sie sich auf wirklich hervorragende Weise der Kunst mit ihrem gesamten Apparat von Symbolen und Bildern bedient.

Eine weitere Besonderheit der Renaissance ist die „Personalisierung" der Macht. Die mächtigen Familien – in Florenz steigen die Medici auf – ersetzen überall, was von den kommunalen und republikanischen Institutionen übriggeblieben war. Zentrale Figur der mächtigen Familie ist nicht mehr die Mutter, sondern der Herr. Die Frau wird auch symbolisch zur Person, die sich außerhalb der männlichen Identität befindet und, mit dem Mann gepaart, diesem erlaubt, die Ganzheit darzustellen. Schon immer war es die Bestrebung des Menschen/Mannes, die Ganzheit darzustellen und daher auch das Weibliche, jedoch von sich selbst ausgehend.

Symbolisch findet diese Frau/Weiblichkeit in der klassischen Venus ihren in der Renaissancekunst am häufigsten vorkommenden ikonographischen Ausdruck. In Wirklichkeit gibt es nicht nur eine Venus, sondern zwei, die ganz unterschiedliche Aspekte des „Weiblichen" darstellen und in der männlichen Kultur getrennt werden: die erhabene und die natürliche, die „wahre Natur" und die „wahre Seele". Botticelli stellt als erster diese beiden unterschiedlichen Aspekte der Venus dar in der „Geburt der Venus" und im „Frühling", beide in den Uffizien. Die nackte Venus, die auf einer Muschel aus dem Wasser auftaucht, ist das reine Wesen und die Freilegung der Seele. Die himmlische Venus oder Urania der griechischen Mythologie stellt den neuplatonischen, kosmischen Geist dar, der die Gestalt einer natürlichen Nymphe annimmt. Die Primavera im „Frühling" dagegen ist die bekleidete Venus, die gemeine oder natürliche Venus, Herrscherin über die Formen und die Natur. Eine Venus, die wacht, versorgt, herrscht und leitet, die im Zentrum der Bildkomposition den „auserwählten" Betrachter einlädt, an ihrem Reich teilzunehmen.

Diese zweite Erscheinung der Venus gesellt sich bald zu Mars. Mars und Venus von Jacopo del Sellaio und Pietro di Cosimo – ebenfalls in den Uffizien – sind Gemälde, die auch eine praktische Funktion hatten (Einrichtungsgegenstände fürs Haus, Truhen), und feiern den Triumph der „Harmonie", dargestellt von der wachsamen, würdevollen Weisheit der Venus, den kriegerischen Instinkten des Mars überlegen, der nach der Ablegung der Waffen in einen tiefen Schlaf gesunken ist. Es ist die Vereinigung der Gegensätze, die „Harmonie" herstellt, und das „Weibliche" ist die symbolische Materie, die das Gleichgewicht zuläßt, während die männliche Figur durch Unbeständigkeit und Zweideutigkeit gekennzeichnet ist. Diese zweite Erscheinung der Venus als Natur wird bald zur Braut, die sich mit der anderen Erscheinung der Venus die Macht der Verführung teilt.

Umsonst versuchen wir in dieser „hohen Kunst" zu verstehen, wie die Leute und Frauen konkret lebten. Aber bei der Besichtigung von Museen, die auch Wohnhäuser waren, der Säle des Palazzo Vecchio oder des Palazzo Medici Ricciardi und anderer Herrschaftshäuser der Stadt entdecken wir das tägliche Leben in den häuslichen Gemälden, „geringeren" Darstellungen: Küchen, wo zwischen Fischen und Fleisch Frauen oder besser Hausangestellte bei der Arbeit sind, während im Nebenzimmer Männer Karten spielen. Oder Marktszenen, wo Frauen aus dem Volk geschäftig zwischen Gemüsebergen und Haustieren umherlaufen. Die Adligen – Ehefrauen, Mütter, Töchter und Schwestern der Hausherren – sehen von den Porträts an den Wänden ernst auf uns herab, und sie hatten allen Grund dazu: die Gesichter eingerahmt von Halskrausen gleich Galgenstricken und in ihren Kleidern vergraben.

In Florenz weilte und arbeitete – für den Großherzog Cosimo II. – Artemisia Gentileschi, die dank Frauenforschung auch im Bereich der Kunstgeschichte zum Symbol der von der offiziellen Geschichtsschreibung verkannten Künstlerinnen geworden ist. In den Uffizien und im Palazzo Pitti sind etliche ihrer Werke zu sehen.

1593 in Rom als Künstlertochter geboren, verfügte sie somit über eine der wenigen Möglichkeiten für eine Frau, um in die Welt der Kunst einzutreten. Ihr Vater Orazio Gentileschi war ein recht berühmter Maler, einer der Schüler Caravaggios. Ihr Name ist auch mit einem Prozeß wegen Vergewaltigung verbunden, der in Rom stattfand und viel Aufsehen und Neugier erregte. Vom Opfer sexueller Gewalt von seiten des Agostino Tassi, eines Malers, der von ihrem Vater beauftragt worden war, sie die Perspektive zu lehren, wurde sie zur Schuldigen, die den Mann „verführt" hatte. Alles nach bester Tradition, die leider bis heute noch nicht verlorengegangen ist.

Am Ende des Prozesses „überzeugt" man Artemisia, einen Florentiner zu heiraten, und sie zieht mit diesem nach Florenz. Hier bricht Artemisia die Verbindungen zu ihrem Vater ab und beginnt ihre Karriere als Malerin. Im Jahre 1615 ist sie bereits eine sehr bekannte Künstlerin und tritt 1616 in die Florentiner Zeichenakademie ein. Ein Jahr später ist sie eine der aktivsten Künstlerinnen des Hauses Buonarroti. Ihrer Florentiner Zeit, die bis 1620 dauert, verdanken wir viele ihrer Gemälde.

In den Uffizien befindet sich Artemisia Gentileschis berühmtestes Bild: „Judith, die Holofernes umbringt", das sie wahrscheinlich in derselben Stadt malte. Das Bild hat die Kritik neugierig gemacht wegen der Gewalt dieser blutrünstigen Szene, und einige haben darin eine symbolische Rache für die von ihr erlittene Vergewaltigung gesehen. Ein weiteres interessantes Element ist die aktive Rolle der Dienerin in der Szene: tatsächlich tötet sie Holofernes gemeinsam mit Judith.

In der Galerie des Palazzo Pitti hängt ein Bild „Früchte und Blumen" von Rachel Ruysch, einer flämischen Malerin (1664-1750). Im Vordergrund steht ein Granatapfelbaum(!). Als Genremalerin zeichnete sie mit ihrem Namen die berühmtesten Blumengemälde, einige von Schlangen, Eidechsen und Insekten bevölkert, was zu ihrer Zeit nicht häufig war. Sie stellte mehr als hundert davon fertig, und ihre seltenen Biographien berichten uns, daß der Erlös ihrer meisten Bilder für die Aussteuer ihrer Töchter diente. Sie hatte zehn Kinder!

In der Galerie der Uffizien finden wir ein Selbstporträt von Elisabeth V. Le Brun (1755-1842). Elisabeth stellt ein bedeutsames Beispiel dafür dar, wie das Bild einer Frau als Künstlerin überliefert wird, besonders im Frankreich des 18. Jahrhunderts, doch freilich nicht nur dort. Die Aufmerksamkeit der damaligen zeitgenössischen Kritik war nicht ihrem Werk zugewandt, sondern ihrer Erscheinung als schöner und wohlerzogener Frau und kokett genug, um zu reizen, ohne gefährlich zu sein. Wie alle erfolgreichen Künstlerinnen war sie Opfer endloser Mutmaßungen über ihr Privatleben und ihre Beziehungen zum Hofe. Ihr Name war vor allem an Königin Marie Antoinette geknüpft, die bekanntermaßen recht verrufen war. Der Klatsch bezog sich vor allem auf ihren vielbesuchten Salon. Am Vorabend der Revolution war sie aufgrund ihrer „Intimität" mit der Königin gezwungen zu fliehen. Nach der Restauration Napoleon

Bonapartes kehrte sie nach Frankreich zurück. Sie war vor allem als Porträtmalerin berühmt und malte nicht weniger als 660 Porträts. Im Jahre 1783 wurde sie als eine der ersten Frauen in die Académie Française aufgenommen, obwohl sie sogar verdächtigt worden war, ihre Bilder nicht selbst gemalt zu haben.

Florenz war das Ziel vieler Schriftstellerinnen und Intellektuellen. Besonders die Hügel der Umgebung, vor allem Fiesole, wurden von der englischen Gemeinschaft als Wohnsitz gewählt. Villa Medici, von der aus man ganz Florenz überblickt, war Wohnsitz von Iris Origo, einer englisch-irischen Autorin von Biographien, und das Ziel vieler Schriftstellerinnen. Vita Sackville-West weilte dort im Jahre 1923. Der Aufenthalt in Florenz war andererseits für die jungen adligen und gebildeten Engländerinnen auf ihren Italienreisen obligatorisch.

Auch Gertrude Stein hielt sich wiederholt in Fiesole auf. Im Jahre 1908 verbringt sie dort den Sommer mit Alice Toklas und Harriet Levy.

Virginia Woolf kam 1904 zum ersten Mal nach Florenz: „Der Blick von den Hügeln von Fiesole, das Land ringsherum, San Gervasio usw. sind vielleicht das Schönste, was ich je gesehen habe ..." Im Jahre 1909 kehrte sie zurück: „Florenz war schön – noch schöner als man für möglich hält. Wir gingen zu jeder Stunde am Fluß entlang spazieren, oder wir genossen auf den Hügeln die Sonne ..." Aber sie liebte „jene unnatürliche Florentiner Gesellschaft" nicht, die doch ausschließlich aus Engländern bestand. Sie besuchten sich fast nur untereinander. „Italien ist wirklich unbeschreiblich – sogar ein wenig melodramatisch – einem Roman Merediths nicht unähnlich – zu glanzvoll, um ganz natürlich zu sein. Ich meine das Panorama von Florenz bei Sonnenuntergang von den Hügeln aus gesehen – es gab griesgrämige alte Damen, die in Villen wohnten, mit denen wir Tee tranken."

Lucilla Cambotti
„SPAZIO DONNA" IN DER TOSKANA

Von der zauberhaften toskanischen Landschaft umgeben, etwa zehn Kilometer vom Meer entfernt, befindet sich „Spazio Donna in Toscana": ein kleiner Bauernhof mit 5000 qm Land, der im Besitz einer Gruppe von Frauen ist.

„Spazio Donna in Toscana" versteht sich als eine kulturelle und autonome Frauenarbeitsgemeinschaft. Sie entstand im Rahmen des „Coordinamento Femminista Toscano" (Autonome Frauenbewegung der Toskana), das die Arbeit der verschiedenen toskanischen Frauengruppen koordiniert. Das „Coordinamento" hatte keine feste Organisationsstruktur: Seine regelmäßigen Treffen hielt es in den verschiedenen Städten der Toskana ab. Die jeweiligen Gastgeberinnen kümmerten sich um geeignete Örtlichkeiten für diese Treffen. So wandten sie sich oft an die verschiedenen Stadtverwaltungen, um politische Freiräume für diese Begegnungen zu erhalten. Häufig wurde es uns jedoch versagt, öffentliche Räume zu nutzen, weil wir niemand anderen als uns selbst repräsentierten.

Deshalb begann innerhalb des „Coordinamento" eine Diskussion über unsere Zukunft, über unsere Wünsche und Bedürfnisse. Die Einsicht in die Notwendigkeit eines eigenen Raums für Begegnungen, Diskussionen, um als Frauen – autonom – „Kultur machen" zu können, nahm immer mehr Gestalt an.

So entstand das Projekt „Spazio Donna" und mit ihm die Frauenarbeitsgemeinschaft. Es wurde eine Geldbeschaffungskampagne gestartet (100.000 Lire pro Eigentumsanteil) und das zu erwerbende Haus ausfindig gemacht ... Daraufhin entluden sich Energien nie gekannten Ausmaßes, die für die „Geldbeschaffung" unsere Phantasie und unseren Erfindungsgeist forderten. Es wurden zahlreiche Aktivitäten organisiert, wie Second-Hand-Basare, gemeinsame Essen für Frauen, autonome Frauenferien oder Versteigerungsaktionen.

Die vielen Anstrengungen haben sich gelohnt. Inzwischen sind wir Eigentümerinnen geworden. Schwierigkeiten bestehen natürlich nach wie vor. Die Gemeindeverwaltung von Casale Marittimo bereitet uns Probleme. Die Politiker sehen es offensichtlich nicht gern, wenn Frauen ihre Lebensorganisation selbst in die Hand nehmen. Im August erhielten wir einen Bußgeldbescheid mit der Aufforderung, die Zelte zu räumen. Wir bemühen uns gerade, alle rechtlichen und verwaltungstechnischen Hürden zu überwinden und den Gemeinderäten die Bedeutung eines solchen autonomen politisch-kulturellen Frauenprojekts deutlich zu machen. Zwei Sommer lang hat nun „Spazio Donna" Frauen beherbergt und Arbeitseinsätze organisiert, um das Anwesen instandzusetzen und bewohnbar zu machen. Daß es uns gelang, die sanitären Anlagen, Kanalisation, Elektrizität zu installieren, die Terrassen von Unkraut zu befreien und vieles andere mehr, verdanken wir auch der Mitarbeit zahlreicher italienischer und ausländischer Frauen.

Andrea Simon

Eine Reise in die Unterwelt – Auf den Spuren der Etruskerin

Die Suche nach den Spuren der Etruskerin beginnt in den Gräbern; denn Gräber – aus Stein gebaut oder in Felsen geschlagen –, die eine Zeitspanne von 2.500 Jahren überdauert haben, sind die Zeugnisse vom Leben des etruskischen Volkes in Mittelitalien.

Die Etrusker/innen glaubten an ein Leben nach dem Tod und bauten ihre Grabstätten für die Ewigkeit, während die Wohnhäuser der Lebenden aus Holz bestanden und schon längst dem nagenden Zahn der Zeit zum Opfer gefallen sind. Auf die Reise in die Unterwelt gaben sie ihren Toten all das mit, was sie auch zu Lebzeiten umgab: Hausrat, Schmuck, Werkzeug, Götterstatuen, Waffen, Speisen und Getränke. Mit Fresken von Tänzen, Spielen, Festen und Banketten schmückten sie die Wände der Grabkammern, ebenso wie mit Szenen aus dem Alltagsleben der Verstorbenen. Das Reich der Toten spiegelt uns die Welt der Lebenden.

Um sich den inner- und außerhäuslichen Alltag so angenehm wie möglich zu gestalten, hatten die Etrusker/innen die verschiedensten Techniken und Kunstfertigkeiten entwickelt, denn Lebensqualität wurde in Etrurien groß geschrieben. Die Städte besaßen eine unterirdische Kanalisation und unterirdische Wasserleitungen. Kanäle und Dämme regulierten die Küste, Sümpfe wurden trockengelegt und Regenwasser aufgestaut zur Bewässerung der Felder. Etrurien besaß eine blühende Landwirtschaft, eine umfangreiche Produktion von Kupfer, Eisen und Bronze und trieb lebhaften Handel mit anderen Mittelmeerländern, besonders mit Griechenland.

Die etruskische Architektur kannte bereits die Kunst des Bogen- und Gewölbebaus, eine konstruktive Leistung, die später die Römer nachahmten und derer sie sich rühmten, ohne ihre Lehrmeister zu benennen.

Von etruskischer Kunstfertigkeit zeugen auch die Gegenstände des täglichen Gebrauchs: die Keramik und der Hausrat.

Gemessen an der Fülle der Objekte, die das Leben der Frauen spiegeln, wie Hausrat, Schmuck und kosmetische Utensilien, ist die Zahl der in den Gräbern gefundenen Waffen spärlich. Offensichtlich maßen die Etrusker dem Kriegführen weder besonderen gesellschaftspolitischen Wert bei, noch stilisierten sie es zur „Kunst" oder „Tugend", wie später die Römer. Sie betrachteten es als notwendiges Übel in einer Zeit, in der Krieg auf der Tagesordnung stand, da Griechen, Römer, Karthager und Samniter, um nur einige zu nennen, um die Aufteilung der Macht in Italien kämpften. Es liegt auf der Hand, das Desinteresse der Etrusker an

Eroberungsfeldzügen als Indiz für den Einfluß der Frauen auf die Politik zu interpretieren. So sympathisch uns aus heutiger Sicht die Friedfertigkeit des etruskischen Volkes scheinen mag, dem militärischen Imperialismus der Römer konnte es auf Dauer nicht standhalten. Im Jahre 100 v.u.Z. geriet Etrurien endgültig unter römische Herrschaft und wurde 42 v.u.Z. eine der elf Regionen des römischen Reiches. Doch damit sind wir schon am Ende der Geschichte angekommen, noch bevor sie richtig begonnen hat. Kehren wir zum Anfang zurück.

Über die Herkunft dieses lebensfrohen Volkes mit dem ausgeprägten Totenkult wird seit der Antike spekuliert: Nach Auffassung einiger griechischer und römischer Geschichtsschreiber waren die Etrusker Einwanderer aus Kleinasien, die um 1.000 v.u.z. ihre Siedlungen im Gebiet des heutigen Umbrien gegründet und sich von dort nach Latium und in die Toskana ausgebreitet hätten. Andere hielten sie für einen einheimischen Stamm, der die indogermanische Invasion in Mittelitalien überlebt und im 8. Jahrhundert v.u.Z. neue Bedeutung erlangt hätte.

Die moderne Geschichtsschreibung versucht, die Entstehung des etruskischen Volkes als historischen Prozeß der Vermischung verschiedener Volksgruppen zu begreifen, innerhalb dessen sich unterschiedliche politische, kulturelle und sprachliche Elemente zu dem vereinigten, was in den folgenden 700 Jahren als etruskisches Volk Geschichte machte. Die Etrusker/innen machten es den nachfolgenden Generationen von Historikern nicht leicht, denn sie nahmen das Geheimnis ihrer Herkunft mit ins Grab. Von ihnen selbst sind keine schriftlichen Überlieferungen erhalten, die ihre Geschichte erhellen würden. Die etruskische Schrift ist zwar entschlüsselt, doch handelt es sich bei den gefundenen Texten zum größten Teil um Grabinschriften, deren Wortschatz, dem Anlaß entsprechend, begrenzt ist. Die etruskische Sprache ist bis heute in ihrer Gesamtstruktur nicht enträtselt denn „während die meisten anderen italienischen Stämme, die Latiner, Osker, Umbrer, Veneter, sich ‚indoeuropäischer' Idiome bedienten, die alle einer wohlbekannten Sprachfamilie angehörten, benutzten die Etrusker eine Sprache, die lange Zeit isoliert im Innern ihres geographischen Gebietes erschien und nichts Verwandtes oder Entsprechendes hatte". (Grimal, Pierre, 1979, S. 227)

Wenden wir uns also dem zu, was uns die Etrusker/innen selbst hinterlassen haben, ihren Grabbauten mit ihren eindrucksvollen Wandmalereien, und suchen wir weiter nach dem Subjekt unserer Neugier: den Spuren der Etruskerin. Wir brauchen kein großes detektivisches Geschick zu beweisen, denn sie lacht uns von Fresken und Sarkophagen entgegen: die selbstbewußte Frau, gleichberechtigt neben Männern abgebildet, reich, elegant und unabhängig – aktiv auf politischem Gebiet, im Handel, Handwerk und religiösen Leben.

Wir begegnen ihr als Herrin, die die Huldigungen von Männern entgegennimmt, als Tänzerin in hoheitsvoller Haltung. Sie liegt mit Männern zusammen beim Festmahl und sieht von der Zuschauertribüne aus den nackten Athleten bei Sport und Spiel zu – ein Vergnügen, das zum Beispiel den Griechinnen bei Todesstrafe verboten war.*

Aus den Gesichtern der dargestellten Etruskerinnen sprechen Klugheit und Erfahrung. Ihre Kleidung ist kostbar, variantenreich und meist farbenprächtig. Die Schuhe und der „tumulus", der hohe, spitz zulaufende Hut, deuten auf den hohen gesellschaftlichen Rang der Frauen. Daß auch die Dienerinnen gut gekleidet waren, rügte der Stoiker Poseidonius (ca. 100 v.u.Z.) mit der Bemerkung, daß diese prächtigen Kleider, gemessen am niederen Stand ihrer Trägerinnen, viel zu verschwenderisch seien. Interessanterweise ist auf keiner etruskischen Abbildung eine nackte Dienerin zu finden – griechische Etruskerkritiker nahmen an nackten Dienerinnen und Dienern Anstoß –, während bei Banketten nackte Sklaven bedienten.

Auch über die soziale Stellung der Etruskerin und ihre außerhäusliche Berufstätigkeit geben uns die Gräber Auskunft: Ein Wandgemälde in einem Grab aus dem 5. Jahrhundert zeigt die Tote auf einem erhöhten Stuhl am Rande eines „mundus", dem Eingang zur Unterwelt. Der Sonnenschirm, den sie über sich hält, symbolisiert, neben dem Tod, weltliche und religiöse Autorität.**

Die Frau als Priesterin ist auf vielen Aschenurnen und Sarkophargen abgebildet. In der Skulptur der Thanunia Seianti finden wir ein Beispiel für eine einflußreiche Politikerin,*** und selbst etruskische Triumphzüge fanden nicht ohne Frauen statt: Das Seitenrelief eines Sarkophags aus dem 3. Jahrhundert dokumentiert den Triumphzug der Ramtha Visnai, die ihren eigenen Streitwagen führt, während Mean, die geflügelte Siegesgöttin, den Lorbeerkranz als Zeichen des Triumphes über ihren Kopf hält.****

Ein Tonrelief aus dem 6. Jahrhundert zeigt eine Gerichtsverhandlung, an der auf seiten der Richtenden eine, vielleicht sogar zwei Frauen teilnehmen. Die Gruppe der Richter/innen bestand ursprünglich aus sechs Personen, von denen nur noch fünf zu identifizieren sind. Die Richterin

---

*   Die Fresken mit den beschriebenen Darstellungen sind in Tarquinia (Latium) zu finden und stammen aus der Blütezeit Tarquinias von Mitte des 6. bis Mitte des 5. Jahrhunderts v.u.Z. Tarquinia war ein künstlerisches Zentrum Etruriens. Hier befinden sich die zahlreichsten und wichtigsten Grabmalereien. Ein Teil der Malereien ist aus den Gräbern entfernt worden und im Museo Nazionale in Tarquinia zu besichtigen.
**   Chiusi (Toskana), Tomba della Scimmia.
*** Die Skulptur stammt aus Chiusi, 2. Jahrhundert v.u.Z., jetzt im Britischen Museum, London.
**** Der Sarkophag stammt aus Vulci (Latium), jetzt im Museum of Fine Arts, Boston.

lauscht aufmerksam, den Kopf in die rechte Hand gestützt, dem Fortgang der Verhandlung, um sich ihr eigenes Urteil zu bilden.*

Wir sind der Etruskerin auf unserer Spurensuche in vielen Gestalten begegnet. Sie trat uns entgegen als lebhafte, selbständige Aktivistin, als Repräsentantin des sozialen, kulturellen und politischen Geschehens ihres Volkes und lebte in einem sozialen Zustand der Geschlechtergleichberechtigung, der ihr ein hohes Maß an Freiheit und persönlicher Entfaltungsmöglichkeit einräumte. Im familiären Innenverhältnis wurde sie vom Mann mit Achtung und Respekt behandelt.

Das zeigen die zahlreichen Skulpturen, die die Deckel der Sarkophage und Aschenurnen schmücken: Das klassische Beispiel stammt aus Cerveteri. Die Ehepartner liegen halbaufgerichtet hintereinander auf einer „Kline" (Liege), beide aufgestützt auf den linken Arm. Den rechten hat der Mann locker um die Schulter der Frau gelegt, ohne daß diese Geste besitzergreifend wirkt. Er tritt eher dadurch in den Hintergrund, während sie, die vorn liegt, durch die ausdrucksvolle Sprache ihrer Hände die Aufmerksamkeit der Betrachter/innen auf sich zieht. Die Füße der Frau sind mit Schuhen bekleidet, während die des Mannes nackt sind.** Solche Abbildungen, typisch für die etruskische Kultur, finden sich weder in orientalischen noch in griechischen Darstellungen jener Zeit.

Kaum ein Historiker kann das selbstbewußte Lachen der Etruskerin unbeschwert erwidern.

Griechische und römische Geschichtsschreiber und Schriftsteller äußern sich voll moralischer Entrüstung: Der Grieche Theopomp kritisiert im 4. Jahrhundert v.u.Z., daß die Etruskerinnen ihrem Körper zuviel Pflege und Aufmerksamkeit widmeten, daß sie gemeinsam mit Männern Gymnastik trieben und nichts dabei fänden, sich nackt zu zeigen; daß sie bei Tisch nicht an der Seite ihres Ehemannes blieben, sondern sich neben jeden setzten und auch jedem zuprosteten – wenn er auch eingestehen muß, daß sie ebenso schön wie trinkfest seien. Er empört sich über die sexuellen Freizügigkeiten sowohl der Frauen als auch der Männer und findet es skandalös, daß die Etrusker ihre Kinder gemeinsam aufzogen, die Frauen nicht einem, sondern allen Männern gehörten, und auch die Mütter oft nicht wüßten, welches Kind von welchem Vater stammte.*** Der römische Komödiendichter Plautus behauptete, die etruskischen Mädchen würden ihre Aussteuer durch Prostitution verdienen,**** und

---

*   Museo Nazionale, Neapel.
**   Der Sarkophag stammt aus Cerveteri (Latium), 6. Jahrhundert v.u.Z., jetzt im Museo Nazionale Etrusco in der Villa Giulia, Rom.
*** Athenaios I, 23 d, zitiert nach Stützer.
**** Plautus, Cistellaria, 5, 561 f.

der Philosoph Aristoteles bemängelte, daß „die Etrusker mit den Frauen zusammen beim Mal liegen, und dazu noch unter demselben Mantel.*

Es ist ein altes Lied, das hier gesungen wird, und der Text kommt uns bekannt vor. Er handelt von der Frau, die Tabus bricht, die für Männer noch nie existiert haben, von der Scham- und Sittenlosigkeit derjenigen, die zu viele Freiheiten genießt, von ihrer Verschwendungssucht – denn mit Geld kann sie ja nicht umgehen –, von ihrer Amoral – denn zu eigenem Besitz kann sie nur durch Prostitution gekommen sein. In welcher Tonart dieses Lied auch immer angestimmt wird – ob dorisch, phrygisch oder atonal –, seine häufige Wiederholung über Jahrtausende hinweg zeugt von einer gewissen Einfallslosigkeit der Sänger.

Interessant hingegen ist die Frage, ob es beim etruskischen Volk ein Mutterrecht gegeben hat, worauf die Bemerkung Theopomps, die etruskischen Mütter wüßten nicht, von welchem Mann ihre Kinder stammten, hinweisen könnte.

Dazu Arnaldo d'Aversa, einer der wenigen zeitgenössischen Etruskologen, der sich eingehend mit der Rolle der Frau bei den Etruskern beschäftigt hat:

„In der etruskischen Kultur kann man nicht von Matriarchat sprechen, wohl aber von einer Gleichberechtigung, die eine entscheidende Bedeutung gewinnt, verglichen mit dem, was in Griechenland oder Rom zu beobachten ist. So seltsam es scheinen mag, der etruskische ‚Feminismus' ist keine soziale Errungenschaft jener Epoche, sondern ein archaisches Überbleibsel. Es sind das minoische Kreta, Lydien und Kykien (Kulturen mit matriarchalen Strukturen, d. Verf.), die auf etruskischem Boden eine vollkommene soziokulturelle Vereinigung erfahren haben, sei es mit den Ureinwohnern traditioneller neolithischer Abstammung, sei es mit den indoeuropäischen nomadisierenden Eindringlingen patriarchalischer Prägung. So wurde eine vollkommene Gleichberechtigung zwischen ‚pater' und ‚mater familias' (Herv. i. Orig.) geschaffen mit den Vorrechten beider." (d'Aversa, Arnaldo, 1985, S. 15, eigene Übersetzung)

So trugen, schreibt er weiter, die Kinder den Familiennamen des Vaters zusammen mit dem Vornamen und dem Familiennamen der Mutter. Auf verschiedenen Grabinschriften taucht der Geschlechtsname der Mutter auf, entweder allein oder zusammen mit dem Vornamen des Vaters, zum Beispiel: „Velthur, Sohn des Laris und der Tanaquil Cuclni".

Die Römer dagegen schrieben: „M. Tullius M. F. – Marcus Tullius, Sohn des Marcus".

Die Tatsache, daß die Etruskerin einen eigenen Vornamen hatte, ist bedeutend und verweist auf ihre eigenständige Persönlichkeit. Während die Römerin einen abgewandelten männlichen Vornamen trug – wie Claudia,

---

* Athenaios I, 23 d, zitiert nach Stützer.

Cornelia oder Livia –, bewies die Etruskerin Individualität. Sie hieß Ramtha, Tanaquil, Fasti, Velia.

Moderne Archäologen und Etruskerforscher sind an Ramtha und Tanaquil nicht interessiert und haben beschlossen, sie zu ignorieren. Die „Welt der Etrusker", die sie uns präsentieren, ist eben nur die Hälfte des Himmels. Die andere Hälfte müssen wir selbst entdecken. Die vorliegende „Spurensuche" ist nur ein Blitzlicht, das das Leben der Etruskerin für einen Augenblick erstrahlen läßt, um es dann wieder dem Dunkel der Gräber anzuvertrauen. Sie soll Neugier wecken und jene, die die verborgene Geschichte von Frauen interessiert, anregen, sich selbst ein Bild zu machen.

Monika Savier
Casa Balena – Ein Tango für Grille und Ameise

Als wir 1982 in Mittelitalien das Projekt Casa Balena in einer kleinen Gruppe italienischer und deutscher Frauen gründeten, nahm alles zunächst wie in einer bürgerlichen Ehe seinen Lauf: Wir deutschen Frauen brachten Technik, Kredite, Organisationserfahrung und Durchsetzungswillen ein, die Italienerinnen Kreativität, Individualismus, Lebensqualität, Bescheidenheit und Mütterlichkeit.

Auch die Menschen auf dem Lande, die mit uns zu tun hatten, machten diese Rollenfestlegung ohne Frage mit, ja sie bestärkten sie noch, indem sie „Männersachen" mit den deutschen Frauen und „Frauensachen" mit den Italienerinnen besprachen. Darin zeigt sich natürlich auch, daß dem deutschen Charakter aus italienischer Sicht (und diese basiert unter anderem auf konkreten Erfahrungen aus der deutschen Besatzungszeit während des Zweiten Weltkrieges) eher typisch männliche Eigenschaften zugeschrieben werden – Frauen werden aus dieser Sichtweise nicht ausgeklammert –, denn anders sind der deutsche Wiederaufbau, die harte Währung und das ungetrübte Selbstbewußtsein nicht zu erklären. Wer sein Leben nicht lebt, sondern „zerarbeitet", schafft und schafft, baut zwar was auf, hat was, ist wer (männliches Prinzip), hat aber nichts davon – jedenfalls nach italienischer Meinung. Was ist das für ein Leben ohne Künste, leibliche Freuden, Zeit zum Lieben und Geliebtwerden? Lieber emotional zu reagieren, statt rational zu kommandieren ... Anything goes, sogar gleichzeitig. Das Prinzip ist: Wärme statt Leistung, und wenn Leistung erforderlich ist, dann nur soviel, wie unbedingt nötig.

Die Mischehe im Team Casa Balena produzierte zunächst im Innenverhältnis ein Maximum an Vergnügen, bei gleichzeitiger Verzweiflung – aber immer waren die Handlungsschritte partnerschaftlich: Es ging nicht so schnell und effektiv vorwärts, wie es die beiden deutschen Frauen im Team wollten. Es war aber auch nicht so schön romantisch und familiär, wie es sich die Italienerinnen vorstellten. Wir Deutsche versuchten gerne organisatorische, technische oder materielle Probleme durch „Endlösungen" vom Tisch zu kriegen – nicht ohne Stolz und oftmals mit Berechtigung, doch die Totalität absoluter Entscheidungen erkannten wir schnell – in der Nicht-Lösung lagen meist die Chancen für kreative Veränderungen und neue Möglichkeiten. Aus der Klage: „Kein zu Potte kommen", entwickelte sich oft ein: „Gut, daß es damals nicht entschieden wurde". Es machte Spaß, zu lernen, jeden Tag aufs neue entscheiden zu können. Aus der Not entsteht hier eine wahre Tugend.

Da wir uns des Rollenspiels bewußt waren und feststellten, daß es zu mühsam sei, kulturelle Stärken zu verfeinern und kulturbedingte Schwächen wegzuerziehen, beschlossen wir, im Team alles so zu lassen, wie es war, aber: „Schwächen möglichst in der Form auszuleben, in der sie zu praktisch verwendbaren Stärken wurden." (Das männliche Prinzip ist ja besonders dann unangenehm, wenn es zur falschen Zeit in falscher Form zum Ausdruck kommt, das gleiche gilt natürlich auch für das weibliche.)

Casa Balena ist eine Bildungsstätte für Frauen, in die Erfahrungen aus zwei Nationen und aus unterschiedlichen Leben (diesen hier vor dem Tode) einfließen. Wir können es auch den Versuch nennen, Widersprüche zu kultivieren oder zu erhalten. Am Ende gleichen sich die Widersprüche an, und wir erleben langsam eine Metamorphose des Verhaltens, eine Auflösung genormter Vorschriften, das glückliche Miteinander von Sinn und Unsinn.

So haben wir zum Beispiel ein Windrad gebaut, das ein wenig Strom erzeugt. Leider haben wir aber auch eine Wasch- und Spülmaschine im Haus, die beide ganz viel Strom benötigen. Wir sind eben ein Öko-Projekt mit Symbolcharakter in zweifacher Hinsicht: Stromproduktion aus Sonne und Wind, doch wir wollen auch nicht auf unserem Rücken (genauer gesagt auf Knien am Fluß Wäsche und Geschirr mit Asche in kaltem Wasser sauber reiben, dabei gemeinsam „unter Frauen" ein Lied anstimmen – wer jagt uns derweil den Hirsch zum Abendessen?) energiepolitische Fehlplanung und Wirtschaftswucher ausbaden. Wir essen Fleisch – oder auch nicht –, es gibt einen Biogarten.

Es macht Spaß, mit einem der allen zur Verfügung stehenden Fahrräder durchs hügelige Umbrien zu fahren, aber mit dem Auto geht es auch ganz gut, und es hat nicht so oft platte Reifen.

Wir haben eine selbstgebaute Solaranlage zur Warmwasseraufbereitung, doch die Elektronik dazu haben wir im Dorf beim Klempner gekauft, denn wir wollen ja nicht von Hand jeden Tag die Pumpe abschalten, wenn die Sonne untergeht, und erst recht nicht sie einschalten bei Sonnenaufgang.

Es ist schön bei uns, unser Garten ist ein Biotop, mit tierischem und pflanzlichem Gleichgewicht (das entsteht, wenn man nicht soviel darin arbeitet), dazu gehören auch Mücken, seltener Schlangen.

Da gibt es Frauen, die herkommen, viel Wein trinken und laut Musik hören, da gibt es andere Frauen, die das „nicht abkönnen". Dann „machen sie sich an", diskutieren, und am Ende, wenn es sich um Italienerinnen handelt, wird miteinander gefeiert. Sollte es sich um Frauen aus Europas Mitte handeln, wird die ganze Nacht „problematisiert", bis es „aufgearbeitet" ist und die Soundso „sich jetzt besser fühlt". Ist die Situation gemischt, gewinnen meist die Italienerinnen. Deutsche Frauen zum Beispiel lassen sich auch gern mal mitreißen, doch wenn sie abreisen, bleibt bei so mancher „etwas zurück, das nicht geklärt wurde".

Es ist nicht einfach, ein Dienstleistungsbetrieb für Frauen zu sein. Wir empfehlen es nur bedingt weiter. Gemäß den Prinzipien unserer kulturellen Mischehe (mit Rollentausch) bieten wir aus allen Bereichen, was wir aufbringen können: gute Küche (unser Frauenhandwerksansatz No. 1), Information, Technik, organisierte Freizeit und eben jede Menge Widersprüche. Manche Frauen, die schon mit der Reformhaustüte zu uns kommen, haben schon eine ganz klare Vorstellung von dem, was sie nicht wollen. Das hat auch seine schönen Seiten, denn da sind die Erwartungen an uns ganz klar eingegrenzt und damit auch unsere Arbeit. Doch so manche Müsli-Esserin haben wir schon ganz unauffällig zum heimischen Trüffel mit hausgemachten Spaghetti überreden können und später am Abend gestanden, daß diese ja auch aphrodisierend wirken.

Der Handwerkerinnenboom der achtziger Jahre in der Frauenbewegung der industrialisierten Länder hat sich auch bei uns positiv ausgewirkt. Besonders alleinreisende Frauen verlangen meist schon kurz nach der Ankunft nach der Rohrzange für den tropfenden Wasserhahn oder nach den Unterlegscheiben für die schleifende Zimmertür. Sie zeigen ihre Anerkennung für unser Projekt besonders durch praktisch-konstruktives Vorgehen, Materialverständnis und Neugier. Sollen sie andere Frauen begrüßen, verdrücken sie sich vor Freude. Wenn Italienerinnen kommen, gibt es ganz viele Küßchen rechts und links, und es wird Tiramisu („zieh-mich-hoch", das beste „Dolce", das es gibt) gemacht – für alle natürlich. Niemand darf sich entziehen, gefeiert wird (fast) ohne Alkohol, und wenn was umfällt und kaputt geht, könnte es noch Jahre da liegenbleiben – es stört ja die epikureischen Freuden in keiner Weise. Sie sind froh, daß bei uns der Strom aus der Steckdose kommt (es gibt ja auch noch viele Häuser auf dem Lande, in denen das Licht mit dem Streichholz angezündet wird). Wenn wir mit ihnen in die Werkstatt gehen und ein Solarmodul zur Stromgewinnung erklären, glauben sie es uns erst gar nicht. Später leuchten dann ihre Augen, sie sind nun Eingeweihte in eine geheimnisvolle Welt, von der fast niemand etwas versteht und die uns (ihnen) auch niemand abnehmen wird. Wir sind ihnen jetzt direkt sympathisch, denn nun haben sie uns Deutsche in Casa Balena mal in voller Leidenschaft und Begeisterung erlebt – mit heißen Ideen, die politischen Hintergrund haben und die wir nun ihrer Meinung nach unbedingt auf einer der nächsten Tagungen zur Feministischen Philosophie (Unterthema: Die Vertreibung der weisen Frauen) vorbringen sollten – denn das ist es, was der italienischen Frauenbewegung fehlt, nicht das Salz, sondern die Suppe, nicht der Kopf, sondern der Arbeitsplatz, nicht Wein, Weib und Gesang, sondern die Lire, um später die Rechnung zahlen zu können. An diesem Punkt treffen wir uns dann wieder, denn die „harte D-Mark" findet sich ja bekanntlich nicht in den zarten Händen der Frauen – zumindest kennen wir keine wirklich reiche Frau, die in einem Frauenprojekt arbeitet beziehungsweise dort an einer Fortbildung teil-

nimmt. Aber das kann ja noch kommen! Einstweilen machen wir weiter, immer in der Erkenntnis, daß Arbeit geklaute Freizeit ist und es nicht wahr ist, daß man nichts lernt, wenn man nichts tut. Arbeit muß ein vernünftig eingesetztes Mittel auf dem Weg zum Erfolg sein, muß Sinn machen in einem Frauenprojekt, muß spannend und entspannend wirken und muß auch nicht immer sein. Es geht eher um die Schaffung von Lebensqualitäten, die natürlich nicht nur materieller, sondern auch geistiger Art sein sollen (ich will nicht spiritueller Art sagen, damit wir in der nächsten Zeit nicht ausschließlich von Esoterikerinnen überflutet werden und die so hoch geschätzte deutsche Tischlerin uns den Rücken kehrt). Nachdenken, konsumieren, ohne zu organisieren oder zu dominieren, genießen, einfach erstmal ansehen, anfühlen ist (noch) nicht unbedingt jederfraus Sache. Wir versuchen durch Schnupperkurse unser kleines Ökologie-für-Frauen-Projekt in die Nahzone von Lern- und Lebensfreude zu rücken. Unser Ziel am Ende eines jeden Seminars ist es, die Hochzeit von Grille und Ameise zu feiern.

Dazu treibt uns der Wind von hinten, und die Sonne scheint uns ins Gesicht.

Teresa Lanza
TABAKPFLÜCKERINNEN IN UMBRIEN

An jenem ersten Tag, an dem das neue Schuljahr begann, war ich wie immer etwas aufgeregt. Meine Arbeitsstelle befand sich in einem kleinen Dorf, bestehend aus zehn Häusern, die an einen grünen Hügel geklebt und von Pinien und Kastanien umsäumt waren. Eine enge Serpentine führte hinauf, und ich fragte mich schon, ob im Winter bei Schnee und Eis die Schule nicht geschlossen würde?

Nach der letzten Kurve stand ich ganz plötzlich, noch außerhalb des Dorfes, vor der Schule, einem flachen gelben Gebäude aus zwei Räumen. Ich war etwas zu früh, dennoch mußte ich eine ganze Weile warten, bevor meine sieben Schüler/innen eintrafen. Zu ihrer Verspätung sagte ich nichts, und später begriff ich, daß ihre Mütter schon bei Sonnenaufgang das Haus verließen und erst bei Dunkelheit nach Hause zurückkehrten: Sie konnten nicht kontrollieren, wann ihre Kinder zur Schule gingen. Wir stellten uns gegenseitig vor. Sie zeigten mir ganz stolz ihr Schreibzeug und ihre Schultasche.

Draußen war ein heißer Septembermorgen, und ich entschied, das Dorf und seine Menschen kennenzulernen. Ich schlug den Kindern einen Spaziergang vor, und sie waren gleich einverstanden. Wir erreichten die zehn Häuser und liefen durch enge Gassen, durch die kein Auto fahren konnte. Im Zentrum des mittelalterlichen Dorfes stand nicht die Kirche, wie normalerweise zu erwarten gewesen wäre, sondern ein großes altes Waschhaus, das sich an einen Brunnen lehnte. Einige Frauen wuschen dort die Wäsche. Und das, obwohl die Waschmaschine doch sicher auch in diesem Dorf angekommen sein müßte, dachte ich.

Ich grüßte die Frauen und setzte mich, um ein paar Worte mit ihnen zu wechseln. Dabei zündete ich mir eine Zigarette an. Die Kinder sahen mir mit großem Interesse zu, ich verstand nicht gleich warum, wollte mich dann für diese Geste entschuldigen, indem ich sagte, daß das Rauchen ja wirklich eine Sache sei, die man besser sein lassen sollte ... Der Kleinste der Kinder unterbrach mich und sagte: „Maestra, denk mal, wenn alle das Rauchen aufhören würden, dann hätte meine Mutter keine Arbeit mehr, und ich, was würde ich dann zu essen kriegen?"

Mir blieb der Mund offen stehen, und in diesem Moment beschloß ich, herauszufinden, was es mit den Tabakpflückerinnen in Umbrien auf sich hatte.

Zusammen mit den Schülerinnen und Schülern bereitete ich einen Fragebogen vor, wir machten Interviews und besuchten die Schauplätze des Geschehens. Schriftliches über die Tabakpflückerinnen war nicht aufzutreiben, mit Ausnahme einer Dokumentation über das Leben der

„Tabacchine", der Tabakpflückerinnen in den fünfziger Jahren, herausgebracht von der „Consulta delle Donne", der Frauenleitstelle in Perugia. Nach unserer Untersuchung hatte ich einen Grund mehr, mit dem Rauchen aufzuhören.

Die „Tabacchine" haben ein bitteres, hartes Leben, ihr seht es an ihrem Gesicht, ihren hektischen Bewegungen, doch wenn sie sprechen, klingen ihre Worte abgeklärt und anschaulich, so als seien sie mit diesem Schicksal geboren, ohne daß da noch etwas zu machen wäre. Dennoch, sie sind nicht unter den Riesenpflanzen geboren oder an den Trockenöfen.

Es ist eine lange Geschichte ... Die Tabakpflanze kam um 1500 nach der Entdeckung Amerikas nach Europa – eingeführt durch spanische Seeleute. Sie wurde damals zu den Heilpflanzen gezählt. Nach Umbrien kam sie 200 Jahre später. Danach haben die Riesenpflanzen viel Weg zurückgelegt und bedecken heute bis zu achtzig Prozent der kultivierten landwirtschaftlichen Fläche.

Die Produktion des Tabaks teilt sich in zwei Phasen: die landwirtschaftliche und die industrielle Fertigung. Nach der Ernte der von der Sonne verbrannten und trockenen Tabakblätter auf den Feldern werden sie gebündelt und gelagert. Nun folgt der gefährliche Teil der Produktion für die „Tabacchine" – von Männern ist hier nie die Rede.

Nach dem Krieg, als es für die Bäuerinnen und ihre Töchter nicht genug Arbeit auf den Feldern des eigenen Hofes gab, suchten sie sich eine Anstellung auf den Tabakfeldern, um Geld zu verdienen. Heute wird die

Arbeit von Frauen jeglicher Herkunft gemacht, denn nach langen Kämpfen der Gewerkschaften werden die „Tabacchine" besser bezahlt, und unter ihnen sind Bäuerinnen, arbeitslose Akademikerinnen oder Ausländerinnen.

Zwischen den „Tabacchine" gibt es Freundschaft und Solidarität, doch manchmal auch Schikane aufgrund der diskriminierenden Hierarchie. Bezahlt wird nach Kilo der verarbeiteten Tabakblätter und individueller Leistung. Eine Frau kann zur Vorarbeiterin aufsteigen, zum langen Arm des Besitzers werden und sogar dahin kommen, über die Einstellung neuer Arbeiterinnen mitzuentscheiden – was sich meist nach den Geschenken richtet, die sie vorher von den Arbeitsuchenden erhalten hat.

Zum Glück gibt es auch die anderen – jene, die sehr schnell arbeiten, und wenn sie ihren Akkord erfüllt haben, denen zur Hand gehen, denen das Sortieren der Blätter, der „media", schwerfällt. Die „media" ist die Verarbeitung von circa einundzwanzig Kilo ausgewählten Tabakblättern, nach Güte verpackt, alles in einer Abstufung von siebzehn Farben, die die unterschiedliche Qualität des Tabaks ausmachen. Diese Arbeit wird in großen, absolut dicht verschlossenen Lagern gemacht, denn frische Luft verdirbt die Blätter.

Die Frauen stehen acht bis zwölf Stunden am Tag an langen Holztischen und sortieren die Blätter je nach Farbe. Durch den Staub der ständig bewegten Blätter wird die Luft unerträglich, und die Frauen haben immer wieder Bronchitis und Lungenentzündung. Nach dieser langwierigen, minutiösen Arbeit kommt das Trocknen der Blätter. Das geschieht in kleinen Räumen, den sogenannten Öfen, in denen Heißluft von circa 50° C kreist. Die Blätter verbleiben ungefähr zwei Tage dort. In den Öfen, bei diesen Temperaturen, hängen die Tabacchine die Blätter an Balken von bis zu zwölf Metern Höhe auf. Es kommt häufig vor, daß eine in der Hitze und nikotingeschwängerten Luft ohnmächtig wird und runterfällt. Wenn die Blätter völlig trocken sind, werden sie für einige Minuten einer Temperatur von 100° C ausgesetzt und noch kochend in Fließbandarbeit in Wannen gehängt. In dieser Wanne arbeitet eine Frau, die die Blätter ordnet und umbiegt, wobei sie das ganze Gift, Nikotin und andere Substanzen, einatmet und oftmals nur noch knapp aus der Wanne springen kann, um sich draußen zu erbrechen.

Die Großmutter eines Schülers erzählte: „Ich begann mit siebzehn Jahren als ‚Tabacchine' zu arbeiten, denn mein Vater war tot, und wir waren sechs Kinder. Ich arbeitete hart, um zu zeigen, daß ich gut genug war, um den Arbeitsplatz zu behalten. Ich lernte sehr schnell, die Farben des Tabaks zu unterscheiden, und so wurde ich immer am Ende der Ernte in die Fabrik zur Auslese gerufen. In der Zwischenzeit heiratete ich und bekam ein Haus, einen Mann und ein Kind. Mein Mann half mir nicht, denn auch er arbeitete hart als Maurer. Zum Glück stellte er kaum Erwartungen an mich, es reichte ihm, wenn er zu essen bekam. Aber mit dem Jungen gab es Probleme. Ich wußte nicht, wo ich ihn lassen sollte. Zuerst gab ich ihn meiner Mutter, dann meinen Schwestern, und später ließ ich ihn allein. Ich weckte ihn früh am Morgen, bevor ich zur Arbeit ging, machte ihn fertig für die Schule und ging aus dem Haus in der Hoffnung, daß er auch tatsächlich zur Schule ging. Doch oft schlief er wieder ein oder kam zu spät oder ging überhaupt nicht hin. Ich war sieben Jahre in der ‚Auswahl‘, dann haben sie mich in die ‚Fertigung‘ gerufen. Dort mußte ich die Arbeit kontrollieren, die aus der ‚Auswahl‘ geliefert wurde, bevor sie in die Öfen kam.

Es war 1963, als sie uns irgendwann kein Geld mehr zahlten. Daraufhin haben wir die Fabrik besetzt und gestreikt. Wir waren nur Frauen: Arbeiterinnen und Gewerkschafterinnen. Dann ist die Polizei gekommen, doch sie hat nichts machen können. Drei Nächte haben wir in der Fabrik geschlafen. Die eine oder andere, die in der Nähe wohnte, ging nachts heimlich nach Hause, weil sie kleine Kinder hatte. Wir anderen, die weiter weg wohnten, konnten das nicht machen. Alle Ehemänner waren draußen versammelt und riefen und versuchten uns zu erpressen, doch wir antworteten nur: ‚Geh nach Hause, diesmal werd’ ich hier mein Brot verteidigen!‘

Später sind neue Besitzer gekommen, sie haben neue Maschinen aufstellen lassen, damit wir nicht mehr soviel mit der Hand machen mußten, und so kam es, daß ich das erste Fließband kennenlernte. Doch wir haben auch unsern Lohn erhalten und eine Verlängerung der Arbeitsverträge.“

„Warum waren denn in der ‚Auswahl‘ nur Frauen beschäftigt?“

„Weil man viel Geduld und Wachsamkeit braucht, und die Männer werden gleich nervös. Sie sind dazu nicht zu gebrauchen, und außerdem ist die Arbeit nicht gut genug bezahlt.“

„Können Sie sich noch an eine besondere Begebenheit aus dieser Zeit erinnern?“

„Einmal ist eine Frau aus zwanzig Metern Höhe vom Gerüst gefallen, weil ein Balken brach, an dem die Tabakblätter zum Trocknen aufgehängt wurden. Ihr ganzes Gesicht war ruiniert. Wir sind alle hingelaufen. Sie lag da wie tot, doch Gott sei Dank war sie nicht tot, aber das Gesicht haben sie nicht mehr hingekriegt. Ein andermal versuchte eine Frau verbotenerweise, während der Arbeit einen Apfel zu essen. Sie tat das so in Eile, daß sie sich verschluckte und fast erstickt wäre. Sie haben sie ins Krankenhaus gebracht. Die Vorarbeiterin sagte nur dazu: ‚Da seht ihr es wieder, Sünden werden immer bestraft!‘ Von diesem Moment an sprach niemand von uns mehr mit ihr, auch wenn sie uns rief, antwortete keine, und eines Tages ward sie nicht mehr gesehen.“

Nada Pallini
Mein Atri – Leben in der Provinz

Ich lebe in einem Dorf in den Abruzzen, seit uralten Zeiten wegen seiner günstigen geographischen Lage „Königin der Hügel" genannt. Es streckt sich weich auf einem Kalksteinhügel aus, nur zehn Kilometer vom Meer entfernt, und an klaren Tagen ist es daher möglich, mit dem Blick nach Osten einen weiten Abschnitt der adriatischen Küste und im Westen das gleichzeitig beruhigende und beunruhigende Profil des Felsmassivs des Gran Sasso – als der „schlafende Riese" bekannt – zu umfassen, ein steinernes Monument der antiken männlichen Müdigkeit. Atri hat eine sehr alte Geschichte, vielleicht ist es etruskischen Ursprungs, jedenfalls früher als Rom entstanden, dessen Kolonie es später wurde, mit dem Sonderrecht, eigene Münzen zu prägen. Danach wurde es Teil des Herzogtums von Spoleto, dann an die Herzöge von Acquaviva verkauft, denen es etwa vier Jahrhunderte gehörte, bis es der König von Neapel kaufte.

Von seiner vergangenen Größe zeugen noch Monumente wie die Kathedrale in gotisch-romanischem Stil mit kostbaren Fresken, gebaut auf den Resten antiker römischer Thermen, reich an Mosaiken mit Meeresszenen. Ebenso der Herzogspalast mit seinem wunderschönen Platz, den die Sucht nach Modernismus der verschiedenen Kommunalverwaltungen zum Glück nicht übermäßig verunstaltet hat; eine Reihe von Gassen und Sträßchen eindeutig mittelalterlichen Erbes; wunderschöne, bis heute funktionierende Brunnen, höchstwahrscheinlich etruskischen Ursprungs, überall im Gelände rings um den bewohnten Kern verstreut; weitere Kirchen unterschiedlicher Stile und Epochen; ein öffentlicher Park, von dem aus sich ein weites Panorama erschließt; eine ganze Reihe von Schluchten, vom Regen aus dem kalkhaltigen Boden gewaschen, die ein wirklich eindrucksvolles Landschaftsbild abgeben.

Die Leute hier führen ein typisches Dorfleben, wie an so vielen anderen Orten Mittelitaliens; Atri ist ein Ort, an dem das Echo der großen Ereignisse gedämpft ankommt. Fast scheint es, daß die Zeit rückwärts läuft oder zumindest in langsamerem Rhythmus als anderswo.

Eine Art historische Resignation bemächtigt sich seiner Bewohner/innen, hindert sie zu handeln und verurteilt sie, darauf zu warten, daß etwas geschieht.

Der so sehr gerühmte Vorteil der Provinz gegenüber den großen Städten, jenes vitale, natürliche Ferment, das aus den viel direkteren und unmittelbareren zwischenmenschlichen Kontakten hervorgeht, scheint hier nicht zu entstehen.

Dagegen erlebt man hier unaufhörlich den Weggang von Personen und daher von Kräften und Energien; infolgedessen beobachten diejenigen, die bleiben, von Tag zu Tag apathischer die fortschreitende Agonie dieses Ortes, der doch bessere Zeiten gekannt hat.

Die soziale Organisation ist nunmehr erstarrt, mit derart im Lauf der Zeit wiederholten Gewohnheiten, daß diese den Charakter ungeschriebener Gesetze angenommen haben, von denen sich nur wenige abzusetzen wagen.

Bis vor kurzer Zeit wurde zum Beispiel eine Frau, die altersmäßig mehr oder weniger ein Vierteljahrhundert erreicht hatte, ohne „unter die Haube" gekommen zu sein, als nunmehr unnütze Frau betrachtet, als nicht produktiv, weil nicht reproduktiv, dazu bestimmt, eine Bürde zunächst für die Eltern, dann für Brüder und Schwestern zu sein, die mit der Erpressung, sie im Hause aufzunehmen, in ihr eine unermüdliche und stille Haushälterin fanden, der gegenüber keinerlei Pflicht zur Entlohnung bestand, sondern der im Gegenteil jede noch so geringe Gegenleistung vorgehalten und auf jede mögliche Weise und bei jeder Gelegenheit vorgeworfen wurde, und die so zu ewiger Dankbarkeit verpflichtet war.

Heute beginnt das Bild der von strikter Einhaltung festgelegter Rollen – wie die der Familien- und Kindermutter – losgelösten Frau in das allgemeine Bewußtsein einzudringen und eine andere Wertigkeit zu erringen als noch vor wenigen Jahren. Es steht außer Zweifel, daß ein höherer Ausbildungsgrad, vor allem unter den Frauen und Mädchen, die Notwendigkeit und Gelegenheit einer Beschäftigung als Mittel, sich in die gesellschaftliche Szene einzufügen, in beträchtlichem Maße dazu beigetragen haben, alte Denkmuster zu verändern – auch an einem Ort, wo man immer noch die Luft des Schicksalhaften atmet, wo die Dinge fast nie bestimmt werden, sondern einfach nur geschehen, und wo man deshalb die erstarrten Regeln für das Leben nicht kritisch hinterfragt. Gewiß ist es nicht so, daß der ledigen Frau allgemein Würde zugebilligt wird, aber viele beginnen doch, die Möglichkeit einer unterschiedlichen Wahl zuzugestehen.

In einem kleinen Ort, in dem es schwieriger ist, Vorurteile und Lebensformen zu überwinden, deren einziges zu erreichendes Ziel die Gründung einer Familie ist, wo ein gesunder Anspruch auf die Rechte der eigenen Person auf jeden Fall mit der allgemeinen Meinung zusammenstößt, traditionell den Frauen zugeschriebene Rollen auszuüben, ist es nicht leicht, in vollständiger Übereinstimmung mit den eigenen Ideen zu denken und vor allem zu leben, ohne sich dem Urteil der anderen zu entziehen oder zumindest zu versuchen, sich nicht darum zu kümmern. Das ist jedoch nicht immer möglich und nur zu einem hohen Preis.

Das „abstrakte" Urteil der Gemeinschaft beeinflußt uns immer irgendwie, auch wenn wir uns als freie, unabhängige Frauen ausgeben, die theoretisch ganz klar im Kopf haben, was sie wollen. Es dürfte kaum gelingen, jene ungeschriebenen Lebensnormen völlig und endgültig aus den Angeln zu heben, die als Ergebnis von Erziehung und Gewohnheiten Teil von uns geworden sind, gut abgelagert und aufgeschichtet. Der Ungehorsam gegenüber diesen Gesetzen, selbst wenn er aus tiefer Überzeugung gebilligt wird, ist immer mit Schmerz verbunden. Wo sich alles in allem die Lebensformen der vorherigen Generationen relativ unverändert erhalten haben, muß die Übertretung festgefahrener Muster und Rollen in Form des Sich-Entziehens oder des Nicht-Einwilligens ein Anderssein bedeuten, eine ungerechtfertigte und unfaßbare Abweichung.

Eine kleine Gemeinschaft fühlt sich, während sie wie eine große Mutter einhüllt und in ihrem Schoß aufnimmt, gleichzeitig mit dem Recht ausgestattet, jede Tat ihrer „Kinder" zu kontrollieren.

In einem kleinen Ort, wie hier in den Abruzzen, zu leben und zu arbeiten ohne jede Absicht, eine Familie zu gründen, rechtfertigt nicht den Wunsch, als Frau allein leben zu wollen. Eine Frau kann nur vom Haus des Vaters in das des Ehemanns umziehen. Unvorstellbar, und daher mehr oder weniger ausdrücklich von Eltern, Verwandten, Freunden und Bekannten verurteilt, ist der Wunsch nach einem eigenen Raum, der nach eigenem Gefallen gestaltet und verwaltet werden kann. Die unvermeidlichen Schuldgefühle, die der schmerzvolle Blick der eigenen Mutter erzeugt, wenn eine solche Entscheidung auch nur angekündigt wird, die psychische Erpressung, der eine Frau ausgesetzt sein wird, der Vorwurf, im Stich zu lassen, sich nicht zu kümmern, egoistisch zu sein. Wer als erste im Ort diese Regel verletzt (auch wenn anderswo bereits weitgehend erprobt und umgesetzt), wird also automatisch zur Pionierin. Sie wird anderen Frauen den Weg zur eigenen Persönlichkeitsentfaltung ebnen.

In einem Dorf wie Atri werden die Kämpfe in der Tat einzeln ausgefochten. Es gibt keine politisierten Gruppen, in die Forderungen und Erwartungen einfließen können. Die Tatsache, sich mehr oder weniger spontan zusammengetan zu haben, um beispielsweise einen Sprachkurs oder eine Turnhalle zu besuchen, bedeutet weder die Bildung einer Gruppe, die sich durch eine gemeinsame Lebensweise auszeichnet, noch einen Zusammenschluß mit dem Ziel, nunmehr verfestigte Lebensmuster zu verändern oder zumindest in Frage zu stellen.

Tatsächlich findet an einem bestimmten Punkt, wie bei jedem Zusammenleben, eine Art Abflachung der bestehenden Unterschiede zwischen den Personen statt. Allmählich bilden sich ziemlich ähnliche Meinungen, gleiche Denkweisen und dem Anschein nach identische Lebensweisen heraus, weshalb de facto kein weiteres Wachsen möglich wird. Nicht einmal jene gesunden Gegensätze, die dich in Frage stellen, Überzeugungen und Gewohnheiten erschüttern, dich in schmerzhafte Konflikte geraten lassen und sich doch aus einiger Entfernung als nützlich herausstellen, können in Erscheinung treten, zum großen Nachteil der eigenen Entwicklung.

So erweist sich womöglich das, was du jahrelang als Oase der Ruhe, als heiteren Ort mit Schutz vor großen Konflikten bezeichnet hast, als eintönig und läßt deine Neugier und deinen Wunsch nach Lernen und Wissen, nach Leben und Sein unbefriedigt. Die Geborgenheit des Ortes kann so plötzlich zur erstickenden Umklammerung, zur Zange werden, die deine Sehnsucht festhält, zu Unbekanntem aufzubrechen, das du doch um jeden Preis kennenlernen willst. Für ein gesundes und wohltuendes Überleben müssen wir das richtige Gleichgewicht finden, die Zauberformel, die uns erlaubt, das Gefühl von menschlicher Wärme und Sicherheit zu genießen, das vom Leben in einer engen Gemeinschaft ausgeht, und gleichzeitig zu versuchen, unsere Sehnsüchte den eigenen Regeln gemäß zu verwirklichen. Es ist kein leichtes Unterfangen, aber es ist das mindeste, das sich jede von uns schuldet.

Ziemlich leicht wäre es, alles zurückzulassen und wegzugehen, an einen lebendigeren, aktiveren und den eigenen Ansprüchen gemäßeren Ort.

Ich weiß nicht, warum ich es noch nicht getan habe. Vielleicht spielt die Überzeugung eine große Rolle, daß ich gerade hier geboren bin und eben nicht an Milliarden anderer Orte: Dafür muß es doch einen Grund geben.

Ich möchte entdecken, ob es auch einen Grund dafür gibt, hier zu bleiben.

Camilla Cederna
Loreto im Flug

Durch welliges, reizvolles Hügelland folgte ich dem Lauf des heiter dahinplätschernden Musone und gelangte nach Loreto, an den weltbekannten Ort, der das Heilige Haus von Nazareth beherbergt, jenen ärmlichen Raum, in dem Maria geboren wurde, in dem sie vom Engel die außergewöhnliche Verkündigung vernahm, wo Jesus Fleisch wurde und bis zu seinem dreißigsten Jahr lebte.

Loreto liegt gegenüber dem Rundberg Conero, inmitten fruchtbarer Felder und hoch über dem silbernen, leicht bewegten Meer. Die kleine Stadt lebt von der Wallfahrtsstätte, von den Pilgern, den Pilgerreisen und dem Devotionalienhandel. Meine Ankunft fällt genau mit der einer solchen Pilgergruppe zusammen, und bevor ich den großen Platz erreiche, von dem aus die Basilika wegen ihres eigenwilligen Glockenturms und der ungewöhnlichen, festungsähnlichen Apsis – lauter Mauern und Wälle – etwas enttäuschend wirkt, bummle ich die Hauptstraße entlang. Dort begegne ich fröhlichen Bahrenträgern und weißgekleideten Krankenpflegern, die Krankenbetten und Rollstühle schieben; und die Kranken, schon seit Jahren ans Haus gebunden, lächeln nun, verlangen eine Spazierfahrt zu machen, stellen Fragen, betrachten die Schaufenster, die voll sind mit Heiligenfiguren, kleinen Madonnenstatuen mit einem Heiligenschein aus Plastik, der alle zwei Sekunden aufleuchtet, Rosenkränzen aller Größen (mit einigen könnte man seilspringen) aus Nußholz, Palisander, Erle, Roßkastanie, Glas oder Kristall.

Die Madonna in der bunten Dalmatica drückt das Kind so heftig an sich, daß ein anderer, weniger bedeutender als Er ersticken würde; die Nachbildungen gibt es aus Zelluloid, Zinn, Plastik, und sie machen denen von Tindari und Oropa Konkurrenz, so schwarz sind ihre Gesichter. Auch das Gesicht der Statue im Heiligen Haus ist dunkel, aber nicht in diesem Maß: Ursprünglich aus Fichte, wurde sie 1921 nach einem Brand durch eine Figur aus Zedernholz ersetzt, deren Gesicht im Laufe der Zeit durch den dichten öligen Rauch der Lampen immer dunkler wurde. In den Reproduktionen ist sie jedenfalls pechschwarz, und auch das Kind mit der Goldkrone auf dem Kopf ist eindeutig ein Negerkind.

Die Regie ist perfekt: Rund um den Platz windet sich die Prozession der Bahrenträger mit den Ledergurten, die wie breite Hosenträger aussehen und an der Hüfte festgemacht werden (zum Tragen der Feldbetten), und der „Damen" (so werden die Krankenschwestern genannt), die in vollkommener Harmonie den Psalm „Lauda Jerusalem Dominum, Hosianna, Hosianna, filio David" singen; dahinter folgen die Ärzte in ihren weißen Kitteln. Vor dem Kreuz, das von einer frommen Frau gehalten wird, segnet dann ein Prister im mandarinfarbenen Meßgewand die Kranken mit einer goldenen Monstranz unter einem schönen gelbfarbenen Schirm mit Fransen. Die Glocken beginnen ein Jubelkonzert; wer von den Kranken dazu in der Lage ist, bekreuzigt sich, die andern lächeln, wer Blumen geschenkt bekommen hat, atmet den Duft der auf den Decken liegenden Rosen, die Blinden knien nieder, ihre Stöcke neben sich, einem gelingt es, einen Augenblick lang sein verzweifeltes Zittern zu stoppen, und schließlich senkt sich eine Stille über den Platz, die nur vom Flügelschlag der scharenweise umherfliegenden Tauben unterbrochen wird.

Auch beim Verlassen des Platzes bieten die Kranken kein Bild des Jammers; sie haben schon ihre Freundschaften geschlossen, haben sich, ohne in Selbstmitleid, diese seltsame Form des Trostes zu verfallen, gegenseitig ihre Krankheiten anvertraut, sie wollen vor dem Abendessen noch in der beleuchteten Stadt spazierengefahren werden, wollen Abendtoilette machen und schließlich schlafen. Die erniedrigende Schwäche des Körpers scheint vergessen, der Knoten der Angst gelöst, einige machen Witze mit den Trägern oder möchten zu den neugewonnenen Freunden gebracht werden.

Keiner der Kranken, die hierher kommen, hat auch nur die leiseste Hoffnung, aufstehen und gehen oder mit einem Mal sehen zu können; und deshalb fahren sie auch nicht enttäuscht oder gar seelisch gebrochen zurück. Bei der Rückkehr von der Reise, die für sie ein unglaubliches Abenteuer bedeutet (sie haben das Meer gesehen, wurden ins Heilige Haus getragen, erlebten Trauungen und Taufen, die Predigt des Erzbischofs war ihnen gewidmet), haben sie allein durch die Fahrt und den Aufenthalt eine größere Leidensfähigkeit erlangt.

Die stark besuchte Santa Casa ist ein kleiner rechteckiger Raum; seine Wände sind von außen nicht sichtbar, da sie von einer monumentalen Marmorverkleidung versteckt werden (Basreliefs, auch von Sansovino, das Leben der Gottesmutter darstellend). Die Innenmauern bestehen aus großen Sandsteinquadern, die mit Mörtel zusammengefügt sind, im oberen Teil aus richtigen Backsteinen. Noch bevor er die Öffnung einer früheren, jetzt zugemauerten Tür zeigt, den Herd, den Altar, die Statue, die große Inschrift: „Hic verbum caro factum est" sowie eine Art in die Mauer eingelassene Kredenz, erklärt ein Ordensbruder eifrig, daß sowohl von den Steinen dieses Raumes als auch von den Steinen in der Gegend von Nazareth chemische Untersuchungen durchgeführt wurden. Resultat: exakt die gleiche Zusammensetzung aus Kalziumkarbonat und eisenhaltigem Ton.

Die Gläubigen (viele sind Begleiter oder Verwandte der Kranken) rutschen auf den Knien um den Altar herum; man findet denn auch im Marmor eine kreisförmige rillenartige Vertiefung, die aber nicht vom Druck der Knie, wie man meinen könnte, sondern von den Schuhen herrührt.

Eine Spur Frivolität findet man bei den Pilgern, selbst bei den frömmsten, beim Besuch des Museums, das voll ist von prächtigem Schmuck, Ringen, Halsketten, Ohrringen, alles Gaben an die Jungfrau Maria, „Mein Gott, das möcht' ich haben!" einen in Goldfiligran eingefaßten Amethyst, eine Gabe der Tochter von Massimo d'Azeglio, oder die Kette mit dreiundvierzig orientalischen Perlen, die großartigen, für neue Dalmatiken bestimmte Stickereien. Viele Besucher hätten auch ganz gerne eines dieser in Vitrinen ausgestellten Briefchen (aus dem Jahr 1797), die ein wenig Sandstaub des Heiligen Hauses enthalten. („Es ist den Gläubigen untersagt, auch nur ganz leicht an der Mauer zu kratzen, und wenn man einige Stücke mitnehmen dürfte, würde es nicht drei Tage dauern …", hatte Montaigne geschrieben.) Besonderes Interesse finden bei den Pilgern die Votivgaben der Sportler, unter ihnen eine des Radrennfahrers Bartali, und vor allem diejenigen von Fliegern, zum Beispiel das Madonnenbild in einem Silberrahmen, das Nobile bei seinen zwei Polflügen 1926 und 1928 in den Luftschiffen „Norge" und „Italia" mitführte.

Papst Benedikt XV. zögerte nicht, die Madonna von Loreto wegen ihres wundersamen Flugs zur Schutzheiligen der Luftschiffahrt zu erklären, und wer in seiner Verwandtschaft einen Flieger hat, kauft die Karte, auf deren rechter Seite unter der Flagge das „Gebet des Fliegers" abgedruckt ist („mit kirchlicher Genehmigung" steht darunter), während man links über der Basilika die Gottesmutter sieht, auf dem Dach ihres Hauses, zwischen Engeln und Wolken, und um sie herum sausen Flugzeuge mit langen weißen Kondensstreifen.

Durch das Tor zu einem wundervollen Garten gehen wir hinaus, um den „Colle dell' Infinito" („Hügel der Unendlichkeit") zu sehen. Es gibt keinen Dunstschleier, so daß man jenseits der sanften Hügel mit den Olivenbäumen, Zypressen, Pappeln, den hellen und braunen Streifen bebauten Ackerlandes und den saftiggrünen Kleefeldern im erlöschenden Blau dieses schönen Tages den Gran Sasso und das Maiellamassiv erkennen kann.

Auf einer solchen Reise darf auch eine Besichtigung der Bilder des Malers Lorenzo Lotto in Ancona nicht fehlen. Und was das In-die-Luft-Gehen betrifft, begegnet man einer höchst bedeutungsvollen Gestalt, die, in einen roten Mantel gehüllt, zwischen den Wolken im oberen Teil der „Verkündigung" schwebt (signiert in Kursivschrift von L. Lotus). Es ist kein geringerer als Gottvater, der – möchte man fast sagen – die Szene leitet; man kann in seinem Gesicht auch einen leicht ironischen Ausdruck erkennen, als wollte er sagen: „Siehst du, was ich dir da beschere?" Im darunterliegenden Zimmerchen hingegen herrscht sozusagen ein wildes Durcheinander. Die Jungfrau Maria, die aussieht wie viele Mädchen in Loreto (eine von denen, die zu Hause mit Vater, Mutter und Brüdern

Andenken, Schlüsselringe, magnetische Amulette für das Auto mit dem Heiligen Haus darauf herstellen), ist eindeutig von Angst gepackt angesichts des Riesenengels, der unvermittelt vor ihr auftaucht – in einem hellen, plötzlichen Lichtschein, eine Lilie in der Hand, ein Wuschelkopf, der blonder nicht sein könnte –, um ihr die unglaubliche Botschaft zu bringen.

Das Gesicht der Jungfrau ist uns zugewendet, die Hände hat sie nicht wie bei anderen Darstellungen der Verkündigung aus Ausdruck demütiger Unterwerfung ineinandergelegt, vielmehr bittet ihre Geste gleichsam um Schutz und Hilfe, als wollte sie sagen: „O Schreck!" (wie die Mädchen von Loreto, die sich beim Aufreihen eines Rosenkranzes verheddern). Eine graugestreifte, gelbäugige Katze scheint wütend zu sein; sie miaut und hat ihre Schnauze dem Engel zugewandt, ist aber gleichzeitig zur Flucht nach hinten bereit, um jeden Moment so weit wie möglich weglaufen zu können. An einer kleinen Konsole hängen Nachthaube und Handtuch, durch das Fenster kann man undeutlich einen Garten mit Pinien, Zypressen, Jasmin- und Rosensträuchern erkennen. Das Bild ist insofern außergewöhnlich, als eine solche Darstellung zum ersten Mal vom Ausdruck der in friedvolle Abgeschiedenheit einbrechenden Verwirrung und Angst beherrscht wird. Und die solchermaßen auserkorene Jungfrau scheint ihre Zukunft als Schmerzensmutter schon vorauszuahnen.

Edvige Ricci

DIE GRÜNE UNIVERSITÄT DER FRAUEN –
ROSA INSEL IM GRÜNEN ARCHIPEL

Die Grüne Universität von Frauen für Frauen wurde erstmals 1987 in Pescara organisiert. Um zu verstehen, wie es dazu kam, wollen wir ein bißchen in Grüner Geschichte schnüffeln …

Grüne Universitäten gibt es seit 1982 in Italien. (Sie sind vielleicht vergleichbar mit den Volkshochschulkursen in der Bundesrepublik, wenn auch nicht vom Staat organisiert.) Sie veranstalten Ökoseminare für die Bevölkerung. Ziel dieser Kurse ist die Verbreitung eines Umweltbewußtseins und die Entwicklung einer Öko-Kultur.

Angeboten werden generelle Einführungsseminare in die Ökologie, theoretisch-praktische Kurse zu Themen wie biologischer Anbau und gesunde Ernährung, aber auch Tagungen über die globalen Auswirkungen der Umweltzerstörung und Debatten über die Entwicklung neuer Wertmaßstäbe für das Zusammenleben von Mensch und Natur. Die Themen variieren von Ort zu Ort und sind den jeweiligen territorialen und kulturellen Gegebenheiten angepaßt.

Die erste Grüne Universität wurde 1982 in Mestre gegründet. Im folgenden Jahr gab es sie schon in sechs weiteren Städten, unter ihnen auch Pescara. Im Jahr darauf sprossen überall weitere Universitäten wie Pilze aus dem Boden; Zehntausende von Menschen nahmen an den Kursen teil, jeden Alters, aus allen sozialen Schichten und Berufsgruppen, Frauen und Männer gleichermaßen.

Die Grünen Universitäten sind von örtlichen Gruppen oder Vereinen selbstorganisiert, stehen aber oft unter der Schirmherrschaft von Schulen oder lokalen Organisationen. Die Dozenten, Grüne Wissenschaftler und Experten, arbeiten auf ehrenamtlicher Basis. Der Unterricht findet nachmittags statt. Die Einschreibungsgebühren sind minimal.

Die vielen Einzelinitiativen sind in einer Dachorganisation zusammengeschlossen, der „Federazione Nazionale delle Università Verdi d'Italia", auch um die inhaltliche Qualität der Kurse sicherzustellen. Dank der großen Zahl der Einschreibungen konnten einige Arbeitsplätze geschaffen werden; die Erfahrungen der ersten Jahre sind inzwischen in verschiedenen Texten publiziert worden.

April 1986: Tschernobyl
Der Reaktorunfall von Tschernobyl und die Angst vor den Folgen traf die italienische Frauenbewegung wie ein Schlag. Viele Frauen hatten sich vor Jahren ins Privatleben zurückgezogen und der Politik den Rücken gekehrt. Tschernobyl war für die Frauenbewegung wie ein Energieschub,

ein unüberhörbares Signal, die öffentliche Diskussion wiederaufzuneh-
men und sich mit den Zentren der Macht in Politik, Wissenschaft und
Technik auseinanderzusetzen. Es folgten unzählige Debatten und Versammlungen. Die Themen reichten von „Auswirkung radioaktiver
Strahlung und Strahlenschutz" bis zur Auseinandersetzung mit Kern-
energietechnik als Ausdruck männlicher Wissenschaft schlechthin.

1986 begann sich auch die Grüne Bewegung neu zu organisieren. Nach
ihrem Erfolg bei den Wahlen 85 schlossen sich die Grünen Listen im
November 1986 (Finale Ligure) zur „Federazione delle Liste Verdi"
(Bund Grüner Listen) zusammen. Die „Federazione" verstand sich nicht
als Partei, sondern als politisches Instrument zur Koordinierung aller
grünen Einzelinitiativen und Aktivitäten. Schon in der Gründungsphase
der „Federazione stand die Beteiligung der Frauen auf der Tagesordnung.
Die Grünen Frauen vertraten die Position, daß die Mehrheit der Sitze
(sieben von elf) an sie gehen müsse. Natürlich kam dieser Antrag nicht
durch – in einem Gremium, das vorwiegend aus Männern bestand.
Immerhin wurden den Frauen vier von elf Sitzen zugestanden; die
Frauenfrage war nicht mehr vom Tisch zu wischen.
  Immer mehr von uns begannen, Grüne Politik unter dem Frauenaspekt
zu reflektieren. Es ging um die Inhalte einer ökologischen Kultur, die Ver-
teilung der Ressourcen unseres Planeten, um die Schaffung neuer zwi-
schenmenschlicher Beziehungen, die den Widerspruch zwischen Mann
und Frau mitreflektieren. Es müssen neue Produktionsformen geschaffen
werden, Alternativen zur zerstörerischen Ökonomie, die auf Industrialisierung und Profitinteressen basiert. Auf kultureller Ebene muß das
gesamte menschenzentrierte Weltbild in Frage gestellt werden, denn der-
selbe „homo faber", der sich die Natur unterworfen und Tschernobyl
hervorgebracht hat, hat auch uns Frauen in den Privatbereich abgeschoben und aus der Geschichtsschreibung verbannt. Es ist die Kultur, der das
männliche Prinzip seinen Stempel aufgedrückt hat, indem es das weibliche Wissen über die Versorgung des Körpers, des Alltags, über Natur und
Haushalt, über das Großziehen von Kindern, auch in Kriegszeiten, aus
den Institutionen herausgedrängt hat.
  Auch wenn diese „weibliche Sensibilität" – geschichtlich noch verstärkt durch die Festschreibung der Geschlechtsrollen – eine größere
Nähe zur ökologischen Kultur hat als das männliche Prinzip, bedeutet
die Durchsetzung eines neuen ökologischen Bewußtseins nicht automatisch auch die Durchsetzung der Gleichberechtigung von Frauen in der
Gesellschaft; ebensowenig wie sie innerhalb der Grünen Bewegung verwirklicht werden wird, wenn nicht wir Frauen selbst unsere weibliche
Sichtweise zum Inhalt von Ökokultur und Grüner Politik machen.

Februar 1987: Erste Grüne Universität der Frauen in Pescara
Diese Erfahrung führte 1987 zu ersten Koordinationstreffen Grüner Frauen und – in Zusammenarbeit mit einer Gruppe Feministinnen – zum ersten Frauenseminar in Pescara: Grüne Universität von Frauen für Frauen. Auch in den Diskussionen und Debatten stand immer wieder der frauenspezifische Aspekt von Wissen und Wissenschaft im Vordergrund und die Fragestellung, welchen Nutzen wir für unsere Selbstbefreiung daraus ziehen können. Die Grüne Universität der Frauen will Expertinnen und Fachfrauen unterstützen und ihnen die Möglichkeit geben, ihr Wissen weiterzugeben, sie will Frauen aus der Grünen Bewegung und ihrem Umfeld Organisation und Räumlichkeiten zur Verfügung stellen und Anreize schaffen für feministische Überlegungen und unsere Lust, die Welt zu verändern.

Die Erfahrung 1987 war für uns, die Teilnehmerinnen und die Dozentinnen, außerordentlich positiv, wir werden sie im Frühjahr 1988 wiederholen und haben ähnliche Seminare auch schon in anderen Städten vorgeschlagen. Im Moment sind wir dabei, eine Broschüre mit den Beiträgen des ersten Seminarzyklus herauszugeben.

Rosanna Fiocchetto
ROM FÜR FRAUEN

Schon 1847 riet eine der ersten reisenden Feministinnen, Margaret Fuller, ihren „Landsfrauen", Rom nicht mit organisierten Reisegesellschaften zu besuchen, sondern es einfach den ganzen Tag zu Fuß zu erkunden. Dieser Ratschlag sollte auch heute beherzigt werden. Auf diesen „römischen Spaziergängen" triffst du unweigerlich auf die circa sechzig Museen und Galerien der Stadt sowie auf Hunderte von Denkmälern und Kirchen. Während Kunst und Geschichte im gesamten Stadtzentrum, das aus den ehemaligen „rioni" (Stadtbezirken) und den angrenzenden Stadtvierteln besteht, dich zu erschlagen drohen, fehlen sie in dem völlig zerstörten Peripheriegürtel Roms gänzlich.

Es ist gewiß nicht einfach, inmitten der alten und neuen Ruinen dieser Megalopolis (Wortspiel aus Metropolis und Megalomanie [= Größenwahn]) die von Frauen hinterlassenen Spuren aufzunehmen, ihre Räume aufzuspüren. Es ist vom Zufall abhängig, wenn die in der Vergangenheit liegenden Spuren von Frauen anhand der Skulpturen, Denkmäler und Gemälde entdeckt werden. Es sind in der Regel vielgestaltige und von der offiziellen Stadtgeschichte völlig einverleibte Frauengestalten: Rhea, die mythische Mutter der berühmten Gründerzwillinge Romolus und Remus; die Sabinerinnen, die geraubt und vergewaltigt wurden, um die „urbs" zu besiedeln, und dieses Geschehen beherrscht als Wandgemälde – bezeichnenderweise – das derzeitige italienische Parlament; Cornelia, antikes und beispielhaftes Vorbild der Mutter; Messalina, die korrupte Gemahlin Claudius', und die herrischen Gemahlinnen anderer Kaiser; die unzähligen christlichen und heiliggesprochenen Märtyrerinnen. Und nicht zu vergessen Beatrice Cenci, Protagonistin einer zwielichtigen inzestuösen Geschichte im damaligen Adelsmilieu: Sie wurde auf der Piazza di Ponte Sant'Angelo enthauptet, nachdem sie ihren Vater ermordet hatte. Die wunderschöne Giulia Farnese, von der Guglielmo della Porta im Petersdom eine Aktskulptur als Allegorie der „Gerechtigkeit" schuf, die im 19. Jahrhundert mit marmornen Kleidern bedeckt werden mußte, da sie in den Gläubigen libidinöse Reaktionen wachrief. Vittoria Colonna, die gepriesene, tugendhafte Dichterin, Gesprächspartnerin der Mächtigen und der berühmtesten Künstler wie zum Beispiel Michelangelo.

Es überwiegen die Opfer- und Heiligengestalten. Rebellinnen, Kriegerinnen und Hexen gibt es dagegen nur wenige. Ihr dürft euch also nicht wundern, daß die Römerinnen eher eine Lektion für Passivität gelernt haben. Die wenigen Ausnahmen hat die auslöschende Kraft der Zeit unsichtbar gemacht. Sie können nur noch durch geduldiges Nachforschen oder in den Legendenüberlieferungen aufgespürt werden. So erfuhren wir von der Päpstin Giovanna, einer jungen Frau, der es im Jahre 885 gelang, sich zum Papst wählen zu lassen, nachdem sie als Mann verkleidet Theologie studiert und in der Kurie Karriere gemacht hatte. Dieses höchste religiöse Amt bekleidete sie immerhin zwei Jahre lang. Nach der Entdeckung ihrer wahren Identität wurde sie ihres Amtes enthoben und sogar von der Liste der Päpste gestrichen. Nach dieser Erfahrung wurde das wahre Geschlecht der künftigen Päpste jahrhundertelang durch einen besonderen „durchbohrten" Stuhl festgestellt, der in den Vatikanischen Museen aufbewahrt wird.

Die Römer haben es vorgezogen, auch eine andere „normenwidrige" Frauengestalt des 17. Jahrhunderts zu vergessen: Königin Christine von Schweden, die sich in Rom niederließ und Anstoß erregte wegen ihrer auf romantischen Spaziergängen in den Anlagen des Botanischen Gartens offen gezeigten amourösen Beziehungen zu Frauen.

Auch die Malerinnen der Renaissance, die in Rom lebten, arbeiteten und sich später in den Kunstakademien dieser Stadt einschrieben, umhüllt ein Mantel des Schweigens. Ihre Gemälde sind entweder im Ausland oder verstauben – mit Ausnahme einiger weniger – in den Kellern der Museen. So könnt ihr in der Galleria di Palazzo Spada die wunderschöne „Cleopatra" von Lavinia Fontana und das „Porträt der Beatrice Cenci" von Sofonisba Anguissola aus dem Jahre 1550 bewundern, von der sich andere Werke in der Galleria Borghese und in der Galleria Doria Pamphili befinden. In der Galerie der Accademia di San Luca findet ihr das Selbstporträt von Elisabeth V. Le Brun, „Die Hoffnung" von Angelika Kauffmann, „Selbstporträt mit Cembalo" (1577) von Lavinia Fontana und eine schöne Hirtenlandschaft von Rosa da Tivoli. In der Galleria Corsini ist das Selbstporträt der schon an Jahren reifen Artemisia Gentileschi, die am 8. Juli 1593 ausgerechnet in dieser Stadt geboren wurde. Sie war die erste Frau in der italienischen Geschichte, die ein öffentliches Gerichtsverfahren wegen Vergewaltigung gegen ihren Vergewaltiger führte.

Im Zusammenhang mit dem Thema Porträt würde sich auch ein Vergleich zwischen den beiden römischen Sappho-Darstellungen lohnen: die im Saal V der Galleria Borghese aufbewahrte Kopie einer Originalbüste aus dem 5. Jahrhundert v. Chr. und Raffaels Darstellung im „Parnaso" im Vatikan.

Und schließlich doch noch ein touristischer Rundgang: Als besonders spannend kann sich ein Streifzug durch die mythologische Welt der Frauen erweisen. Aber angesichts der Überfülle an männlichen mythologischen Gestalten ist es ratsam, einige Orientierungshilfen zu haben: die Skulptur der „verwundeten Amazone" und die der Kapitolinischen Venus; Athene Parthenos, Aphrodite Ericinia, Artemis, die „Palatinische Juno", die „Venus von Kyrene" und die „schlafende Erinnye" aus Ludovisis Sammlung; die Grotte der Nymphe Egeria in der Via Appia; der riesige Fuß der Isisstatue in der Via Piè di Marmo und der in der Nähe befindliche Tempel dieser Göttin; die Tempel der Venus und der Minerva im Forum Romanum; Aphrodite und Athene im Museum des Palazzo Caffarelli; die vier Sibyllen (von Cumae, Delphi, Hellespont und Tibur) in der Capella Carafa in Santa Maria sopra Minerva; die „Venus Esqulina" im Palazzo dei Conservatori und schließlich der kleine geheimnisvolle Rundtempel der Göttin Vesta gleich zu Beginn der Via del Mare, in dem die Verehrerinnen – die Vestalinnen – ganz streng „feministisch-autonome" Kulthandlungen betrieben, die ausschließlich jungen Mädchen und unverheirateten Frauen vorbehalten waren. Das Vestalinnen-Haus (Atrium Vestae), in dem die Vesta-Priesterinnen wohnten, befindet sich auf dem Forum Romanum unweit des Vesta-Tempels. Es wurde erst durch die Ausgrabungen des letzten Jahrhunderts ans Licht gebracht. Dieses Haus bewahrt noch die Statue der Göttin zusammen mit den Bildnissen der bedeutendsten Vestalinnen. Aus der Geräumigkeit des Hauses – es muß mindestens drei Stockwerke gehabt haben – wird die Dimension des geheimnisumwobenen Vesta-Kultes spürbar, dessen Initiationspraktiken und Rituale unbekannt blieben. Kaiser Theodosius schaffte 349 n. Chr. den Vesta-Orden ab. Andere Tempel, die Göttinnen geweiht waren – wie

213

den Göttinnen Juno Lucina, Juno Moneta, Juno Sospita, Minerva, Venus Gloacina und der Venus Sulla Via Sacra –, wurden zerstört, um darauf den Heiligen geweihte Kirchen entstehen zu lassen. So wurde der heidnische durch den christlich-katholischen Frauenkult ersetzt.

Und die heutigen Frauen? Und ihre Zentren? Sie sind noch unauffindbarer. Den Frauenbuchladen „Al Tempo Ritrovato" (Zur wiedergefundenen Zeit) entdeckt ihr, wenn ihr bei einem Bummel auf die Piazza Farnese (gleich um die Ecke vom Campo de' Fiori) stoßt – und das auch nicht auf den ersten Blick, denn dem Laden fehlt jeglicher Hinweis, um den Blick auf den „monumentalen" Palazzo von Michelangelo nicht zu trüben. Der Frauenbuchladen besteht aus einem kleinen, ganz in Blau gehaltenen Raum, der wegen der unglaublichen Fülle an italienisch-, französisch-, englisch- und deutschsprachigen feministischen Zeitschriften aus allen Nähten zu platzen droht. Dort könnt ihr all die von Frauen geschriebenen Bücher finden, die auf dem Markt verfügbar sind. Er ist eine wertvolle Informationsquelle, ein Ort, von dem aus eure Reise durch die frauenbewegte Welt Roms sowie ihrer Zentren beginnen könnte. Die Geschichte dieser Frauenzentren ist eine Odyssee ständigen Umziehens, Öffnens und Schließens: Von dem allgemeinen Problem der Mietkündigungen sind auch die Feministinnen betroffen, und ihre Finanzschwäche spiegelt sich in der Unzulänglichkeit dieser Frauenzentren sowie in der Kurzlebigkeit ihrer Projekte. Zwei „historische" Zentren der römischen Frauenbewegung gibt es beispielsweise nicht mehr: das Frauenzentrum „La Casa delle Donne" in der Via del Governo Vecchio 39 (das gesamte Haus, ein aus dem 16. Jahrhundert stammendes Bauwerk, wurde am 2. Oktober 1976 von den Frauen des „Movimento di Liberazione della donna" – Bewegung für die Befreiung der Frau – und später von zahlreichen Frauenkollektiven besetzt) und das „Zanzibar" in der Via del Politeama, die erste Frauenkneipe, die in den „heißen Jahren" der Frauenbewegung eine bedeutende Begegnungsstätte und kulturelle Ausdrucksmöglichkeit darstellte.

Das feministische Theater „La Maddalena" in der Via della Stellata 21 hält jedoch noch stand. Es hat seit 1973 Hunderte von Theaterstücken aufgeführt, seine Räume für Seminare, Ausstellungen, kulturelle Begegnungen zur Verfügung gestellt und verschiedene Veranstaltungen über Film, Theater und Musik von Frauen organisiert. Lesungen, Diskussionen und Tagungen finden hingegen in zwei anderen Zentren statt, nämlich im Saal „Anna Maria Mozzoni" in der Via San Benedetto in Arenula 12, in dem sich auch die Bibliothek des Studienzentrums „Donna Woman Femme" (DWF) befindet, und in den Räumen der UDI (Unione Donne Italiane – Italienischer Frauenverband) in der Via della Colonna Antonia 41.

Die interessantere „Höhle" der römischen Frauenbewegung befindet

sich allerdings unweit des Frauenbuchladens von Piazza Farnese, nämlich auf der anderen Seite des Tibers in Trastevere. Nachdem die politisch-feministischen und lesbischen Gruppen das ungastliche und schon baufäl-lige Gebäude des ehemaligen Frauenzentrums verlassen hatten, schlossen sie sich zu einem Verband zusammen und riefen ein neues Projekt ins Leben: das „Centro Feminista Separatista" (das Autonome Feministische Zentrum) in der Via San Francesco di Sales IA. Die Räume dieses Zen-trums wurden nach langen und schwierigen Verhandlungen von der römischen Stadtverwaltung zur Miete freigegeben und befinden sich in dem Gebäude des Buon Pastore a Trastevere, eine ehemalige Besserungs-anstalt für Frauen, genannt „Die Reuigen", ein wirklich seltsamer Um-stand, denn seit 1985 beherbergt dieses Haus kampfentschlossene und keineswegs „reuige" Feministinnen ... Die hier tätigen Gruppen sind sehr heterogen: Università delle Donne „Virginia Woolf" (eine Art Volkshochschule für Frauen); CLI (Collegamento fra le Lesbiche Italiane – Italienischer Lesben-Verband); „Vivere Lesbica" (Lesben-Gruppe); Col-letivo Casalinghe (Hausfrauen-Kollektiv); Quotidiano Donna (Frauenzei-tung); MLD (Movimento di Liberazione della Donna – Bewegung zur Befreiung der Frau); MFR (Movimento Femminista Romano – Femini-stische Bewegung Roms); Centro Documentazione Studi sul Femminis-mo (Feministisches Dokumentations- und Studienzentrum); „L'Erba Voglio"(Associazione di didattica e giochi – Arbeitskreis für neue Erzie-hung und Spieldidaktik); Comitato per la legge contro la violenza sessuale

(Komitee für das Gesetz über sexuelle Gewalt); Comitato femminista per la Guistizia (Feministisches Komitee für die Justiz); „L'une e l'altra" (Studentinnen-Kollektiv) und die Gruppe „Video Viola".

Nicht alle von der Stadtverwaltung zugesagten und im Mietvertrag verankerten Räume sind verfügbar. So können zwei ganze Stockwerke nicht genutzt werden. Die Aktivitäten der verschiedenen Gruppen beschränken sich auf die vier Räume des instandgesetzten Erdgeschosses. Obwohl diese Struktur den Bedürfnissen und Initiativen der beteiligten Gruppen längst nicht genügt, kann sie als ein schönes Zentrum bezeichnet werden, in dem die Bewegung – angesichts der Erfahrungen im alten Zentrum in der Via del Governo Vecchio – für eine ausgesprochen angenehme Atmosphäre sorgt. Die Gruppen haben sich mit viel Selbstdisziplin zu einer „Mietergemeinschaft" zusammengeschlossen. Wer jedoch Lust auf einen weniger geregelten und „lockeren" Zustand hat, sollte nur den Hof überqueren und in den anderen Flügel dieses riesigen Gebäudes gehen. Dieser Teil wurde 1987 von anderen Frauengruppen – auf der Suche nach geeigneten Räumen – besetzt, um die Entscheidung der römischen Stadtverwaltung zu verhindern, den Rest des Gebäudes der Kirche zuzuweisen. Absicht dieser etwa fünfzig Gruppen und Kollektive (und es werden jeden Tag mehr) ist es, ein „internationales Zentrum, einen Bezugspunkt, eine Begegnungsstätte, einen Ort ins Leben zu rufen, an dem der Austausch und die Entwicklung gesellschaftlicher, politischer und kultureller Frauenwerte" stattfinden kann. So steht es in ihrem Programm, das von mehreren Tausend Frauen durch ihre Unterschrift getragen wird. Ein „Progetto Donna", ein Frauenprojekt, das auch eine neue Art zu leben, zu kämpfen, zu arbeiten und sich in der Stadt politisch zu betätigen darstellt.

Während die Stadt Rom in den siebziger Jahren von der Frauenbewegung vorwiegend als eine riesige „Piazza" zur Durchführung von Kundgebungen und Demos für die Durchsetzung frauenspezifischer Rechte begriffen wurde, ist das Hauptanliegen heute ein anderes: Immer mehr Frauen sind entschlossen, ihre Energien dahingehend einzusetzen, daß „übertragbare und langlebige Strukturen" geschaffen werden, nämlich konkrete und keine abstrakt-flüchtigen Möglichkeiten der Befreiung und Autonomie.

Doris Schrader
„AUSGESTIEGEN"

Vor etwa acht Jahren zog ich von München nach Rom. Ich war damals dreißig Jahre alt und hatte nach beendetem Soz. Päd. Studium als Taxifahrerin gejobbt. Die Gründe für den Landeswechsel waren eher diffus – Wegrennen vor dem Wetter, der Mentalität, dem politischen Klima, den anstrengenden, verkrampften Kommunikationsformen, den Reglementierungen durch den Staat. Meinen Zukunftsvorstellungen von einem Leben in Italien fehlte jeder Erfahrungshintergrund. Die einzige Informationsquelle: meine damalige italienische Freundin, mit der ich kurze Zeit in München zusammenlebte, hatte lange Jahre in Rom verbracht – allerdings war sie froh, den chaotischen Verhältnissen dort entronnen zu sein. Wie viele Ausländer liebte sie unser Organisationstalent, unsere Disziplin, die Pünktlichkeit, die größere Bewegungsfreiheit als Frau. Wochenlang versuchten wir, uns gegenseitig von den Widerlichkeiten unserer Heimatländer zu überzeugen. Mir erschienen ihre eher negativen Geschichten völlig unwahrscheinlich und übertrieben, denn ich hatte auf meinen Kurzreisen ein ganz anderes Land kennengelernt und Erfahrungen gemacht, die mir gefielen. So zum Beispiel die Körpersprache während des Gesprächs, du wirst angefaßt, aber nicht angetatscht, auch ein „Ciao bella" im Lebensmittelgeschäft gibt mehr als ein „Sie wünschen bitte?". Das Ehedrama der Marktfrau, unter Anteilnahme aller Kundinnen, wird zur Operette und zum Vergnügen, Essengehen und Konsumieren ist wichtig fürs Wohlbefinden, das sehen alle ohne moralischen Seitenblick. Genau da wollte ich also hin.

Infolge meines ständigen Quengelns und des Dauerregens gab meine Freundin klein bei, und wir begannen, den Umzug zu organisieren.

Zunächst kauften wir einen Campingbus mit Stehhöhe, vier Schlafplätzen, zwei Spülen, Motor Nebensache (er ließ uns schon vor Rom im Stich). Damit sollte der Möbeltransport stattfinden, und später wollten wir damit durchs Land ziehen, um unsere selbstgemachten Produkte zu verkaufen.

Anfang November 1979 endlich der Aufbruch. Ich hatte schweres Herzklopfen. Am Grenzübergang Brenner bekam ich gleich die erste, sehr wichtige Italienlektion: Redekunst kann alle Gesetze überwinden! Der Inhalt des Wagens war zweifellos für eine Urlaubsreise zu umfangreich. Elektrogeräte zum Beispiel, auch gebraucht, müssen verzollt werden. Ich wunderte mich über Michaelas Plauderton mit dem Zöllner, der so gar nicht meinem Verhalten gegenüber Beamten entsprach. Sie quatschten über Neapel, das schreckliche Wetter im Norden, den Ehemann, der quasi ein Kollege sei, meine Begeisterung für ihr Land etc.

Nach ein paar Minuten durften wir die Grenze passieren, ohne Kontrolle natürlich, und in mir stieg eine Art Marlborogefühl hoch von Freiheit und Abenteuer.

Unsere erste Wohnungssuche in Civitavecchia verlief anfangs ergebnislos. Aber die Kleinstadt bot Gelegenheit zur Einübung in den späteren römischen Alltag. Ich mußte mich sehr schnell daran gewöhnen, auf unser Auto höllisch aufzupassen, keine Taschen am Stuhl hängen zu lassen, angestarrt zu werden, weil ich blond bin, nicht sofort auf jeden Pfiff aggressiv zu reagieren, Männer einfach zu ignorieren ... Während ich mich ihnen gegenüber barsch und abweisend verhielt, blieben meine italienischen Freundinnen meist konziliant und diplomatisch. Das ständige Gerangel mit einzelnen Männern lieben sie weniger, reagieren gar nicht, es sei denn, es handelt sich um einen massiven verbalen oder körperlichen Angriff. Mein leichtsinnig ausgerufenes „Stronzo" (Scheißer) gewöhnte ich mir schnell wieder ab. Für italienische Männer, besonders wenn von einer Frau ausgesprochen, ist dieser Ausdruck eine tiefe Beleidigung. Sie reagieren *immer* mit ungeheurer Aggressivität, und oft rettet frau sich nur mit Hilfe anderer vor einer Ohrfeige. Auch eine mir lieb gewordene Gewohnheit mußte ich streichen – abends allein essen oder Wein trinken zu gehen. Im Süden, auch in Rom, gilt noch heute, daß eine frau allein abends auf der Straße entweder Bekanntschaft sucht oder Prostitution betreibt. Frauen gehen in Gruppen, wobei das Zusammensein von zwei bis drei Frauen oft noch keinen ausreichenden Schutz bietet. (Vor einigen Jahren forderten Feministinnen deshalb, daß sich Männer ab 22 Uhr nur noch in Frauenbegleitung auf der Straße aufhalten dürfen; diese schöne Forderung wurde leider nicht realisiert.) In den öffentlichen Verkehrsmitteln sind schon ab 21 bis 22 Uhr nur noch Männer anzutreffen; das Warten an den Haltestellen wird zu einem waghalsigen Abenteuer. Italiener attackieren selten allein, sie treten meist zu dritt oder viert auf. Rom hat die zweithöchste Vergewaltigungsrate Italiens, wobei die Liste der ausländischen Opfer von deutschen Frauen angeführt wird.

Von Civitavecchia aus zogen wir endlich nach Rom. Eine Freundin hatte uns in ihrer Wohnung ein Zimmer überlassen. Der Raum war etwa zwölf Quadratmeter groß; darin lebten und arbeiteten wir fast ein Jahr zu zweit. Von meinen Möbeln luden wir natürlich nur das Notwendigste aus, ein Teil blieb im Wagen, der dann auch prompt aufgebrochen und ausgeräumt wurde.

Wir wohnten im Parterre – ohne Alarmanlage. Über, unter und neben uns schrillten die Dinger Tag und Nacht, fast ein Kriegszustand. Kaum jemand schien sich darum zu kümmern. Wie angenehm war dagegen unsere Schutzvorrichtung – Nicki, meine Hündin, groß wie eine Katze, ängstlich wie ein Frosch. Sie rettete uns eines Nachts tatsächlich durch ihr Bellen. Während ich dem „ladro" (Dieb) gleich nachsetzen wollte, zumindest aber die Polizei verständigen, überzeugte mich Michaela von der Gefährlichkeit und Nutzlosigkeit eines solchen Unterfangens. „In Rom mußt du, um zu überleben, Kartoffeln auf den Augen haben!" sagte sie. Da die Zahl der Drogenabhängigen sehr hoch ist, sind bewaffnete Einbrüche und Diebstähle an der Tagesordnung. Um sich nicht selbst zu gefährden, schaut also die zufällige Zeugin eines Autoeinbruchs oder Taschendiebstahls einfach weg. Als eine der wichtigsten Regeln dieser Stadt gilt, sich nur um die eigenen Angelegenheiten zu kümmern.

In jenen ersten Jahren, in denen wir ohne Arbeit waren und sich die Geldreserven dem Ende zuneigten, fuhr ich oft nach München, um als Taxifahrerin zu jobben. Ich war jetzt Gastarbeiterin im eigenen Land, denn in Rom war es fast unmöglich, Geld zu verdienen. Da an ein eigenes Geschäft wegen der hohen Ablösesumme (zwischen 40.000 und 80.000 DM für dreißig bis fünfzig Quadratmeter) nicht zu denken war, blieb uns nur der Verkauf auf einer Piazza. Ich hatte inzwischen die Perlenstickerei gelernt und konnte auch Ohrringe anfertigen. Wir zogen eines Nachmittags mit unseren Produkten Richtung Piazza Navona, wo Nacht für Nacht Hunderte von Kunsthandwerkern ihre Waren feilbieten. Wir wußten, man schlug sich dort um die Plätze, ohne Empfehlung oder Schutzpatron war gar nicht ranzukommen. Wochenlang wurden wir hin und her geschoben, weil die von uns ausgesuchten Plätze schon immer anderen gehörten (so als würde man Miete zahlen und hätte ein Anrecht darauf). Dank zähen Ringens und halbwegs guter Führung fanden jedoch auch wir einen Platz unter der Schutzherrschaft eines „Alten". Von da an drehte sich unser Leben nur noch um die Piazza, die Produktion und das Geld. Wir sahen kaum noch Freundinnen oder das Frauenzentrum. Die Nächte waren viel zu aufregend, um andere Wünsche aufkommen zu lassen. Bis weit nach Mitternacht schoben sich die Massen zwischen unseren Tischen durch, als gäbe es kein anderes Vergnügen in dieser Stadt. Touristen, Römer, Wahrsager, Feuerschlucker, Maler, Taschendiebe, Drogenhändler und Carabinieri, die schon mal wild um sich ballerten. In Panik flüchteten wir, wenn die Polizei zum Aufräumen erschien, weil wir über keine Verkaufslizenzen verfügten. (Sie kam selten genug und kündigte sich meist durch einen Typ vorher an, so daß uns genügend Zeit blieb, samt Ware in einer Seitengasse zu verschwinden, um wenige Minuten später wieder aufzutauchen und den Verkauf fortzusetzen, als sei nichts geschehen.)

In den ersten Jahren lebte ich hier ohne Aufenthaltsgenehmigung. Geht man einer selbständigen Arbeit nach, muß man entweder nachweislich über genügend Kapital verfügen oder ein Einkommen vorweisen, das den Lebensunterhalt in Italien sichert. Ich hatte weder das eine noch das andere. Also versuchte ich, mich in die „Camera di commercio" einzuschreiben (eine Art Industrie- und Handelskammer), was wiederum nur mit

Wohnsitz möglich ist, der ohne sechsmonatige Aufenthaltsgenehmigung nicht anerkannt wird. Es war aussichtslos, und daher beschloß ich zu heiraten. Der einzige, der dafür in Frage kam, war unser „Beschützer" von der Piazza, 58 Jahre alt. Trotz seiner abenteuerlichen Geschichten erschien er mir vertrauenswürdig. Bei der Antragstellung, den ganzen Behördengängen, sehnte ich mich nach der bundesdeutschen Bürokratie. Italienische Behörden arbeiten schlampig und extrem langsam. Die ersten Papiere haben meist keine Gültigkeit mehr, wenn die letzten eingetroffen sind. Es gibt keinerlei Kooperation zwischen den einzelnen Ämtern, die Computer funktionieren oft nicht oder werden falsch bedient, die Beamten sind schlecht informiert oder gar nicht anwesend – ein Alptraum. In Rom muten nur Naive ihren Nerven zwei Behördengänge an einem Vormittag zu. Man geht entweder zur Post oder zur Bank, mehr ist nicht zu verkraften. Durch Heirat erhält man heute übrigens nicht mehr automatisch die Staatsbürgerschaft. Sie kann aber nach einem Jahr beantragt werden, wobei auf die erste verzichtet werden muß.

Nach der Hochzeit wurde mein Wohnsitz anerkannt. Ich trat in die Handelskammer ein und bekomme seitdem – durch Nachweis meiner Einkünfte, Steuererklärung usw. – eine jeweils einjährige Arbeits- und Aufenthaltsgenehmigung.

Wir haben inzwischen auch eine größere Wohnung gefunden und dafür an den Vormieter das nette Sümmchen von 10.000 DM gezahlt. Wir könnten heute, nach sieben Jahren, das Doppelte verlangen. Dieses Geschäft ist völlig illegal, aber gängige Praxis. In Rom ist es aussichtslos, ohne Zahlung solcher oder weitaus höherer Beträge eine Wohnung zu finden. Erst wenn der neue Mieter eingezogen ist, wird der Vermieter verständigt, der meist auch ohne Schwierigkeiten den neuen Mietvertrag ausstellt.

Auch die römische Frauenbewegung hat es schwer. Es gibt weder eine Frauenkneipe noch ein Frauencafé, weder ein Haus für geschlagene Frauen noch ein Gesundheitszentrum. Die Gründe liegen einmal in den enormen Schwierigkeiten mit den Behörden, aber auch in der berechtigten Angst vor Überfällen auf solche Projekte. Dafür haben wir ein einzigartiges Frauenzentrum – ein ehemaliges Kloster! Dieser Komplex „Buon Pastore" wurde vor drei Jahren, nach Aufgabe des alten Zentrums in der Via Governa Vecchio, von allen aktiven Frauen – auch jenen aus den bürgerlichen Parteien – dem damals kommunistischen Stadtparlament in hartem Ringen abgetrotzt. Zunächst hatten wir nur einen kleinen Teil des Hauses zur Verfügung, viel zuwenig Platz für alle Gruppen. Es wurden uns aber weitere Räume versprochen. Darauf warten wir noch immer und haben deshalb mittlerweile die Sache selbst in die Hand genommen. Der eigentliche Klosterteil, nebst Kirche, Kapelle und unzähligen Non-

nenzimmerchen wurde besetzt. Demnächst werden fünfzehn bis zwanzig Gruppen ihre Aktivitäten aufnehmen. Außerdem wurden eine Bar und Kneipe hergerichtet. Wir hoffen, das Riesengebäude unter Kontrolle halten zu können, denn „Governo Vecchio", das alte Frauenzentrum, war gerade wegen seiner Größe unüberschaubar geworden, und die später eingezogene Drogenszene hatte uns zur Aufgabe gezwungen. Ich selbst bin in der Lesbenbewegung aktiv, die auch im „Buon Pastore" stark vertreten ist. Obwohl ich mich längst integriert fühle, leide ich immer wieder darunter, daß Italienisch nicht meine Muttersprache ist. Das schafft in manchen Situationen einen Sicherheitsverlust. In den typisch italienischen Debatten, bei denen alle gleichzeitig reden, bin ich oft zum Schweigen verurteilt, weil mir die feineren Ausdrucksweisen fehlen oder ich lange Umschreibungen wählen muß und dann nicht schnell genug bin, um mich lauthals durchzusetzen. In der fremden Sprache kann ich weder Humor noch Schlagfertigkeit zum Ausdruck bringen und empfinde mich dadurch oft als langweilig und isoliert. Mein Verhalten außerhalb meiner Szene entspricht typischerweise dem einer Gastarbeiterin, etwas zurückhaltend, meist höflich, eher bittend als fordernd.

Hätte ich je Lust, nach Deutschland zurückzukehren? Da funktioniert unbestritten vieles besser. Aber es sind gerade diese täglichen kleinen Abenteuer, die hier in Atem halten und dank der römischen Flexibilität und des Einfallsreichtums meist noch Grund zum Lachen bieten. Nach gelegentlichem Aufenthalt in München steige ich noch heute wie im Rausch in den Zug, der mich von Deutschland nach Rom zurückbringt. Während ich mich, von Rom nach Deutschland fahrend, an der Grenze bereits verhärte und wieder „deutsch", abweisend und fordernd werde, entspanne ich mich umgekehrt, kaum daß der italienische Schlafwagenschaffner erscheint, Mütze im Genick, Zigarette im Mundwinkel.

Morgen wird die Sonne scheinen, das ganze Leben kann Urlaub sein. Warum nicht?

„L'Erba Voglio"
DER TURM DER FRAUEN

Der Arbeitskreis „L'erba voglio" in Rom wurde 1976 von einundzwanzig Frauen gegründet. Zweck dieser Gründung war es, durch gezielte Auswahl sowie Herstellung von Büchern und Spielen, durch Analyse der geschlechtsspezifischen Rolle und durch Einflußnahme auf die Schule eine antisexistische Kindererziehung zu fördern. „L'erba voglio" wurde bald eine wichtige Anlaufstelle für Frauen aus ganz Italien, die an einer Änderung des Erziehungssystems interessiert waren. Das Bedürfnis nach gemeinsamen Ferien führte zur Verwirklichung eines entsprechenden Projekts, vierzehn Kilometer von Rom entfernt auf der Via Tiburtina: „Domus Deiana" – die Umgestaltung des Turmes des Castello di Lunghezza zu einem geräumigen Haus mit Garten, das später „Torre di Lei" genannt wurde. Hier organisierte der Arbeitskreis Begegnungen, gemeinsame Ferien ausschließlich für Frauen und Kinder, Kurse für Kunsthandwerk und biologischen Anbau. Nachdem der Frauenbewegung in Rom etwas die Kraft ausgegangen war, wurde auch dem Thema Erziehung weniger Interesse entgegengebracht. „L'erba voglio" schrumpfte zu einem Kollektiv von nur fünf aktiven Frauen. Sie waren jedoch entschlossen, ihre Energien auf die Eröffnung eines Ladens zu konzentrieren: Es entstand der gleichnamige Laden in der Via Fiume, in dem antisexistische Spielsachen aus Holz, Blech, Pappmaché etc., von Frauen geschriebene Kinderbücher sowie pädagogische Literatur verkauft werden. Die Gruppe arbeitet außerdem im Rahmen der Kommission für Gleichberechtigung an der Entstehung des Buches „Der Sexismus in der italienischen Sprache" mit. „La Torre di Lei" ist schließlich zu einem Ferienzentrum auch für ausländische Frauen geworden, die einen kurzen Aufenthalt in der Campagna von Rom planen oder sich länger mit Haus und Garten beschäftigen wollen.

SARDINIEN

Eine der seltenen matriarchalen Formen in der Geschichte Süditaliens ist das „barbaricinische Matriarchat" in Anlehnung an das Gebiet der „Barbagia", Heimat der Hirten und Banditen mitten im Herzen Sardiniens. Die Hirtengesellschaft hatte den sardischen Frauen eine Rolle aktiver Teilnahme am Leben eingeräumt. Die lange Abwesenheit der Hirten von zu Hause hatte eine Rollenverteilung erforderlich gemacht: dem Mann oblag es, den landwirtschaftlichen Betrieb zu leiten, die Frau trug die Verantwortung für die Erziehung der Kinder, die Haushaltsführung und die Kontakte zu den einzelnen Honoratioren (Notar, Rechtsanwalt usw.). Selbst wenn die Männer nach außen an der Spitze der Gesellschaft standen, so verfügten die Frauen doch über eine gewisse Macht. So wurde zum Beispiel in Sardinien kein einziger wichtiger Verwaltungsakt ohne die ausdrückliche Zustimmung der Ehefrau geschlossen. „Ich muß erst hören, was meine Frau dazu sagt", ist auch heute noch ein Satz, der die Geschäfte unter Männern kurzzeitig – vor der endgültigen Entscheidung – unterbricht. Die jüngeren sardischen Frauen erzählen, daß sich die Brüder und Väter stumm erhoben, sobald eine Großmutter das Zimmer betrat, um ihr so ihren Respekt zu bekunden.

Im Zuge der jüngsten gesellschaftlichen Umwälzungen beschränkt sich die Macht der Frauen – insbesondere die der alten Frauen (Matriarchinnen) – allmählich nur noch auf die Familie, auf das Verhältnis der einzelnen Familienmitglieder zueinander und der einzelnen Familien miteinander. Sie fertigen die reichbestickten traditionellen Trachten, das ganz dünne, selbstgebackene Fladenbrot (die „carta da musica" – klingendes Papier) und die Köstlichkeiten der sardischen Küche. Die Frauenbewegung und der Emanzipationsprozeß der jüngeren Frauengenerationen hat die Rolle der „privaten" Macht der Urahninnen ins Wanken gebracht, ohne etwas Gleichwertiges an diese Stelle zu setzen. Die „anthropologische Veränderung" der sardischen Frau ist noch bei weitem nicht vollzogen; in diesem erst vor kurzem für den Tourismus erschlossenen Gebiet Italiens haben die Frauen keine klar definierte Identität. Noch in den fünfziger Jahren gab es in den einzelnen Landstrichen Sardiniens nichts als Landwirtschaft und somit große Armut, die sie allerdings mit menschlicher Würde ertrugen. Die Frauen halfen bei der Ernte oder der Herstellung von Nahrungsmitteln für den eigenen Verbrauch und trugen so zum Wirtschaftsgeschehen draußen bei.

Mit der Entwicklung der Region nahm der Anteil außerhäuslich arbeitender Frauen zu – verglichen mit der Gesamtzahl der aktiven Bevölkerung – und beträgt heute sieben Prozent. Der Prozentsatz der berufstätigen Frauen stieg von 17,5 Prozent im Jahr 1976 auf 21 Prozent im Jahr 1982. Da die Arbeitslosenstatistik etwa zwanzig Prozent ausweist, das heißt doppelt soviel, verglichen mit dem Landesdurchschnitt, mußten die Frauen bei ihrer Arbeit in einen harten Konkurrenzkampf mit den Männern treten. Um dieser Situation entgegenzuwirken, haben die Frauen sich häufig zu Kooperativen zusammengeschlossen. Die älteste wurde 1962 unter dem Namen „Sardische Frauenkooperative für Viehzucht" gegründet. Sie zählt inzwischen mehr als neuntausend weibliche Mitglieder und hat eine in Sardinien vorher unbekannte Freizeitmöglichkeit erschlossen: Ferien auf dem Lande. Später wurden zahlreiche andere Frauenkooperativen in unterschiedlichen Bereichen und mit Unterstützung der Frauenbewegung gegründet.

Giovanna Caltagirone / Elisabetta Manca / Silvana Olla
Die Frauenkooperativen und -projekte Sardiniens

In diesem kurzen Überblick über die Frauenprojekte Sardiniens haben wir uns auf die Gruppen konzentriert, die im politisch-kulturellen Bereich etwas „tun" und verändern wollen und sich ausschließlich oder überwiegend aus Frauen zusammensetzen. Beim Sammeln unseres Materials haben wir festgestellt, daß es in den Städten Nuoro und Oristano und den dazugehörigen Provinzen keine Frauenvereinigungen gibt und auch ansonsten keine Gruppen mit künstlerischen, kreativen/rekreativen Zielsetzungen, sondern ganz im Gegenteil: eine wachsende Zahl von Kooperativen, die im traditionell weiblichen Handwerk, in der Landwirtschaft und im Beratungs- und Dienstleistungsbereich arbeiten.

„Auch wenn die Frauenkooperativen kein wesentlicher ökonomischer Faktor sind, sind sie doch eine neue Realität von wachsender sozialer Bedeutung. Viele der Frauen, die diese ‚Mikro-Betriebe' ins Leben gerufen haben, sehen in der Kooperative nicht nur die Möglichkeit, außer Haus zu arbeiten; die Arbeit dort gibt ihnen mehr: soziale Anerkennung, Identität und persönliche Kontakte – Dinge, die sie nur schwer an anderen Arbeitsplätzen und unter anderen Arbeitsbedingungen finden würden. Darüber hinaus ist die Frauenkooperative immer auch eine wichtige Sozialisationsinstanz, um professionelle Geschicklichkeit und Kompetenz zu erlernen oder zu perfektionieren. Denn mit den formalen Anforderungen oder bürokratischen Strukturen herkömmlicher Betriebe haben die Frauen immer noch objektive und subjektive Schwierigkeiten – oder sie werden erst gar nicht eingestellt. Besonders in den ländlichen Gemeinden ist die Kooperative eine Art Bezugspunkt, Schule, Diskussionsforum; ein Experiment, das wiederholt werden sollte für all die vielen Frauen und Mädchen ohne Berufsausbildung, die unbedingt ein Instrument in die Hand bekommen wollen, um aus einer Situation sozialer Unmündigkeit und familiärer Unterordnung auszusteigen."

Um diese Argumentation zu vertiefen, empfehlen wir das Buch: „Frauenkooperativen in Sardinien" (Diaz/Isetta/Manca/Oppo, Cagliari, 1986, „La Tarantola Edizioni"), aus dem auch das vorstehende Zitat stammt.

Kooperative „La Tarantola" (Die Tarantel)/Cagliari
Die Kooperative „La Tarantola" wurde 1977 in Cagliari gegründet. Ein Teil der Gründerinnen kam aus der autonomen Frauenbewegung, ein Teil rechnete sich eher der Linken zu. Die siebzehn Mitglieder arbeiten in den drei Projekten, die die Kooperative in den zehn Jahren ihres Beste-

hens organisiert hat: der Frauenbuchladen, das Frauen-Studien-und-Dokumentationszentrum und der Verlag „La Tarantola Edizioni".

Im Dezember 1978 begann der Frauenbuchladen seine Arbeit mit einer Veranstaltungsreihe für Frauen: Lesungen und Vorstellungen von Frauenbüchern; Diskussionsrunden zur Abschaffung des Abtreibungsparagraphen und zum Thema Gewalt gegen Frauen; Ausstellungen von handwerklichen und künstlerischen Arbeiten von Frauen.

1982 gründete „La Tarantola" das Frauen-Studien-und-Dokumentationszentrum mit dem Ziel: „... die Lebensbedingungen von Frauen in ihrer Verschiedenartigkeit und Komplexität zu untersuchen, um Aussagen zu machen über die Entwicklung und Veränderung der materiellen Lebensumstände, des Bewußtseins und der Zukunftsplanung von Frauen in unserer Gesellschaft, besonders im Mezzogiorno (Süden) und speziell in Sardinien." Das Zentrum plante die Einrichtung eines Archivs, das alle wichtigen Materialien über die Situation von Frauen sammelt, die Veröffentlichung von Informationsmaterial und die Entwicklung von Frauenforschung.

Von 1982 bis heute hat das Zentrum eine Studie über die Frauenkooperativen in Sardinien durchgeführt; gegenwärtig arbeitet es an der Fertigstellung und Veröffentlichung einer Arbeit über die Zusammenarbeit von Frauen in Sardinien.

1985 organisierte das Studienzentrum eine Tagung zum Thema: „Geschichte und Kultur des Gebärens", die in Cagliari, Citadella dei Musei, stattfand.

Den Frauenbuchverlag „La Tarantola Edizioni" gibt es seit 1986. Der Verlag hat inzwischen zwei Bücher vom Frauen-Studienzentrum herausgegeben: „Der Geburtsakt in Vergangenheit und Gegenwart" – eine Materialsammlung und Dokumentation der Tagung zum Thema – und „Frauenkooperativen in Sardinien".

In den Jahren 1986/87 hat die Kooperative verschiedene Treffen, Diskussionsrunden und Seminare zu „Gleichberechtigung und ihre politischen Durchsetzungsstrategien" organisiert. Für 1988 ist eine Studientagung mit dem Thema „Familie und Ehe in der traditionellen sardischen Gesellschaft" geplant.

Lega Delle Donne Per Il Socialismo (Frauenliga für den Sozialismus)/ Cagliari

Der Verein, von sechs Frauen 1985 gegründet, ist parteien- und gewerkschaftsunabhängig. Er setzt sich, vom frauenspezifischen Standpunkt, für die Schaffung einer Gesellschaft ohne Ungleichheit und Unterdrückung ein. Motiv für die Gründung des Vereins war unter anderem die Verteidigung und Interessenvertretung von vergewaltigten Frauen vor Gericht und ihre öffentliche Unterstützung durch Frauenvereinigungen. Generell unterstützt die „Lega" die Forschung über die gesellschaftlichen Bedingungen, unter denen sich das Leben, die Arbeit und die sozialen Beziehungen von Frauen entwickeln. Nach einer Reihe von Debatten über Frauenarbeit, Diskriminierung von Frauen und die Notwendigkeit von Ausbildungsplätzen hat die „Lega" im April 1986 beim Magistrat für Arbeit und Berufsbildung einen Projektantrag eingereicht: ein Kurs für Frauen zur Einrichtung einer Datenbank über weibliche Arbeitsplätze.

Dieses Projekt ist der erste positive Schritt im Bereich der Berufsbildung in Sardinien. Es eröffnet die Möglichkeit, Daten über die Entwicklung des Arbeitsmarktes in der Provinz Cagliari zu sammeln und zu veröffentlichen, Informationen und Orientierungen an arbeitssuchende Frauen weiterzugeben und expandierende Wirtschaftsbereiche auch für Frauen zu öffnen.

ARCI Donna – Circolo „La Luna Nera" (Club „Die Schwarze Mondin)/ Cagliari
In den letzten Jahren wurde im ARCI (Nationale Vereinigung für Freizeit und Kultur) immer wieder das Thema Frauen und Freizeit diskutiert, denn auch in bezug auf die Freizeit ist der Geschlechtsunterschied mehr als deutlich: zwischen denen, die das Genießen der Freizeit schon immer als ihr selbstverständliches Recht beansprucht haben (die Männer), und denen, die Freizeit nur als Arbeit und Ausgesaugtwerden kennen (die Frauen). Während die Frauen im ARCI einen Anspruch von Frauen auf Freizeit formulierten, haben intern auch die Überlegungen und Auseinandersetzungen über eine „Kultur der Geschlechtsunterschiede" begonnen.

Auch in Cagliari gibt es eine Gruppe ARCI-Donna, gegründet 1985, mit circa vierzig Mitgliedern: den Club „La Luna Nera". Diese Gruppe hat ein Konzept weiblicher Kultur entwickelt, das beinhaltet: Genuß und Lebensqualität; Ironie und Lachen – auch über sich selbst; spielerischer Umgang mit dem Alltag und den alltäglichen Schwierigkeiten; eine weniger pessimistische Lebensanschauung und Aufgabe der Opferhaltung der Vergangenheit.

Außerdem verfolgt ARCI-Donna das Ziel: „... sich selbst und den eigenen Körper besser kennenzulernen, ebenso die eigenen Ausdrucksmöglichkeiten, um weibliche Subjektivität – individuell und kollektiv – aufzuwerten." Weiter geht es darum: „... menschlichere Lebensweisen zu schaffen gegen jede alte und neue Form von Einsamkeit, Ausgrenzung und Gewalt."

Der Club hat unter anderem eine Tagung mit dem Titel: „Zeit zum Leben, Zeit für den Frieden" organisiert und damit einen Beitrag zur schwierigen Neudefinierung von „Zeit zum Leben" geleistet. Die Tagung hatte zwei Teile: Im ersten präsentierte der Club seine Studie „Die Zeit der Frauen aus Cagliari" über Lebensbedingungen und Einstellungen von Frauen. Circa fünfhundert Frauen wurden über Fragebögen in die Untersuchung miteinbezogen. Der zweite Teil bestand aus einem „Gespräch am runden Tisch" zu Themen des Friedens im Mittelmeerraum, an dem Vertreterinnen aus lokalen, nationalen und internationalen Organisationen teilnahmen. Die Tagungsmaterialien werden veröffentlicht.

Für die Zukunft plant „La Luna Nera": die Eröffnung einer Rechtsberatung für Frauen; eine Gruppe zu Problemen der Mutterschaft und Verhütung; eine Babysittergruppe und Spielbetreuung für Kinder; eine Teestube als Treffpunkt und möglichst auch als Finanzierungsquelle.

Außerdem unterstützt der Club die Bewegung für die Änderung des Vergewaltigungsparagraphen.

La Luna negli Occhi (Die Mondin in den Augen)/Cagliari
Die weibliche Vorstellungskraft ist das zentrale Thema, um das sich seit September 1986 die Gruppe „La Luna negli Occhi" gebildet hat. Auf sich selbst und andere hören, Kommunikation; die Entdeckung der phantastischen Dimension und der Aspekte, die zwischen Idee und Handlung liegen – das sind einige ihrer Arbeitsziele.

Gruppe „Il Limite" (Die Grenze)/Serramanna
Die Gruppe „Il Limite" besteht seit April 1985 in Serramanna, einem kleinen Ort, dreißig Kilometer von Cagliari entfernt. Sie beschäftigt sich mit den kulturellen Errungenschaften, die Frauen in den letzten Jahren erarbeitet haben.

1985 begann sie mit der Forschungsarbeit „Geboren werden in Serramanna – kulturelle und soziale Bedingungen von Schwangerschaft und Geburt". Die herangezogenen Daten in bezug auf Geburten und Todesfälle in Serramanna gehen bis 1816 zurück. Die Gruppe hat in diesem Zusammenhang für die Frauen des Ortes einen Fragebogen über Ängste, Bedürfnisse und Gefühle während des Geburtsaktes ausgearbeitet. „Il Limite" organisiert auch Theatervorführungen und Musikabende. Anläßlich des 8. März 1986 hat die Gruppe die Bevölkerung mit einer Unterschriftensammlung dazu aufgerufen, die Restaurierung und Nutzung eines alten Theaters zu unterstützen.

Zum fünfzigsten Todestag von Grazia Deledda hat sie eine Debatte, ein Theaterstück und eine Ausstellung über das Leben und die Werke der sardischen Schriftstellerin veranstaltet. Die Gruppe engagiert sich auch für die gesetzliche Verankerung der Gleichberechtigung der Frau in allen Bereichen und wird hierzu eine öffentliche Diskussionsveranstaltung organisieren.

Für die Zukunft plant sie, sich als Kooperative zu konstituieren mit folgenden Arbeitsschwerpunkten: Frauenforschung; Sensibilisierung der

Öffentlichkeit für frauenspezifische Probleme über Diskussionen und Tagungen; Einrichtung einer Bücherei mit einem großen Anteil an Frauenbüchern.

Kooperative „Lilith"/Carbonia

Zunächst eine kurze Vorbemerkung über die gesellschaftlichen Bedingungen, unter denen sich die autonomen Fraueninitiativen Carbonias entwickelt haben: Infolge der großen Krise im Kohlebergbau verlor auch Carbonia – eine kleine Stadt in der Zone von Sulcis/Iglesiente, bis in die Nachkriegszeit wegen seiner Bevölkerungsdichte einer der drei Hauptorte der Provinz – seine ökonomische Basis und verlagerte seine wirtschaftlichen Aktivitäten auf den Handels- und Dienstleistungssektor. Die Emigration, die fortschreitende Überalterung der Bevölkerung und die Schwierigkeiten bei der Entwicklung des produktiven Sektors führten zu einer Stagnation des wirtschaftlichen Aufschwungs und zu sozialen Problemen. Trotzdem gab es in Carbonia Momente starker sozialer Bewegungen; lautstarke politische Willensäußerungen; eine Beteiligung an der Frauenbewegung und ihren wichtigsten Kämpfen.

Eine Kooperative bedeutet: zusammen mit anderen zu planen und zu arbeiten; gemeinsam mit Schwierigkeiten fertig zu werden; etwas zu tun, das Sinn hat und die eigene Persönlichkeit stärkt.

1984 haben zehn Frauen eine Kooperative im Kulturbereich gegründet. „Lilith" unterhält einen Buchladen, der unter anderem eine große Auswahl an Essays und Erzählungen von Frauen bietet.

Um neue Arbeitsplätze nach dem Gesetz zur Beschäftigung Jugendlicher zu schaffen, wurden neue Mitglieder in die Kooperative aufgenommen, arbeitslose Akademikerinnen zwischen zwanzig und dreißig Jahren. Das von der Verwaltung mittlerweile bewilligte Arbeitsprojekt sieht folgendes vor: 1) Die Sammlung von Archivmaterial, das in die Abteilung „Arbeit in Sardinien" auf der Triennale von Milano eingefügt werden soll. 2) Den Aufbau eines Museums zum Schutz und zur Aufwertung des geschichtlich-industriellen Erbes der Region, insbesondere des Bergbaus. Arbeit und Frieden sind die Themen, mit denen sich die Kooperative 1986 beschäftigt hat. In Zusammenarbeit mit AIDOS (Frauen Italiens für die Unterstützung der Dritten Welt) soll diese Thematik auch in Zukunft weiterverfolgt werden. Geplant sind Filmvorführungen und Spendenaufrufe zur Unterstützung von Frauen in der Dritten Welt.

Anläßlich des fünfzigsten Jahrestages der Stadt bereitet die Kooperative „Lilith" in Zusammenarbeit mit Bürgermeisteramt, Provinz und Gewerkschaften verschiedene Aktivitäten vor: eine Ausstellung sardischer Zeitschriften von 1850-1950; eine Fotoausstellung über die Ehe in Sulcis-Iglesiente von 1900-1950; die Vorstellung von Frauenbüchern und eine Untersuchung über die Volksmedizin in Sulcis.

*Comitato per la Pace delle Donne di Rosmarino (Friedenskomitee der Frauen
von Rosmarino)/Carbonia*
Rosmarino ist ein Stadtteil am Rande von Carbonia, aber auch ein
Gewürz, das in diesem Stadtteil reichlich wächst und das die Frauen des
Komitees als ihr Symbol für den Frieden gewählt haben. Das Komitee besteht zur Zeit aus zwölf Mitgliedern. Die Friedensforderung war bei der
Gründung 1984 eine unabdingbare Notwendigkeit. Die Erhaltung des
Lebens zu fördern und nicht die Zerstörung und den Krieg, ist der Sinn
einer Kultur des Friedens, die Solidarität über Konkurrenz, Selbstbestimmung über Gewalttätigkeit stellt – Frieden als Alltagspraxis, die die Logik
der Gewalt auf den Kopf stellt. An diesen Zielen orientiert sich die Praxis
des Komitees. Es stellte seinerzeit den Antrag auf Entmilitarisierung eines
Teils des Geländes, das für militärische Übungen genutzt wurde, und
schlug vor, dieses Gebiet statt dessen zu einem Ort des Friedens zu erklären und ihn für einen Campingplatz, geführt von einer Frauenkooperative, und für ein Kulturzentrum, Ort der Solidarität und Freundschaft
zwischen Frauen, zur Verfügung zu stellen. Eine Initiative, die auch
Arbeitsplätze für Frauen schaffen sollte. Darüber hinaus forderte das
Friedenskomitee die Kommunen von Sulcis-Iglesiente und die Provinz
Cagliari dazu auf, das Gebiet zur atomwaffenfreien Zone zu erklären. Im
März 1986 wurde hierzu eine Demonstration in Carbonia organisiert,
deren Abschluß die Ausstellung „Die Fähigkeiten der Frauen" mit
Werken aus Musik, Malerei und Handwerk bildete.

Interdisziplinäre Gruppe für Frauenstudien – Universität Sassari
Im Semester 1979/80 organisierte eine interdisziplinäre Gruppe, bestehend aus Dozentinnen und Studentinnen, das erste Seminar „Frauenstudien". Thema waren verschiedene Gesetze der siebziger Jahre, die sich bezogen auf: Ehescheidung, das neue Familienrecht, die Familienberatungsstellen, Gleichberechtigung am Arbeitsplatz, Abtreibung, Vergewaltigung
und sexuelle Gewalt gegen Frauen.
   Im Jahr darauf ging es um die Familienberatungsstellen in Sardinien,
um einen Vergleich zwischen gesetzlicher Bestimmung und der realen
Situation auf der Insel. 1985/86 vergrößerte sich die Gruppe beträchtlich,
und es konnten weitere Fakultäten hinzugewonnen werden. Thema dieses Semesters: „Institutionelle und kulturelle Veränderungen in der
Geschlechtsrollenaufteilung von der Nachkriegszeit bis heute." Zu diesem Themenkomplex ist auch die Publikation eines Buches geplant mit
dem Titel: „Frauen und Gesellschaft in Sardinien – Erbe und Wandel."

AIED (Nationale Vereinigung der Gesundheitsfürsorge für Frauen)/Sassari
AIED-Sassari ist aus einer Gruppe der autonomen Frauenbewegung hervorgegangen, die sich seit 1974 mit Fragen des Gesundheitswesens und

der Krankenversorgung beschäftigte. Ergebnis ihrer internen Treffen und Diskussionen war die konkrete Planung eines Frauengesundheitszentrums, einer Beratungsstelle auf Selbsthilfe-Basis. Um den organisatorischen und bürokratischen Problemen zu entgehen, die die Gründung eines solchen Zentrums mit sich bringt, schloß sich die Gruppe der nationalen Vereinigung AIED an. Seit 1976 gibt es AIED also auch in Sassari – mit dem Arbeitsschwerpunkt Gesundheitsberatung für Frauen.

Die Beratung, die der ärztlichen Untersuchung vorausgeht, umfaßt Aufklärung und Information, insbesondere bezogen auf den weiblichen Zyklus. Die Frauen des Zentrums begleiten die Ratsuchenden auch zu ärztlichen Untersuchungen und unterstützen sie bei operativen Eingriffen. Gynäkologische Untersuchungen werden vom Zentrum selbst durchgeführt, ebenso Kurse zu Geburtsvorbereitung und Sexualaufklärung.

AIED unterstützt auch kulturelle Aktivitäten von Frauen wie die Bibliothek „Libra", die Frauenbücher verleiht und den Schwerpunkt „Frau und Gesundheit" in ihr Programm aufgenommen hat.

Das Frauenzentrum in Olbia

Das Frauenzentrum besteht seit 1985. Es wurde von Frauen aus der autonomen Bewegung zusammmen mit der UDI (Unione Donne Italiane) gegründet. Es versteht sich als Treffpunkt, Koordinations- und Organisationszentrum politischer und kultureller Frauenaktivitäten und als Sprachrohr für politische Forderungen.

Bisherige Aktivitäten des Zentrums waren: Zwei Ausstellungen künstlerischer Produkte von Frauen, Frauen-Gymnastik-und-Sportgruppen und Filmvorführungen. Gegenwärtig setzt sich das Frauenzentrum für die Einrichtung einer Gesundheitsberatung ein.

Lina Mangiacapre (Nemesis)
Napoli: Im Auge der Parthenope

Die „Nemesiache", die mytischen Schülerinnen der Göttin Nemesis (strafende Gerechtigkeit), haben den Kult der Sirene Parthenope (Neapel) wiederaufleben lassen. Es ist an der Zeit, daß die Sirene aus dem Weltmeer, aus der Tiefe wieder auftaucht, wohin sie geflohen war, um Odysseus zu entkommen. Du, Reisende, erreichst Neapel über das Meer, legst in dem kleinen, bunten Hafen von Santa Lucia an und gedenkst des Ortes, an dem die Sirene zu sterben sich niederließ und an dem die Siedler von Cumae die Stadt Parthenope gründeten. Zündest eine Fackel an zu Ehren ihres Kultes und begibst dich dann in Richtung Castel dell'Ovo, zur antiken Insel Megaride. In den Grundmauern dieses Schlosses, in ein Ei eingeschlossen, liegt das Geheimnis des Ursprungs und der Unvergänglichkeit Neapels. Solange das Ei unberührt bleibt, so weiß die Legende zu berichten, wird die Stadt, und mit ihr der gesamte Erdball, unvergänglich sein.

Von Westen her hörst du den Lockruf der Campi Flegrei (aus dem Griechischen „phlegräisch" glühend), dem Land der Vulkane, der Solfataren, des Feuers, dem Land, dessen Abgründe zum Hades (Totenreich), zu den heiligen Stätten Proserpinas (Göttin der Unterwelt) führen, zu jenen Stätten, die dem Kult des Unsichtbaren und der Stimme des Mysteriums geweiht sind. Der ewige Kampf der Titanen gegen die Götter des Olymps, der Kybele-Kult, der mißglückte Flug Ikarus', sie alle erhalten von diesen Stätten Nahrung ... und schließlich erreichst du den euböischen Lido von Cumae, die düstere Zufluchtsstätte der schrecklichen Sibylle, und stehst vor der furchterregenden Höhle. Der Orakelspruch Sibylles steht auf den Steinen und Blättern geschrieben, die der Wind bis zu dir, bis in Sibylles Höhle trägt. Erkundige dich nach ihrem Orakel, obgleich es für dich unsichtbar ist, was soll's ...

Du bist jetzt in den Katakomben von San Gennaro dei Poveri und von San Gaudioso alla Sanità, Stätten frühchristlicher Archäologie. Die ersten Kirchen des Christentums in Neapel wurden auf den Tempeln heidnischer Götter erbaut. Versuche, dir einmal die überwältigende Schönheit des riesigen Forumplatzes vorzustellen, die Großartigkeit seiner heidnischen Tempel, auf denen die Kirchen errichtet wurden. Laut Diodorus wurde die Religion der Ägypter von den Griechen, Persern und Neapolitanern übernommen. So ist nämlich der Ursprung der Stadt Neapolis sowie ihr Kult auf die von der Insel Euböa stammenden Griechen zurückzuführen.

Die neapolitanischen Priesterinnen der Kybele waren die einzigen, die in Italien im Kult dieser Göttin unterwiesen waren. Wie bei den Festen für Parthenope so auch zu Ehren dieser Göttin fanden in Neapel Fackelwettläufe statt. Im Rione di Materdei wird dieser alte profane Brauch noch heute zwischen dem 7. und 8. Dezember in der Nacht der Immaculata (Unbefleckte) von den Frauen und der neapolitanischen Bevölkerung gepflegt. Es ist Demeter (Ceres), die ihre geliebte Tochter Proserpina sucht, die von Pluto, dem Gott der Finsternis, geraubt wurde. Es ist das Leben, das sich in der Finsternis der Nacht, in der Tiefe der Erde verbirgt, um wieder aufzutauchen, nachdem Pluto – um Demeters Zorn zu besänftigen – Proserpina, den Frühling des Lebens, befreit haben wird.

Durch eine schmale, finstere Gasse, aus der tausend Düfte strömen und vieltönender Lärm schallt, an dichtgedrängten, winzigen Läden vorbei, entdeckst du den Palazzo dei Sangro und die Capella Sansevero. Raimondo di Sangro (1710-1771), Fürst von Sansevero, Astronom, Philosoph, Literat und Krieger, erfand eine ewige Lampe; mit den Händen vermochte er Marmor und Metall in Staub zu verwandeln; ohne daß die Räder naß wurden, fuhr er mit seiner Pferdekutsche übers Meer, als fahre er über Land (die von ihm angefertigte Zeichnung eines Entwurfs einer Amphibienkutsche ist uns bis heute erhalten). Als er fühlte, daß er sterben mußte, ließ er sich von seinem schwarzen Sklaven in Stücke schneiden und sorgfältig in einen Sarg legen, aus dem er dann an einem im voraus zu bestimmenden Tag gesund und munter herausspringen würde. Seine Familie, die er vorsorglich im Dunkeln gelassen hatte, spürte den Sarg auf und öffnete den Deckel vor dem vereinbarten Zeitpunkt. Der Fürst, dessen Körperteile sich noch im Vernarbungsprozeß befanden, wollte – wie aus dem Schlaf gerissen – aufstehen, brach aber mit einem erschütternden Schrei sogleich zusammen. Da er ein großer Herr war, ein Fürst, wie gesagt, verband er mit seinen teuflischen Künsten die typischen Launen eines Tyrannen: Morde und Taten ausgeklügeltster Grausamkeit. Er tötete sieben Kardinäle, baute aus ihren Knochen sieben Stühle und bezog die Sitzfläche mit ihrer Haut. Der Fürst schmückte die Kapelle mit phantastischen Statuen. Eine Statue stellt Cecco di Sangro dar, der mit einem Schwert in der Hand aus einer Truhe steigt, und die anderen drei sind wahre Wunder der Technik des 18. Jahrhunderts. Bei der ersten handelt es sich um die Statue der „Enttäuschung" von Queirolo. Sie stellt einen Mann dar, der sich mit Hilfe eines Genius aus einem Netz befreit. Die zweite Statue ist die berühmte „Keuschheit" von Corradini – eine in hauchdünne Schleier gehüllte Nackte. Sie ist jedoch der Inbegriff der Unkeuschheit schlechthin. Die dritte Statue stellt den toten Christus dar:

Der ausgestreckte Körper ist mit einem ganz leichten, buchstäblich durchsichtigen Schleier bedeckt. Der Schleier ist aus Marmor und ein fester Bestandteil der Statue, ohne zusätzliche Ergänzung also. Das Ganze besteht aus einem einzigen, mit einer uns unbekannten Technik gestalteten Block – viele Bildhauer erklären heute übereinstimmend, daß sie nicht mehr angewendet werden könne. Dieses Meisterwerk stammt aus dem Jahre 1753. Der Fürst ließ danach den Künstler blenden, damit dieser keine ähnlichen Werke für andere schaffe. Und die gleiche Geschichte wiederholt sich bei vielen Denkmälern. Außerdem soll der Fürst mit seinen teuflischen Fähigkeiten dem Künstler stets bei der Arbeit gefolgt sein, so daß das Werk bereits nach drei Monaten fertig war. Die Feinheiten sollen jedoch viele Jahre harter Arbeit in Anspruch genommen haben. In derselben Kapelle wird in einem Schrank ein weiteres echtes, diesmal in seiner grausigen Erscheinung einzigartiges Wunderwerk aufbewahrt: zwei Skelette mit einem völlig intakten Venen- und Arteriennetz, das mit einem sogenannten „Metallisierungsverfahren" zum Erstarren gebracht wurde. Das Geheimnis dieses vom Fürsten entwickelten Verfahrens ist angeblich verloren gegangen. Der Fürst soll zwei noch lebenden Dienern eine alchemistische Lösung eingespritzt haben, damit der Blutkreislauf diese Lösung in alle Körperzonen verteile. Die Frau war eine Schwarze, und man hat festgestellt, daß sie sich einem Kaiserschnitt unterzogen hatte.

Christliche und heidnische Riten durchdringen sich gegenseitig, vor allem die von den neapolitanischen Frauen nie vergessenen Riten des Kybele-Kultes. Die im Santuario di Montevergine verehrte Madonna (eine Wallfahrtskirche in der Nähe Neapels) wird Mamma Schiavone genannt. Vergil soll laut Legende die Priester des Tempels über ein geheimnisvolles, noch in der Zukunft liegendes und in den Sibyllinischen Büchern vorausgesagtes Ereignis befragt haben, nämlich über die Geburt eines Welterlösers durch eine Jungfrau. Da die Priester keine Antwort wußten, wandte sich Vergil direkt an die Göttin, die er mit magischen Kräutern beschwor. Vergils Feld gibt es heute noch und kann in Montevergine besucht werden. Dort wachsen wunderwirkende Kräuter. Eine Kräuterart vermag erblindeten Schafen das Augenlicht wiederzugeben.

Bist du schwanger oder möchtest es gern werden? Dann geh zu dem Schwangerenbrunnen in der Via Santa Candida. In den geheimnisvollen und sehr verzweigten unterirdischen Gewölben von San Pietro ad Aram (dort sind eine Krypta, einige Grüfte und viele Katakomben zu finden) steht ein sehr alter Brunnen, der noch vor gar nicht langer Zeit von schwangeren Frauen aufgesucht wurde, da das Wasser die Geburt erheblich erleichterte.

Möchtest du Satan persönlich treffen? Dann gehe in die Via Donnalbina Nummer 56. Hier ragt ein Palazzo aus dem 18. Jahrhundert empor, im

Innern zeigt die Wand eines Raumes das Bild des Dämons. Die unermüdlichen Überstreichungsaktionen mit Kalk oder anderer Wandfarbe erweisen sich als vergeblich, denn dieses etwas heikle Bild – weit davon entfernt, endgültig zu verschwinden – tritt jedesmal noch deutlicher zutage.

Solltest du dich an einem Blutrausch ergötzen wollen, so begib dich zum Dom, wenn die zwei mit Blut gefüllten Glasflaschen aus ihrer heiligen Bewahrungsstätte herausgenommen werden. Ein Schlüssel hierfür liegt beim Kardinal und Erzbischof von Neapel und der andere bei einem Vertreter des Bürgermeisters. Zusammen mit den Glasflaschen wird auch der Schädel von San Gennaro mit seiner goldenen Blässe und strahlenden Bischofswürde herausgenommen. Mathilde Serao schreibt dazu: „Am ersten des Monats Mai werden diese heiligen Reliquien in einer Prozession zur Kirche von Santa Chiara gebracht, wo vor dem gesamten betenden und klagenden Volke das alljährlich wiederkehrende Wunder vorgeführt wird. Am 19. September findet das Wunder im Dom, in der Cappella del Tesoro, immer nur in Gegenwart des Schädels des Heiligen statt. Gleichzeitig verflüssigt sich das auf einem Stein befindliche Blut in der Kirche von San Gennaro in Pozzuoli, wo dieser Heilige enthauptet wurde. Das Wunder geschieht vor den Augen aller. Früher wurde die Verflüssigung im Lichte einer Kerze gezeigt, heute nicht mehr, um Zweifel zu vermeiden. Eine der Glasflaschen, die breitere, ist zu drei Viertel mit festem, dunklem, geronnenem Blut gefüllt. Die andere, die längere, ist halbleer, da Karl III. von Spanien das Blut mitnahm. Das Blut in der längeren Glasflasche geht von einem steinharten in einen flüssigen Zustand über. Das, was jedoch am meisten beim Zusammentreffen Blut/ Schädel verblüfft, ist die Zeit, die es benötigt, um sich zu verflüssigen. Mal geschieht das bereits nach einem kurzen Augenblick, ein andermal erst nach einer halben Stunde. Zuweilen jedoch verstreichen Stunden, und das Volk in Santa Chiara und im Dom bricht in inbrünstiges Beten aus, begleitet von krampfhaften Bewegungen, wenn es zu lange warten muß. Die Gläubigen gehen davon aus, daß diese Verzögerung entweder als Zeichen des Zorns, der Trauer oder als Absicht ihres Heiligen zu deuten sei, ‚Elend und Tod über sein Volk zu verbreiten'." Manchmal versagt sich San Gennaro diesem Wunder, und die Gläubigen halten sogar das genaue Datum fest, das bestimmt mit Ereignissen wie Tod, Überfall, Vulkanausbruch, Krankheit, Krieg zusammenfällt. Die Neapolitaner hegen dabei keinen Groll gegen ihren Heiligen. Die nicht eingetretene Verflüssigung des Blutes deuten sie vielmehr als Vorboten, nicht als Ursache ihrer Mißgeschicke.

Wenn dich das Thema Blut weiterhin interessiert, dann suche das Kloster San Gregorio Armeno auf. Dort findest du das Blut der Heiligen Patrizia, der Nichte des Kaisers Konstantin. Das Blut schoß ein Jahrhundert nach ihrem Tod aus ihrem Schädel, nachdem ihr ein Zahn ausgerissen worden war. Es wird sich vor deinen Augen verflüssigen und rubin-rot glänzend über die Kristalle des Reliquienschreins fließen. San Antimo, das ehemalige etruskische Atella, ist eine andere Stätte, an der im Monat Mai sich weiteres Blut verflüssigt. Allerdings findet diese Prozedur in Begleitung einer schwebenden Engelschar statt, die dem Ganzen etwas von seiner Blutrünstigkeit nimmt. An Fäden hängend, schweben diese mutigen Engelchen in der Luft, singend überqueren sie den Raum, um das blutüberströmte Haupt des geköpften San Antimo zu holen.

In Mergellina, in der Kirche von Santa Maria del Parto, ist auf einem Gemälde von Diomede Carafa ein anderer Engel zu sehen – und zwar in Gestalt des Erzengels Michael. Mit den Füßen zertritt er einen Drachen mit dem Körper und dem wunderschönen Kopf einer blonden Frau, und mit der Lanze durchbohrt er ihn. Es wird gesagt, daß der Künstler Carafa damit den eigenen Sieg über die Verführungskünste einer verliebten Frau, Vittoria d'Avalos, darstellen wollte. Dem Künstler gelang jedoch ein solch attraktives und höchst sinnliches Bild des Drachens: halb Frau, halb Dämon, daß es jeden in Versuchung bringt. Im Volksmund heißt es seit-dem: „Schön wie der Teufel von Mergellina.''

Von Mergellina aus bewege dich Richtung Posillipo: Ein gespenstischer Ort ist der Palazzo Donn'Anna, von wo aus sich eine traumhafte Sicht öffnet. Vielleicht ist es das merkwürdigste Gebäude Neapels. Ein unvoll-endetes und durch eine von Cosimo Fanzago entworfene Residenz zer-störtes Bauwerk, das mit den verlassenen Bogengängen, mit dem leeren Blick seiner Fenster, mit den einstürzenden Mauern und dem bewachse-nen Dachgesims bis ins Meer hineinragt. Es wurde auf einem weitaus älteren Bauwerk mit dem Namen „La Sirena" errichtet, und zwar auf Wunsch von Donna Anna Carafa, Nichte von Paul IV., einer äußerst eh-rgeizigen und hochmütigen Frau, die aus diesem Bauwerk eine prunkvolle Residenz machen wollte, die vom Land und vom Meer durch ein entspre-chendes Tor zugänglich sein sollte. Der Palazzo blieb unvollendet. Das Gespenst der noch immer umherirrenden Donn'Anna soll sich dort her-umtreiben. Man will es sogar gesehen oder seine eiskalte Nähe gespürt haben. In der folgenden Zeit war der Palazzo Donn'Anna Residenz der berühmt-berüchtigten Königin Giovanna.

Eine tragische und legendäre Liebe war die zwischen Posilip und Nisida (von Nisis – kleine Insel). Nisida war ein strahlendes junges Mädchen, umworben von Posilip, der ihr als Sohn einer Gottheit zum Gemahl ver-sprochen war. In einem Augenblick höchster Erregung versuchte er, Nisi-da zu entführen. Um Posilip zu entkommen, stürzte sie sich ins Meer. Beide erfaßte der Zorn der Götter, die sie in zwei Klippen verwandelten: ihn, weil er sich gegenüber dem göttlichen Willen ungehorsam gezeigt hatte; sie, weil sie die Liebe eines Sohnes der Götter zurückgewiesen hat-te. Auf Nisida lebte Brutus, und hier fand das Leben seiner Gemahlin

Porzia ein trauriges Ende. Nach der Niederlage ihres Gemahls ging sie freiwillig in den Tod, indem sie glühende Kohle verschlang.

Von Nisida aus, die nun keine Insel mehr ist, da durch eine kleine Brücke mit dem Festland verbunden, beginnt deine Reise zu den Inseln.

Die Insel Procida, von Prochyta – Ernährerin Äneas, Ziel vieler Kaiser und Könige, erfreute sich einer blühenden Landwirtschaft und eines reichhaltigen Wildbestandes. Sie ist mit der Insel Vivara verbunden, auf der noch Überreste mykenischer Kultur zu finden sind.

Von Procida aus setze deinen Weg in Richtung Ischia fort, der ehemaligen Insel Pythaecusa. Im Krieg gegen die Giganten spaltete Jupiter einen sizilianischen Berg und schmetterte ihn gegen das hundertköpfige Ungeheuer Tifeo. Venus, die Göttin der Liebe und der Schönheit, folgte auf Ares blitzschnellem Wagen dem Flug dieses riesigen Felsbrockens, bis er niederschlug. Aus diesem Felsbrocken und jenem Ungeheuer entstand Ischia. Daraufhin fügte Venus der Krone ihrer Länder nun auch diese Perle hinzu. Von ihren Dienerinnen ließ sie sich ein riesiges, silbernes Tuch weben. Damit bedeckte sie diese schauderhafte Insel und verwandelte sie in einen bezaubernden grünen Garten. Vögel und Schmetterlinge, die von überall her kamen, Männer und Frauen aus den benachbarten Ländern, Etrusker, Oskern und Pelagen bevölkerten die Insel, verließen sie jedoch nach kurzer Zeit wieder, weil das Ungeheuer Tifeo noch häufig brauste und tobte. Es hatte sich noch nicht an den Ruhezustand gewöhnt, deshalb gab es seinem Instinkt nach und ließ die Erde wütend und feuerspeiend erbeben. Die einzigen, die dem widerstanden, waren die Kimmerier (oder Cecopi), denn sie lebten in riesigen Höhlen in den tiefsten Schichten der Erde, aus denen sie hervorkrochen, um überfallartig alles zu verwüsten. Die Göttin Nemesis, erzürnt über derartige Gewaltausbrüche, verwandelte sie in Pithecus-Affen. Daher der ursprüngliche Name Pythaecusa.

Das leidenschaftlichste Ereignis der antiken Welt, die Ursache für die Zerstörung Trojas, die Flucht Äneas, die Gründung Roms, das alles fand seinen Ursprung auf der glühenden Insel Ischia. Hier fand die mytische Fluchtszene der von Zeus verfolgten Göttin Nemesis statt. Um ihm zu entfliehen, verwandelte sich Nemesis in eine Graugans. Und um sie einzufangen, verwandelte sich Zeus in einen Schwan. Das Ergebnis dieses Liebesaktes war für die Männer die schönste Frau und das schlimmste Schicksal: Helena. Wer beleidigt wird, rächt sich. Nemesis wird wiedergeboren in ihrer Tochter, der göttlichen Helena. Venus, Hera und Athene fordern Paris auf, auf dem Monte Epomeo den ersten Schönheitswettbewerb der Geschichte zu eröffnen. Den goldenen Apfel wird er Venus überreichen gegen ihr Versprechen, Helena zu besitzen, womit ein Krieg entfesselt wird. Ischia wurde immer von den Zornausbrüchen Tifeos zerstört, tauchte jedoch jedesmal faszinierender und reizvoller aus dem Meer wieder auf. Obgleich ihre Bewohner/innen oft gezwungen waren, Ischia zu verlassen, blieb es nie lange unbewohnt, denn die ganz frühen Inselbewohner/innen liebten es und folgten den Ratschlägen Sibylles, die abwechselnd mal in Cumea, mal auf Ischia wegen der Thermalquellen lebte. Sibylle hatte nämlich von Apollo als Preis für ihre seherischen Fähigkeiten verlangt, so viele Jahre zu leben, wie sie Sandkörner in den Händen halten konnte. Sie vergaß aber, auch ewige Jugend zu verlangen. Schon beim Auftreten der erste Falte wurde ihr bewußt, daß sie einen Fehler begangen hatte, den sie durch die wunderwirkende Kraft der Naturquellen Ischias wiedergutzumachen suchte: in den Thermen der Aphrodite, in den Gärten des Poseidon, am Strand von Citara, wo Liebe und Schönheit zu finden sind.

Bevor du dich nach Capri, der Insel der Sonne und Freuden wagst, versuche deine Augen zu befreien und jeglichen Zeitbegriff aus deinem Gedächtnis zu löschen. Denn Capri, die schöne Schlafende, deren Träume Wirklichkeit werden, ist die Insel, auf der das Unmögliche zu Hause ist und der Sirenen-Kult niemals aufhört. Es hat alle römischen Kaiser verzaubert: Augustus, dessen Namen die berühmten Gärten gegenüber der Villa Krupp erhalten haben. Tiberius verlangte von seinen Sprachlehrern, die Sirenen-Gesänge zu kennen, da er sie sein Leben lang verehrte. Die Sirenen, möglicherweise phönizischen Ursprungs, verwandelten sich angesichts der dort herrschenden Harmonie und liebten wie die „Casta Partenope" (die tugendhafte Parthenope), die aus ihrem selbstmörderischen Körper Neapel gebar, das heute noch von ihr lebt. Du begegnest ihr in den Madonnen Neapels – in Santa Lucia. Alle Madonnen Neapels sind Königinnen des Meeres. Madonna della Libera, Stern des Meeres, sie sind alle Reinkarnation ehemaliger Sirenen. Der Sirenen-Kult hat dem Christentum niemals gestattet, über ihn zu siegen. Die russische Dichterin Marina Cvetaeva beschrieb Capri folgendermaßen: „Die Land-Insel, die nicht existiert, Land, aus dem man nicht fliehen kann, das man lieben muß, weil man dazu verurteilt ist. Ein Ort, von dem aus man alles sieht, aber nichts tun kann. Land der gezählten Schritte. Sackgasse." (Brief an die Amazone)

Die Insel – Land, das nicht existiert – war das Land, in dem die Liebe, die nicht existiert, die Liebe zwischen Frauen, ihren begehrten Ort fand. Auf dieser Insel fand sie ihre Priesterinnen: Nathalie Clifford Barney, die berühmte Amazone, die den Sappho-Kult wieder einführte, indem sie in ihrer Pariser Wohnung Mytilene wiederauferstehen ließ. Ihre geliebte Romaine Brooks verliebte sich hier in die Musik Renata Borgattis. Von Anacapri aus steigst du die 777 Stufen der Phönizischen Treppe hinab und gehst ans Meer. Von der Villa Jovis hinunter, von den Faraglioni bis zur Grotta Bianca natürliche Skulpturen, denen die Kunst des Menschen noch nicht Gestalt verliehen hat. Hinter Punta del Capo steigst du an der

Grotta del Bue Marino in ein Boot – das Brausen des Wassers und der Wellen im Innern der Grotte wird dich begleiten. Dieses bringt dich von Marina Grande nach Marina Piccola zur Grotta Verde und zur Grotta Rossa, die ihre Namen wegen der Vegetation im Innern der Grotten erhalten haben. Von Punta Ventroso nach Cala Ventroso. Der felsige Abhang des Monte Solaro fällt gegen das Meer ab, und du siehst den Strand von Marina Piccola. In der Grotta dell'Arsenale kannst du noch Spuren antiken, von Tiberius gewünschten Wandschmuckes aus Mosaiken und kunstvollen Kacheln finden. Die Grotta Oscura ist von einem Erdrutsch fast verschlossen und in Dunkelheit getaucht („Oscura" – die Düstere). Um den Sirenen im glänzenden Licht der Grotta Azzurra zu begegnen, suche sie in den frühen Morgenstunden auf und durchquere sie schwimmend, entweder allein oder mit geliebten Menschen. Durch die Begegnung mit den Nymphen erkennst du die Dimension des Mythos. Und vom Arco Naturale aus, einer antiken, vom Zahn der Zeit völlig zernagten Grotte, die nachts von Gespenstern heimgesucht wird, setze deinen steilen Weg fort. Erreichst sodann die Grotta di Matromània, die dir den Kybele- und Mitra-Kult wieder ins Gedächtnis ruft.

Wenn du den Gipfel des Monte San Constanzo erreichst, gerade in dem Augenblick, in dem sich die Luft in Goldstaub verwandelt, wirst du das Schauspiel des in Gold getauchten Golfs von Neapel nie mehr vergessen. Dir wird plötzlich die Liebe eines jungen Neapolitaners namens Vesuv verständlich, der in ein junges Mädchen der Familie Capra vergeblich verliebt war. Um die beiden zu trennen, schickte die Familie das untröstliche Mädchen zum Capo della Minerva. Das Mädchen stürzte sich aus Verzweiflung ins Meer und verwandelte sich in eine Insel (Capri). Als Vesuv von dieser Tat erfuhr, fühlte er solch einen Schmerz, daß er in seinem Leid Feuer ausspie. Schließlich verwandelte er sich in einen Berg. Noch heute schaut er von der Höhe seines Gipfels hinab zur Geliebten, seufzt und brennt für sie. Ab und an erfaßt ihn grenzenloser Zorn, und Neapel bereut, ihm dieses Mädchen versagt zu haben. Vesuv hat nun der Schlaf übermannt. Vom Gipfel San Constanzo bis zu seinen Füßen erstreckt sich nicht nur das Land der Sirenen, sondern auch die Hälfte Kampaniens. Im fernen Horizont die gewundenen Konturen der tyrrhenischen Küste, das Circe-Vorgebirge und die kleinen Inseln von Ponza, die unheilvolle Erinnerungen wachrufen; der Apennin, massiv und gezackt, dessen Gipfel sich sogar in den fernen Abruzzen erheben; viel näher dagegen die Elysäischen Felder (Campi Elisi), der Tartarus (Unterwelt) und die Kimmerischen Nebel. Jeder Zipfel dieser Landschaft ruft historische Erinnerungen wach: Capua und Hannibal, Forche Caudine, Miseno und Vergil, Nisida – die Zufluchtsstätte Lukullus', eines wahren Verehrers der Sirenen; die ehrwürdige Akropolis Cumae; Pompeji und weiter unten Pozzuoli. Auf der anderen Seite die amalfitanische Küste und Paestum – das ehemalige Poseidonia. Hierher kam die Sirene Leucosia, um zu sterben, weil es ihr nicht gelungen war, Jason und die Argonauten aufzuhalten. Die auch von den Römern besungenen Rosen von Paestum blühen zweimal im Jahr: im Frühling und im Herbst. Das Museum ist reich an Schätzen, die von einer alten matriarchalen Zivilisation Zeugnis ablegen.

Vor ungefähr dreitausend Jahren fanden die aus ihrem Mutterland vertriebenen Griechen Zuflucht an den Küsten Süditaliens. Einige erreichten Poseidonia. Bei der Jagd wurden sie von Amazonen umzingelt und gezwungen, sich zu ergeben. Geführt wurden die Amazonen von einem wunderschönen Mädchen mit rotem Haar und grünen Augen, das mit einer kurzen purpurroten Tunika bekleidet war. Die jungen griechischen Krieger dachten nicht im geringsten daran, welchem tragischen Schicksal sie gerade entgegentraten. Durch die Drohungen der wunderschönen Reiterinnen völlig eingeschüchtert, vergaßen sie die im Lager zurückgebliebenen Eltern und Freunde und folgten den Amazonen in das Innere der cilentanischen Halbinsel. Kaum waren sie in der Amazonensiedlung angekommen, zwangen die jungen Reiterinnen die Krieger, sich ihren Wünschen zu fügen. In den frühen Morgenstunden wurden sie ihrer jedoch überdrüssig, fesselten sie alle – einen nach dem anderen – auf dem der Göttin geweihten Altar, und nachdem sie sie für die Opferdarbringung vorbereitet hatten, durchbohrten sie ihre Körper mit spitzen Lanzen. Nach der Opferdarbringung warfen sie ihre Waffen in den Fluß und ließen die Körper im Sumpf verfaulen. Als Poseidon von dieser Greueltat erfuhr, war sein Mitleid für diese griechischen Krieger, die so jung und auf so bestialische Weise sterben mußten, grenzenlos. Ebenso sein Zorn über die grausamen Amazonen: Er verwandelte sie in Elstern. Wenn du heute nach dreitausend Jahren nach Paestum kommst, über die Strada Statale 18 der Cilento-Halbinsel, am Poseidontempel vorbei, siehst du noch immer eine Schar schwarzer Vögel, die flatternd die Tempelruine umkreisen: Es sind die Elstern, die mit gespenstischem Kreischen und Heulen ihren Kampf fortsetzen. Und wohin auch immer du blickst: das Meer.

Das Meer mit seiner stillen Tiefe ist das vorherrschende Merkmal des Landes der Sirenen. An den Ruinen des Polliontempels siehst du die Klippen jenes Meeres, das als einziges den verzweifelten Durst der Königin Giovanna zu stillen vermochte. Punkt Mitternacht wird die Stille von einem ohrenbetäubenden Lärm zerrissen: Eine Frau in Weiß entsteigt dem Meer und eilt zu den Ruinen. Ein Reiter in Schwarz folgt ihr auf einem fliegenden Pferd, ohne sie je zu erreichen.

Vom Land der Sirenen aus, das heute zu einem durch die Bauspekulation und den Haß der Göttinnen verseuchten Olymp degradiert wurde, konnte sich eigentlich nur noch der Film mit seiner verführerischen Kraft zu Wort melden. Und der Film – als die neue Sirene – wird eine „einspurige Welt" zeigen und über die falschen Dimensionen einer Welt spotten, aus der es kein Zurück mehr gibt. Es ist von der Rassegna del Cinema Femminista (dem Frauen-Filmfestival) die Rede, das wir Nemesis-Frauen 1976 ins Leben gerufen haben. Dem antiken Tempel sind wir einen weiteren Tribut schuldig: nämlich – außer der Musik – auch die Vorführung ganz vieler bekannter und unbekannter Sirenengesichter.

Fliege – wie Ikarus – in den sanften Busen des Vesuvs, von wo aus die rasende Nemesis auf unerbittliche Weise die Arroganz der römischen Städte brach: Pompeji, Herkulaneum, Oplontis, Taurania, Sora, Cossa, Leucopetra.

Der Vesuv, seit Jahrhunderten in Schlaf versunken, war den Bewohnern der naheliegenden Ortschaften als tätiger Vulkan unbekannt, auch ahnten sie nicht, welche Gefahr in seinem Inneren lauerte. 1962/63 wurde das Gebiet von einem schrecklichen Erdbeben heimgesucht. Man berichtete, daß die im Berg gefangenen Giganten nun aufgewacht waren. Die in Mitleidenschaft gezogenen Städte sorgten eifrig für die Beseitigung der entstandenen Schäden. Sie waren kaum mit dem Wiederaufbau fertig, als sie im August 1979 neue Erdstöße überraschten. Nun war die Bevölkerung ernsthaft beunruhigt, und die Pessimisten behaupteten, das sei eine weitere Rebellion der Giganten. Es gab zwei Tage Kampfpause. Nur das Meer schleuderte wütende Wellen gegen den Strand; die Vögel verstummten, die Hunde heulten, alle Tiere zeigten sich ruhelos. Am Morgen des 24. August ging die Sonne strahlend – wie in den Tagen davor – am azurblauen Himmel auf. Die Stille wurde plötzlich erneut von einem heftigen Erdstoß zerrissen. Und genau in diesem Augenblick schossen die Giganten aus dem Vesuv heraus. Einige flohen in die Berge, andere dagegen – so will man gesehen haben – lösten sich über dem Meer in Luft auf. Der Gipfel des Berges brach unter wildem Getöse, fürchterlichem Donnern und Ausstoß einer riesigen Feuerzunge in zwei Teile auseinander. Dann verschwand das Feuer wieder, und eine schwarze Rauchwolke stieg am Himmel hoch, während schwärzliche Steinsäulen buchstäblich nach oben schossen. Mitten am hellichten Tag wurde es finstere Nacht, hin und wieder von drohenden Blitzen erhellt. Die im Flug getroffenen Vögel stürzten völlig betäubt zu Boden; und das kochende Meer erbrach Tausende und Abertausende toter Fische auf den Strand. Noch nie hatte eine zerstörerische Kraft die Spuren eines Ereignisses derart verewigen können. Darüber legt Villa dei Misteri in Pompeji Zeugnis ab mit ihren großartigen Wandgemälden in der Sala del Grande Dipinto: Geißelungsszenen; den Tanz einer nackten Bacchantin; der sich einer Jungfrau offenbarende Phallus. Es ist nicht zu übersehen, daß die Hausherrin eine Anhängerin und Verbreiterin des Dionysos-Kultes war. Die Bewohner/innen von Herkulaneum, die sich zu Unrecht in Sicherheit glaubten, fand man schlammbedeckt am Meeresufer tot auf – eine sinnlose Flucht. Macht es wie sein Gründer Herkules, der sich dem Laster des Weines hingab – so zeigt ihn ein Gemälde in Casa dei Cervi –, trinkt auch ihr. Die Villa von Lucio Calpurnio Pisone, dem Schwiegervater von Julius Cäsar, hat uns in ihrer reichen Bibliothek epikureische Texte überliefert. Diese Villa ist ein sehr elegantes Bauwerk mit vielen Bronze- und Marmorskulpturen. Sie ist der einzige Ort in Italien, dessen Papyrusrollen uns erhalten geblieben sind. Versäume nicht, Villa dei Papiri zu besichtigen, wenn dich Philosophie interessiert.

Ähnlich einer Mondlandschaft: leuchtendes Weiß schlummernder Krater, Asche erloschener Leidenschaften. Aber hinter der Stille der Zeit brodelt es in den Tiefen der Erde, und die Solfatare mit ihren tausend Augen und Mündern richtet weiterhin ihren Feuer- und Rauchgesang gen Himmel.

Das farbenprächtige Baia, Ort der Liebe und Freuden, schlummert – seine Vergangenheit vergessend. Du kannst diesen Ort an den Nerothermen zum Leben erwecken. Gehe hinunter in Richtung Merkurtempel, wenn du eine Flöte hast, oder es reicht der Atem und deine Stimme. Die Schallwellen vervielfachen sich, und du stehst vor einem Schauspiel völliger Harmonie zwischen Klang und Bild. Am Ausgang des Tempels liegt ein umgestürzter Baum, der den „Goldenen Zweig" trägt. Der Himmel ist Erde geworden, nachdem die Erde ihre Himmelswurzeln verloren hat.

Brich einen Zweig ab und gehe zurück zur Höhle der Sibylle. Damit hast du die Liebesreise zu einer anderen Frau vollendet. Findest du keinen umgestürzten Baum, so gehe zum Averser See – ein anderer Weg zeigt dir vielleicht eine andere Reise.

Angela Fanelli / Sandra Adesso
BARI: DIE VERBRENNUNG DER PALMINA

Fasano ist eine Stadt in einer der schönsten Gegenden Apuliens: Murgia dei Trulli, eine hügelige Hochebene aus roter Erde, unzähligen Olivenhainen und Weinbergen, die sich in Terrassen vom Meer aus erheben, mit ihren berühmten Trulli: kleinen Rundhäusern aus Naturstein.

Aber Fasano ist nicht nur Ziel vieler Touristen, sondern hat die traurige Berühmtheit, Drogenumschlagplatz für ganz Italien zu ein und damit die Ausweitung der Prostitution zu befördern.

In dieser Stadt wurde am 11. November 1981 die vierzehnjährige Jugendliche Palmina Martinelli bei lebendigem Leib in ihrer Wohnung angezündet; wenige Minuten später fand sie ihr Bruder. Sie war noch in der Lage, die Täter zu identifizieren. Diese Mordanklage wiederholte Palmina in den nächsten zweiundzwanzig Tagen, in denen sie im Sterben lag, immer wieder. Sie sprach mit den Ärzten und Krankenschwestern des Krankenhauses Fasano, dann mit denen der Poliklinik in Bari und zuletzt berichtete sie dem Untersuchungsrichter, der ihre Worte auf Band aufnahm.

Dies ist die Schilderung Palminas vom Ablauf der Ereignisse:

„Ich war nervös wegen einer persönlichen Geschichte, als es an der Haustür klingelte. Ich gehe hin und öffne. Giovanni und Enrico treten ein. Sie schließen die Tür und zwingen mich aufzuschreiben, daß ich mich mit meiner Schwägerin gestritten hätte. Dann gehen sie mit mir ins Bad, verbinden mir die Augen, übergießen mich mit Spiritus und zünden mich an. Sie sagen noch: ‚Diese Sache hier ist auch für deinen Vater.'

Ich kannte sie gut … Sie gingen klauen, aber Mama hatte sie davon überzeugt, es zu lassen. Sie hatten aber keine Lust, arbeiten zu gehen, was konnte Mama da noch machen?"

Sie wird nach den Nachnamen der beiden gefragt. Palmina sagt: „Giovanni Costantini und Enrico, den Nachnamen weiß ich nicht. Der hatte sich schon meine Schwester geschnappt. Seine Mutter schickt sie auf den Strich. Auch mich wollten sie dahin kriegen. Ich hab aber nicht gewollt. Daraufhin sagte er einmal zu mir: ‚Paß auf, ich werde dich noch mit meinen Händen umbringen.'

Ich hab' geantwortet: ‚Bring mich um, aber mit dir geh' ich nicht!'

Von diesem Tag an haben sie versucht, mich fertigzumachen … Briefe, in denen stand, daß Mama, statt zur Arbeit zu gehen, in Wirklichkeit anschafft … Jetzt haben sie das hier mit mir gemacht. Wenn ich wieder gesund werden sollte, werden sie mich umbringen."

Wer sind Giovanni Costantini und Enrico Bernardi? Es sind zwei Brüder, die gemeinsam mit ihrer Mutter, Angela Lo Ré, Jugendliche in ihre Gewalt bringen und in ihrem Haus zur Prostitution zwingen. Sie hatten schon Franca, die Schwester von Palmina, in der Hand. Und nun war Palmina an der Reihe. In dieser Absicht klingelten sie an besagtem Nachmittag an der Haustür, aber Palmina weigerte sich. Sie bekam daraufhin ihren Denkzettel und wurde angezündet.

Am 2. Dezember, nach zweiundzwanzigtägigem Todeskampf, starb Palmina. Zwei Jahre später fand in Bari der Prozeß statt. Doch anstatt sich gegen die Täter zu richten, zielte er auf Palminas Schuld ab. Sie wurde als Lügnerin diffamiert, des Selbstmordes für „schuldig" befunden, und darüber hinaus wurde ihr vorgeworfen, „Unschuldige" der Tat bezichtigt zu haben – die „Unschuldigen" waren schon bei der Polizei aktenkundig wegen Zuhälterei und Einbruchs.

Costantini und Bernardi wurden „mangels Beweises" freigesprochen.

Der Prozeß hatte für viele den gleichen Stil, der sonst bei Vergewaltigungsprozessen herrscht: Den Frauen werden in der Regel alle Rechte zu ihrer persönlichen Verteidigung abgesprochen; sie haben nicht mal das Recht zur Verteidigung ihrer persönlichen Würde und sozialen Existenz.

Das Ergebnis des „Falles Palmina" machte die Notwendigkeit einer starken Frauenbewegung deutlich, die – über Bestürzung und Wut hinaus – konkrete Vorstellungen umsetzen wollte.

Es gab weitreichende öffentliche Auseinandersetzungen unter Beteiligung aller Frauen Baris. In der Folge entstand schließlich ein Rechtsberatungszentrum für Frauen. Dies zwang Apulien zu neuen Erfahrungen und war die direkte Antwort auf die hiesige Frauenproblematik.

Das Beratungsangebot des Zentrums umfaßt folgende Bereiche: sexuelle Gewalt gegen Frauen, Scheidungsprobleme, Familienrecht, geschlechtsspezifische Diskriminierung etc. Hier fanden auch die ersten Analysen und Reflexionen zum Verhältnis Frauen/Institutionen statt, und es entstanden die ersten Visionen einer frauenfreundlichen Rechtsprechung. Die Rechtsberatung im Zentrum ist kostenlos.

Der Tod von Palmina hat nicht nur die Frauen in Bari und Apulien mobilisiert, sondern auch andere Frauengruppen. So legte die römische Frauengruppe „Tribunal 8. März" – ein Zusammenschluß von Anwältinnen und weiblichen Angestellten in den Gerichten –, nachdem sie die Prozeßakten eingesehen hatte, mit Hilfe einer Zivilklage der Mutter von Palmina, Berufung gegen das Urteil ein.

Im Oktober 1987 kam es zum Berufungsverfahren: Das Urteil aus erster Instanz wurde in allen Punkten bestätigt.

Der Wunsch Palminas, ihr zu glauben, blieb wieder einmal in den Gerichtssälen ungehört.

Das Rechtsberatungszentrum für Frauen in Bari ist heute eine Initiative des „Kultur- und Dokumentationszentrums für Frauen".

Adele Cambria
MÜTTER UND AMAZONEN

Ein flacher Südwestwind strich über unsere in der Sonne hingestreckten Körper und wirbelte uns Sand in die Augen. Es war kein schöner Tag am Ionischen Meer.

Azurblau schäumte das Meer, gleißend flirrte der Himmel, in seiner Makellosigkeit blendete der Strand, und ein Würfel, da zwischen die indischen Feigen gesetzt, ebenso makellos, ließ die Kühle einer strohgedeckten Hütte, einer Osteria erahnen. Zu dieser Stunde (es war drei Uhr) waren wir seltsamerweise nur Frauen am Strand. Meine neapolitanischen Freundinnen, ich, und aus dem Schatten der Strohhütte trat uns mit einer strahlenden Neugier eine stattliche Frau entgegen, in faltenreichen weiten Röcken, wie sie heute (und das erscheint unglaublich) noch die alten Fischersfrauen tragen. Sie schaute uns gutmütig an und fragte in ihrem Dialekt:

„Was ist denn das? Alles Frauen?"

„Wir sind Feministinnen."

Die Antwort war (das wurde uns augenblicklich bewußt) von einer unerträglichen elitären, fast rassistischen Arroganz. Sie entgegnete uns jedoch ganz ruhig auf Italienisch: „Dann habt ihr gut daran getan, nach Capo Zeffirio ... zu kommen. Denn wißt ihr, was die griechischen Frauen eines schönen Tages taten, als sie es satt hatten, von ihren Männern vernachlässigt zu werden, weil diese draußen über Politik reden wollten? Sie suchten sich die hübschesten, mutigsten und jüngsten Sklaven aus, verließen mit Schiffen ihr Land und kamen hierher ... Hier gründeten sie auch ihre Stadt, in der sie das Sagen hatten ..."

So erzählte eine Frau in Kalabrien anderen Frauen die Geschichte von *Locri Epizephyrii* (...)

Worüber sich viele Geschichtsschreiber einig sind, ist das Vorhandensein matriarchaler Institutionen in Locri Epizefiria, der Stadt, die sie am Capo Zeffirio, unweit des Strandes, an dem wir uns an jenem Tag aufhielten, gegründet hatten. (Die Frau nannte sie weiterhin bei ihrem früheren Namen, auch wenn diese Stadt auf den heutigen Landkarten Capo Bruzzano heißt ...)

Phantasien vielleicht, geboren aus der Begegnung einiger Frauen unter der Augustsonne? Gesichert ist, daß die „Hundert Häuser" in Locri eine historische Realität darstellen, die unter anderem belegt wird durch archäologische Ausgrabungen in diesem Gebiet, die unter dem Namen „Centocamere" (Hundert Räume) bekannt sind (...)

Nicht so sehr zu der historischen Kolonisierung, sondern eher zur „mythischen Kolonisierung" gehört die Gestalt der Kleta, Amazone in

Kaulonien. Die Ruinen der großgriechischen Stadt (weiße Überreste im Gold der Kornfelder nur wenige Meter vom Meer entfernt) finden sich in unmittelbarer Nähe von Monsterace Marina zwischen Locri und Crotone. Und die Geschichte der Amazone Kleta, der Königin von Kaulonien, wird vom Dichter Licofron erzählt. Wie es heißt, hatte Kassandra in einer ihrer Weissagungen Kleta, die Amme der Amazonenkönigin Penthesilea, nach dem Trojanischen Krieg in Italien an Land gehen sehen, wo sie eine Stadt gründete, die ihren Namen trug.

Diese Stadt wurde von den Archäologen und Historikern genau als das antike Caulonia identifiziert. Kleta soll später in einem Gefecht mit den Bewohnern von Crotone getötet worden sein. Die Überlieferungen sprechen von einer Reihe von Amazonen-Königinnen in diesem Gebiet, die alle von Kleta abstammen.

Auszug aus: „L'Italia Segreta delle Donne" (Das verborgene Italien der Frauen), Rom 1984

Anna Maria Longo

Frauenkultur und -Tradition in Kalabrien

Eine Wanderung durch die einzelnen Domänen der Frauen in Kalabrien wird zu einer Forschungsreise, einer symbolischen Rückkehr zu den Ursprüngen, einem Aufspüren von Zeichen des Erlebten und Erfahrenen, dem Entdecken der von den Müttern weitergegebenen Arbeitsformen.

Die Pflege alter Traditionen ist im Volk dieser Region stark verwurzelt, ihre Überlieferung wird dem immer wiederkehrenden Ritual von Geburt, Ehe und Tod anvertraut und bleibt lebendig in der Folklore dörflicher Feste, den zahllosen Gegenständen und Gerätschaften traditioneller Herstellung, die zu so bedeutenden Anlässen wie dem Markt gezeigt werden, im Rhythmus der Tarantella, den neckenden und spöttischen Liebesliedern; leidenschaftlich sind sie und werden von der Allgegenwärtigkeit des Weiblichen inspiriert, das seit altersher das ordnende Prinzip des Lebens und Schaffens im kalabresischen Volk darstellt.

Wechselvolle Landschaft, unaufhörliches Auftauchen neuer und überraschender Bilder: übergangslose Bergeinschnitte, die jäh ins Wasser herabstürzen, unübersehbare Weiten, in denen du dich verlierst, wo grüne, olivenbewachsene Hügel auftauchen, um in der Unermeßlichkeit des blauen Horizonts zu versinken.

Ein Bild folgt dem anderen: Olivenhaine und indische Feigen lösen die Kastanien-, Maulbeerbaum- und Buchenwälder und die Pinien der Sila ab (Pinus Larici – eine für Kalabrien ganz typische Pinienart, die eine Höhe von mehr als zwölf Metern erreicht). In ganz kurzer Zeit, und nur wenige Kilometer voneinander entfernt, verändern sich Ausblicke, Klima und Stimmungen. Ein Faden spannt sich von den Küstenrändern hinauf zu den Hügeln, den Bergen der Sila und verknüpft die verstreuten kleinen, am Felsgrat festgeklammerten Dörfer – fast unerreichbar in ihrer geheimnisvollen Entfernung und doch so eng verflochten – zu einem Netz, einem Gewebe aus Wissen, Geschichte, Erfahrungen und Arbeit, das meisterhaft von geschickten, geduldigen und behutsamen Händen gesponnen worden ist. Es sind Frauenhände, Zauberinnen des Schöpferischen und Vollkommenen. Hände, die in Woll-, Seiden- und Baumwollfäden ineinanderfließende Phantasiefragmente verwoben haben, Frauen, die erfundene Geschichten erzählen, heidnische Rituale übermitteln und der Sprengkraft der Farben und den ausgesuchten Goldfäden ihre ausströmende Sinnlichkeit und einen heidnischen Sinn des durch Liebesfreuden sublimierten Lebens anvertraut haben.

Die traditionelle Tracht der Frauen in Kalabrien ist ein Rausch von Farben und Stoffen: prunkvoll, üppig und beeindruckend. Je nach Gebiet unterscheidet sie sich in den Farben des Rockes, bodenlang, weit und zu winzigen Falten gepreßt, hinten im Rücken hochgeschürzt und zu einer kunstvollen, großen, gezackten Schleife gebunden, wie der Schwanz eines Pfaus. Der geschürzte Rock offenbart das rote Tuch, das die Hüften der Frauen umhüllt, ihnen Form verleiht und das weiße, bestickte Hemd darunter bedeckt.

Je nach Gebiet ändern sich auch die Farben der Bänder, die die Ränder der schwarzen Mieder schmücken, aus denen Ärmel aus feinstem Linnen hervorquellen. Auch die Spitzen der Schürzen sind je nach Gegend unterschiedlich kostbar, wie auch die Form und Länge der Tücher „vancali", bunt gestreift und aus schwerer Seide, welche die Tracht vervollständigen.

Die Kopfbedeckung fällt wie eine Nonnenhaube bis auf die Schultern herab und umrahmt das Gesicht in kostbaren Gold- und Silberlitzen. Die Tracht, „la pacchiana" genannt, kennt in Tiriolo nicht ihresgleichen und ist unvergleichlich schöner als die von Gimigliano, Marcellinara und San Giovanni in Fiore. Die Fülle an Gold, das Dominieren von Rot oder Schwarz in der „pacchiana" offenbaren Identität und Status der Frau: ledig, verheiratet, verwitwet. Hierin liegt eine Selbstoffenbarung, eine Art der Frauen, mit der Außenwelt zu kommunizieren. Auf diese Weise zeigen sie sich dem Mann verfügbar und setzen so die Grundlage für jede Form der Annäherung und Beziehung.

Das Gold der Spitzen erhält eine noch intensivere Leuchtkraft durch den goldenen Schmuck, das für die „pacchiana" übliche Geschmeide, das von feinster Handwerkskunst und erlesenem Geschmack zeugt.

Die Goldschmiede aus Longobucco, seit dem Mittelalter in ganz Italien berühmt, haben sich in der Einsamkeit der Silaberge der Ziselierkunst gewidmet, und ihre Kunstfertigkeit hat dem Wunsch der Frauen, sich zu schmücken, durchaus Rechnung tragen können. Die „jiannacchere" sind handgeformte Goldperlen, die zu traditionellen Ketten aufgezogen werden und eine unglaublich dekorative Wirkung haben. Ein ungewöhnlicher Ideenreichtum zeigt sich in den unterschiedlichsten Formen der langen und kurzen Ohrringe mit kleinen eingefaßten Steinen; sie sind von erlesenem Geschmack, barock und originell.

Für diese Arbeiten wird Rotgold verwendet, eine Legierung, die sich wegen ihrer Biegsamkeit und Geschmeidigkeit besser für die Umsetzung schöpferischer Ideen eignet. In diesem reichen Schaffen werden Spuren sichtbar, die verschiedene Völker in Kunst, Geschmack und Stilrichtung hinterlassen haben.

Die albanesischen Volksgruppen bestehen in Kalabrien fort mit ihrer Zweisprachigkeit, dem kaufmännischen Unternehmungsgeist ihrer Frauen, den eigenen Gebräuchen und Liedern, die unter dem Titel „Milesao" zu einer Sammlung von Girolamo de Rada zusammengefaßt worden sind, einem Literaten, der in Macchia, fünf Kilometer von San Demetrio entfernt, gelebt hat.

Acri, Longobucco, San Giovanni in Fiore – wir sind mitten im Herzen der „Sila Grande" – reißende Flüsse: Neto, Arvo, Lesa und Ampollina; dichte, unzerstörte und unerforschte Pinienwälder wie in Gariglione; Geschichten von Räubern und reißenden Wölfen erzählen von der geheimnisvollen Unerreichbarkeit dieser Gegenden. Wenn du langsam in das Gebiet der „Sila Piccola" hinabsteigst, so folgt der Wildheit der Räuber das heitere und fröhliche Fabulieren über Feen und Hexen. „Parco delle fate" (Feenpark) heißt das größte Hotel in Villaggio Mancuso inmitten der „Sila Piccola" in eintausenddreihundert Meter Höhe, umgeben von bunten kleinen Holzhäusern, wirklichen Kunstwerken einer architektonischen Einheit von unbeschreiblicher Schönheit, die den Zauber der Landschaft unverletzt gelassen hat.

Überall in der „Sila" wird der historische Einfluß einer deutlichen Präsenz der Frauen fühlbar; sie zeigt sich in dem Stolz, mit dem die traditionelle Tracht (wie es die Frauen in San Giovanni in Fiore tun) getragen wird, jedoch insbesondere darin, daß die produktiven und handwerklichen Tätigkeiten in den einzelnen Gebieten der „Sila" allein von Frauen ausgeübt werden. Das hohe künstlerische Niveau und die unbestreitbare Perfektion ihrer Arbeiten beruht auf dem meisterhaften Können, den überlieferten Fertigkeiten und auf einer reichen und freien weiblichen Ausdrucksform. Frauen knüpfen die Fäden und verewigen sich in dem komplizierten Gewebe der atemberaubenden, orientalisch gemusterten Wollteppiche, deren warme Farbtöne geradezu kühn zusammengestellt werden. Von ganz besonderer Eigenart ist das Gewebe der Wolldecken mit farbenprächtigen Blumen und plastischen Mustern. Teppiche, Decken, Läufer und Tücher aus Seide und Wolle. Gewebtes und mit großer Geduld besticktes Leinen, Klöppel- und Filé-Spitzen, eine ganze Palette erlesenster Kunstwerke, geprägt von der Phantasie, die das Grau des Elends beiseite drängt und mit dem künstlerischen Schaffen das armselige tägliche Dasein besiegt.

Der Ideenreichtum dieser Frauen ist in der Alltäglichkeit lebendig: er kommt zum Ausdruck in der ausgeklügelten Art des Kuchenbackens, mit ganz bescheidenen Zutaten, jedoch äußerst schmackhaft mit Gewürzen griechischer und arabischer Herkunft. Die „Pitta inchiusa", die „strangugghiapreviti", die „Nepitelle", die „Boffe" zu Weihnachten, die „Pignolata", die „Orzata" aus Mandeln sind erlesene Köstlichkeiten aus einem Gemisch von Mehl, Öl, Honig, Rosinen, Nüssen, Mandeln, Pinienkernen, Zimt, ganzen Nelken und Mandarinenschalen.

Zur „Sila Grande" gehört die Stadt Cosenza, umgeben von hohen Bergen tief in einem Kessel gelegen, wo es im Sommer stickig und im Winter eiskalt ist. Cosenza ist reich an Denkmälern, die Zeugnis ablegen von der früheren Herrschaft der Normannen, Schwaben und Aragoner sowie dem langjährigen Einfluß der Spanier und Bourbonen.

Für unsere Wanderung durch Kalabrien ist ein Aufenthalt in Cosenza von großer Wichtigkeit wegen der Frauengruppen, die sich vor gar nicht langer Zeit gebildet haben und jetzt an gemeinsamen Projekten arbeiten. Es sind intellektuelle Frauen, von denen sich einige zusammenschlossen, nachdem lebhafte Diskussionen durch das Papier „Mehr Frauen als Männer"[*] entfesselt worden waren, das die Frauen des Mailänder Buchladens gemeinsam verfaßt hatten. Sie verfolgen das Ziel, in Italien alle Frauen mit einem politischen Bewußtsein anzusprechen und daran zu arbeiten, ihre eigene Identität zu finden, beziehungsweise sich diese bewußt zu machen.

Die andere Gruppe besteht zum größten Teil aus Frauen, die an der „Arcavacata", der Universität von Kalabrien arbeiten; zu ihr gehören aber auch Frauen aus anderen Provinzen. Sie wollen an der Universität ein Studienzentrum für Frauen errichten. Die formale Umsetzung des Zentrums brachte erhebliche Schwierigkeiten, die jedoch allmählich überwunden werden, und daher hat die Gruppe ihre Arbeit zunächst auf ein Projekt konzentriert: Sie hat einen Arbeitskreis gegründet. Einmal im Monat treffen sie sich und diskutieren die Zielvorstellungen des Projekts „Nosside", das die Initiatorinnen der Gruppe gemeinsam erarbeitet hatten: Erstellung einer Analyse über die Lebenswirklichkeit der Frauen

---

[*] Papier über die Theorie des „affidamento" aus dem Jahre 1983 (Anm. d. Ü.: siehe dazu Beitrag von R. Fiocchetto „Die Geschichte der italienischen Frauenbewegung".)

in Kalabrien, mit welchen sie sich auseinandersetzen wollen im Rahmen von Seminaren, durch Errichtung eines Archivs und einer Bibliothek. Es sind weiterhin Forschungsarbeiten vorgesehen, an denen sich auch Frauen außerhalb der Universität beteiligen können.

Durch dieses „Zentrum" werden Frauengruppen aus der Provinz angesprochen, die in den siebziger Jahren politisch aktiv waren, sich dann aber aus den verschiedensten Gründen wieder auflösten.

Aus Gründen objektiver Information und politischen Reflektierens muß gesagt werden, daß es in Cosenza keine Frauenbewegung gegeben hat und daß das heute übliche Sich-Zusammenschließen von Frauen erst jetzt langsam Konturen annimmt. In krassem Gegensatz dazu steht Catanzaro, die Provinzhauptstadt, wo sich seit 1970, zusammen mit der „Unione Donne Italiane" (Italienischer Frauenbund), eine breite, wohlausgereifte Frauenbewegung entwickelt hat, die auf die ganze Region einen tiefgreifenden kulturellen und politischen Einfluß genommen hat.

Catanzaro erfreut sich einer ganz besonders glücklichen geographischen Lage: zwischen dem Golf von Squillace am Ionischen Meer und dem Golf von S. Eufemia am Tyrrhenischen Meer, unweit der „Sila Piccola". Hier erlebst du sowohl die Sonnenaufgänge über dem Ionischen Meer als auch die fast endlosen glutroten Sonnenuntergänge über dem Tyrrhenischen Meer, und da die Winde zweier Meere über sie hinwegwehen, ist es dort auch im Sommer angenehm frisch. Aus Catanzaro führen zwei Küstenwege, die sich unterscheiden in der Farbe der Meere, der Morphologie des Bodens und der Vegetation. Ganz anders sind die historischen Einflüsse und Prozesse, die Traditionen und Kulturen. An den ionischen Küsten siedelten als erste die Griechen, an den tyrrhenischen Gestaden ließen sich zuerst die Römer nieder. Eines jedoch haben die beiden Kulturströmungen gemeinsam, was sich im Bewußtsein als unangefochtenes und seit jeder tradiertes Element eingegraben hat: das uralte Vermächtnis von der Vorstellung und den Lebensbedingungen der Frau als „Sklavin", einer Frau, die – blicken wir in der Geschichte zurück – nie autonom und frei entscheiden und leben konnte.

Hier in diesem Gebiet fehlt die einflußreiche Vorrangstellung der Frau, wie wir sie aus den einzelnen Bevölkerungsgruppen in der Sila kennen.

Der Golf von S. Eufemia liegt 35 Kilometer von Catanzaro entfernt und ist auch wegen des Eisenbahnknotenpunktes Lamezia Terme bedeutend, wo alle wichtigen Züge, die Norditalien mit Sizilien verbinden, Halt machen.

Am tyrrhenischen Meer finden sich in einer unbeschreiblich schönen Lage zahlreiche Badeorte, Städte von 20.000 bis 30.000 Einwohnern, mit Stränden, die vom italienischen und europäischen Tourismus bevorzugt besucht werden. Pizzo, Vibo Valentina, Tropea mit Capo Vaticano sind Orte von außergewöhnlicher Schönheit, malerische Orte voller Reize und Faszination, dazu das grüne Meer, blendendes Weiß der Strände, wo aus dichten grünen Flecken alte Schloßmauern emporragen, Zeugen einer Vergangenheit, die erzählen vom Durchzug und von der Herrschaft vieler Völker ganz unterschiedlicher Kulturen: Griechen, Byzantiner, Araber, Römer, Normannen und Spanier.

Die Sonnenuntergänge am tyrrhenischen Meer sind ein einzigartiges Schauspiel: Für Stunden erglüht der Himmel und wirft goldene Strahlenbündel über die Weinberge, Apfelsinen- und Zitronenhaine auf den Hügeln über dem Meer.

Hinter Tropea liegt der Golf von Gioia mit Nicotera, Gioia Tauro und das in einem Olivenhain versunkene Palmi; dann Bognara und das märchenhafte Scilla. Die Frauen aus Bognara, für ihre Handelskünste berühmt, unterscheiden sich ganz deutlich in ihrer Lebensweise von den anderen Frauen dieser Küste. In Bognara und Umgebung verkaufen die Frauen das von ihnen an den benachbarten Stränden gewonnene Salz. Die Männer bleiben zu Hause, arbeitsscheu und ausgehalten, wobei sie allerdings bei jeder Gelegenheit ihre Macht wie ein Sultan auszuüben pflegen. Nur im Notfall entfernen sie sich von der „Piazza" des Ortes, und dann nur auf dem Rücken eines Esels oder Maultieres, das von den Frauen, in voller Überzeugung ihrer Rolle, geführt wird.

Die Frauen am tyrrhenischen Meer versuchen sich erst seit kurzem in ihrer Bewußtseinsfindung. Zurückzuführen ist das auf die Zeit der siebziger Jahre, als kleine Frauengruppen von der UDI-Catanzaro gegründet wurden, aber auch auf den Wunsch nach Autonomie und nach finanzieller Unabhängigkeit, der die Frauen dazu bewegte, sich im Hotel- und Gaststättengewerbe, insbesondere im Betreiben von kleinen Familienpensionen zu versuchen, Läden mit lokalen Antiquitäten zu eröffnen und Töpferwaren zu verkaufen, die eine der bedeutendsten Handwerkskünste in dieser Gegend darstellen.

Die Töpferei hat eine uralte Tradition, deren Ursprung sich im Dunkel der Zeit verliert; einige alte Stücke findet ihr außer in den neueren Museen von Reggio Calabria, Crotone, Vibo Valentia und dem ganz neu erbauten Museum in Locri in den alten Museen von Catanzaro, Castrovillari und Cosenza.

An der ionischen Küste ist das von den Frauen benutzte Geschirr aus Ton: Krüge, um das Wasser kühl zu halten; Töpfe, um Bohnen zu kochen; riesige, bauchige Behälter zur Aufbewahrung von Öl und Essig; die „limbe", weit ausladende Suppenschüsseln für das Aufbewahren von Vorräten; die „salaturi", hohe Gefäße für eingelegtes Gemüse; Tonpfannen, die die gekochten Mahlzeiten noch lange warmhalten; handbemalte Teller. Das Geschirr bricht die Eintönigkeit im Hause der Bäuerin dort oben in den winzig kleinen Dörfern längs der ionischen Küste.

In Squillace läßt sich die Tradition des Tongeschirrs zurückverfolgen.

Hier, in diesem hoch über der Küste gelegenen Ort liegen bedeutende Ausgrabungsstätten, und ein wenig weiter in San Andrea sullo Ionio, einem malerischen, kleinen Dorf, erhebt sich ein beeindruckendes Nonnenkloster mit seinen Gebäuden aus dem 17. Jahrhundert hoch über dem endlosen Strand mit seinen Feriendörfern und Campingplätzen.

Auf unserer Wanderung entlang der ionischen Küste auf der Suche nach den von Frauen hinterlassenen Spuren erreichen wir nun Capocolonna in der Nähe der alten Stadt Crotone. Am zweiten Sonntag eines jeden Jahres wird hier ein Fest gefeiert: das Fest der Schwarzen Madonna, dessen Geschichte uns weit in die Vergangenheit zurückführt und das heidnischen Ursprungs ist.

Die Frauen verließen Crotone in der Nacht von Freitag und gingen an den Strand von Capocolonna, um auf die Schiffe zu warten, auf denen Männer von fernen Ufern herüberkamen. Ein Treffen der Liebe an einem festgelegten Tag. Die auserwählten Frauen kehrten auf dem Seewege wieder nach Hause zurück. Und dieser Liebesakt jenseits der Grenzen des heimischen Ortes war das Geheimnis für die Schönheit und die Haltung der Bewohner von Crotone.

Heute wird dieses Fest jedes Jahr gefeiert. Die Frauen gehen stets zu Fuß und träumen vielleicht von einem Ausbrechen aus diesem Leben, das von einer immerwährenden patriarchalen Struktur geprägt ist. Vielleicht erfahren sie bei diesem jährlichen Treffen mit Frauen die Freude an einem gemeinschaftlichen Leben, an dem Sich-Kennenlernen und Wiederbegegnen, auf der Suche nach der Sinnfälligkeit des eigenen Lebens und dem gemeinsamen Bestehen eines viel größeren Abenteuers.

Teresa Lanza
MEINE INSEL

Wie üblich vor Sonnenaufgang, glitt Martha leise wie eine Katze aus dem Bett, um ihn nicht zu wecken.

Sie fühlte sich müde und schwer, doch bevorzugte sie ein bißchen frische Luft in dieser schwülen, schwitzigen Nacht. Er stieß einen schnaufenden Laut aus und drehte sich auf die andere Seite.

Martha weckte Teresa, die sechsjährige Tochter, und überließ ihr die kleine Nunzia, die gerade ein Jahr alt war. Eigentlich schlief Teresa noch halb, doch sie wußte, daß es um ihre kleine Schwester ging, und murmelte: „Ja, Mamma."

Martha ging an die frische Luft des Augustmorgens und murmelte leise: Schirokko, heute wird er uns verbrennen!

Die anderen Frauen des Dorfes waren schon auf der kleinen Straße hinter den Gärten, die trotz der Feuchtigkeit der Nacht bereits trocken dalagen.

Eine stieß den ersten typischen Ruf aus, ein kurzes, trockenes Geheul, das tief aus dem Hals kam: Uh ... Uh ... antwortete Martha, um mitzuteilen, daß sie fertig war.

Am Abzweig zum Timpone trafen sich alle mit einem Jutesack ausgerüstet oder der „Pauta", einer selbstgenähten Tasche in Form eines Briefumschlages aus rohem Leinen. An den Füßen handgenähte Schuhe aus Leintuch, Gummi oder alten Schafs- oder Ziegenfellen.

Der Aufstieg begann und damit das erste Schwitzen des Morgens. Nach einigem Lamentieren über die Schwüle der Nacht und den heiß-feuchten Schirokko stiegen sie schweigend eine halbe Stunde lang, atemlos und schwitzend, den Berg hinauf. Oben teilten sie sich auf, jede ging zu ihren Kapernsträuchern, um die Knospen mit schnellen, präzisen Bewegungen abzuernten, ohne auf die Stacheln in den Händen zu achten und die überall wachsenden Brombeersträucher, die die nackten Arme und Beine zerkratzten. Manchmal und unerwartet wechselten sie einige Sätze, um sich zu versichern, daß hinter Felsen, Gestrüpp und Büschen noch die andere war.

Die Sonne stieg rasch höher, und die Luft wurde immer schwerer, die Hände flogen schneller über die Schößlinge des Kapernstrauches, die abgeerntet und von klebriger Lymphe tropfend zu Boden fielen.

Wenn die Runde zu Ende war und alle Pflanzen leer, lud sich jede den Sack auf die Schultern, unter der mittlerweile hoch am Himmel stehenden Sonne, und glühend vor Hitze stießen sie ihr gewohntes Uh … aus. Es traf sich fast immer, daß sie gemeinsam fertig waren. War eine noch nicht so weit, wurde ihr schnell geholfen, die anderen setzten sich derweil unter einen Olivenbaum und wischten sich den Nacken ab. Müde, plaudernd, aber erleichtert vom Ende der Tagesernte stiegen sie den Berg hinab.

Auch heute war's getan. Zu Hause angekommen ließ Martha den Sack fallen und zog sich ungeduldig die Kleider und Schuhe aus, die voller Sand und Dornen waren. Die unsichtbare Arbeit der Frauen war für diesen Tag beendet. Jetzt begann die Hausarbeit und Kinderversorgung.

Am Nachmittag nach der Mittagsruhe setzten sich die Frauen auf die Terrasse und fuhren fort mit dem Verlesen der großen und kleinen Kapern. Die großen Kapern wurden aussortiert und in ein gesondertes Gefäß getan, sie hatten weniger Wert. Dann nahmen die Männer die Säcke und leerten sie in die Bottiche, zusammen mit grobem Salz zur Konservierung.

Die Frauen sprachen derweil über alles mögliche und besonders über die Kapernpreise. Martha sagte: „In diesem Jahr verkaufe ich sie nicht unter 300 Lire das Kilo!"

„Von wegen", mischte sich ihr Mann ein, „ich will nicht wieder bis Oktober warten, bis sie die Preise raufgesetzt haben, ich habe keine Lust, sie so lange zu wenden und zu wenden!"

„Laß es doch sein, wenn du nicht willst, ich glaub' sowieso nicht an das Märchen, daß wir Frauen, nur weil wir die Menstruation bekommen können, die Kapern nicht salzen dürfen. Und die Kapern, die verkaufst du, wann ich es sage, denn ich hab' sie geerntet, ich! Es ist meine Arbeit!"

Sie beendeten ihren Streit gewöhnlich mit gewaltigem Geschrei, doch die Kapern wurden verkauft, als Martha es wollte. Na gut!

Die kleine Teresa hörte mit aufgerissenen Augen zu, dann verschwand sie von der Terrasse und ging, um den Horizont nach einem Schiff abzusuchen. Sie hatte die Insel immer im Blickwinkel, ihre Insel – eine der schönsten, wildesten, die sich wie ein Rochen oder eine Muschel ins tintenblaue Meer erstreckte. Auf dem Berggipfel war eine Mütze aus grauem Rauch, manchmal auch weiß, die aus dem Krater des Vulkans aufstieg. Die Abhänge, manchmal tief und steil, nahmen nichts weg von seiner lieblichen Form, trotz ihrer Bedrohlichkeit. Anhäufungen von Basaltfelsen in wilden Formen und Stellungen konnten sich in ein „Aschemuseum" verwandeln, in dem bei freiem Eintritt surrealistische Phantasien entwickelt werden konnten. Große Flecken grüner Olivenbäume wechselten mit schwarzen Felsen ab, grüne Lichtungen im Winter und rote Erde, ausgebrannt von der Sommersonne. Kleine, mühsam begehbare, felsige Straßen kletterten zwischen den weißen Häusern, die alle gleich waren, rauf und runter.

Die Charakteristik des Dorfes ist seine Ruhe. Sie berührt dich auf fast dramatische Weise, kaum hast du einen Fuß auf die Insel gesetzt. Im ersten Moment begreifst du nicht, ob du auf dem Boden des Meeres oder im Uterus deiner Mutter angekommen bist. Der entschiedene, sarkastische Schrei des Esels weckt dich aus deiner Unbeweglichkeit. Nur das unaufdringliche Klagen des Meeres bleibt.

Teresa hockte wie ein Affe in einer Mauerhöhlung, halbnackt und barfuß, um sich schauend ohne Neugier, so als überprüfe sie zum x-ten Male ihre Spielzeuge. Wieder und wieder schaute sie alles an, um sicher zu sein, daß nicht einmal eine Eidechse unbemerkt vorbeiliefe – auch nicht das Schiff, viele Meilen entfernt. Ihre schwarzen Augen musterten jeden Gegenstand, den sie berührte, zerbröselte oder kostete bei ihren einsamen heimlichen Spielen, heimlich wie die Gedanken, die ihr gerade kamen. Sie spielte mit Steinen, Bäumen, dem Meer, der Erde. Mit Erde bedeckte sie auch ihre Wunden, denn auf ihrer Insel gab es nicht mal Watte und Alkohol zum Desinfizieren, es gab nicht einmal einen Arzt, er mußte mit dem Boot mit vier freiwilligen starken Ruderern geholt werden. Wenn es

dringend war, schwitzten sie Blut, um es in einer Stunde zu schaffen. Dies geschah natürlich selten, nur in gewissen dramatischen Fällen wie bei einer Geburt, wenn die alte Hebamme, genannt Zi'Carmela, die Situation nicht mehr unter Kontrolle hatte. (Wir schreiben das Jahr 1950.) Doch für gewöhnlich konnte Zi'Carmela alles mit ihren unorthodoxen Mitteln heilen: Um den Hals eines jeden Kindes hing Knoblauch, um die Würmer fernzuhalten, heißes Öl und Massagen auf jeden Schmerz, Raute und andere Kräuter für die inneren Krankheiten. Einmal holte sie den Arzt zu einer Geburt, doch es war zu spät. Das Kind, ein Mädchen, wurde tot geboren, und eine Woche später starb auch die Mutter an Kindbettfieber.

Wenn jemand starb, war es klar, daß seine Stunde gekommen war, und niemand kam auf die Idee, ihm Medizin zu geben, doch er war in der Regel auch schon achtzig. Der Reihe nach wachten alle an seinem Sterbebett, oft vier, fünf Tage. Nebeneinander ums Bett sitzend lauschten sie in das Schweigen, in dem nur der keuchende Atem – fast wie ein Schnarchen – zu hören war. Jemand versuchte einzuschätzen, wie lange das Sterben noch dauern könnte, andere hatten die Bretter des Bettes auseinandergenommen, um daraus einen Sarg zu zimmern, und wieder andere gruben ein Grab, sieben Handflächen tief, während die Frauen den Rosenkranz beteten. Es war alles Schicksal. Leben oder Sterben war Wille des Schicksals, so wie Ankommen oder Abreisen Wille des Meeres war. „Morgen reise ich ab", waren leere Worte, die nur ein Fremder sagen konnte und worüber alle lachten. Der richtige Satz war: „Sollte morgen das Meer ruhig sein, werde ich abreisen."

Nach dem zweiten Weltkrieg wurden die ersten Aspirintabletten zusammen mit Schokolade, Kaffee und gebrauchten Kleidern von den Auswanderern der Insel aus Amerika geschickt. Der Arzt, der die Tabletten als erster erhalten hatte, machte eine Menge Land aus jedem Röhrchen, denn im Tausch für die Schmerzmittel gaben sie ihm Tiere, Öl, Kapern, Oliven, Wein und eben jene Stücke Land.

Es wurde erzählt, daß er (unbeabsichtigterweise) seine Schwester umgebracht hätte: Er hatte einen wunderschönen Garten mit Kürbissen, und als er bemerkte, daß ihm jeden Tag einer fehlte, wollte er – gereizt über den Mangel an Respekt – den Dieb bestrafen und vergiftete alle Kürbisse. Am nächsten Tag wurde er von seiner Schwester gerufen, im Sterben liegend erzählte sie ihm, von den Kürbissen gegessen zu haben. Da wurde ihm klar, daß er sie umgebracht hatte. Doch es verging nicht viel Zeit, und – wie das Dorf sagte – die Strafe kam vom Himmel. Die beiden Söhne des Arztes, achtzehn und zwanzig Jahre alt, fanden auf dem verseuchten Strand eine große Bombe, wie man sie in den fünfziger Jahren wohl häufiger fand, denn immerhin standen an den Straßen, in Büros und in den Schulen Hinweisschilder mit der Abbildung einer gewöhnlichen Bombe und der Instruktion, sie nicht zu berühren – genauso, wie man heute Schilder findet, die vor vergifteten Pilzen warnen. Doch die Insel war weit entfernt von Schildern jeglicher Art. Die Jungen, glücklich, ein neues Spielzeug gefunden zu haben, nahmen sie sogleich auseinander. Nach der Explosion liefen alle aus den Häusern und schauten hinauf zum Vulkan. Doch dieser ließ nur einen dünnen, weißen Rauchstreifen waagerecht zum Himmel steigen, Hinweis für schönes Wetter. Nur der Arzt hatte verstanden und rannte zum Meer, um seine Söhne zu suchen. Aber er fand sie nicht mehr. Nur noch Stücke, zerstreut auf dem schwarzen Sand, und er ging von einem Stück zum anderen, ohne sich entscheiden zu können, wo er anhalten sollte. Dann rannte er nach Hause, holte ein weißes Bettuch und kehrte zurück zum Strand. Bevor noch viele Menschen kamen, hatte er jedes kleinste Stück sorgfältig aufgesammelt.

Offenbar ist dies das einzige Mal gewesen, daß ihm die rote Farbe aus dem pausbackigen Gesicht gewichen ist.

Zwischen der einen und der anderen Erzählung wurde Martha immer älter, und die Insel verwandelte sich in einen Ort kleiner Villen, zur Hälfte preisgegeben an Touristen aus allen Ländern, die Häuser, Land, Kapern und Oliven kauften.

Teresa wuchs allein, aber immer neugierig auf, sie sah, wie sich ihre Insel vor ihren Augen veränderte – immer neue, mehr oder weniger illegale Gebäude. So entstanden Cafés und Kneipen, wo man bis zum Morgen tanzte und Musik machte, ungeachtet der Schreie der alten Frauen, die wie immer vor dem Morgengrauen aufstanden, um die Kapern zu ernten. Die ersten Hotels und Restaurants entstanden ohne Genehmigung, ohne Klo und ohne Wasser. Marthas alte Freundinnen zogen sich in die Küche zurück, um das Essen zuzubereiten wie immer, doch nun wurde es nicht von den hungrigen Kindern oder Ehemännern, müde von der Arbeit auf dem Feld oder dem Meer, verschlungen, sondern längst an die Touristen verkauft.

Frische Eier, Hühner und Kaninchen aus dem eigenen Stall bekamen die Touristen, Wildkaninchen, mit der Schlinge brutal gejagt, verkauft an die Touristen, Teller und Schüsseln aus Keramik von der Großmutter, große Ölkaraffen, Gefäße für die Kapern, Eichenfässer für den Wein, Porzellanleuchten aus blauem Opal, schmiedeeiserne Betten oder aus Holz gefertigte mit Intarsien, alte Truhen, der Familienfotos, die sie enthielten, beraubt, Tische und Kommoden – verkauft an die Touristen, gelegentlich eingetauscht gegen Teller und Schüsseln aus Plastik, „die nie zerbrechen".

Der kleine Hafen füllte sich mit Schlauch- und Kunststoffbooten, Außenbordmotoren und Benzinfässern, das Meer mit Ölflecken und Müll, die kleinen krummen Gassen mit Dosen und Kippen, und niemand kümmerte sich darum.

Die Männer des Dorfes waren damit beschäftigt, auf jede Weise Geld zu machen oder aber Touristinnen abzuschleppen.

Die Frauen im Hause dagegen mit Kochen und Wäschewaschen, denn noch gab es keine Waschmaschine, und sie mußten Hunderte von Wassereimern aus den Zisternen ziehen, bis diese leer waren. Das Dorf war überfüllt mit Flaschen, Plastiktüten und Zeitungen, die der Nachmittagswind durch die Gegend trieb.

Dann kamen die Ratten, und zu Tausenden fraßen sie die Feigenbäume, Mandelbäume und Oliven kahl, danach gingen sie in die Häuser, zernagten Matratzen und Kissen aus Schafswolle, die nach und nach durch die mit Bettfedern oder Schaumstoff ersetzt wurden, denn „sie verschleißen nie".

Die ersten Telegramme an den Bürgermeister von Lipari wurden geschrieben, damit dieser Vorkehrungen gegen den Müll, die Ratten, die bröckelnden Straßen, den alten Hafen träfe. Die Männer setzten sich zusammen, um Abhilfe durch öffentliche Mittel zu besprechen.

„Da ist die Inselverwaltung, die Provinz, der Staat verantwortlich, so kann man nicht weiterleben, so kann man sich das Leben nicht verdienen ..."

Die Frauen, vielbeschäftigt im Haushalt, kamen nicht zu den Treffen, sie hatten nichts mehr zu sagen.

Es waren Touristen, die Ausgrabungen machten und unter der Erde von Filicudi ein antikes Dorf fanden, in dem anscheinend Frauen das Sagen hatten.

Es waren Touristen, die die Töchter der Insel heirateten und eine neue Bar, ein neues Restaurant aufmachten: neue Zimmer zum Saubermachen, neue Bettwäsche zum Waschen, neue Einsamkeit.

Die Männer der Inseln lebten das ganze Jahr tatenlos vor sich hin, warteten auf den Sommer und gaben das Geld aus, das sie in der Hauptsaison gehamstert hatten. Im Winter trafen sie sich in irgendeinem Haus und spielten Karten, doch im Sommer waren sie Rivalen, sie haßten sich und sprachen nicht miteinander. Die Frauen kümmerten sich gemeinsam darum, die Kirche sauber zu halten, oder sie trafen sich im Laden, um sich zu beschweren, daß die Preise wegen der Touristen so in die Höhe gegangen seien.

Martha, die für sich, ihre Kinder und Enkelkinder noch auf dem offenen Feuer mit den Ästen der Oliven kocht und ihren Freundinnen gern die glühende Holzkohle gibt, damit sie den Touristen Fisch grillen können, erlebt, daß diese ihr die Lebensmittel für den dreifachen Preis, dem für Touristen, verkaufen.

„Aber ich bin keine Touristin, und ich kaufe bei euch das ganze Jahr."
„Ja, aber du bist nur eine, und die Touristen sind viele."

Genau, für eine könnten sie eine Ausnahme machen, da würden sie schon keine Millionen verlieren. Es gibt keine Freundinnen mehr, keine Dorfbewohner mehr, man muß daran denken, Geld zu verdienen, um den ganzen Winter auszukommen, ohne was zu tun, man muß eben alles Geld in drei Monaten machen.

Die Frauen treffen sich nicht mehr rotglühend auf den Terrassen, im Schatten der Schilfmatten oder im Gewölbe der Weinstöcke, um die Kapern in große und kleine zu verlesen, über ihr einfaches Leben philosophierend, sie steigen nicht mehr vor Morgengrauen aus dem Bett, um ihr gewohntes Uh ... von sich zu geben. Die jungen Frauen gehen morgens um drei Uhr ins Bett, und sie stehen auf, wenn die Sonne schon im Mittag steht.

Auch Teresa hat einen Touristen geheiratet. Sie ist fortgegangen, um in den Bergen des Venetos zu leben. Sie kümmert sich nicht direkt um den Tourismus, doch sie muß arbeiten und sparen, damit immer neue Häuser gekauft und restauriert werden können, um sie den Touristen zu vermieten – „bevor diese alles wegkaufen". So will er es, der Ehemann. Teresa unterrichtet das ganze Jahr mitten im Schnee und Eis der Berge und träumt von ihrer Insel, ihrem Dorf, ihren Basaltfelsen und dem sauberen Meer.

Jeden Sommer kehrt sie pünktlich auf ihre wilde Insel zurück, die jedes Jahr felsiger wird, denn die Bäume verwildern immer mehr, weil die Menschen keine Zeit haben und weil man mit Bäumen kein Geld verdienen kann, und so werden es immer weniger, und die Insel wird immer nackter.

Hier, wo sich Sonne, Meer und Menschen näher sind als anderswo, hier, wo die Natur verlassen und von erbarmungsloser Hitze ausgedörrt, verbrannt ist, findet sie sich selbst und ihre Sicherheit und fängt an, sich aufzulehnen.

GINOSTRA

Aus Fels, salzig und abgewetzt
deine Menschen
deine Blumen.
Und das Wasser, das dich wütend streichelt.
Ich will zurück auf deinen bitteren Felsen
mit der gleichen Salzschicht im Herzen,
viele Tage vergessen
aus Eis und Angst.
Ich will die Farben finden,
den Wind deiner Jahreszeiten.
Konfuse Sehnsucht nach unbekannten Bildern
und die Hoffnung auf die Zukunft
        in einem Segel am Horizont.

Jolanda Insana
SCHÖNES VERZAUBERTES LEBEN

nicht die Sehnsucht macht mir Angst,
sondern das zu kurze Leben

den Trommelschlägen und Schellentönen folgen
„tarantella" tanzen
dem tinchiri-tònchiri-tinchiri-tò
des Lebens lauschen
bis jemand an der Glockenschnur zieht
und zum Begräbnis ruft

warum ziehst du dein Festkleid an*
und machst Schillerlocken
der Heilige ist aus Marmor
er schwitzt nicht
Gott ist alt
und will nichts mehr wissen

es wiegt sich hin und her, das verzauberte Leben
bevor es hinabstürzt

„miscolla milla mizzica"**
was für 'ne Scheißunordnung
dieser Bettler*** hinterläßt
wenn er uns Zähne und Haare ausreißt

und kommt in Gestalt der Marionetten**** wieder
dieser Störenfried
uns reicht's, es bleibt sogar was übrig,
daß wir uns gierig
die Finger nach dem Leben lecken

auch nicht mit etwas Farbe
wird dieser fade und salzlose Fisch
das Leben würzen

    * es ist das Leben angesprochen
   ** drei nicht vulgäre Ausdrücke für „Schwanz"
 *** hier ist der Tod gemeint
**** die Marionetten des „Sizilianischen Theaters"

ein Jammer für das Leben
wenn Tod und Leid uns ergreifen
kommt der Straßenkehrer
und sammelt uns auf

Muddelkuddel-Kuddelmuddel
heiter sein im Traum
solange du herumhurst
und so'n Spektakel machst
du schwanzloser bösartiger Tod

du bemühst dich eifrig, uns das Leben zu nehmen
und dich am Reichtum anderer zu bereichern
bleibst aber trotzdem spindeldürr und geizig

inzwischen
wer Leben hat, verbrauche es, wo und wie es ihm beliebt
der kommt sowieso, die Nasenlöcher weit geöffnet
dieser stinkige Dreckskerl
pinkelt und geht wieder

nicht zu glauben
naß geworden
bevor es regnete

der verstellt sich nicht
der meint es ernst
besitzt sogar die Frechheit,
einen achtundzwanzigsten Dezember heraufzubeschwören*
was der bloß hat
warum geht er nicht zum Teufel
dieses ausgetrocknete Schwanzgesicht

du Hurensohn von einem Tod
verbrauchst das Leben
ohne es zu besitzen, du spulst es nie auf
sondern spulst es ab

dieser verlogene Wagehals
stellt das Leben auf den Kopf und verzerrt es
und wer Ostertorten hat,
der hat sie halt

* eine Anspielung auf das Erdbeben von 1908 in Messina

kokettierend und heuchelnd
kommt er und spielt den Kerl,
spritzt Opium in die Seele und den Körper,
betäubt das Leben,
das nicht einmal weiß, welches Spiel es spielt,
obwohl es viele Spiele kennt

gäbe es nicht Verachtung
für den Tod,
wäre das Leben längst
Herrin im eigenen Haus

Agata Ruscica / Angela Barbagallo
KLEINE REISE DURCH SIZILIEN

Sizilien ist die südlichste Mittelmeerinsel, offene Tür zu Nordafrika, zum Mittleren Orient und zum Atlantik. Ihr Symbol ist die „Trinacria", ein Frauenbildnis mit rätselhaftem, spöttischem Gesichtsausdruck. Das Symbol drückt die geheimnisvollen, unklaren Widersprüche dieses Landes aus, das leidenschaftlich in seinem Verhalten und komplex in seiner linguistischen Architektur ist aufgrund seiner griechischen, arabischen, normannischen und spanischen Abstammung.

Die sizilianische Kultur mit ihren Bräuchen wurde in den siebziger Jahren von der Frauenbewegung mit den entstehenden Gruppen und Kollektiven in allen größeren Städten umgestülpt. Der langsame, erstickte Emanzipationsprozeß, der in der Nachkriegszeit begonnen hatte, wurde von der Revolte der Sizilianerinnen überrollt, die sich anschickten, an zwei Fronten die übelsten Erscheinungsformen des Patriarchats zu bekämpfen: auf der einen Seite die niedergedrückte und der Mafia nahe Subkultur und auf der anderen die „linken Genossen", die versuchten, den Kampf der Frauen zu neutralisieren und zunichte zu machen, indem sie diese zu „ihrem" Klassenkampf drängten. In dieser Zeit schließen sich die Frauen zusammen. Mit der wachsenden Frauenbewegung hat sich das Leben vieler Frauen stark verändert.

Palermo, die Hauptstadt, ist eine arabisch-normannisches Stadt. Zu besichtigen ist die „vucciria", der Markt. Es ist die einzige Stadt Siziliens mit einer lebendigen und aktiven Gruppe der Frauenorganisation UDI (Unione Donne Italiane). Die Frauen der UDI arbeiten in großen, gemütlichen Räumen im historischen Zentrum der Stadt, wo sich auch zwei andere Gruppen treffen: „D come Donna" und „Feltro Rosa". Sie sind vom Bahnhof aus leicht zu erreichen: Nach Überquerung der Via Maqueda und der Via Roma, die sich mit dem Corso Vittorio Emanuele kreuzen, wo die Kathedrale steht, kommen wir zur Via Libertà und dann zur Via Siracusa 16, dem Sitz der UDI. Zur Zeit ist der Aufbau eines Archivs und einer Bücherei im Gang. Außerdem charakterisieren Seminare, Ausstellungen und regelmäßig stattfindende Tagungen die politische Aktivität der Frauen in Palermo. Im Juli 1986 haben sie als Zeichen des Friedens einen Ferienaufenthalt auf der Insel Lampedusa organisiert, die Ziel der Raketen Ghaddafis war. Das Zentrum „D come Donna" befaßt sich vorwiegend mit kulturellen Themen und veranstaltet einen „Infoabend" sowie „Frau und Justiz". Die Beiträge und Berichterstattungen beziehen Frauen aus verschiedenen Bereichen des öffentlichen Lebens ein, die – wenn auch in kritischer und widersprüchlicher Weise – doch sehr stark integriert sind. Jeden Dienstag bietet das Zentrum juristische und psycho-

logische Beratung. Die Gruppe „Feltro Rosa" dagegen hat sich auf Video-Clips, Filme etc. spezialisiert.

In der Via Dante befindet sich der Sitz des Frauenverlags „La Luna", der einen Literaturpreis für unveröffentlichte Werke von Frauen geschaffen hat. Letizia Battaglia, Fotografin von internationalem Ruf, hat ihr Leben als Fotoreporterin den „schwarzen" Lokalnachrichten Palermos gewidmet. Berühmt sind ihre Fotos über die Mafia. Sie ist Vertreterin der Grünen im Stadtrad von Palermo. Sie gibt die vierteljährliche Zeitschrift „Fotografia" heraus: „Eine Zeitschrift", sagt sie, „die ausschließlich dazu geschaffen wurde, die Arbeit der Fotografinnen aufzunehmen und zu verbreiten, die in der ganzen Welt versuchen, die Wirklichkeit mit dem Kameraobjektiv zu erzählen, zu ersinnen und zu verwandeln."

Palermo ist ein guter Ausgangspunkt für Kontakte zu Frauen, aber es liegt auch günstig, um Ausflüge in den westlichen Teil der Insel zu machen, besonders für Frauen, die an archäologischen Funden interessiert sind.

Segesta und Selinunt haben ihren Zauber des Griechischen vollständig erhalten. Das mittelalterliche Erice erhebt sich an der Spitze eines Vorgebirges über dem Meer von Trapani. Von dieser Stadt aus erreichen wir die Ägadischen Inseln (Favignana, Levanzo). Von Marsala aus erreichen wir dagegen die kleine Insel Mozia.

Auf dem Weg nach Agrigent (wo noch vor wenigen Jahren zwei Frauen wegen eines Kusses in der Öffentlichkeit verhaftet wurden) sind unbedingt das Tal der Tempel und das kleine griechische Theater von Eraclea Cattolica zu besichtigen. In der Ebene von Ragusa taucht Comiso auf, wo die Aufstellung der Cruise Missiles den Zusammenschluß einer starken Friedensbewegung bewirkt hat. Die Mehrzahl der sizilianischen Frauengruppen hat Demonstrationen organisiert, und manchmal wurden sie von den englischen Frauenfriedensgruppen von Greenham Common und von den Amerikanerinnen unterstützt. Im März 1983 bereitete der „Koordinierungsausschuß zur Selbstbestimmung der Frau" von Catania einen internationalen pazifistischen 8. März vor dem Flughafen Magliocco vor, dem Raketenstützpunkt von Comiso. Einige Frauen wurden von der Polizei verprügelt und ins Gefängnis geworfen; der Prozeß hatte viele Ausweisungen zur Folge. Ergebnis dieser Ereignisse war der Beschluß, einen Streifen Land vor dem Flughafen zu kaufen. Daran beteiligten sich mehr als tausend Frauen (nicht nur Sizilianerinnen, sondern auch Amerikanerinnen, Engländerinnen, Florentinerinnen, Holländerinnen usw.), die einen Anteil zahlten. Auf diesem Land steht heute das permanente Frauen-Friedenscamp „La Ragnatela".

Wenige Kilometer von Comiso entfernt erstreckt sich der Küstenstreifen von Kamerina, einer Landzunge im offenen Meer; Sonne und Duft von Orangen- und Zitronenblüten für die Frauen, die sich von 1981 bis

1985 im Sommer hier zu Frauenferien trafen, die in der Waldensereinrichtung „Adelfia" organisiert wurden.

Ebenfalls im Kreis Ragusa ist die Besichtigung des Schlosses „Donnafugata" Pflicht. Es wird erzählt, daß früher eine Frau dort gefangen gehalten wurde, der dann die Flucht gelang. Von Ragusa aus kommen wir nach Marina di Ragusa und nach Modica, ebenfalls am Meer gelegen. Nun geht es in den Süden der Insel: Porto Palo, das Naturschutzgebiet von Vendicari (ein altes Moor), die barocke Stadt Noto. Doch schon sind wir im Kreis Syrakus.

Syrakus, das heißt die Altstadt Ortygia, ist eine kleine Insel, die wie eine Ente aussieht (auch deshalb „Wachtelinsel" genannt), mit dem Festland durch zwei Brücken verbunden, die sie mit den fünf Stadtvierteln griechischen Ursprungs verbinden: Neapolis, Tike, Alta Akradina, Bassa Akradina und Epipoli. Sie wird auch die „Stadt der Arethusa" genannt, nach der Sagengestalt Arethusa, Nymphe der Göttin Diana. Es wird erzählt, daß Arethusa von der Göttin in eine Quelle verwandelt wurde, um sie dem Alpheios zu entziehen, der sich in sie verliebt hatte. Die Arethusa-Quelle entspringt an einem kleinen Platz nahe am Meer; in ihrem Wasser sind Wachteln und Papyri zu bewundern. Erreichbar ist sie vom Passeggio Adorno oder vom Domplatz (der Athene geweihter Tempel) aus, aber auch von der östlichen Strandpromenade kommend über die Via Capodieci. In dieser Straße steht das Museum Bellomo, und es bietet sich ein Aufenthalt im Restaurant ‚La Foglia" von Nicoletta an. Wir können auch nachts durch Syrakus gehen, ohne belästigt zu werden. Eine Vielfalt an Bars, Restaurants, Pubs und Diskotheken bieten ruhige, aber auch aufregende Unterhaltung. Im Sommer werden auf den kleinen, malerischen Plätzen und in den Gassen Konzerte und Theatervorstellungen veranstaltet.

Auf dem Weg zum Viertel Neapolis und zum archäologischen Park sind das Grab des Archimedes und das römische Amphitheater zu besichtigen; außerdem das „Ohr des Dionysos", eine Steinhöhle, in die Sklaven und politische Gefangene eingesperrt und ihre Gespräche abgehört wurden, um von Fluchtversuchen zu erfahren, da die Höhle die Form eines Ohrs hatte und das Echo zu hören war; die „Grotta dei Cordari" ist eine Grotte, in der die Handwerker Hanf zu Seilen in allen Stärken und Längen verarbeiteten. Der „Ara di Ierone" (nach dem Namen eines Syrakuser Tyrannen) ist im Sommer Veranstaltungsort für Freilichttheater und Mammutkonzerte: das griechische Theater, das alle zwei Jahre im Sommer einen Monat lang zwanzig- bis dreißigtausend Zuschauer aufnimmt, die aus ganz Italien herbeiströmen, um den klassischen Aufführungen griechischer Tragödien und Komödien beizuwohnen.

Außerhalb der Stadt können wir auch die Ciane-Quelle besichtigen, wo die Mittelmeerpapyri wachsen. Diese Quelle ist mit einer anderen Sage verbunden: Ciane, Gefährtin der Proserpina, stellte sich, als diese von Pluto geraubt wurde, ihm entgegen und wurde in eine Quelle verwandelt. Wir können sie mit dem Boot überqueren.

Seit zwei Jahren ist Syrakus ein Ziel für Frauen geworden, weil eine Gruppe aus Catania, „Le Lune", dort Sommeraufenthalte in einem touristischen Feriendorf organisiert. Syrakus ist die einzige Stadt mit einer Frauenleitstelle. Sie wurde von Marika Cirone Di Marco eingerichtet, die auch Vizebürgermeisterin ist und sich auf Vorschlag und unter Mitarbeit des Kollektivs „Le Papesse" für die Organisation internationaler Frauenfilmtage einsetzt. Kürzlich wurde auch eine Kooperative gegründet: „Syrakus, Stadt der Frauen". Sie plant die Durchführung nationaler und internationaler Messen und den Bau eines Hotels für Frauen mit Diskothek.

Von Syrakus aus führen Straßen zur Entdeckung des Barocks von Noto, zur alten Casa Museo von Palazzolo Acreide, wo wir ein weiteres kleines griechisches Theater besichtigen können, oder zur Nekropolis von Pantalico.

Catania ist eine Stadt mit chaotischem Verkehr und wird auch das „Mailand des Südens" genannt wegen der unternehmerischen Dynamik, die seine Wirtschaft auszeichnet. Der Handel ist hoch entwickelt. Kriminalität eskaliert und auch sexuelle Gewalt gegen Frauen. Für die Unterkunft bestehen etliche Schwierigkeiten: Außer den großen traditionellen Hotels (die in den Außenbezirken sind auszuschließen) gibt es wenige Pensionen, und fast alle sind wenig sicher. In Frage kommt die Pension „San Domenico" (Via Cifali 76 B, Tel. 095-438480), die sich bereits bei vielen Gelegenheiten bewährt hat.

Catania ist eine Barockstadt; im historischen Zentrum sind architektonische Kostbarkeiten in bestem Zustand erhalten. Auf der Piazza Duomo steht die Kathedrale, dem Rathaus gegenüber. Hier beginnt die Via Etnea, die sich dann kilometerlang den Vulkan Ätna, den höchsten Berg Europas, hochwindet. Mit der Ringbahnlinie Circumetnea (deren kleiner Bahnhof sich in der Via Caronda nach der Piazza Borgo befindet) ist es möglich, die Ätnadörfer zu besichtigen. Vom Meer aus sehen wir den Palazzo Biscari, die Porta Uzeta und den Fischmarkt mit den charakteristischen Trattorien. Die Via Crociferi ist vielleicht die schönste Straße der Altstadt. Interessant ist das Museo Belliniano. Eine Brücke überspannt die Straße: Ergebnis des wilden Bauens im 18. Jahrhundert. Sie wurde nämlich in einer einzigen Nacht gebaut, um die Kirche San Benedetto mit dem Kloster zu verbinden, und das trotz des Verbots der Regierung. In der Via Garibaldi steht die Porta Ferdinandea, Hochzeitsgeschenk der Catanier an einen Bourbonen. In der Nähe befindet sich auch das Schloß Ursino.

In den vergangenen Jahren stellte diese Stadt einen wichtigen Bezugs-

punkt für den sizilianischen Feminismus dar. Heute ist noch die UDI in der Piazza Domenico vertreten und bietet juristische Beratung an. Seit ein paar Jahren ist die Kooperative „Le Lune" aktiv, die überwiegend aus lesbischen Frauen besteht. Sie haben eine Frauenbar in der Via Corridoni eröffnet, wo sie sich auch zweimal in der Woche versammeln. Außerdem organisiert die Gruppe „La Rosa dei Venti" Initiativen im Bereich des Tourismus nur für Frauen.

Eindrucksvoll ist die Umgebung Catanias: An der Küste liegen die Orte Acicastello, Acitrezza, Capomulino und Acireale. An der Ostküste erhebt sich Taormina, das griechisch-römischen Ursprungs ist. Frauengruppen gibt es hier nicht. Taormina ist wunderschön im Frühling und im Herbst, total überlaufen im Sommer. Aber gerade in der Sommersaison findet eine bedeutende Veranstaltung statt: das internationale Filmfestival. Auch das Meer ist herrlich, besonders bei Isola Bella. Als Unterkunft ist Villa Schuler zu empfehlen, die von einer deutschen Familie geführt wird. Für die Tanzlustigen gibt es die Schwulenbar „Peroquet" an der Piazza San Domenico, wo es möglich ist, den Frauen aus Catania und Syrakus zu begegnen.

Messina ist eine Durchgangsstadt zum Norden, nach dem Erdbeben von 1911 wieder aufgebaut. Um zwölf Uhr mittags ist Verabredung am Dom, um die Nischen der Uhr zu betrachten, die sich beim letzten Schlag drehend öffnen. Von Messina aus geht es nach Milazzo, Einschiffungshafen für die Schiffe oder die Tragflächenboote nach den Äolischen Inseln. Schön sind die Inseln Vulcano, Panarea und Salina. Doch die Insel der Frauen ist Stromboli, auch von Neapel aus erreichbar. Auf dieser Insel gibt es von Scari, wo das Schiff anlegt, bis Ficogrande einen phantastischen Reigen von Düften und Farben Siziliens zu entdecken. Auf der anderen Seite des Vulkans steht eine kleine Gruppe von Häusern, Ginostra, wo einige deutsche Frauen leben.

Das Haus in Visicari, von Marilù Balsamo wieder instandgesetzt und von Marielena Monti mitbewohnt, steht für eine ursprüngliche Architektur, die sich Frauen wieder zu eigen gemacht haben, inmitten einer kleinen sizilianischen Ansiedlung, wo andere Frauen ihrem Beispiel gefolgt sind. Sie alle wohnen in diesen klingenden Häusern, deren besondere Merkmale in den beiden folgenden Texten beschrieben werden.

Marilù Balsamo / Marielena Monti
DIE KLINGENDEN HÄUSER

Formen und Techniken sekundärer Architektur in Sizilien
Visicari ist ein Ort mit winzigen Häusern, die sich an die Felswände des Monte Sparagio klammern. Dieses Gebiet, das die ersten Siedler ausgewählt hatten, wird im Nordwesten von einem Felskamm geschützt, im Südosten erstreckt es sich weit hinunter in ein Tal bis hin zum Golf von Castellamare.

Diese kleine Siedlergemeinschaft, die sich vor mehr als einem Jahrhundert zusammengefunden hatte, hat dieses Gebiet vor etwa zehn Jahren wieder verlassen. Verglichen mit anderen Ansiedlungen liegt es infolge mangelnder Verkehrsverbindungen völlig abseits, daher entwickelte sich dort eine ganz archaische Lebensform mit Schafzucht und dem, was der Boden an Erzeugnissen hervorbrachte.

Auf die Frage nach der Entstehung des Ortsnamens geben die Alten zwei gegensätzliche Antworten: „Viri si cari!" (Achtung! Sturzgefahr!), denn es ist hier ungewöhnlich steil und felsig, oder „volti cari" (schöne Gesichter). Letzteres ist vielleicht weniger wahrscheinlich, obwohl die ersten Frauen, die in diesem Ort lebten, von außergewöhnlicher Anmut waren.

Um den Boden urbar und fruchttragend zu machen, wurden zuallererst indische Feigenbäume gepflanzt, deren Wurzeln Steine zu sprengen vermögen, Wasser wurde durch Graben gewonnen. Das in der Sonne getrocknete Schilfrohr diente nicht nur zur Herstellung von Matten für die Abdeckung der Häuser, sondern auch zum Flechten von Körben und als funktionelles Gerät bei der Obsternte. Die in der Sonne gedörrten Feigen und Tomaten sicherten die Vorräte für den Winter; Kühe, Ziegen und andere Haustiere lieferten den Menschen alles, was sie zum Leben benötigten. Im ersten Morgengrauen begann die Arbeit und endete unmittelbar nach Sonnenuntergang. Dann versammelten sich alle in den Steinhäusern an der Feuerstelle. Jedes Haus wird fast majestätisch von Backofen und Feuerstelle beherrscht, sie stehen angelehnt an den gekalkten Wänden auf Steinböden aus Felsplatten.

Diese kleinen, mit der Landschaft verschmolzenen Häuser wurden in der Gesamtkonzeption von den Bewohnern selbst entwickelt und ausgeführt, so vermochten sie beim Bauen ihre Bedürfnisse klar zu strukturieren und haben dazu nur Material aus ihrer Gegend verwendet.

In diesen vor zwanzig Jahren verlassenen Häusern entdeckten wir Gegenstände, deren Form auf das Wesentliche reduziert ist; das zeigt sich nicht nur in ihrer Ausführung, sondern auch in ihrer Bestimmung. Das gleiche gilt auch für die Konstruktion der Häuser. Jedes Haus machte sich die vorhandene Felswand zunutze, da sie einerseits wesentlich die Arbeit des „Steinhauens" erleichterte, wodurch das erforderliche Baumaterial gewonnen wurde, andererseits erübrigte sich ein Niederreißen der Felswand, was nicht nur einer unbeschreiblichen Anstrengung bedurft, sondern auch noch ein Eingreifen in die Natur bedeutet hätte.

Für die Gewährleistung der richtigen Innentemperatur wurden ganz bestimmte Erfahrungen zugrunde gelegt: die Dicke der Steinwände, nur kleine Öffnungen unter Verzicht auf ausreichend einströmendes Licht sowie Dächer aus Schilfrohr, das zu Matten geflochten auf den Stützbalken befestigt und dann mit Ziegeln bedeckt wurde.

Was Visicari außerdem noch zu etwas ganz Besonderem macht, sind die schwingenden, klangvollen Töne, die an Tagen ans Ohr dringen, wenn der Schirokko über das Land bläst, denn er spielt auf dem Rohr der Dächer. Vielleicht deutet dieses Klangphänomen auf eine ganz bewußt gewählte Konstruktionsform hin, die bei brütender Hitze die Belüftung und bei kalten Stürmen Schutz gewährleisten sollte.

Visicari erwacht ganz allmählich wieder zu neuem Leben. Die ersten Maßnahmen sollen das noch Bestehende wiederinstandsetzen und alte Strukturen mit neuen Funktionen versehen.

Dächer voller Harmonie

Ich sitze im fahlen Mondlicht auf den zerfallenen Treppenstufen des kleinen Hauses in Visicari. Verstehen, in seiner Ganzheit erfassen will ich diesen mir noch unbekannten Ort – klar und geheimnisvoll, besänftigend und erregend zugleich. Nachtvögel – auch sie mir fremd – schicken ihr Rufen hinaus in die Nacht, zu den Schatten und zu den Felsen, wo wilde, dunkle Früchte ihr Zuhause haben und ihre Äste wie Arme dem Himmel entgegenstrecken. Es ist Juli. Unbeweglich und voller schwerer Düfte legt sich die Luft über meine Neugier, die kleinen schlafenden Häuser schmiegen sich an die Felswand. Plötzlich spüre ich vom Süden, vom Herzen der Insel her, einen warmen Windstoß, der über mich hinwegweht, dem Meer entgegen, wo am fernen Horizont die vielen kleinen Lichter von Castellamare funkeln. Der Schirokko ist es. Ohne Vorankündigung erreicht er das Dorf um Mitternacht. Er stößt Verwünschungen aus. Er bleibt Sieger. Ich erkenne ihn an der Art, wie er mit seinem heißen Atem alle meine Sinne berührt und ein unsägliches Verlangen nach Wasser in meiner Kehle hervorruft. Während ich noch ganz gefangen zum erstenmal das Herbeistürmen des Schirokko erlebe, erreicht mich völlig unerwartet ein Ton; dann noch einer und noch einer. Schrill und sanft, einzelne und viele, voll brennender Sehnsucht. Einen Augenblick lang bin ich wie betäubt, Verwirrung und Verzauberung lassen das Verstehen für einen Moment nicht zu. Dann entdecke ich, daß das Schilfrohr in den Dächern der Ursprung dieser Musik ist. Der Schirokko, dieser magische Südwind, dieser Pfeifenspieler, dringt bei seiner Ankunft in das Geflecht der Schilfrohre ein, die ihm alle zugewandt sind. Sie singen und klingen. Und es ist wirklich kein Märchen. In Schirokkonächten ertönen in Visicari aus den unterschiedlich langen Rohren orientalische Trauergesänge, improvisierte Halbton- und Tonleitern. Sie sind das natürliche Instrument der Luft. Das Schilfrohr wird Orgel, Gesang, und die Noten werden für die Dauer einer Windbö gehalten.

„LE LUNE"

Ein Frauenprojekt in Catanien

Die Gruppe Le Lune (Die Mondinnen) entsteht im November 1985 auf einem Treffen von Frauen, die sich alle in irgendeiner Weise mit Feminismus und Lesbianissmus beschäftigen. Die Frauen beschließen, sich über den Zusammenhang von Körper, Wünschen und Bedürfnissen auseinanderzusetzen. Die Gruppe arbeitet sogleich an einigen fundamentalen Knackpunkten im Zusammenhang mit der Erforschung eigener Sexualität. Die Ergebnisanalysen werden alsbald in dem von der italienischen Frauenbewegung selbstverwalteten Beiblatt zur nationalen Frauenzeitschrift „Noi Donne" veröffentlicht.

Inhaltlich geht es um:
- die Definition des Lesbischseins als Verbindung von Selbstliebe und Liebe gegenüber einer anderen;
- die Erfahrung sexualisierter Mütterlichkeit;
- Leidenschaft und Politik.

All dies sind Erkenntnisse, die sich auf unser Lustbedürfnis und unseren Narzißmus zurückführen lassen, angefangen beim Selbstbewußtsein in bezug auf den eigenen Körper bis hin zur Entdeckung unserer Bedürfnisse, die im Zusammenhang mit einer freien Sexualität entstehen. Bewußtsein in diesen neuen Zusammenhängen im Hinblick auf Sexualität gibt den Frauen die Lust und Kraft des Körpers wieder und schafft eine selbstbewußte Kultur der „sexuellen Differenz". Die Notwendigkeit öffentlicher Selbstdarstellung zwingt die Frauen auch, sich mit sozialen und politischen Problemen zu beschäftigen.

Im Februar 1986 bildet die Gruppe eine Kooperative. Ihr Schwerpunkt ist die Arbeit mit und für Frauen, die symbolische Darstellung der „neuen Frau", die Schaffung eigener Räume – im konkreten wie im mentalen Sinn –, die Schaffung eines Ortes der gegenseitigen Anerkennung, der Begegnung und des kollektiven Wachstums.

Von Anfang an beschäftigt sich die Kooperative mit Sexualforschung, mit Sprache und Körpersprache als Symbol gemachter Erfahrungen, mit der Suche nach politischer Kreativität und Sinnbildern.

In den Jahren 1986 und 1987 organisieren die Frauen anläßlich des 8. März in der Stadt eine Ausstellung mit dem Namen „CreaDonna". Auf einem Seminar während der ersten Ausstellung zeigt sich bereits das Problem einer fehlenden eigenen Sprachkultur, da der rigide männliche Sprachgebrauch – gebunden an männliches Symboldenken – Frauen keinen Raum für eigene Bilder, Zeichen und Töne läßt.

Zwei Jahre arbeiten die Frauen mit verschiedenen Medien, um auf diesem sehr persönlichen Weg Bilder und Innenansichten ihrer unterschiedlichen Erfahrungen zu vermitteln; auch ihre politische Existenz in poetischer Sprache.

Aus diesen Erfahrungen heraus entsteht in der Kooperative die Idee, auch anderen Frauen Räume und Anerkennung in ihrem Bedürfnis nach neuen politischen Formen in Politik, Liebe, Freizeit und Ferien zu geben. Daraus resultiert das Projekt „Minareto", ein in den letzten zwei Jahren nur für Frauen angemietetes Feriendorf am Strand von Siracusa. Der erste Feriensommer hat das Thema „Frauen erzählen durch Spielen" und bezieht sich vorwiegend auf Spiele und weibliche Kreativität.

Im August 1987 heißt das Thema: „Auf der Suche nach unseren Unterschieden". Es entsteht aus der Annahme, daß nur die Anerkennung individueller Lebenserfahrungen der Frauen in einer Gruppe zu einer differenzierten Politik führen kann.

Die ganze Zeit über muß sich die Gruppe auch mit den örtlichen Institutionen auseinandersetzen und immer wieder erfahren, wie wenig ernst eine Frauenkooperative genommen wird. Frauen kommen und machen mit, andere gehen. Immer wieder steht der Kampf um Glaubwürdigkeit im Vordergrund und die Ausweitung der Möglichkeit gegenüber den Institutionen und nicht umgekehrt. Es geht um Geld und Arbeit für Frauen, jene benachteiligten Bereiche, die Frauen sich seit langem anzueignen versuchen.

Der Wunsch nach mehr Sichtbarwerdung und die damit verbundene Öffnung der Kooperative auch für andere Frauen bringt Le Lune dazu, einen Treffpunkt ausschließlich für Frauen zu schaffen.

Dieses Zentrum ist in erster Linie als Frauencafé und Bibliothek gedacht und öffnet im Frühjahr 1988.

Auf seinem Programm stehen:
- Ausstellungen verschiedener Kunst- und Kulturrichtungen;
- Orientierungs- und Ausbildungskurse in Theorie und Praxis;
- Bildungsveranstaltungen und Diskussionen;
- Veröffentlichungen feministischer und lesbischer Texte.

Auch im nächsten Jahr wollen Le Lune an ihrem Konzept „Tourismus für Frauen in Sizilien" festhalten, am Meer und in den Bergen, im Zusammenhang mit Urlaub auf dem Lande, auch mit biologischem Gemüse- und Blumenanbau.

Angela Barbagallo
Le Papesse

Das sizilianische Lesbenkollektiv „Le Papesse" hat seinen Namen von
der zweiten Tarotkarte – Die Hohe Priesterin – wegen des Zaubers, der
von diesem Bild ausgeht, das Symbol der Sonne und des Mondes ist, der
Vernunft und der Phantasie. „Le Papesse" wurde in Catania im Juni 1984
als eingetragener Verein gegründet. Mitglieder sind Frauen aus verschiedenen Städten Siziliens (Catania, Enna, Syrakus, Caltanisetta und Palermo). Ziele des Vereins sind: Aufbau einer Frauenkultur und Aufbau von
alternativen Strukturen. Im März 1984 wird das Papier „Mutterschaft
und Lesbianismus" – in einem Seminar in Catania vorgestellt und behandelt – zum Manifest der Gruppe. Bald danach beginnt das Projekt
„Visuelle Kunst aus weiblicher Sicht" mit dem Aufbau verschiedener
Fotoausstellungen („Das Für und Wider der Mütterlichkeit", „Frauen-
porträts", „Blicke, Bilder und Worte jenseits des Schweigens", „Fluttuaria") und dem Videofilm „Madrechimera" (Mutter Schimäre). Fast alle
diese Initiativen wurden mit öffentlichen Geldern finanziert. Das Kollektiv organisiert außerdem Debatten zu verschiedenen Fragen: lesbischer
Separatismus, die „schlechten Gefühle" der Frauen, „falsche Befreiung",
Sehnsüchte usw. Schließlich übernehmen „Le Papesse" in den Jahren
1984 und 1985 die Organisierung von Frauenferien in der Waldensereinrichtung von Adelfia. Von 1988 an hat sich die Aktivität der Gruppe nach
Syrakus verlegt, da diese Stadt wirklich die Stadt der Frauen werden
kann. Dies ist das gegenwärtige Projekt der Gruppe „Le Papesse", die sich
damit beschäftigt, lesbische Einrichtungen zu schaffen: einen Verlag mit
Fotolabor, ein Hotel, eine Berufsschule, eine Messe und ein internationales Filmfestival.

Beppa Arioti
Die Frauen der Mafia

Um über Frauen in den Mafiafamilien sprechen zu können, müssen wir zuerst einmal klären, was eine Mafiafamilie ist. Eine Familie gilt als „mafiosa", wenn wenigstens eins ihrer Mitglieder (meistens ein männliches) für die Mafia arbeitet. Das Ganze wird eindeutiger, wenn die Familie schon in der zweiten oder dritten Generation „mafiosa" ist: Sie bekommt die Dimension eines Clans.

In einer Familie diesen Typs – oft sind mehrere ihrer Mitglieder Mafiosi – ist der mächtigste und in der Hierarchie am höchsten eingestufte immer der Vater, das Familienoberhaupt. Die Söhne oder Schwiegersöhne sind lediglich einfache Helfer. Die Beachtung, die ein Vater/Ehemann von den Familienmitgliedern in der Mafiafamilie erhält, ist viel größer als die, die er im Rahmen seines Clans genießt.

In der Familie hat er einen göttlichen Heiligenschein. Die Mutter/Ehefrau hängt buchstäblich an seinen Lippen, versucht seine Wünsche zu erahnen und vorab zu erfüllen und zwingt die Familie (Söhne eingeschlossen) zu Ehrfurcht und Schweigen. Ein charakteristisches Bild bietet eine solche Familie bei Tisch, denn es scheint, als würde eine ritualisierte liturgische Handlung abgehalten, an der namenlose Klosterbrüder gemeinsam mit ihrem Patriarchen teilnehmen. Dieser spricht und gibt, Ratschläge erteilend, alte wahre Geschichten zum besten, die er in Gleichnissen ausdrückt. Fast immer ist es er, der das Essen austeilt, aus einem Gefäß schöpfend, das ihm seine Frau zu diesem Zwecke in Reichweite rückt. Es ist ein Ritual mit tieferer Bedeutung: Unausgesprochen werden alle erinnert, daß sie das Essen aus den Händen des Vaters erhalten. Eine Mafiafamilie bei Tisch zu sehen ist, wie im Handbuch für patriarchale Lebensweisen und Regeln zu blättern: Stillschweigen, Ehrfurcht, äußerliche Ruhe und geschlossenes Verhalten gegenüber dem Rest der Welt. Die Konsequenz für die Mitglieder ist Mißbrauch, Gewalt, Opfer. Letzteres geschieht nicht bewußt, im Gegenteil, den Angehörigen gegenüber sehr oft ungewollt.

Weder durch Hören-Sagen noch durch eigene Beobachtungen ist mir je ein Fall bekannt geworden, in dem sich weibliche Angehörige gewisser Familien ihrer Situation bewußt geworden wären, die Konsequenzen daraus gezogen und, diese Seite ihres Lebens umblätternd, eine neue Lösung gesucht hätten.

Ich habe vielfach das Verhalten von Müttern und Töchtern oder den Ehefrauen der Mafiosi untersucht und muß feststellen, daß ihre Verhaltensweisen alle auf dem gemeinsamen Nenner beruhen, der Omnipotenz und Wundertätigkeit ihrer Angehörigen zu vertrauen. Es scheint fast unglaublich, doch jede von ihnen ist davon überzeugt, daß das Oberhaupt des Hauses in der Lage sei, jedweden Wunsch zu erfüllen oder Jobs zu verschaffen, weil er eben ein großer Charmeur, allgemein respektiert ist und anscheinend „über den Dingen steht".

Gewisse psychologische Effekte erreicht man gezwungenermaßen eben erst nach Jahren der Sedimentierung, durch tröpfchenweise Beeinflussung von Psyche und Geist.

Erziehungsvermittlerinnen sind, unglücklicherweise, immer die Mütter, die die schwere Aufgabe haben, das familiäre Heiligtum zu hüten – das Weihrauchfaß dabei immer in Richtung des Familienoberhaupts schwenkend – und die Kinder (auch die männlichen) zu ermuntern, die unflexiblen Verhaltensmuster auswendig zu lernen.

Ich erinnere mich gut, aus dieser Szene schon oft gehört zu haben, daß der Rat, der befolgt wird, nur vom Vater kommen kann, daß der Vater zu sagen hat, daß er der Schutzengel sei – und so weiter. Und in dieser Übertragung Vater-Kinder hat die Ehefrau/Mutter die Funktion der Stellvertreterin und ist praktisch Verbindungsteil in der Handlungskette.

In der Mafiafamilie sind alles in allem die Charakteristiken einer patriarchalen Familie im engeren Sinn und auf allerhöchster Ebene entwickelt, und das ist natürlich nur mit Hilfe der Ehefrau/Mutter möglich. Daß die Ehefrau/Mutter selbst notwendigerweise aus einer Mafiafamilie stammen muß, ist nicht nötig; es reicht völlig, Tochter „aus gutem Hause" zu sein.

Die Familie der Nunzia T. war absolut keine Mafiafamilie. Nunzia war ein Mädchen von vierzehn Jahren, mit Locken, leuchtenden Augen und anmutigen Bewegungen. Am hellichten Tage wurde sie von vier Männern entführt, von denen einer in sie verliebt war und – wie man es bis vor kurzer Zeit gewohnt war – gezwungenermaßen die Entführung inszenieren mußte, auf die die Hochzeit im Morgengrauen folgte (so war es in Sizilien Brauch für Verlobte, die schon, bevor sie zum Traualtar geschritten waren, miteinander geschlafen hatten, man inszenierte eine „fuitina").* Der Ehemann der Nunzia war ein junger, vielversprechender Mafioso und ließ mit seiner Karriere als Bauunternehmer nicht lange auf sich warten. Aus der Ehe entstanden Söhne und Töchter, die zu Mönchen und Nonnen auf die Oberschule gingen und später auf Universitäten. Heute üben sie verschiedene Berufe aus, einige sind Bauunternehmer wie der Vater, und es heißt, daß hinter der Bühne der Handel aller möglicher Ware stattfindet, immer der Spur des Vaters folgend. Die Kinder haben

---

* Eine Flucht. Normalerweise geschieht dies mit Einverständnis beider Jugendlicher. Beim geschilderten Fall fehlte das Einverständnis des Mädchens, auf das es der Junge abgesehen hatte. Es handelte sich also um einen echten Fall von Entführung.

Kinder aus anderen Clans geheiratet, und diese haben sich bestens integriert. Die Mutter, inzwischen Witwe, seufzt, daß die Kinder zu früh ihren Vater verloren haben, der sie sicher besser hätte unterstützen können. Und die Seufzer sind authentisch, so wie ihre devote Ehrfurcht gegenüber ihrem Ehemann, solange dieser noch lebte. Ich weiß, daß sie einigen Freundinnen (Ehefrauen von Geschäftspartnern ihres Mannes) anvertraute: „Mein Mann hat aus mir eine Christin gemacht." Sie wollte damit andeuten, daß sie aus dem Nichts eine Identität erhielt, indem sie seine Frau wurde.

Die Geschichte der Anna T. ist anders. Ihr Vater heiratete in die Familie berühmter Mafiosi ein. Er dagegen war keiner, doch fühlte er sich berufen und hatte seine Entscheidung getroffen. Er versuchte also, seiner Frau und ihrer Familie in günstigem Licht zu erscheinen. Um seinen guten Willen zu zeigen und sich Referenzen zu verschaffen, zündete er im Auftrag anderer ein großes Fischerboot an, um den Besitzer einzuschüchtern. Diese Tat brachte ihm den notwendigen Orden für Mut und Tapferkeit. Es folgten weitere Missetaten, die ihn dann in den Schoß besagter Familie beförderten, von wo aus er einer steilen Karriere entgegenflog und der rechte Arm seines Schwiegervaters wurde, dessen Kapital in Grundbesitz und illegalem Handel jeder Art angelegt war. Überall säte der Aufsteiger persönlich seine Leichen, zuerst auf den Landstraßen, später einzementiert in den Häusern, die er gerade bauen ließ. Mir wurde erzählt, daß die ganze Familie von Anna T., einschließlich Oberhaupt, in den Häusern der verschiedenen Ermordeten kondolieren ging. Sie versuchten sogar noch die Familien der Verstorbenen aufzumuntern. Natürlich wußte jeder, was los war, ahnte es zumindest, doch das Gesetz des Terrors befahl, die Aufmerksamkeit und Beileidsbezeugung dankend anzunehmen. Den Erzählungen nach paßte sich der Vater der Anna T. den Brutalitäten des Schwiegervaters sehr schnell an, doch in Zähigkeit und Fleiß übertraf er ihn bei weitem. Er verstand, daß es der richtige Moment war, um Bauunternehmer zu werden, und kaufte für ein paar Lire Grund, der Tausende wert war; er erhielt darüber hinaus Baugenehmigungen, die in dieser Art sonst gar nicht existierten, und wurde so reich, daß es schon unwirklich schien. Haus und Familie waren sein privates Heiligtum. Dorthin bemühten sich die Leute, ähnlich einer Wallfahrt, um etwas zu überbringen oder einen Gefallen zu erbitten – auch wenn es um Wahlhilfe ging –, und die Gefallen wurden getan oder abgewiesen, alles mit Intuition und großer Weitsicht.

Die Tochter Anna ging bei den Nonnen in die Schule und war demnach in der Lage, in korrektem Italienisch zu sprechen und zu schreiben. Ihr wurde ein kleines Büro im Haus eingerichtet, über das der Kontakt zu verschiedenen Familien und später politischen Funktionären lief. Ihr Fall

war absolut untypisch in der Landschaft der Mafiafamilien. Im Kreis der Vertrauten sagte ihr Vater oft, daß ihr zu einem Mann nur noch die Hosen fehlten. Doch bald tauchten konkurrierende Mafiaclans auf, und es kam die Zeit der Blutrache zwischen den verschiedenen Familien. Niemand weiß offiziell, wie oder wann es passierte, aber Annas Vater verschwand, und man fand weder Spuren noch Hinweise. Er hinterließ eine Wirtschaftsmacht, die schwierig einzuschätzen war. In diesem Moment kam Annas großer Auftritt. Sie hatte natürlich noch keine berufliche Erfahrung. Sie war von einer guten Mutter und den Nonnen erzogen worden. Eine große Ausbildung hatte sie zwar nicht, dafür aber die Seele eines Industriemanagers. Bald schon modifizierte sie die Firma, verkaufte die weniger wichtigen Bereiche und behielt die Betriebe, die „für eine Frau besser geeignet sind", wie sie zu sagen pflegte.

Anna T. konzentrierte ihre Aktivitäten auf eine Fabrik, die traditionelle sizilianische Süßwaren herstellte. Diese exportierte sie nach Amerika, um, wie sie sagte, „den Söhnen der sizilianischen Mütter das Leben in der Emigration zu versüßen". Das Geschäft hielt viele Jahre an. Es gibt viele, die sagen, daß in ihren Mandelkremtörtchen und ihren Pralinen tonnenweise andere Produkte ausgewandert sind, doch niemand war je in der Lage, ihr mit Sicherheit etwas nachzuweisen. Nicht einmal die Polizei, die sie mehrfach in ihrer Fabrik aufsuchte, besonders nachdem sich ein Vorfall zu einem großen Skandal ausweitete: Ein gewisser großer Mafiaboss war im Nichts verschwunden, wie verschluckt. Er war einer der neueren Chefs der jungen Mafia. Einige meinten, daß es sich um die Begleichung offener Rechnungen der Familie von Anna T. und der des neuen Bosses, die nach dem Verschwinden von Annas Vater aufgetaucht waren, gehandelt hätte. Die Sache wurde nie geklärt. Doch Anna T. und ihre Familie hatten sich von den Besuchen der Polizei derart beleidigt gefühlt, daß sie ihre Fabriken in Sizilien schlossen und nach Amerika auswanderten, wo sie, wie man sagt, eine italienische Restaurant-Kette, die der Geheimtip unserer sizilianischen Auswanderer sein soll, eröffneten.

Es sind ein paar Jahre vergangen, doch weder Anna noch ein Mitglied ihrer Familie hat das Verlangen gezeigt, nach Sizilien zurückzukehren.

3
SUCHEN UND FINDEN

Nützliche Adressen
von Frauenprojekten, Kneipen, Buchläden, Zentren etc.

Die hier angegebenen Adressen beziehen sich nur auf Projekte, Gruppen oder Schauplätze der autonomen Frauenbewegung oder aber auf Einrichtungen, die nur von Frauen geführt werden. Die Zentren der UDI (Unione Donne Italiane), die in fast allen Städten ihren Sitz haben, sind mit der Zeit in die Hände der Frauenbewegung übergegangen und haben sich weitgehend von den linken Parteien gelöst.

Die Zentren von ARCI-DONNA dagegen sind weiterhin ihrem nationalen Dachverband ARCI zugehörig, einem Verein der linken Parteien für die Organisierung der Freizeit, doch haben die Zentren von ARCI-Donna oftmals praktische Autonomie und inhaltliche Unabhängigkeit.

Wenn wir also absehen von UDI und ARCI-Donna, die wir hier aufführen, weil ihre Zentren, besonders in der Provinz, oftmals die einzigen Anlaufstellen für Frauen sind, beziehen sich alle anderen Projekte auf Initiativen von Feministinnen.

ALBA (PIEMONT)
– Frauenzentrum „La Torsola", Via Belli 46. Dokumentations- und Forschungszentrum, Treffen, Kulturarbeit.

ALESSANDRIA (PIEMONT)
– Frauenzentrum, Via Solero 24.

ALFONSINE (EMILIA ROMAGNA)
– Frauenzentrum „La Ragnatela" Via Mazzini 48. Allgemeine Information, Themen zur Frauenerwerbstätigkeit, Tagungen.

ANCONA (MARCHE)
– Frauenbibliothek, Via Cialdini 26, Tel. 26 680. Die Bücher und Zeitschriften stehen allen zur Verfügung. Es finden dort auch Treffen, Seminare und Tagungen statt. Die Bibliothek stellt ihre Räumlichkeiten auch anderen Frauengruppen zur Verfügung, u. a. der „Lesbengruppe aus Marche".
– UDI, Via Giannelli 22, Tel. 84 988.
– „Il Melograno", Viale della Vittoria 48, Tel. 35 333. Frauengesundheits- und Mütterzentrum. Organisiert Geburtsvorbereitungskurse.

AREZZO (TOSCANA)
– ARCI-Donna e.V., Via V. Veneto, Tel. 302 198. Dort tagt unter anderem das Frauendokumentationszentrum „Menzogna e Sortilegio", das Vorträge und Filmseminare abhält.

BARI (APULIEN)
– Frauenzentrum, c/o Lega per l'Ambiente, Piazza Aldo Moro 32 A, Tel. 369 771. (Siehe in diesem Band: „Bari: Die Verbrennung der Palmina".) Rechtsberatung für Frauen, speziell bei sexueller Gewalt. Hier ist auch der Sitz der Frauengruppe „La Melagrana", die Ausstellungen in Fotografie, Malerei und auch Performances und Filmvorführungen durchführt.
– Frauenbuchladen „dell'Arca", Via Niccolò dell Arca 42, Tel. 224 212. Dieser Buchladen hat eine Abteilung Frauenerzählungen.
– Frauendiskothek im „New Pull in Cab", Viale Giovanni XXIII, Nr. 143 Nur freitags ab 21 Uhr geöffnet.

BERGAMO (LOMBARDEI)
– „La Strea", Via Tasso 94, Tel. 238 244. Dokumentations- und Forschungszentrum.
– AED-Femminismo, Passaggio C. Lateranensi 22, Tel. 244 337. Selbstverwaltetes Frauengesundheitszentrum.

BIELLA (PIEMONT)
– UDI, Via Eugenio Bona 15.

BOLOGNA (EMILIA ROMAGNA)
– Frauendokumentations- und Forschungszentrum. Via Galliera 4, Tel. 233 863. Wird geführt vom Verein „Orlando", einem Zusammenschluß von Hochschullehrerinnen. Das Zentrum ist der Stadtverwaltung unterstellt. Es hat eine Bibliothek, veranstaltet Tagungen, Ausstellungen und Seminare.
– UDI, Via Zamboni 1. Hier arbeitet eine Gruppe zum Thema Justiz. Freitagabends gibt es auf Bestellung Abendessen für Frauen.
– UDI, Via Falegnami 3.
– Frauen und Politik, Via Polese II, Tel. 236 821.
– Frauenbuchladen „La Librellula", Strada Maggiore 23/4, Tel. 234 705.
– „Agorà", Via Ercolani 8, Tel. 557 366. Ärztinnenkooperative mit verschiedenen Spezialistinnen. Gesundheitszentrum.
– Frauentheater „Guerriero", Via Tanari Vecchia 9 A. Aufführungen, Konzerte, Animation.
– „Sorbolik", Via Bandi 14, Tel. 471 796. Frauenfilmgruppe.
– „Mezzocielo", Via Orfeo 38/6, Tel. 302 446.
– Centro Studi „Anna Kulischoff", Via Garibaldi 15. Forschung zur Frauengeschichte.
– Arcidonna e.V. „L'altra metà del cielo", Via Murri 101, Tel. 442 908.
– Lesbengruppe „Tiaso", Cassero, Porta Saragozza.

BOLZANO (TRENTINO ALTO ADIGE)
– Dokumentations- und Iformationszentrum für Frauen. Piazza Erbe 38, Tel. 35 053. Bibliothek und Forschung.

BRESCIA (LOMBARDEI)
– Bibliothek AIED, Via Cairoli 9. Spezialisiert auf das Thema Gesundheit.
– Frauendokumentationszentrum, Via Volturno 36, Tel 280 470.
– Lesbengruppe „Altera", Via Cairoli 22. Trifft sich montags um 21 Uhr.
– Arcidonna e.V., Via Moretto 56, Tel. 380 278. Thema: Arbeit.

BUSTO ARSIZIO (LOMBARDEI)
– Frauendokumentationszentrum, Via Lualdi 16. Bibliothek und Forschung.

BRINDISI (APULIEN)
– Frauendokumentationszentrum, Via S. Chiara 6/8, Tel. 223 051.

CAGLIARI (SARDINIEN)
– Frauenbuchladen „La Tarantola", Via Lanusei 15/21, Tel. 666 882. Eine Kooperative, die, abgesehen vom Bücherverkauf, auch Tagungen und Ausstellungen veranstaltet. Hat ein Dokumentationszentrum, ein Archiv, das sich mit dem Frauenalltag in Sardinien beschäftigt, und einen Verlag.
– „La luna negli occhi", Via Castelvì 3. Theater, Animation.
– „La luna nera", Via Barcellona 80, Tel. 652 675. Angeschlossen an ARCI. Hält Tagungen und Seminare zur Forschung, Mutterschaft, Gesundheit. Rechtsberatung und Babysitting-Service.
– Frauenliga für den Sozialismus e.V., Via Bacelli 3, Tel. 301 043. Hilft Frauen bei der Prozeßverteidigung. Macht auch Berufsausbildungskurse.
– Discothek nur für Frauen „TNT", Via S. Giovanni 87. Jeden Montag um 21 Uhr.

CARBONIA (SARDINIEN)
– Frauenbuchladen „Lilith", Via Satta 16. Ausstellungen, Tagungen.
– Friedenskomitee der Frauen von Rosmarino, Via G. M. Angioy 12, Tel. 674 464. Initiative für die Abschaffung der Atomwaffen.

CARMAGNOLA (PIEMONT)
– UDI, Piazza Berti I.

CARPI (EMILIA ROMAGNA)
– Frauendokumentationszentrum, Piazza Martiri 9, Tel. 692 158. Bücher, Diskussionen, Seminare.

CASALE MARITTIMO (TOSCANA)
– „Spazio Donna in Toscana" (in diesem Band), Località Tramerini, Tel. 0586/652 263. Landhaus mit Campingplatz für Frauen. Geführt von der Gruppe: Coordinamento femminista Toscano. Sprachkurse, Ernährung, Gesundheit. Nur im Sommer geöffnet.

CASERTA (CAMPANIA)
– Frauenstudien- und Dokumentationszentrum, Via Leonetti 34, Tel. 442 234.

CASTEL RITALDI (PG., UMBRIEN)
– Casa Balena e.V., Torregrosso 51 (siehe in diesem Band „Casa Balena: Ein Tango für Grille und Ameise"), Tel. 0743-51 679 / 51 614. Bildungsurlaub, Tagungen, Fortbildung für Mädchen, Frauen und Kinder. Themen: Ökologie, Handwerk und Lebenskünste. Ganzjährig geöffnet, Gruppen und Einzelreisende.

CATANIA (SIZILIEN)
– Kooperative „Le Lune", Via Corridoni 24 B, Tel. 336 731 (siehe in diesem Band „Le Lune, ein Frauenprojekt in Catania"). Kultur, Ferien für Frauen, Kurse und Ausstellungen. Führt eine Kneipe für Frauen.
– UDI, Piazza San Domenico.
– „La Rosa dei Venti", Tel. 461 485. Tourismus für Frauen, organisiert Feriencamps in Sizilien.

CATANZARO (KALABRIEN)
– UDI, Palazzo Susanna, Corso Mazzini, Tel. 29 423.

CESENA (EMILIA ROMAGNA)
– UDI, Via Sacchi 3, Tel. 24 332. Führt das Restaurant „La Cicala".

CHIARAVALLE (MARCHE)
– „Spazio Donna", Corso Matteotti 113. Räumlichkeiten, in denen sich verschiedene Gruppen treffen, unter anderem UDI.

CHIUSI (TOSCANA)
– UDI, Via Carducci 27, Tel. 20 710.

COMISO (SIZILIEN)
– Frauenfriedenscamp „La Ragnatela" e.V., Postfach 151. Die Gruppe hat ein Stück Land vom amerikanischen Militärstützpunkt für Atomraketen gekauft und versucht, eine ständige Mahnwache zu organisieren.

COMO (LOMBARDEI)
- „Dimensione Donna", Piazza Cacciatori delle Alpi 1, Tel. 263 358. Kulturzentrum, an ARCI angeschlossen.
- „Centofiori", Piazza Roma 50, Tel. 260 168. Feministisches Dokumentationszentrum.
- UDI, Via Benzi 7, Tel. 279 355.

CONEGLIANO (VENETIEN)
- UDI, Piazza Cima 2.

COSENZA (KALABRIEN)
- Frauenzentrum, Via Panebianco 46, Tel. 33 648. Seminare, Bibliothek.

CUNEO (PIEMONT)
- Frauengruppe „Erbagatta", Via Fenoglio 15, Tel. 492 105.
- ARCI-Donna e.V., Via Quintino Sella 37, Tel. 67 888.

FABRIANO (MARCHE)
- Frauenzentrum, Via San Filippo. Kommunale Einrichtung.

FANO (MARCHE)
- Frauenzentrum, Corso Matteotti 68, Tel. 874 728. Kom. Einrichtung.

FERRARA (EMILIA ROMAGNA)
- Frauen-Dokumentationszentrum, Contrada della Rosa 14, Tel. 33 197. Bibliothek, Seminare, Ausstellungen. Gibt die Zeitschrift „Leggere Donna" heraus.
- Frauengruppe „Il Torrione", Piazza San Giovanni, Tel. 49 720. Frauen in der Politik.

FIRENZE (TOSCANA)
- Frauenbuchladen, Via Fiesolana 2 B, Tel. 240 384. Abgesehen vom Buchverkauf werden hier Seminare, Tagungen, Ausstellungen gemacht. Er ist täglich von 14 bis 20 Uhr geöffnet, außer samstags. Jeden Mittwoch trifft sich hier um 21 Uhr die Lesbengruppe „L'amandorla" e.V., die auch einen telefonischen Beratungsdienst hat. Der Buchladen organisiert Gruppenabendessen für Frauen an jedem 15. des Monats (Treffpunkt 20 Uhr vor dem Buchladen). Außerdem Lesungen und Feste.
- Gruppe „Visuelle Kommunikation", Via Galliano 81, Tel. 431 639. Film- und Videothek, Archiv zum Frauenfilm.
- Frauenzentrum, Via Carraia 2, Tel. 363 706.
- Werkstatt „Immagine Donna", Via Aretina 96, Tel. 671 852. Fotografie, Kunst, Grafik.

– Frauendokumentationszentrum, Via del Leone 17, Tel. 216 604.
– AED, Via Spontini 73, Tel. 351 457. Selbstverwaltetes Gesundheitszentrum mit gynäkologischer Untersuchung.
– „Madamadorè" e.V., Viale Giannotti 55. Angeschlossen an ARCI-Donna. Organisiert Veranstaltungen, Kultur, Feste, Abendessen.
– „Il Marsupio" e.V., Lungarno Soderini 35, Tel. 217 331. Organisation von Hebammen.
– „Akronos", Via dei Pilastri 14 A. Werkstatt und Laden von einer Gruppe Töpferinnen aus der Frauenbewegung. Skulptur, Malerei, Keramik. Auch Beratung und Information für Frauen.

FOGGIA (APULIEN)
– Forschungs- und Dokumentationszentrum für Frauen, Piazza C. Battisti 35. Bibliothek, verschiedene Frauengruppen, auch Lesben.
– „Donne e scrittura", Via Ciampitti 12, Tel. 21 797. Frauenliteratur in Geschichte und Gegenwart.
– ARCI-Donna e.V., Via Trento 42, Tel. 23 248. Unterstützt Arbeitszusammenschlüsse zwischen Frauen.

FORLI (EMILIA ROMAGNA)
– Frauenzentrum, Piazza Saffi 1.
– UDI, Via Maroncelli 40, Tel. 33 017.

GENOVA (LIGURIEN)
– Gruppe „Visuelle Kommunikation", Via Bellucci 15/5, Tel. 297 747. Film- und Videothek. Organisiert internationale Filmveranstaltungen in verschiedenen Städten, verleiht Filme und verschickt auf Anfrage Katalog.
– UDI, Via Cairoli 14, Tel. 298 703. Beherbergt die Gruppe „Demetra", die sich mit Geschichtsforschung beschäftigt, insbesondere: Hexen, Magie, Wahnsinn.
– Gruppe Frauen und Kulturarbeit, Via D. Chiodo 5, Tel. 217 119.
– ARCI-Donna e.V., Vico San Raffaele 2/3, Tel. 207 646. Hier hat auch die Babysitterorganisation „Mary Poppins" ihren Sitz.
– „White Love", Via Vannucci 1/16. Beratungsstelle für Gebärende.
– „Il Cerchio delle Donne", Via Odero 1, Tel. 315 038. Kurse in Gymnastik und Zeichnen.

GROSSETO (TOSCANA)
– Frauenzentrum, Via Mameli 15.
– UDI, Piazza della Palma.

IMOLA (EMILIA ROMAGNA)
– UDI, Via Emilia 147, Tel. 32 695.

JESI (MARCHE)
– UDI, Via Pastrengo 2.
– Gruppo Donna, Via S. Giuseppe, Tel. 543 388. Selbsthilfe und Geburtsvorbereitung.

L'AQUILA (ABRUZZEN)
– Frauenbibliothek AED, Corso Federico II 58, Tel. 65 985. Angeschlossen an ein Gesundheitszentrum organisiert die Frauenbibliothek auch eine Leihbücherei, Diskussionen, Seminare, Lesungen und Tagungen.

LA SPEZIA (LIGURIEN)
– UDI, Via Spallanzani 12, Tel. 31 284.

LATINA (LAZIO)
– Frauenzentrum „Lilith" e.V., Via Milano 62. Literaturstudien und Berufsbildungskurs für Bibliothekarinnen.

LECCE (APULIEN)
– „Il Melograno", Via Dante 91 (Maglio). Mütterzentrum und Geburtsvorbereitung.
– Frauenzentrum, Via Palmieri 7.
– UDI, Via Oronzo Diso 2, Tel. 23 071.

LIVORNO (TOSCANA)
– Frauendokumentationszentrum, Largo Strozzi, Tel. 37 353. Bibliothek, Veranstaltungen.
– Buchladen Belforte, Via Grande 91. Tel. 22 379. Geführt von Francesca Belforte, mit einem Bereich Frauenliteratur. Sie ist auch Verlegerin und organisiert Lesungen.

LUCCA (TOSCANA)
– Frauendokumentationszentrum, Via degli Asili, Tel. 47 259.

MANTOVA (EMILIA ROMAGNA)
– Frauenzentrum, Via Mazzini 17 B, Tel. 329 381.
– Kunstgalerie „La Torre", Via Arrivabene 14. Treffpunkt für Künstlerinnen, Gruppen und Einzelausstellungen.
– UDI, Via Tassoni 14, Tel. 321 488. Auch Rechtsberatungszentrum.

MILANO (LOMBARDEI)
– Zentrum zur Geschichtsforschung über die Frauenbewegung in Italien, Via Romagnosi 3, Tel. 874 175. Mit Archiv und Bibliothek zum Thema Frauengeschichte.

– „Quotidiano Donna", Via Lanzone 32, Tel. 860 326. Frauenkultur-
kooperative. Filmtage, Ausstellungen der Printmedien und Theater.
– Frauenbuchladen, Via Dogana 2, Tel. 874 175. Außer montags täglich
geöffnet (9 bis 12.30 Uhr und 16 bis 19.30 Uhr).
– Mailänder Frauenkollektiv, Via Cicco Simonetta 15. Sitz verschiedener
Gruppen, u.a. die Lesbengruppen: „Gertrude Stein", „Phoenix", „S'Igno-
ra". Gibt eine Informationszeitschrift heraus.
– „GRIFF", Via del Conservatorio 7, Tel. 799 007. Frauen- und Familien-
forschung. Sozialwissenschaftliche Bücher.
– „Cicip & Ciciap", Via Gorani 9, Tel. 877 555. Kneipe, Restaurant,
Kulturcafé. Jeden Abend ab 20 Uhr, außer montags. Veranstaltungen,
Kurse. Bringt die Zeitung „Fluttuaria" heraus.
– „La Casa Matta", Via Bagutta 12, Tel. 708 212. Angeschlossen an UDI.
Berufsausbildung in Handwerk und Management für Frauen.
– CED, Via Amedei 13, Tel. 879 161. Frauengesundheitszentrum.
– „Il tempo delle donne", Tel. 255 26 70. Aufführungen für Frauen.
– Centro Difesa Diritti delle Donne, Via Tadino 23. Rechtsberatung.
– Filmdokumentationszentrum für Frauen, Via Scaldasole 3, Tel. 537 909.
Film- und Videothek.
– City-Gruppe d'Immaginazione e.V., Via Soderini 55, Tel. 415 02 06.
– UDI, Via Bagutta 12, Tel. 708 212. Täglich geöffnet, außer Samstag. Sitz
des Forschungszentrums „Sibilla Aleramo". Rechtsberatung.
– Gruppe „La Nascita", Via Fontana 14, Tel. 545 78 41. Vorbereitungen
für Hausgeburten.

MODENA (EMILIA ROMAGNA)
– Frauenzentrum, Via Cesena 43, Tel. 371 966. Verschiedene Gruppen,
eine Bibliothek mit Gedichtelesungen, Buchvorstellungen und Diskussionen. Bringt eine Informationszeitschrift heraus.
– „Le Nove", Via Sigonio 420, Tel. 301 493. Kooperative für die Sozialfor-
schung. Macht Bücher, Fernsehsendungen und Untersuchungen.
– UDI, Via Ganaceto 121, Tel. 222 809.
– Movimento Parto Attivo, Via Emilia Est 163, Tel. 373 728. Geburtsvorbereitung, Seminare.

NAPOLI (CAMPANIA)
– Forschungszentrum zur Lage der Frau, Via Verdi 35, Tel. 322 388.
– „Le Nemesiache", Via Posillipo 308, Tel. 575 06 49. Film, Kunst, Fotografie. Hat die Kooperative „Le tre ghinee" gegründet. Veranstaltet Theater, Konzerte, produziert und verleiht Filme, organisiert jährlich die Internationalen Frauen-Filmfestspiele von Sorrent.
– „Der Spiegel der Alice" e.V., Via R. Bracco 45, Tel. 552 06 49. Frauen-
kulturkooperative.

– „Transizione", Parco Comola Ricce 23. Kooperative, die Kongresse organisiert.
– Forschungszentrum „Sarah Heiz", Parco Margherita 20. Feministische Philosophie.
– UDI, Largo delle Mimose 9.
– „La Locanda", Kneipe und Restaurant, geführt von Lucia Savarese und Carmen Latte, P.tta Ascensione, Tel. 769 63 30.
– Frauendiscothek im „Anyway", Piazza San Fernandino, jeden Donnerstag ab 22 Uhr geöffnet.
– Studio 85, Via Martucci 48, Tel. 661 486. Malerei, Galerie (Maria Albanese).
– Frauenarchiv c/o Uni-Institut für Orientalistik, Largo San Domenico Maggiore, Tel. 206 122.
– DAS, Via Martucci 40, Tel. 684 169. Frauen, Kunst, Aufführungen.
– Kunst- und Kräuterladen „Artemisia", Via G. Paladino. Werkstatt für Stoffe und Ton.

NOVARA (PIEMONT)
– UDI, Via Porta 1.

OLBIA (SARDINIEN)
– Frauenzentrum, Via delle Terme 21. Bibliothek, Archiv, Kunstausstellungen, Sport, Filme, Gesundheit.

PADOVA (VENETIEN)
– Frauendokumentationszentrum „Lidia Crepet", Via degli Scrovegni 2 A, Tel. 875 02 51. Bibliothek, Seminare, Lesungen.
– Gruppe Alice, Via Roma 21. Gewalt gegen Frauen.

PALERMO (SIZILIEN)
– Forschungszentrum „D come Donna", Via D'Annunzio 52, Tel. 265 167. Forschung über Frauen und Sizilien.
– ARCI-Donna e.V., Via Dante 44, Tel. 588 994. Frauenverlag „La Luna".
– Frauen gegen die Mafia e.V., Via Rutelli 38, Tel. 295 225.
– UDI, Via Siracusa 16, Tel. 329 604. Täglich geöffnet. Rechts- und psychologische Beratung. Die Gruppe „Feltro Rosa" macht hier Videos und Filme. Es werden auch Treffen für Frauen aus dem Stadtteil veranstaltet.
– Verlag „Laboratorio d'If", Via Ruggero Settimo 68, Tel. 325 935. Frauenfotografiezentrum.

PARMA (EMILIA ROMAGNA)
– Frauenbibliothek, Via XX Settembre 31, Tel. 37 129. Seminare, Veranstaltungen.

– UDI, Via Pintor 1.
– Gewalt gegen Frauen-Zentrum, Via Farini 15.

PAVIA (LOMBARDEI)
– Frauendokumentationszentrum, Via Mascherpa 3/17.
– Frauen-Geschichtsforschungszentrum, Via San Martino 18.
– UDI, Via Taramelli 2.

PERUGIA (UMBRIEN)
– UDI, Via della Gabbia 9, Tel. 25 263.
– Dokumentationszentrum c/o Frauenleitstelle der Region Umbrien.
Verantwortlich: Wanda Trottini. Palazzo Cesaroni, Piazza Italia.

PESARO (MARCHE)
– UDI, Viale Rossini 37, Tel. 68 532.

PINARELLA DI CERVIA (EMILIA ROMAGNA)
– Pensione Antonietta, Via Emilia 13, Tel. 987 153. Geführt von einer
UDI-Frau. Beherbergt Frauentagungen und bietet Ferien für Frauen.

PIOMBINO (TOSCANA)
– UDI, Piazza Capelletti 6, Tel. 37 414.

PISA (TOSCANA)
– Frauendokumentationszentrum, Via Puccini 15, Tel. 42 309. Bibliothek, Archiv.
– Theater Immagine, Via Fucini 13, Tel. 42 309.

PISTOIA (TOSCANA)
– Dokumentationszentrum, Via degli Orafi 29, Tel. 381 575. Kulturkooperative.

POGGIBONSI (TOSCANA)
– UDI, Piazza Matteotti 8.

PORDENONE (FRIAUL)
– „L'acqua in gabbia", Viale Martinelli 43, Tel. 42 041. Frauenzentrum.
– Komitee für die Rechte der Prostituierten. Postfach 67, 33170. Verein
von Prostituierten, die für ihre Legalisierung kämpfen. Sie haben die Zeitschrift „La lucciola" (Das Glühwürmchen) herausgebracht.

POTENZA (BASILICATA)
– UDI, Via E. Toti 67.

PRATO (TOSCANA)
– Frauengruppe, Via Franchini 13 A. Beratung und Information, auch zu „Spazio Donna".

RAGUSA (SIZILIEN)
– Frauenzentrum, Via Adua 86, Vittoria.

RAVENNA (EMILIA ROMAGNA)
– ARCI-Donna e.V. „La Ragnatela", Via Passetto 2.
– UDI, Piazza Kennedy 16, Tel. 22 012.

REGGIO CALABRIA (KALABRIEN)
– UDI, Via Tripepi 116, Tel. 24 791.

REGGIO EMILIA (EMILIA ROMAGNA)
– Frauenzentrum „Alice", Via Castelli 2. Dokumentation, Kultur, Recht.
– Frauenzentrum, Via Isonzo 76, Tel. 39 300.
– Kooperative Frauenforschung, Corso Garibaldi 45.
– Buchladen „Ortica", Via Libertà 12 (Saliceto). Hat eine Abteilung Frauenbücher.

RIMINI (EMILIA ROMAGNA)
– Frauendokumentationszentrum, Via Euterpre, Tel. 704 144. Sitz im Bürgermeisteramt.

ROMA (LATIUM)
– Autonomes Frauenzentrum, Via San Francesco di Sales 1 A (Trastevere), Tel. 06-656 42 01. Sitz vieler feministischer Gruppen und Vereine: CLI – Vereinigung der Lesben Italiens (Plenum dienstags, 20.30 Uhr); Frauen-Hochschule „Virginia Woolf"; „Leb' als Lesbe" und „Video Viola" (Plenum freitags, 21 Uhr); Feministisches Dokumentationszentrum, Lesben-archiv; „Movimente di Liberazione della Donna" (MLD); Hausfrauen-kollektiv, Rechtskomitee gegen Gewalt gegen Frauen; Feministinnen im Widerstand; Studentinnengruppen „L'una e l'altra".
Ein Teil des Gebäudes wurde von etwa fünfzig Kollektiven und Gruppen besetzt. Außerdem gibt es hier von Dienstag bis Samstag (17 bis 24 Uhr) eine Frauenkneipe mit Restaurant: „La Taverna delle Sette Streghe".
– Frauenbuchladen „Al Tempo Ritrovato", Piazza Farnese 103, Tel. 654 37 49. Alle Tage, außer montagmorgens, geöffnet: 10 bis 13 und 16 bis 20 Uhr. Internationale Literatur, Informationen.
– Forschungszentrum „Donna Woman Femme", Via San Benedetto in Arenula 4/12, Tel. 656 41 71. Die Gruppe bringt die Zeitschrift „DWF" heraus und betreut die Ausgaben der „Utopia". In den Räumen gibt es

eine Bibliothek, die nach Verabredung benutzt werden kann, außerdem den Veranstaltungssaal „Anna Maria Mozzoni".
– Theater „La Maddalena", Via delle Stelleta 21, Tel. 656 94 24. Theaterkurse, Veranstaltungen.
– UDI Nazionale, Via Colonna Antonina 41, Tel. 679 14 53. Sitz der Gruppe „La Goccia". Bibliothek und Sammlung seit dem 2. Weltkrieg.
– UDI Nemorense, Via Nemorense 7, Tel. 853 457. Frauen- und Beschäftigungspolitik. Stellt außerdem Räume für die Gruppe von Grafikerinnen „Laboratorio 8 marzo".
– UDI Monteverde, Via Monteverde 57. Friedensforschung.
– UDI, Via della Giuliana 26.
– Zeitschrift „Noi Donne", Via Trinità de Pellegrini 12, Tel. 656 45 62.
– „L'Erba Voglio" e.V., Via del Fiume 5. (Siehe in diesem Band „L'Erba voglio".)
– „Donne & Arte", Via Margutta 51 A, Tel. 678 26 10. Kunstausstellungen und Kultur.
– Gesundheitszentrum ARIS, Vicolo San Francesco a Ripa 17, Tel. 581 02 67. Ärztinnenkooperative mit verschiedenen Spezialistinnen: Gynäkologie, Geburtshilfe, Shiatsu, Akupunktur, Kinderheilkunde. Bibliothek mit Materialien in verschiedenen Sprachen.
– „Il Melograno", Via Dacia 24, Tel. 758 95 41. Sanfte Geburt, Hausgeburt.
– Beratungsstelle IRIS, Via dei Sabelli 100, Tel. 493 085. Beratung und Hilfe bei Abtreibungen. Hat die Stiftung „Simonetta Tosi", Gesundheitsforschung, untergebracht.
– Liga für die Menschenrechte, Sektion römische Frauen, Via della Dogana Vecchia 5, Tel. 654 14 68.
– ISIS, Via S. Maria dell'Anima 30, Tel. 656 58 42. Internationale feministische Nachrichtenagentur. Publiziert ein Journal.
– AIDOS e.V., Via Giubbonari 30. Frauen in der 3. Welt, eigene Zeitung.
– ARCI-Donna Nazionale, Via Carrara 24, Tel. 357 92 62. Verschiedene organisierte Gruppen, von der Babysitterorganisation bis zum Handwerksverein „Manufakta".
– „Artemide", Via Appia Nuova 36, Tel. 757 62 20. Geburtsvorbereitung und Hausgeburten.
– „La Perlina", Via Arco della Pace 3, Tel. 656 47 85. Verkauf, Ausstellung und Werkstatt. Perlen und Schmuck, in den Händen von Michela und Doris, Information.
– Frauendiscothek „Grigio Notte", Via dei Fienaroli. Nur donnerstags ab 22 Uhr.
– Frauendiscothek „Joli Cœur", Via Sirte 5. Nur samstags ab 22 Uhr.
– „Surreal Caffé", Vicolo del Leopardo. Gemischtes Publikum, aber geführt von Frauen.

ROVERETO (TRENTINO ALTO ADIGE)
– „Adelina Crimella" e.V., Via S. Chiara 8, Tel. 33 849. Bibliothek, Bildungs- und Forschungszentrum.

SAN REMO (LIGURIEN)
– ARCI-Donna e.V., Via Piave 5, Tel. 83 674.

SASSARI (SARDINIEN)
– AIED, Piazza Colonello Serra 9, Tel. 23 50 27. Gesundheitszentrum.
– Gruppe Universitätsdozentinnen, c/o Rina Fancellu Pigliaru, Via Manno 13, Tel. 232 462. Interdisziplinäre Koordination.
– Gruppe 8 marzo, Via Budapest 9, Tel. 216 545. Frauen zwischen UDI und den linken Parteien.

SAVONA (LIGURIEN)
– Frauenforschungs-Gesundheitszentrum, Via Briganti 20 R.
– UDI, Via Alla Rocca 62.

SERRAMANNA-CAGLIARI (SARDINIEN)
– Gruppe „Il Limite", Via Petrarca 6. Schwangerschaft und Geburt. Auch Freizeitaktivitäten.

SIENA (TOSCANA)
– Zentrum „Mara Meoni", Via T. Pendola 60, Tel. 220 623. Bibliothek, Veranstaltungen, Gruppentreffen, Seminare.
– „Le Cetine", kleines Dorf der Frauen, heißt Cetine und ist in der Nähe von Siena.

SIRACUSA (SIZILIEN)
– „Le Papesse" e.V., Via V. Veneto 13, Tel. 69 320 (siehe in diesem Band „Le Papesse"). Kunst und Kultur von und für Lesben. Arbeitet auch als Verlag und im Tourismus.

SOVERATO (KALABRIEN)
– UDI, Via Vittorio Veneto, Tel. 21 590.

TERNI (UMBRIEN)
– Frauencampingplatz „Terradilei", Fabro Scalo, Tel. 85 241. Geöffnet nur in den Sommermonaten. Liegt in einer schönen Landschaft, Nähe Orvieto, bietet vegetarische Küche, Folklore, Veranstaltungen. Geführt von Silvana Manni.

TORINO (PIEMONT)

– Frauenzentrum, Via Vanchiglia 3, Tel. 812 25 19. Sitz der Gruppen UDI, „Produrre & Riprodurre"; Dokumentationszentrum, Gesundheitszentrum „Simonetta Tosi"; Gewalt gegen Frauen; Rechtsberatung; „Camera Woman"; Redaktion des „Bollettino delle Donne" (Le Masche e.V.); Koordination der Beraterinnen.
– Bookstore, Via S. Ottavio 8, Tel. 871 076. Universitätsbuchladen mit Frauenabteilung. Sitz der Gruppe für Literatur: „Emily Dickinson".
– Sorello Benso, Via XX Settembre 64, Tel. 887 769. Reisende Bibliothek, Kräuterkunde, Handwerk, Theater. Auch das Frauenhandwerkskollektiv „Il filo e il gesto" hat dort seinen Sitz.
– Frauengalerie, Via Fabro 5, Tel. 751 094. Ausstellungen, Sitz des Vereins „Sofonisba Anguissola" zur Förderung der Frauenkunst.
– „Livia Laverani Donini" e.V., Via Governolo 28, Tel. 597 082. Seminare zu Politik und Geschichte. Veröffentlich die „Quaderni".
– Kooperative „Le Mani", Via Gropello 14, Tel. 532 310.
– ‚Le ragazze di ieri" (die Mädchen von gestern), Via Garibaldi 46, Tel. 537 288. Verein alter Frauen, die entweder Witwen oder alleinlebend sind.
– Gruppe Visuelle Kommunikation, Corso Matteotti 2, Tel. 533 821. Film- und Videothek. Dokumentation, Frauenfilme.
– Cedif, Frauendokumentationszentrum, Via Alfieri 15 (Sitz ist bei der regionalen Verwaltung Piemont).
– Forschung zur überlieferten Geschichte „Women's studies", c/o Franca Balsamo, Anna Bravo e Luisa Passerini, Fakultät für Geschichte, Universität Turin, Via S. Ottavio 20.
– „Ratatui", Via S. Rocchetto 34. Restaurant, geführt von Frauen.

TRENTO (TRENTINO ALTO ADIGE)

– ARCI-Donna e.V., Via Trento 42.
– Zentrum „Neue Geburt", Via Dietro Le Mura 9 B, Tel. 981 261.

TREVISO (VENETIEN)

– Frauenzentrum UDI, Via Fra Giocondo 6, c/o ARCI, Tel. 54 848.

TRIEST (FRIAUL)

– UDI, Via del Toro 12, Tel. 761 618. Rechtsberatung.

UDINE (FRIAUL)

– ARCI-Donna e.V., Via Mazzini 12, Tel. 281 565.
– UDI, Piazza Garibaldi 3.

VARESE (LOMBARDEI)
– UDI, Via Piave 6, Tel. 234 055.
– „Il Melograno", Via Volta 25, Jerago, Tel. 212 272. Geburtshilfe und Mutterschaft.

VENEZIA (VENETIEN)
– Frauenzentrum, Piazza Ferretto 124 (siehe in diesem Band „Frauen im Zentrum"), Tel. 970 870.
– UDI, Via Bembo 39, Tel. 929 022, Mestre.
– ARCI-Donna e.V., Via Antonio da Mestre 19, Tel. 715 218.
– Buchladen „Utopia", Sestiere Dorsoduro 3490 B, Tel. 85 333. Geführt von der Alternativszene mit Frauenabteilung.

VERCELLI (PIEMONT)
– Frauengruppe, Enal, Piazza Cesare Battisti.

VERONA (VENETIEN)
– „Il Filo di Arianna" e.V., Piazetta Scalette Rubbiani 1. Forschung, Seminare, Tagungen.
– Gruppe Frauenphilosophie „Diotima", c/o Magistero, Vicolo S. Francesco.
– UDI, Via Nicola Mazza 52, Tel. 986 407. Tanz, Seminare, Kultur.
– OIKJA, Via Cefalonia 4 A, Tel. 915 967. Hausfrauenorganisation.
– „Il Melograno", Via G. Giusti 4, Tel. 59 534. Kooperative, Gesundheit, Mutterschaft, Kindererziehung.

VICENZA (VENETIEN)
– „La Cinema", c/o ARCI, Contrà S. Faustino 31, Tel. 33 485.
– „Noi" e.V., Corso Fogazzaro. Körperarbeit.

VITERBO (LATIUM)
– UDI, Piazza Fontana Grande 16, Tel. 222 288.

VOLTERRA (TOSCANA)
– UDI, Piazza dei Priori 1, Tel. 88 577.

ASPIRINA, Via Dogana 2, 20100 Milano, Tel. 874 213.
UN'ALA / FANTASTICO FEMMINILE FANTASCIENZA,
c.p. 3489, 20089 Rozzano (Milano).
LE STREGHE SON PARTITE, Via Castaldi 31, 84013 Cava dei Tirreni
(Salerno).
MINERVA, Piazza Ippolito Nievo 5, 00153 Roma, Tel. 589 10 34.
BOLLETTINO AIDOS (Associazione Italiana Donne per lo Sviluppo),
Via dei Giubbonari 30, 00186 Roma, Tel. 687 32 14.
BOLLETTINO DEL CLI (Collegamento tra Lesbiche Italiane), Via San
Francesco di Sales IA, 00165 Roma, Tel. 656 42 01.
BOLLETTINO DELLE DONNE, Via Vanchiglia 3, 10100 Torino, Tel.
812 25 19.
FILODONNA, Via Franchini 13 A, 50041 Prato (Firenze), Tel. 260 25.
ISIS (International Women's Journal), Via S. Maria dell'Anima 30,
Tel. 656 58 42.
LEGGERE DONNA, Contrada della Rosa 14, 44100 Ferrara, Tel. 331 97.
MEMORIA, Via della Dogana Vecchia 5, 00186 Roma, Tel. 659 953.
NOI DONNE, Via Trinità dei Pellegrini 12, 00186 Roma, Tel. 656 45 62.
NUOVA DWF (Donna Woman Femme), Via S. Benedetto in Arenula
4/12, 00186 Roma, Tel. 656 41 71.
SOTTOSOPRA, Via Dogana 2, 20123 Milano, Tel. 874 213.
FLUTTUARIA, Via Gorani 9, 20123 Milano, Tel. 877 555.
LAPIS, Via Caposile 2, 20137 Milano, Tel. 545 72 67.
IL PAESE DELLE DONNE, Via San Francesco di Sales IA, 00165 Roma.

Frauenverlage in Italien

LA TARTARUGA, Via Turati 38, 20121 Milano, Tel. 655 50 36.
SCRITTI DI RIVOLTA FEMMINISTA, Piazza Baracca 8, 21123 Milano,
Tel. 783 665.
FELINA, Viale Beata Vergine del Carmelo 60, 00100 Roma,
Tel. 598 07 72.
ESTRO, Borgo Pinti 33, 50121 Firenze, Tel. 247 96 54.
LA LUNA, Via Dante 44, 90141 Palermo, Tel. 588 994.
UTOPIA, Largo S. Benedetto in Arenula 4/12, 00186 Roma,
Tel. 656 41 71.
LA TARANTOLA, Via Lanusei 15, 09100 Cagliari, Tel. 666 882.
OMBRA, Via V. Veneto 13, 96100 Siracusa, Tel. 693 20.

KLEINE BIBLIOGRAPHIE ZU FRAUENTHEMEN

Zur Geschichte der italienischen Frauen

- Eva Cantarella, „Tacita muta – La donna nella città antica", Editori Riuniti, Roma 1985.
- Maria Consiglia De Matteis, „Donna nel Medioevo", Patron, Bologna 1986.
- Maria Ludovica Lenzi, „Donne e Madonne – L'educazione femminile nel primo Rinascimento italiano", Loescher, Torino 1982.
- Gaia Servadio, „La donna nel Rinascimento", Vallardi, Firenze 1987.
- Ginevra Conti Odorisio, „Donna e società nel Seicento", Bulzoni, Roma 1979.
- Fiorenza Taricone, Susanna Bucci, „La condizione della donna nel XVII e XVIII secolo", Carucci, Roma 1983.
- Fiorenza Taricone, Beatrice Pisa, „Operaie, borghesi, contadine nel XIX secolo", Carucci, Roma 1985.
- Rina Macrelli, „L'indegna schiavitù", Editori Riuniti, Roma 1981.
- Elisabetta Mondello, „La Nuova Italiana", Editori Riuniti, Roma 1987.
- Annamaria Galoppini, „Il lungo viaggio verso la parità – I diritti civili e politici delle donne dall'Unità ad oggi", Zanichelli, Bologna 1980.
- Ginevra Conti Odorisio, „Storia dell'idea femminista in Italia", ERI, Torino 1980.
- d'Aversa, Arnaldo, La donna etrusca, Brescia 1985.
- Buzzi, Giancarlo, Guida alla civiltà etrusca, Milano 1984.
- Dal Maso, Leonardo, Vighi, Roberto, Archäologie in Latium, Florenz 1981.
- Grimal, Pierre, Das antike Italien, Frankfurt 1979 (erw. Neuauflage).
- Stützer, Herbert Alexander, Die Etrusker und ihre Welt, Köln 1985 (3. Auflage).

Die neue Frauenbewegung

- AA. VV. „La pratica politica delle donne", Mazzotta, Milano 1978.
- Rivolta Femminile, „Sputiamo su Hegel – La donna clitoridea e la donna vaginale", Libretti Verdi, Milano 1970.
- „L'Almanacco del movimento femminista italiano dal 1972", Edizioni delle Donne, Milano 1978.
- Anna Maria Riva, „La rabbia femminista", Ianua, Roma 1984.
- AA. VV., „Dal movimento femminista al femminismo diffuso", Angeli, Milano 1985.
- Yasmine Ergas, „Nell maglie della politica", Angeli, Milano 1986.
- „Donne insieme – I gruppi degli anni Ottanta", „Memoria" n. 13, Torino 1986.

– „Separatismo oggi – Le donne con le donne possono", Centro Femminista Separatista, Roma 1986.
– Libreria delle Donne di Milano, „ Non credere di avere dei diritti", Rosenberg & Sellier, Torino 1987.
– Camilla Ravera: „Breve storia del movimento femminile in Italia", Roma, Editori Riuniti, 1981.
– Anna Rita Calabrò: (Hrsg). „Dal movimento femminista al femminismo *diffuso*. Ricerca e documentazione nell'area lombarda",Centro studi storici sul movimento di liberazione delle donne in Italia, Milano, Franco Angeli, 1985.
– AA.VV.: „Esistere come donna", Milano, Mazzotta, 1983.

Zur Lesbenbewegung
– AA.VV., „E la madre, tra l'altro, è una pittrice ... Dialoghi tra lesbiche", Felina, Roma 1980.
– CLI, „Il nostro mondo comune", Felina, Roma 1984.
– „La ricerca lesbica: realtà, etica e politica dei rapporti tra donne", Centro Femminista Separatista, Roma 1986.
– AA.VV., „Poeresia – 50 voci di una differenza", CLI, Roma 1987.
– Rosanna Fiocchetto, „L'amante celeste – La distruzione scientifica della lesbica", Estro, Firenze 1987.

Frauen und Arbeit
– Maria Vittoria Ballestrero, „Dalla tutela alla parità – La legislazione italiana sul lavoro delle donne", Il Mulino, Bologna 1979.
– AA.VV., „Oltre il lavoro domestico – Il lavoro delle donne tra produzione e riproduzione", Feltrinelli, Milano 1970.
– AA.VV., „Desiderio d'impresa – Aziende e cooperative al femminile", Dedalo, Bari 1984.
– Paola Manacorda, Paola Piva, „Terminale Donna – Il movimento delle donne di fronte al lavoro informatizzato", Ed. Lavoro, Roma 1985.

Gewalt gegen Frauen
– Marina Addis Saba, „Io donna io persona – Appunti per una storia della legge contro la violenza sessuale", Felina, Roma 1985.

Zum Kampf um die Abtreibung
– AA.VV., „Sesso amaro", Editori Riuniti, Roma 1977.
– Laura Conti, „Il tormento e lo scudo – Un compromesso contro le donne", Mazzotta, Milano 1981.

Frauenforschung in Italien
– AA.VV., „Storia delle donne: una scienza possibile", Felina, Roma 1986.

– Patrizia Violi, „L'infinito singolare – Considerazioni sulle differenze sessuali nel linguaggio", Essedue, Verona 1986.
– Chiara Saraceno, „Pluralità e mutamento – Riflessioni sull'identità femminile", Angeli, Milano 1987.
– Paola Melchiori, „Verifica d'identità – Materiali, esperienze, riflessioni sul fare cultura fra donne", Utopia, Roma 1987.
– Gruppo Diotima, „Il pensiero della differenza sessuale", La Tartaruga, Milano 1987.
– Lidia Menapace, „Economia politica della differenza sessuale", Felina, Roma 1987.
– AA.VV., „La ricerca delle donne – Studi femministi in Italia", Rosenberg & Sellier, Torino 1987.

Zur weiblichen Literatur
– Natalia Costa Zalesssow, „Scrittrici italiane dal XIII al XX secolo", Longo, Napoli 1986.
– Giuliana Morandini, „La voce che è in lei – Antologia della narrativa femminile italiana tra '800 e '900", Bompiani, Milano 1985.
– AA. VV., „Una donna, un secolo", a cura di Sandra Petrignani, Il Ventaglio, Roma 1986.
– „Donne in poesia", a cura di Biancamaria Frabotta, Savelli, Roma 1976.

Frauen-Kunst, Architektur
– Simona Weller, „Il complesso di Michelangiolo", La Nuova Foglia, Macerata 1976.
– Marta Lonzi, „L'architetto fuori di sé", Scritti di Rivolta Femminile, Milano 1982.

Frauen, Wissenschaft und Ökologie
– AA. VV., „La donna nelle scienze dell'uomo", Angeli, Milano 1986.
– Marina Sbisà, „I figli della scienza", Emme, Milano 1985.
– Laura Conti, „Questo pianeta", Editori Riuniti, Roma 1987.
– Rita Levi Montalcini, „Elogio dell'imperfezione", Garzanti, Milano 1987.

Autorinnen und Fotografinnen

DANIELA ABRAM, vor 33 Jahren in Trento geboren. Lebt seit 1973 in Bologna, wo sie Jura studierte. Sie ist Anwältin mit dem Schwerpunkt Familienrecht.

SANDRA ADESSO, geboren 1954, Lehrerin, Mitglied im Frauendokumentations- und Kulturzentrum in Bari und im Projekt „Arti Visive, La Melagrana". Sie arbeitet mit in der Frauendisco Bari.

DANIELA AMBROSET, geboren 1951 in Mailand, Soziologin. Berufliche Spezialisierung: Probleme der Arbeit, insbesondere von Frauen. Sie ist Beraterin für Betriebsorganisation und Job-creation und in der Weiterbildung für Unternehmerinnen und Unternehmer tätig.

SONIA AMBROSET, geboren 1956 in Mailand, Psychologin mit Spezialisierung in Klinischer Kriminologie. Sie arbeitet im Jugendgefängnis „Cesare Beccaria" in Mailand, Schwerpunkt Frauenabteilung. Mitarbeit am Lehrstuhl für Kriminologie an der Universität Padova. Bisher veröffentlichte sie: „Il nummero oscuro della devianza è questione criminale", Mailand 1980, und „Criminologia femminile: controllo sociale", Mailand 1984.

NICOLETTA ARAMU, 1957 in Venedig geboren, hat an der DAMS in Bologna studiert, arbeitet seit Jahren zeitweise auf der Biennale von Venedig, lebt seit kurzem in Berlin.

PEPPA ARIOTI ist Anwältin und übt seit vielen Jahren ihren Beruf im Süden, besonders Sizilien aus, wo sie auch lebt.

MARILÙ BALSAMO, geboren 1944, ist Architektin und hat viele Altbausanierungs- und Designprojekte durchgeführt. Sie arbeitet an der städtebaulichen Gestaltung von Palermo. Autorin des Buches „Tra tecnologia e design", 1984.

ANGELA BARBAGALLO, geboren 1944, unterrichtet Geschichte und Philosophie am Gymnasium. 1979 gründete sie in Syrakus die Gruppen „Frauensolidarität" und die „Sibilla Aleramo". Sie machte Sendungen im Rundfunk und im lokalen Fernsehen. 1984 hat sie mit Agata Ruscica das Kollektiv „Le Papesse"gegründet und schreibt Drehbücher für Videofilme. Sie arbeitet im Verlag „Ombra" und in der Kooperative „Syrakus, Stadt der Frauen".

MARISA BETTINI, 42 Jahre, Italienerin, Steinbock, seit 1981 Bibliothekarin im Frauenzentrum Mestre („nicht aus Zwang, sondern aus Leidenschaft").

LIANA BORGHI unterrichtet „Women's studies" an der Universität Bologna. Sie ist eine der Mitbegründerinnen des Frauenbuchladens in Florenz, wo sie auch lebt. Anfang 1988 gründete sie zusammen mit anderen den Verein für Lesben „L'amandorla". Mitbegründerin des Frauen-Verlags „Estro".

GIOVANNA CALTAGIRONE, Mitarbeiterin im Frauenbuchladen in Cagliari, Sardinien, aktiv in der autonomen Frauenbewegung.

ADELE CAMBRIA, Journalistin und Schriftstellerin, war Mitarbeiterin der größten italienischen Tageszeitungen („Il Giorno", „La Stampa", „Paese Sera") und der Wochenmagazine „L'Espresso" und „Il Mondo". Sie war Chefredakteurin von „Lotta Continua" und der feministischen Zeitschrift „effe". Sie hat sieben Bücher veröffentlicht. Die Auszüge stammen aus dem Buch „L'Italia segreta delle donne" (Das verborgene Italien der Frauen), Rom 1984.

LISA CARNIO, 1959 geboren, hat in Venedig Englisch studiert. Sie arbeitete in London als Übersetzerin. Seit eineinhalb Jahren lebt sie in Berlin.

PAT CARRA, 34 Jahre, Sternzeichen Waage, zeichnet Cartoons, so lange sie denken kann. Ihre Hauptdarstellerinnen sind Frauen. Sie arbeitet für „Noi Donne", „Linus", „Tango" etc., leitet „Aspirina" – die hinterlistige Comic-Zeitschrift aus dem Mailänder Frauenbuchladen.

CAMILLA CEDERNA, eine der bekanntesten (Enthüllungs-)Journalistinnen Italiens. 1978 brachte sie durch ihre Recherchen den damaligen Staatspräsidenten Giovanni Leone zu Fall. Bis 1980 war sie Redakteurin und Sonderbeauftragte bei „L'Espresso" (pol. Wochenmagazin), seitdem bei „Panorama" (ebenfalls pol. Wochenmagazin). Sie hat zahlreiche Bücher veröffentlicht, u.a. „Reise in die Geheimnisse Italiens", Freiburg 1985, dem der zitierte Ausschnitt entnommen wurde. Ihr neues Buch „Italien gestern – Italien heute" erscheint 1988 im Verlag Beck und Glückler, Freiburg.

LUCILLA CIAMBOTTI gehört dem „Coordinamento Femminista Toscano" (Autonomer Frauenausschuß Toscana) an und ist Mitbegründerin der Frauenkooperative „Spazio Donna" in der Toscana.

GERMANA CICCONE, geboren 1968 in Sizilien, verbrachte ihre Kindheit in Belluno, Venetien. Die Mutter, Grundschullehrerin, und der Vater, Psychiater, trennten sich 1981. Die Mutter zog in ein Lesbenkollektiv. Seit 1987 studiert sie Jura an der Universität Bologna.

LILIA COLLINA, 30 Jahre, Fotografin. „Es war schön, mittels der Fotografie Farbflecken auf der grauen Leinwand des Bologneser Herbstes zu entdecken, die strengen Stickereien im ‚Zentrum der Näherinnen' und gewisse Augenblicke der Frauenbewegung."

MARIELLA COMERCI arbeitet als Sozialwissenschaftlerin beim Institut für Verwaltungsstudien. Sie beschäftigt sich mit Frauenarbeit und beruflicher Chancengleichheit. Im besonderen koordiniert sie die Untersuchung: „Die Frauen im Öffentlichen Dienst". Sie arbeitet für verschiedene Zeitschriften und Zeitungen, bis 1984 Journalistin für die Zeitschrift „Noi Donne". Sie ist Autorin des Buchs „ I profili della luna" (Rom 1982). Mitglied des feministischen Dokumentations- und Studienzentrums, Rom.

GLORIA CORSI ist Mathematiklehrerin an einem Gymnasium in Padova. 1978 Mitarbeiterin in der Gruppe „Lohn für Hausarbeit". 1982/83 arbeitete sie in der Frauengruppe „Fontana del Ferro" in Verona. 1982-1984 war sie eine der Verantwortlichen im „Coordinamento Lesbico" in Mestre/Venedig. Sie ist Mitglied der Gruppe „Due-Donne e Fotografia".

SARA CRESCIMONE, Fotografin, 30 Jahre, Sternzeichen Jungfrau, lebt und arbeitet in Siracusa, Sizilien, wo sie in verschiedenen feministischen und lesbischen Projekten mitarbeitet.

ROBERTA CURTI, 32 Jahre, gebürtige Bologneserin, Lehrerin für Italienisch und Geschichte. Sie studierte Kulturanthropologie bei Ida Magli in Rom und promovierte mit einer Arbeit über Geschichte und Theologie der Madonna. Seit zwei Jahren arbeitet sie in den Sommermonaten im Team von Casa Balena.

SERENA DINELLI, Psychologin, Römerin, 40 Jahre, aktiv in der Frauenbewegung. Fünf Jahre lang hielt sie an der Frauenuniversität in Rom Seminare über Mutterschaft und weibliche Sexualität. Sie veröffentlichte ein Buch über Krippen, Artikel über Mutterschaft, Väter und das Verhältnis der Geschlechter, außerdem ein Buch über das gute Essen und die Küche für Alleinlebende, auch Bildergeschichten.

ANNA FABRETTO, geboren 1956, lebt in Mailand. Sie ist Elektrotechnikerin bei der ENEL (staatlicher Energiekonzern). Viele Jahre war sie aktiv im CDM (Collettivi Donne Milanesi).

ANGELA FANELLI, geboren 1961 in Bari, Universitätsangestellte, ist Mitglied im Frauendokumentations- und Kulturzentrum Bari, in der Multi-Media-Werkstatt für Frauen „Arti Visive, La Melagrana". Sie ist Mitinitiatorin der Frauendisco in Bari, initiiert Ausstellungen und Performances.

ROSANNA FIOCCHETTO ist Journalistin und Kritikerin für Kunstgeschichte und Architektur. Sie ist Mitarbeiterin der Zeitschrift „L'architettura cronache e storia". Zusammen mit Liana Borghi gründete sie den Frauenverlag „Estro" in Florenz. Sie gehört dem CLI (Italienischer Lesben-Verband) und dem Centro Femminista Separatista di Roma (Autonomes Frauenzentrum Rom) an. Sie ist Autorin des Buches „L'amante celeste – La distruzione scientifica della lesbica", Estro 1987 (Die Zerstörung der Lesbe durch die Wissenschaft).

ISABELLA GUACCI, lebt in Rom. Sie ist Mitglied der UDI und der Organisation „Il Paese delle Donne", die das gleichnamige Fraueninformationsblatt herausgibt.

STEFANIA GUIDASTRI (Ste), 27 Jahre, Sternzeichen Schütze, zeichnet Cartoons und leitet ein Grafikstudio in Parma. Sie ist in der Zeitschrift „Aspirina" für die Grafik verantwortlich, ihre Hauptdarstellerinnen sind die Frauen weniger Worte mit dunklen Brillen.

HELGA INNERHOFER, geboren 1950 in Meran, Deutsch- und Geschichtslehrerin an einer deutschsprachigen Oberschule, politisch engagiert als Meraner Gemeinderätin der Alternativen Liste fürs andere Südtirol, einer interethnischen Südtiroler Bewegung, die sich für friedliche und ökologische Belange einsetzt.

JOLANDA INSANA, 1937 in Messina geboren, lebt und arbeitet in Rom. Ihre Gedichte sind in vielen Zeitschriften und italienischen Anthologien erschienen. Sie hat alle Fragmente von Sappho übersetzt (Estro 1985) und übersetzt gerade Lukrez. Das Symbol fasziniert sie sehr und regt sie zu kreativem Zeichnen an.

TERESA LANZA, geboren 1948 in Ginostra/Insel Stromboli, Sizilien. Grundschullehrerin, drei Kinder, geschieden, aktiv in der autonomen Frauenbewegung seit den 70er Jahren, zuerst im Veneto, dann in Umbrien. Mitbegründerin und Dozentin in Casa Balena.

ANNA MARIA LONGO, 1931 in Catanzaro geboren, unterrichtet Literatur und gehörte als Vertreterin der UDI-Gruppe der Provinz Catanzaro zum nationalen UDI-Verband.

RINA MACRELLI, geboren in Santarcangelo, lebt in Rom, feministische Historikerin. Wichtiger als ihr Universitätstitel ist ihr bis heute, daß sie zwei Bücher von Giuliana Rocchi herausgegeben hat.

IDA MAGLI, Professorin für Kulturanthropologie an der Universität Rom, Verfasserin zahlreicher Essays. Den vorliegenden Auszug haben wir ihrem Buch „Viaggio intorno all'uomo bianco – Antropologia giorno per giorno" (Reise durch die Welt des weißen Mannes – Anthropologie des Alltags), Rizzoli 1986, entnommen.

ELISABETTA MANCA arbeitet im Frauenbuchladen in Cagliari, Sardinien, aktiv in der Frauenbewegung Sardiniens.

DACIA MARAINI ist Tochter des Ethnologen Folco Maraini und der Malerin Topazia Alliata. Sie verbrachte die ersten acht Jahre ihres Lebens in Japan, davon zwei Jahre in einem Konzentrationslager für Antifaschisten. Sie studierte in Palermo, Florenz und Rom und schrieb acht Romane, in viele Sprachen übersetzt, u. a. „L'età del malessere" (Zeit des Unbehagens) 1963, „Memorie di una ladra" (Erinnerungen einer Diebin) 1962, „Donna in guerra" (Frau im Kriegszustand) 1974, verschiedene Lyrikbände und Theaterstücke.

ANNA MARCEDDÙ, Fotografin, aktiv in der Frauenbewegung Sardiniens.

LINA MANGIACAPRE ist Malerin, Schriftstellerin, Musikerin, Regisseurin, Journalistin und Filmproduzentin. Sie gründete die feministische Gruppe „Le Nemesiache" (Die Nemesis-Frauen), die seit 1976 das feministische Filmfestival von Sorrent, die „Rassegna Cinema Femminista" organisiert. Sie schrieb sieben Theaterstücke, komponiert elektronische Musik, arbeitet zusammen mit ihrer Gruppe „Concerto a Partenope". 1977 gründete sie eine Kultur-Kooperative „Le tre ghinee" (Die drei Guineen), die die Produktion ihres ersten 35 mm-Films übernahm: „Didone non é morta" (Didone ist nicht tot).

FRANCESCA MARCO (genannt Cecca), geboren 1943 in Piemont, hat „eine Vergangenheit mit vielen Geschichten ohne Geschichte". Sie lebt in Turin, wo sie im Frauenkollektiv eine Steuerkanzlei betreibt. Vorstandsmitglied im Verein für „Ökologie, Handwerk und Lebenskünste, CASA BALENA". Amateurdichterin.

LIDIA MENAPACE ist Abgeordnete der „Unabhängigen Linken" im Regionalrat Latium. Sie war Kurier im Partisanenkampf und Dozentin an der Universität. Von dieser wurde sie relegiert, als sie zusammen mit den Studenten an der Besetzung der Universität teilgenommen hatte. Mitbegründerin der Tageszeitung „Manifesto". Seminare an der Frauenuniversität. „Virginia Woolf" in Rom. Zahlreiche Artikel und Beiträge zur Literaturforschung; Bücher: „Per un movimento politico di liberazione della donna", Verona 1972, „La Democrazia Cristiana", Mailand 1974, „Economia politica della differenza sessuale", Rom 1987.

GABRIELLA MERCADINI, geboren in Venedig, lebt in Rom, wo sie seit 1968 als Fotografin für verschiedene Zeitschriften im In- und Ausland arbeitet. Sie nahm an verschiedenen Ausstellungen teil und illustrierte Bücher über Frauen. Ihre fotografischen Arbeitsbereiche sind: Frauenbewegung, Dritte Welt, Ökologie, Sozialanthropologie.

MARIELENA MONTI, geboren 1949, ist Musikerin und Liedermacherin. Seit 18 Jahren Mitarbeiterin der RAI (Radio) in Sizilien und Regisseurin. Sie veröffentlichte verschiedene Schallplatten.

GIOVANNA OLIVIERI, 1947 in Rimini von einer „azdora" geboren, die sie noch immer in ihren Fängen hält. Sie hat 17 Jahre Frauenbewegung mitgemacht und steht auch weiterhin ihre Frau. Sie unterrichtet Mathematik in Rom, ist Mitglied des Medienarbeitskreises „Il Paese delle Donne" und ist eine der Gründerinnen der „Archivi Lesbici Italiani" (ALI – Italienisches Lesbenarchiv).

SILVANA OLLA, Mitarbeiterin im Frauenbuchladen Cagliari. Aktiv in der Frauenbewegung Sardiniens.

NADA PALLINI, geboren am Tag des Frühlingsanfangs 1954 in Atri, Abruzzen. Arbeitet als Beamtin, um finanziell überleben zu können.

ALESSANDRA DE PERINI, Lehrerin, aktiv in der Frauenbewegung von Mestre und Venedig in den 70er Jahren, Gründerin des „Coordinamento Lesbico" in Venetien, zur Zeit Mitglied der Forschungsgruppe „Metis" zur Weiblichkeit und Philosophie.

PIA RANZATO, Jahrgang 1946, promovierte in Philosophie, unterrichtete an Schulen und in den 70er Jahren an der Universität Florenz am Lehrstuhl Kino- und Massenmedien. 1982 verließ sie ihre feste Anstellung und widmete sich ausschließlich der Fotografie. Sie arbeitet für Zeitschriften, hat Bücher illustriert, Ausstellungen in Florenz, Amsterdam, Rio de Janeiro, Kopenhagen, San Francisco, Rom etc. gemacht. Vorwiegend Arbeit an Frauenthemen.

ANNA RAP, 1939 in Mailand geboren, ist sizilianischer Abstammung. Sie hat in Genua gelebt und wohnt jetzt in Rom. Seit 1972 gehört sie der römischen Frauenbewegung (Pompeo Magno) und dem Dokumentationszentrum für Frauenstudien an. Sie ist Expertin für die Gastronomie, Grafikerin und Lehrerin.

EDVIGE RICCI, geboren 1947 in den Abruzzen. Lehrerin für Italienisch, Geschichte und Geographie. Nach der Studentenbewegung war sie in der „Lotta Continua" und danach in der Frauenbewegung. 1977 Mitherausgeberin der lokalen Ökozeitung „La Mala Erba" (Das Unkraut) in Pescara. 1986 wurde sie in die nationale Koordinationsgruppe der Grünen Listen Italiens gewählt (eine der 4 Frauen von 11 Mitgliedern). Seit 1987 Stadträtin der Grünen in Pescara.

AGATA RUSCICA, 1948 in Catania geboren. Bis 1987 unterrichtete sie Kunsterziehung. Aktives Mitglied der „Partito Radicale", danach in der MLD (Movimento di Liberazione della Donna). Sie hat in Catania das „Zentrum gegen die sexuelle Gewalt" gegründet, das Kollektiv zur Gefängnisarbeit und den „Koordinierungsausschuß zur Selbstbestimmung der Frau". Mitarbeiterin der Zeitung „Quotidiano Donna". 1984 hat sie das Lesbenkollektiv „Le Papesse" gegründet, verschiedene Ausstellungen visueller Kunst organisiert. Als Fotografin hat sie 1987 den Preis „Obiettivo d'oro" gewonnen. Heute lebt sie in Syrakus und hat mit Angela Barbagalla den Verlag „Ombra" und die Kooperative „Syrakus, Stadt der Frauen" gegründet.

MONIKA SAVIER, geboren 1952, Studium der Pädagogik und Soziologie in Berlin. Verschiedene Buchveröffentlichungen zur Pädagogik und Subkultur im Verlag Frauenoffensive. Von 1980 an wiss. Angestellte an der Technischen Universität Berlin im Bereich Mädchenforschung und Umwelttechnik für Frauen. Mitarbeiterin in Casa Balena/Umbrien. Z. Zt. Architekturstudium in Rom.

ANDREA SIMON, geboren 1954 in Berlin, feministische Soziologin, Autodidaktin in Umwelttechnik und Verehrerin etruskischer Frauenkultur. Mitarbeiterin in Casa Balena.

SIMONETTA SPINELLI ist Lehrerin in Rom. Sie ist aktiv in der römischen Frauenbewegung, im autonomen Frauenzentrum und in der Redaktion der Zeitschrift „Nuova DWF".

DORIS SCHRADER, 1948 in Berlin geboren, studierte in München Sozialpädagogik, arbeitete 1 1/2 Jahre in der Psychiatrie und jobbte zuletzt als Taxifahrerin. 1980 zog sie nach Rom, wo sie seit 3 Jahren mit ihrer Freundin eine Werkstatt für Schmuck betreibt.

PIERA ZUMAGLINO, abgeschlossenes Universitätsstudium in Fremdsprachen, ist Buchhalterin, seit 1973 in der Frauenbewegung aktiv. Sie redigiert das Turiner Fraueninformationsblatt „Bollettino delle Donne", hält Kurse über Selbstfinanzierung für Frauenprojekte und ist Mitglied der Gruppe „Produrre & Riprodurre" und Mitarbeiterin des „Coordinamento dei Centri Culturali" und des „European Network of Women".

Fotonachweis und Bildlegenden

Titelfoto: Pia Ranzato, Sonnenaufgang über den Hügeln der Toskana

Seite 1: Sara Crescimone, Castello Donnafugata, Sizilien

Seite 15: Sara Crescimone, Siracusa, Sizilien

Seite 17: Pia Ranzato

Seite 23: Pia Ranzato, Obdachlose Frau nach dem Erdbeben von Avellino, Napoli

Seite 27: Gabriella Mercadini, Demonstration der autonomen Frauenbewegung in Rom Anfang der siebziger Jahre

Seite 27: Gabriella Mercadini, Demonstration entmieteter wohnungsloser Frauen in Rom

Seite 36: Pia Ranzato

Seite 44: Pia Ranzato

Seite 45: Pia Ranzato

Seite 57: Pia Ranzato, Unter der Dusche von Terra-di-Lei

Seite 71: Monika Savier, Noch immer arbeiten die alten Frauen, um die Familien auf dem Land zu ernähren

Seite 81: Pia Ranzato, Brotbacken in der Toskana
Pia Ranzato, Schiacciate all 'uva Traubenkuchen

Seite 91: Pia Ranzato

Seite 93: Nicola Sivieri, Tiziana Mazzi

Seite 95: Pia Ranzato, Salento, Apulien

Seite 109: Anna Fabretto, Naviglio Grande, Mailand
Anna Fabretto, Smog in Mailand

Seite 133: G. Mercadini, Frauen auf dem Karneval in Venedig

Seite 135: Pia Ranzato

Seite 151: Pia Ranzato

Seite 153: Archivfoto, Partisaninnen

Seite 159: Lilia Collina, Seniorinnengruppe im Stadtteil Corticella, Bologna
Lilia Collina, Bologna

Seite 167: Malerin Lavinia Fontana, „Die Madonna mit dem Kind", Palazzo Pepoli, Campogrande, Bologna, Foto: Archiv

Seite 173: Pia Ranzato, In der Gegend von Florenz

Seite 185: Tänzerin, Wandmalerei im Grab der Giocolieri, Tarquinia, 6 v. Chr.

Seite 189: Frauenkopf aus Portonaccio Veio Rom, Vatikanmuseum

Seite 193: Monika Savier, Casa Balena, Gästinnenhaus
Das Anlehngewächshaus bauten die Tischlerinnen der Autonomen Jugendwerkstätten Hamburg für Casa Balena; im Hintergrund die selbstgebaute Solaranlage

Seite 196: Pia Ranzato, Die Tabakernte auf dem Feld

Seite 199: Pia Ranzato, Alte Frau bei der Auswahl der Tabakblätter

Seite 202: Pia Ranzato, Ein Dorf in den Abruzzen

Seite 213: Tiziana Mazzi, Brunnen in Rom

Seite 215: Gabriella Mercadini, Frauenbuchladen „al tempo ritrovato", Piazza Farnese, Rom

Seite 221: Monika Savier, Campo dei Fiori, Rom

Seite 225: Pia Ranzato

Seite 233: Anna Marceddù, Frauenbuchladen Cagliari, Sardinien
Lange Haare sind die traditionelle Frisur der Frauen auf Sardinien

Ilse Zambonini (Hg.)
England – Schottland – Wales der Frauen
Reihe Reise und Kultur

ISBN 3-88104-178-8
ca. 300 Seiten, ca. 29,80 DM
aus dem Englischen
mit zahlreichen Abbildungen und ausführlichem Adressenteil

Ein feministischer Reise- und Kulturführer, der Großbritannien – England, Schottland, Wales – mit den Augen von Frauen schildert, die dort zu Hause sind, leben und arbeiten. Britische Frauen aus allen Teilen des Landes schildern Aspekte weiblichen Lebens und beschreiben ihren „Ort", den zu besuchen sie die deutschen Leserinnen dieses Bandes einladen.

Im ersten Teil „Politik und Alltag" wird berichtet über Frauenbewegung, Suffragetten, Frauenkultur; über Jack the Ripper und den Yorkshire-Ripper; über die englische Küche, alternative Komikerinnen und Frauen in den Medien; über die Situation afro-karibischer Mädchen und schwarzer Frauen; über jüdischen Feminismus ebenso wie über das Leben der Frauen arbeitsloser Bergarbeiter; über die Frauen von Greenham Common und über die Auswirkungen der Thatcher-Gesetzgebung – zum Beispiel der neuen Homosexualitätsgesetze. Und über vieles mehr, die Hexen nicht zu vergessen. Der zweite Teil „Stadt – Land – Fluß" schildert die verschiedenen Regionen des Landes und, besonders ausführlich, das „London der Frauen".

Ein ausführlicher Adressenteil hilft beim Aufspüren historischer und gegenwärtiger Frauenprojekte und -sehenswürdigkeiten.

Nach „Italien der Frauen" der zweite Band in einer Reihe, deren absolute Neuheit darin besteht, daß sie reisenden Frauen die Frauenkultur anderer Länder von den Frauen schildern läßt, die dort leben.

Verlag Frauenoffensive